Leben am See

Heimatjahrbuch des Bodenseekreises

1986

Band IV

Herausgegeben vom Bodenseekreis und der Stadt Friedrichshafen
im Verlag Senn

Impressum

Herausgegeben vom Bodenseekreis und der Stadt Friedrichshafen − 1986
Verantwortlich für Inhalt,
Redaktion und Gestaltung: Erika Dillmann
Redaktionbeirat: Dr. Bernd Wiedmann
Grafische Gestaltung: Artur Duller (im Hause Senn)
Satz und Druck: Druck + Verlag Lorenz Senn GmbH & Co KG, Tettnang
Farb-Repros: BGSD Color Reproduktion GmbH Tettnang
Buchbinderische
Verarbeitung: Großbuchbinderei Moser Weingarten

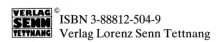 © ISBN 3-88812-504-9
Verlag Lorenz Senn Tettnang

Die Herausgabe dieses Heimatjahrbuchs haben durch großzügige Spenden gefördert:

Ewald Bauer & Co. KG, Kieswerk, 8992 Wasserburg
Anton Baumann, Holzwerk, 7994 Langenargen
Bergpracht-Milchwerk Halder & Co., 7992 Tettnang-Siggenweiler
Bezirkssparkasse Überlingen, 7770 Überlingen
Bodenseewerk Perkin-Elmer & Co., 7770 Überlingen
Dornier GmbH, 7990 Friedrichshafen
Elektroteile GmbH, 7772 Uhldingen-Mühlhofen
Feinwerktechnik Schleicher & Co., 7778 Markdorf
ifm-electronic GmbH, 4300 Essen
IMMO-Hausbau GmbH, 7991 Oberteuringen
Kramer-Werke GmbH, 7770 Überlingen
Kreissparkasse Friedrichshafen, 7990 Friedrichshafen
Landesbausparkasse Württemberg, 7000 Stuttgart
E. Marschall KG, Kies- und Schotterwerk, 7993 Kressbronn
Motoren- und Turbinen Union Friedrichshafen GmbH, 7990 Friedrichshafen
Oberschwäbische Elektrizitätswerke (OEW), 7950 Biberach
Raifffeisenbank Neukirch e. G., 7995 Neukirch
Sparkasse Konstanz, 7750 Konstanz
Sparkasse Salem-Heiligenberg, 7777 Salem
Hans Steurer GmbH & Co. KG, 7990 Friedrichshafen
Südwestfunk GmbH Baden-Baden (aus Mitteln der Werbung)
Dieter Vöhringer, 7991 Oberteuringen
Volksbank Tettnang e. G., 7992 Tettnang
J. Wagner GmbH, 7990 Friedrichshafen
Fritz Weber GmbH, 7992 Tettnang
Winterhalter Gastronom GmbH, 7996 Meckenbeuren
Zahnradfabrik Friedrichshafen AG, 7990 Friedrichshafen
Zeppelin-Metallwerke GmbH, 7990 Friedrichshafen
Zwisler GmbH & Co. KG, 7992 Tettnang

An der Schussenmündung

Vorwort

für das Heimatjahrbuch „Leben am See 1986"

Liebe Leser!

Zum 4. Mal erscheint 1986 das Heimatjahrbuch des Bodenseekreises. Ihre besondere Aufmerksamkeit möchten wir darauf lenken, daß zum ersten Mal der Bodenseekreis und die Stadt Friedrichshafen gemeinsam für die Herausgabe verantwortlich zeichnen. Diese Änderung geschieht nicht nur um die gute Verbindung zwischen Stadt und Kreis zu demonstrieren, sondern wir hoffen, daß sich dadurch bei den Themen ein breiteres Betätigungsfeld ergibt und sich weitere Leser gewinnen lassen. Im vorliegenden Band werden Menschen und Verhältnisse unseres Raumes, von der Zeit der Römer bis in unsere aktuelle Gegenwart hinein, spannend und in lesbarer Kürze beschrieben. Dazu kommt ein Chronikteil der Kreisgemeinden, der in einigen Jahren Geschichte leicht nachvollziehbar werden läßt.

Wenn wir den Blick über unseren Kreis hinaus richten, dann sind zwei Entwicklungen feststellbar, die parallel verlaufen, ja, die einander vielleicht sogar bedingen. Einmal die weltweite Offenheit und Verbindung unseres Landes, sowie die totale Unterrichtung unserer Bürger, die ja zu einer „Informationsgesellschaft" geführt haben. Ausgelöst dadurch entsteht bei vielen Zeitgenossen ein Gefühl der Unwichtigkeit, des Ausgeliefertseins und der Verlorenheit. Vielleicht ist dies mitursächlich für den Rückzug vieler auf den überschaubaren Raum der Familie und die Rückbesinnung auf den Wert der Heimat, ein Begriff, der lange Zeit zu unrecht verdrängt wurde.

Dieses Buch soll nun nicht die Informationsflut ausweiten, sondern wir hoffen, daß es dazu beitragen wird, unser Heimatbewußtsein zu stärken im Sinne Karl Heinrich Waggerls: „Denn die Heimat ist das Bleibende, das Sichere . . ."

Zum Schluß möchten wir allen, die zum Gelingen des Buches beigetragen haben – den Autoren, den Förderern, dem Verlag, insbesondere aber Frau Erika Dillmann – herzlichen Dank sagen.

Ihr
Siegfried Tann, Landrat

Ihr
Dr. Bernd Wiedmann, Oberbürgermeister

Die Sibirische Schwertlilie – Iris sibirica

Ein bedrohtes Paradies

Einzigartige Vielfalt der Natur im Eriskircher Ried

Auf der Suche nach dem Schönen und Faszinierenden reisen wir in alle Welt, aber wenn wir zu Hause auf der Bundesstraße 31 südöstlich von Friedrichshafen am Eriskircher Ried vorüberfahren: Wissen wir eigentlich, welche Wunder dieser Uferstreifen für uns bereit hielte, machten wir uns nur die Mühe, uns wirklich mit ihm zu beschäftigen? Eine vorzügliche Hilfe zum Wandern und zum Beobachten der Natur ist der handliche Führer „Das Eriskircher Ried", den die Landesanstalt für Umweltschutz Baden-Württemberg in Karlsruhe 1983 herausgebracht hat. Verfasser ist ein genauer Kenner des Riedes, Peter Miotk, Professor an der Hochschule Weihenstephan, dessen farbiger Bericht durch Horst Heyd, einem Mitarbeiter der Bezirksstelle für Naturschutz und Landschaftspflege in Tübingen, ergänzt wurde. Der folgende Text ist auszugsweise der Broschüre entnommen. Die Übersicht zur Vogelwelt des Riedes stellte Gerhard Knötzsch vom Bund für Vogelschutz in Friedrichshafen zusammen.

Blick in eine Wunderwelt

Das bedeutendste Naturschutzgebiet des nördlichen Uferstreifens ist ohne Zweifel das Eriskircher Ried. Es erstreckt sich in wechselnder Breite zwischen dem See und der Eisenbahnlinie Friedrichshafen-Lindau etwa von der heutigen Rotachmündung an bis zur Mündung der Schussen. Neben dieser beachtlichen Größe sind es aber vor allem die Pflanzen und Tiere, die dem Eriskircher Ried besondere Bedeutung verleihen. Die im Gebiet noch erhaltenen großen Bestände der Sibirischen Schwertlilie (Iris sibirica) z.B. dürften in der Bundesrepublik wohl ihresgleichen suchen.

Mindestens jede zehnte Art der Farn- und Blütenpflanzen des Eriskircher Rieds ist in der „Roten Liste" der in der Bundesrepublik gefährdeten Pflanzen unter den Kategorien „vom Aussterben bedroht", „stark gefährdet" und „gefährdet" verzeichnet. Neben prächtigen blumentragenden Pflan-

zen wie etwa Mehlprimel (Primula farinosa), Sumpfherzblatt (Parnassia palustris), Lungenenzian (Gentiana pneumonanthe), Gnadenkraut (Gratiola officinalis), Märzenbecher (Leucojum vernum), Sibirische Schwertlilie (Iris sibirica), Sumpfstendelwurz (Epipactis palustris), Kleines Knabenkraut (Orchis morio) u.a. sind es vor allem auch unscheinbare Sauergräser und Farnpflanzen; so u.a. einige Seggen wie z.B. Carex buxbaumii, Carex hostiana, Carex pulicaris oder das Schwarze Kopfried (Schoenus nigricans), das Platthal Quellried (Blysmus compressus), das Gelbliche Cypergras (Cyperus flavescens), das Breitblättrige Wollgras (Eriophorum latifolium) und der Sumpfdreizack (Triglochin palustre) sowie der Sumpffarn (Thelypteris palustris) und die Natternzunge (Ophioglossum vulgatum).

Die Mehrzahl der im Eriskircher Ried vorkommenden Lebensräume ist den

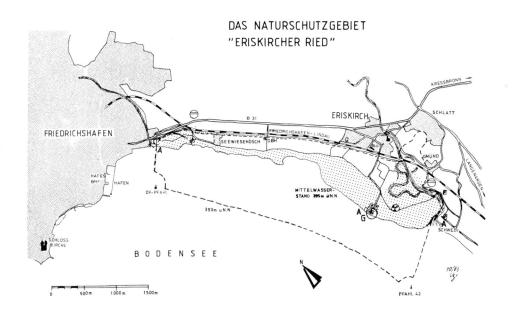

DAS NATURSCHUTZGEBIET "ERISKIRCHER RIED"

BODENSEE

≋ BUNDESSTRASSE	Q	EINKAUFSZENTRUM
≡ FAHRWEG	DBH	DON-BOSCO-HEIM
— WEG F. LANDW., RADFAHRER, FUSSGÄNGER	🏊	STRANDBAD
········· FUSSWEG	📡	PEILSTATION D. BUNDESWEHR
---- GRENZE NATURSCHUTZGEBIET	⊖	KLÄRANLAGE
▬▬ BAHNLINIE		
≈≈≈ FLIESSGEWÄSSER, ALTARM		KERNGEBIET N S G AN LAND
A AUSSICHT AUF DEN SEE		FLACHWASSERZONE IM N S G
		ORTSCHAFTSBEREICH
G GRILLPLATZ	P	PARKPLATZ

Feuchtgebieten zuzurechnen. In Baden-Württemberg gibt es rund zwei Dutzend Feuchtgebiete von „internationaler Bedeutung". Allein zehn liegen am deutschen Bodenseeufer, und eines davon ist das Eriskircher Ried. Weil hier regelmäßig weit mehr als 10 000 Schwimmvögel rasten, wobei z.b. die Schnatterente mit bis zu 150 Individuen mehrmals zwischen August und November registriert werden konnte, sowie die Tafelente (bis zu 10 000 Exemplaren) und die Reiherente (bis zu 20 000 Exemplaren) als Rastvögel zahlreich vertreten sind, erhielt das Schutzgebiet dieses Prädikat.

Überdies ist das Eriskircher Ried Brutgebiet für z.b. Zwergrohrdommel, Wasserralle, Drosselrohrsänger, Schnatterente, Haubentaucher (bis 100 Brutpaare), Eisvogel und gelegentlich auch für Bekassine und Kiebitz, ferner für Nachtigall, Pirol, Kleinspecht, Grauspecht, Neuntöter, Birkenzeisig u.a.

Besonders große Bedeutung erlangt das Gebiet aber als „Durchgangsstation" für die im Frühjahr und Herbst hier durchziehenden Vogelscharen, wobei neben einer Reihe von Singvögeln vor allem bestimmte Möwen- (z.B. bis zu 146 Zwergmöwen und über 100 Weißkopfmöwen) und Limikolenarten (Watvögel) zu nennen sind. Neuerdings überwintert sogar eine Schar von 100 bis 200 Alpenstrandläufern regelmäßig im Eriskircher Ried. Wintergäste sind hier aber auch Kormorane, Graureiher und vor allem alljährlich bis zu 200 Singschwäne und in den letzten Jahren auch einzelne Zwergschwäne – eine Einmaligkeit im gesamten Mitteleuropa.

Libellen, Heuschrecken, Schmetterlinge

In der Regel erschöpft sich die Darstellung dieses bemerkenswerten Naturschutzgebietes in der Nennung der attraktivsten Blütenpflanzen und der Besonderheiten aus der Vogelwelt. Flora und Fauna des Eriskircher Riedes haben aber noch wesentlich mehr zu bieten. So sind hier reichlich Pilze nachgewiesen worden, die Artenliste ist aber leider bisher noch nicht veröffentlicht.

Ebenso ist noch nichts zur Weichtier- und Spinnenfauna des Gebietes sowie zu den meisten Insektengruppen publiziert worden. Dabei finden sich unter diesen kleineren und weniger bekannten Mitgliedern der Lebensgemeinschaften dieses Riedes besonders beachtenswerte Arten. So konnte der Verfasser beispielsweise im Somer 1966 mit der Feststellung zweier Weibchen der afrikanisch-indischen Schabrackenlibelle im Eriskircher Ried den dritten Nachweis dieser Art für Deutschland erbringen. Es ist zu mutmaßen, daß hier sämtliche Arten der Heidelibellen, die bisher in Deutschland registriert worden sind, vorkommen. Bemerkenswert ist ferner, daß neben der Großen Königslibelle auch die Kleine Königslibelle hier eine Heimstätte gefunden hat.

Von den Geradflüglern kommt hier die in Deutschland als „gefährdet" eingestufte Sumpfschrecke vor, ebenso die nur im süddeutschen Raum lokal in Sumpfwiesen auftretende Lauchschrecke und einige weitere auf Feuchtgebiete angewiesene Heuschreckenarten. Bemerkenswerte Käfer bzw. Käferfamilien sind u.a. die Dammläufer, die Grubenhalskäfer, die Tastkäfer, die Stutzkäfer, die Schildkäfer sowie die Rüsselkäfer; von denen einige Arten für Württemberg erstmals im Eriskircher Ried nachgewiesen wurden.

Auch wenn die Schmetterlingsfauna des Eriskircher Riedes noch längst nicht vollständig erfaßt ist (eine noch nicht veröffentlichte Liste enthält 27 Tagfalter und 320 Nachtschmetterlinge), sind doch schon so gefährdete Tagfalterarten bekannt wie Violetter Perlmutterfalter, Braunfleck-Perlmutterfalter, Skabiosen-Scheckenfalter, Trauermantel, Großer Fuchs, Blauäugiger Waldportier, Großer Moorbläuling, Schwarzblauer Moorbläuling und Schwalbenschwanz.

Immer etwas Sehenswertes

Zu jeder Jahreszeit gibt es im Ried Interessantes zu beobachten. Im Winter liegen weit draußen auf dem Wasser Scharen verschiedener Entenarten. Am häufigsten sind Tafel- und Reiherenten, aber auch Schellenenten sind auszumachen und bei etwas Glück sogar Meeresenten, wie Eider- und Samtenten. An der Schussenmündung sind im Winterhalbjahr immer Gänse- und oft auch Zwergsäger zu beobachten. Ziemlich sicher wird man aber die große Besonderheit unter den Wintergästen des Bodensees hier antreffen – Singschwäne und in den Wintern seit 1983 auch einzelne Zwergschwäne.

Während des Frühjahrs- und Herbstzuges sind es dann vor allem die ausgedehnten Schlickflächen, die unsere Aufmerksamkeit auf sich ziehen. Hier tummeln sich nahrungssuchend zahlreiche Watvögel wie Strandläufer, Kampfläufer, großer Brachvogel, Uferschnepfe u.a., aber auch eine Reihe weiterer Entenarten ist dann günstig zu beobachten, z.B. Krick-, Knäk- und Pfeifenten.

Bei einer Bestandsaufnahme der Brutvögel 1983 wurden im Eriskircher Ried 72 Arten festgestellt. Das ist ein Wert, der weit über dem Durchschnitt einer vergleichbaren Fläche Mitteleuropas liegt. Einige führen uns dabei interessante Verhaltensweisen vor. Ein sehr charakteristischer Wasservogel des Bodensees und des Eriskircher Riedes ist der Haubentaucher. Brütet doch jeder fünfte Haubentaucher der Bundesrepublik am Bodensee und jeder zehnte des Bodensee-Obersees im Eriskircher Ried.

Offenbar wegen der stark schwankenden Wasserverhältnisse können am Bodensee Schilfvögel wie die Rohrweihe meist nicht brüten. Die Röhrichtzonen werden hier im langjährigen Mittel erst Mitte Mai überflutet, und das führt dazu, daß die Wasservögel des Bodensees oft recht spät mit der Brut beginnen können. Der bis Ende Juni stei-

gende Wasserspiegel wirkt sich auch stark auf den Bruterfolg aus und zwingt den Wasservögeln oft Nachgelege auf, damit überhaupt Nachwuchs zustande kommt. So ist es z.B. für den Haubentaucher charakteristisch, daß er am Bodensee sogar noch im September und Oktober Junge führt.

Peter Miotk

Das Naturschutzgebiet im Überblick

Die Natur- und Landschaftsgeschichte des Eriskircher Riedes ist mit dem Bodensee untrennbar verbunden, und der Bodensee ist untrennbar mit dem Rheingletscher der Eiszeiten verbunden: Nach dem Abschmelzen des Rheingletschers hat er das Becken des Obersees als ein großes Trogtal hinterlassen. Darüber hinaus hat der Rheingletscher noch eine Fortsetzung des Alpenrheintales nach Norden hinterlassen. Diesem Talzug folgt heute die Schussen, jedoch in umgekehrter Richtung: Sie entwässert weite Teile Oberschwabens nach Süden zum Bodensee hin und schüttet dabei ein Delta in den See hinein.

Das Eriskircher Ried mit seiner Flachwasserzone ist also nichts anderes als ein Flußdelta, das seit der letzten Eiszeit in den Bodensee geschüttet worden ist. Diese Sedimente, aber auch Wind- und Wellenschlag, bewirken eine ständige Umgestaltung dieses naturbelassenen, unbefestigten Uferbereichs. An manchen Stellen werden neue Strandwälle aufgespült, an anderen Stellen wird Material abgetragen. Aber auch künstliche Eingriffe haben Verschiebungen der Uferlinie mit sich gebracht – vor allem die Begradigung von Rotach und Schussen.

Mit dem Begriff „Ried" verbindet sich der Gedanke an eine Moorlandschaft, die „unter Wasser steht". Diesen Eindruck hat man im Eriskircher Ried aber nur etwa im Juni. Zwischen Höchst- und Niedrigst-Wasserstand kann eine Differenz von bis zu drei Metern liegen. Das bedeutet, daß im Win-

Keine Sensation: Blick ins Naturschutzgebiet Eriskircher Ried

ter weite Teile der Flachwasserzone trocken liegen, während in der Vegetationszeit das Ried überflutet ist. Das ist auch der Grund, weshalb sich selbst auf Mineralböden eine Feuchtvegetation hält. Sie läßt sich grob in drei Gruppen gliedern:
– den Schilfgürtel entlang des Sees und der Altwässer von Schussen und Rotach,
– den Auwald entlang der Schussen, im Bereich der Rotach und auf dem Strandwall

– und die Streuwiesen (vor allem im Bereich von Eriskirch).

Am 8. Juli 1939 wurde das Naturschutzgebiet „Eriskircher Ried" nach den Regelungen des damaligen Reichsnaturschutzgesetzes verordnet. Als besonders schutzwürdig wurde damals „. . . die . . . überaus reiche . . . Flachmoorflora und die darin Schutz und Deckung findende ebenfalls sehr reiche Tier- und besonders Vogelwelt"

13

Im Eriskircher Ried heimische Vogelarten

(Ergebnisse einer vom Bund für Vogelschutz im Frühjahr 1983 durchgeführten Bestandsaufnahme der Reviere)

Haubentaucher: 56 (insges. 19 Familien)	Feldlerche: 2
Zwergdommel: 1	Rauchschwalbe: 3 (Don-Bosco-Haus)
Höckerschwan: 3 (ohne Bruten)	Baumpieper: 10
Schnatterente: 8 (nur 2 Familien)	Schafstelze: 2
Stockente: 39 (3 Nestfunde, 7 Fam.)	Bachstelze: 3
Kolbenente: 1 (Brutverdacht)	Zaunkönig: 13
Turmfalke: 1	Heckenbraunelle: 71
Fasan: 12 (1 Familie)	Rotkehlchen: 16
Wasserralle: 8	Nachtigall: 14
Teichhuhn: 5	Hausrotschwanz: 3
Bläßhuhn: 43	Gartenrotschwanz: 1 (Brutverdacht)
Kiebitz: 3	Amsel: 139
Bekassine: 2 (1 Nestfund)	Wacholderdrossel: 95 (nur Nester)
Ringeltaube: 3	Singdrossel: 10
Türkentaube: 1	Feldschwirl: 7
Kuckuck: 11	Sumpfrohrsänger: 98
Waldohreule: 0 (fehlt 1983 als Brutvogel)	Teichrohrsänger: 170
Eisvogel: 2 (2 erfolgreiche Bruten)	Drosselrohrsänger: 1
Grauspecht: 4	Gelbspötter: 27
Grünspecht: 1 (nur Brutverdacht)	Klappergrasmücke: 1
Buntspecht: 3	Dorngrasmücke: 2
Kleinspecht: 3	Gartengrasmücke: 81

erkannt. Das Schutzgebiet beschränkte sich auf die Flächen an Land und umfaßte 221 Hektar.

Bedenklicher Fortschritt

Wenn man überlegt, was sich in unserem Land seit dem Jahr 1939 nicht alles getan hat, dann wird man bestätigen müssen, daß sich für die Belange von Naturschutz und Landschaftspflege ebenfalls einiges geändert hat:

– Der Landverbrauch hat stark zugenommen, und was nicht von Siedlungen und Straßen beansprucht wird, mußte sich trotzdem den Ansprüchen einer geänderten Umwelt anpassen.

– Die landwirtschaftliche Nutzung hat eine Intensivierung erfahren, die sich inzwischen auch als Belastung für die Landschaft auswirkt.

– Der Druck der Erholungssuchenden auf die Landschaft ist ebenfalls sehr viel intensiver geworden: Man denke z.B. an die Motorisierung im Freizeitbereich.

Die Folgen sind tiefgreifende Umweltveränderungen, die sich daran ablesen lassen, daß zahlreiche Pflanzen- und Tierarten seltener werden, wenn nicht gar verschwinden, aussterben.

Der Naturhaushalt der Erde stellt ein diffiziles System dar, in dem jedes Lebewesen seinen Platz und seine Funktion hat. Die In-

Mönchsgrasmücke: 99	Rabenkrähe: 11
Zilpzalp: 81	Star: 37
Fitis: 77	Haussperling: 17
Sommergoldhähnchen: 3	(Campingplatz, Fischerhäuser)
Grauschnäpper: 21	Feldsperling: 62 (33 Paare in Nistkästen)
Schwanzmeise: 6	Buchfink: 138
Sumpfmeise: 10	Girlitz: 15
Weidenmeise: 1	Grünling: 25
Blaumeise: 40	Stieglitz: 13
Kohlmeise: 59	Hänfling: 2
Kleiber: 8	Birkenzeisig: 1
Gartenbaumläufer: 17	Gimpel: 2
Pirol: 4	Kernbeißer: 1
Neuntöter: 1	Goldammer: 3
Elster: 11	Rohrammer: 91

Insgesamt wurden 72 Arten als Brutvögel festgestellt, davon waren 3 Arten nur brutverdächtig (Kolbenente, Grünspecht und Gartenrotschwanz). Die in den letzten Jahren regelmäßig brütende Waldohreule konnte 1983 nicht als Brutvogel bestätigt werden.

Schwierigkeiten der Bestandserfassung bestehen besonders bei Wasservögeln. Um die in den Schilfflächen brütenden Enten, Taucher und Rallen nicht zu gefährden, wurde auf die Nestersuche verzichtet. Die Paarzahlen bzw. Reviere umfassen also auch Nichtbrüter. Problematisch sind auch die Revierzahlen beim Teichrohrsänger. So war es innerhalb der großen Schilffläche der Schulzeninsel nicht möglich, alle Reviere hinreichend genau einzugrenzen. Die 170 Reviere sind nur als Minimalzahl anzusehen.

dustriegesellschaft, die seit der Erfindung der Dampfmaschine in stürmischer Weise Natur und Landschaft für sich beansprucht, hat sehr weitgehende Veränderungen zur Folge gehabt. In einzelnen Punkten hat der Naturhaushalt nicht mehr mithalten können. Das „Umkippen" von Gewässern ist ein Beispiel dafür, oder Smogprobleme, oder jetzt das Waldsterben.

Sobald empfindliche Tier- oder Pflanzenarten verschwinden, zeigt das an, daß hier bereits der Naturhaushalt nicht mehr in Ordnung ist. Wenn robustere Arten verschwinden, dann besteht die Gefahr, daß es so langsam auch um die Lebensgrundlage für den Menschen ernst bestellt ist.

Auch das Eriskircher Ried ist keine „Insel der Seligen" durch die Jahrhunderte geblieben. Vor allem in der Zeit nach dem Krieg hat die landwirtschaftliche Nutzung im Naturschutzgebiet eine sehr starke Intensivierung erfahren. Im See hat die Abwasserbelastung zugenommen, genauso wie der Wohlstandsmüll, der vom See angespült wird. Nicht zu vergessen ist auch die Belastung durch die Erholungsuchenden: Das Getümmel von Wasserfahrzeugen auf dem See, „wilde" Angler, „wilde" Badeplätze und Strandfeste sind auch dem Schutzgebiet zu Leibe gerückt. Die schädlichen Folgen all dieser Einflüsse sind, wie schon erwähnt, daran abzulesen, daß so manche Tier- und

Pflanzenart seltener geworden, wenn nicht gar verschwunden ist.

Ein Beispiel dafür ist das Schilfsterben. Die Abwasserbelastung des Bodensees bewirkt eine Überdüngung. Die Schilfhalme werden zu dick und sind nicht mehr biegsam genug. Wellenschlag und Treibgut (Holz und Wohlstandsmüll) knicken die Halme um, Algen und Schlamm (wieder eine Folgeerscheinung der Überdüngung des Sees) decken die umgeknickten Schilfbestände zu, die dadurch von der Luft abgeschlossen werden und verfaulen. Diese Fäulnisprodukte bewirken einen neuen Nährstoffeintrag . . .

Bedeutung der Flachwasserzone

Wenn die Flachwasserzone im Winter trocken fällt, können hier die organischen Rückstände an der Luft abgebaut werden; im Sommer sorgt der Wellenschlag für einen hohen Sauerstoffgehalt, so daß auch dann intensive Selbstreinigungsprozesse ablaufen: Hier werden die riesigen Mengen organischer Substanz (die auch von den Zuflüssen in den See eingetragen werden) abgebaut, bevor sie in größere Seetiefen gelangen.

Eine weitere Bedeutung hat die Flachwasserzone vor allem für die Vogelwelt: Die Schilfbestände sind ein sehr wertvolles Brutgebiet; die überaus große Bedeutung jedoch beruht auf der beträchtlichen Anzahl von seltenen Wintergästen und Durchzüglern, die hier in diesem Uferbereich ein günstiges Rast- und Nahrungsbiotop vorfinden. Viele dieser zum Teil sehr scheuen Arten halten sich im Bereich der Flachwasserzone auf. Nordische Wasservögel müssen sich hier Energiereserven anfressen vor dem strapaziösen Weiterflug über die Alpen; beim Vogelzug nach Norden rasten sie nach der Alpenüberquerung wieder hier, um neue Kräfte zu sammeln für den Weiterflug. Auch die Wintergäste unter den nordischen Zugvögeln sind auf dieses Nahrungs-

biotop angewiesen, um die lebensfeindliche Winterzeit überstehen zu können.

Diese Situation verleiht dem Eriskircher Ried einen ganz besonderen Stellenwert: Wenn die Zugvögel hier ihre lebensnotwendigen Bedürfnisse nicht stillen können, sind sie gezwungen, auf einen anderen Lebensraum auszuweichen. Wo aber haben sie noch solche Lebensräume? Heute kann man Segelboote bis weit in den Winter hinein auf dem See beobachten und Surfer das ganze Jahr über.

Jetzt 552 Hektar Schutzgebiet

Diese Erkenntnis hat die Bezirksstelle für Naturschutz und Landschaftspflege in Tübingen dazu bewogen, das Naturschutzgebiet zu überarbeiten. Das Ergebnis ist, daß einige kleine Flächen, die nicht mehr schutzwürdig sind, aus dem Schutzgebiet entlassen wurden. Dafür wurden umfangreiche neue Flächen und vor allem der wichtigste Teil der Flachwasserzone vor dem Eriskircher Ried in das Schutzgebiet mit einbezogen. Die Neuabgrenzung des Naturschutzgebietes umfaßt nun die Altwässer auch auf dem linken, dem Ostufer der Schussen, die gesamten Streuwiesen, die bisher schon unter Schutz waren, und dann die Auwaldreste mit einem Altwasser der Rotach bis vor zur Rotachmündung in Friedrichshafen. Die Flachwasserzone vor diesem Landstreifen ist bis zu 2,5-Meter-Tiefenlinie im See ebenfalls in das Schutzgebiet einbezogen. Dieses umfaßt nun eine Fläche von 552 Hektar.

Das Eriskircher Ried ist ein einzigartiges Stück Bodenseelandschaft. Zwischen Schussen und Rotach hat sich der überkommene Charakter dieses Landschaftsraumes noch erhalten: Flußläufe mit Altwassern, Auwälder, Streuwiesen, Flachmoor, Schilfflächen, der Seehag, die Wasserfläche – und in dieser Szenerie eine Pflanzen- und Tierwelt, wie sie sonst kaum mehr anzutreffen ist. Dieses Miteinander von Kulturland-

Singschwäne in der jüngst unter Schutz gestellten Flachwasserzone

schaft und Elementen einer unberührten Natur gilt es zu erhalten. Dazu gehört auch, eventuelle Schäden wiedergutzumachen, zumindest aber zu mildern.

Wir befinden uns hier in einer natürlichen Waldlandschaft, d.h., ohne Eingriff des Menschen würde hier überall Wald wachsen. Pollenfunde haben gezeigt, daß das gesamte Gebiet des Eriskircher Riedes in der Nacheiszeit vom Wald erobert worden ist.

Im Rahmen der Landwirtschaft hat dann der Mensch diesen Wald immer weiter zurückgedrängt. Im Eriskircher Ried ist es vor allem die Streuwiesennutzung, die zu diesen offenen Flächen geführt hat.

Die Sauergräser, die im wesentlichen die Streuwiesen ausmachen, weisen einen hohen Gehalt an Kieselsäure auf; sie sind dadurch sehr scharf und hart, werden deshalb vom Vieh als Futter kaum angenommen

17

und weisen einen geringen Nährwert auf. Gleichzeitig erlauben die mageren Bodenverhältnisse keinen mehrmaligen Schnitt im Jahr, so daß diese Flächen ursprünglich nur einmal im Herbst gemäht worden sind, um für das Vieh im Stall als Streu zu dienen. Eine Düngung hat auf diesen Flächen nicht stattgefunden.

Eine Vielzahl von Pflanzen- und Tierarten hat ihren Lebensraum zu dieser Kulturlandschaft der Streuwiesen gefunden. Ein Beispiel dafür ist die Blaue Schwertlilie, die geradezu die Charakterpflanze des Eriskircher Riedes ist.

Diese alte Form der Landeskultur verschwindet aber mehr und mehr, weil die Streu in der Landwirtschaft nicht mehr benötigt wird. Der charakteristische Lebensraum der Streuwiesen würde aber damit gleichfalls verschwinden, wenn nicht durch Pflegemaßnahmen diese überkommene Nutzungsart nachvollzogen würde. Dazu kommt das Problem des hohen Nährstoffgehaltes im Seewasser: Das eutrophe Wasser dringt in die Riedflächen ein und bewirkt dort eine beträchtliche Düngung, die normalerweise bei der Streuwiesennutzung nicht erfolgt ist.

Pflegemaßnahmen

Diese Veränderungen in den Streuwiesen lassen sich dadurch beheben, daß immer im Spätjahr die Streuwiesen ausgemäht werden und das Nähgut entfernt wird. Auf diese Weise kann man dem Gebiet den unerwünschten Nährstoff wieder entziehen, und auch ein Gehölzaufwuchs wird verhindert.

Ein weiterer wichtiger Punkt der Pflegemaßnahmen ist die Anlage der Fußwege und die Beseitigung von Trampelpfaden. Es soll damit erreicht werden, daß einerseits die Besucher nicht in die Verlegenheit kommen, unwissend einen verbotenen Weg zu benutzen, und daß andererseits Vegetationsschäden durch illegale Trampelpfade möglichst schnell wieder verheilen.

Schließlich darf das Schilfsterben nicht vergessen werden: Hier gilt es, das Treibgut von den Schilfgebieten fernzuhalten. Dazu werden Pfahlreihen im Wasser gesetzt. Das Treibgut (Algen, Holz und Wohlstandsmüll), das sich darin verfängt, muß ordnungsgemäß beseitigt werden, genauso wie alle anderen unliebsamen Hinterlassenschaften so mancher Besucher.

Um das Eriskircher Ried in seinem einzigartigen Charakter erhalten zu können, kommt es auf das Verständnis und den guten Willen von jedermann an – sei es Wanderer und Naturfreund, Botaniker, Vogel- und Insektenkundler, Wassersportler, Angler oder Jäger, aber auch Landwirt und Grundeigentümer. Jeder muß durch sein Verhalten dazu beitragen, daß dieses überkommene Stück Bodenseelandschaft in seiner Eigenart nicht verlorengeht. Dazu zählt nicht nur, daß Pflanzen und Tiere unberührt bleiben, sondern z.B. auch, daß die Wege nicht verlassen werden und die Sperrzonen an Land und auf dem Wasser respektiert werden.   Horst Heyd

Die Broschüre „Das Eriskircher Ried – Ein Führer durch das bedeutendste Naturschutzbiet am nördlichen Bodenseeufer" ist zu beziehen durch die Landesanstalt für Umweltschutz Baden-Württemberg, Institut für Ökologie und Naturschutz, Postfach 21 07 52, Baumwaldallee 32, 7500 Karlsruhe 21, oder durch den Buchhandel.

Spannenlang und zauberhaft gefärbt

Über die Zwerge unter den Bodenseefischarten

Im Bodensee sind bislang über 30 Fischarten bekannt geworden, wenn man von den zahlreichen aus Aquarien stammenden Goldfischen und anderen „Exoten" absieht. Davon sind aber nicht alle als von Anfang an einheimisch zu betrachten. Bereits im Mittelalter gelangten Karpfen und Schleie in den See und hielten sich bis heute. Um die Jahrhundertwende wurden Zander und Regenbogenforelle in den Bodensee eingesetzt. Anfang dieses Jahrhunderts kamen noch einige Felchenarten aus nordischen Ländern und aus dem Osten, sogar aus Nordamerika hinzu, die aber keinen Bestand hatten bzw. sich mit einheimischen Formen kreuzten. Seit den 20er Jahren werden Bachsaiblinge und Karauschen beobachtet, ebenso der Dreistachlige Stichling, um nur einige weitere zu nennen.

Fragt man nach im Bodensee vorkommenden Fischarten, so werden stets zuerst Felchen und Barsche, auch Egli oder Kretzer genannt, aufgezählt. Das ist nicht weiter verwunderlich, da diese beiden zusammen über 70 Prozent vom Gesamtfang ausmachen. Danach kommen die Weißfische – zum größten Teil Brachsen – mit rund 20 Prozent. Der Rest verteilt sich laut Fangstatistik auf nur wenige Arten wie Forelle, Hecht, Zander, Trüsche, Aal und auch den nur noch selten im Obersee vorkommenden Wels. Die meisten Fischarten erscheinen aber überhaupt nicht in der Statistik. Sie kommen entweder nur in geringer Zahl vor oder werden, weil sie so klein sind, nur sehr selten gefangen. Vielfach werden sie von den Fischern auch gar nicht als eigene Art erkannt. Diese seltenen und meist unbekannten, kleinen Fischarten des Bodensees sollen nun im folgenden vorgestellt und beschrieben werden.

Rund die Hälfte aller im See vorkommenden Fischarten, nämlich 17, zählt zur Familie der Karpfenartigen oder der Weißfische. Allein sechs davon gelten als „Zwerge" oder Kleinfischarten. Sie erreichen kaum die Länge von 20 Zentimetern, sind also für Fang und Verzehr uninteressant.

Der *Gründling* (Gobio gobio L.) hat einen langgestreckten, spindelförmigen Körper und wird bis 15 Zentimeter lang. Am Kopf fallen das unterständige Maul, die großen Augen und zwei kurze Bartfäden auf. Der Körper ist mit ziemlich großen Schuppen bedeckt, der Hals aber schuppenlos. Der Rücken ist bräunlich gefärbt und weist dunkle Flecken auf. An den Seiten findet man violette bis blaue Stellen.

Gründlinge halten sich zumeist in kleinen Trupps in Bodennähe vor Flußmündungen an sandigen und kiesigen Stellen auf. Im Winter gehen sie auf Nahrungssuche in größere Tiefen. Der Fisch ernährt sich von Bodentieren und gelegentlich auch von Fischlaich sowie vereinzelt von Pflanzenteilen. Zur Laichzeit im Mai/Juni besitzen die Männchen einen Laichausschlag. Die Weibchen legen bis 3000 Eier portionsweise an seichten Stellen in Klumpen an Steinen oder Pflanzen ab.

Die *Elritze* (Phoxinus phoxinus L.), auch Pfrille genannt, hat einen drehrunden Körper mit kleinen Schuppen. Sie wird nur bis zu zehn Zentimeter lang. Der Rücken ist braun-grün gefärbt, die Seiten sind heller und der Bauch weiß bis rosa. Auf dem Körper befinden sich dunkle Querbinden, die bis unter die Seitenlinien reichen. Sie lebt an der Wasseroberfläche in Schwärmen und zwar deutlich nach Altersklassen getrennt. Die Nahrung besteht aus Insektenlarven und anderen Bodentieren. Aber auch Anfluginsekten werden aufgenommen, ebenso Pflanzenmaterial.

Vor der Laichzeit im Mai/Juni wandern die Elritzen flußaufwärts und laichen dort über Kiesgrund. Zu dieser Zeit hat das Männchen einen Laichausschlag und ist sehr bunt gefärbt. Der Bauch ist rot, ebenso die Lippenränder. Das Weibchen legt bis zu 1000 Eier, die an Steinen haften.

Der *Bitterling* (Rhodeus amarus Bloch) wird nur bis acht Zentimeter lang, ist also einer der kleinsten im Bodensee vorkommenden Fische. Sein Körper ist im Verhältnis zur Länge sehr hoch. Von der Körpermitte bis zur Schwanzwurzel besitzt er blaugrün schillernde Längsbänder. Er lebt in der Uferregion an flachen Stellen zwischen Pflanzen, vorwiegend im Schilf, dort wo auch Teichmuscheln vorkommen. Seine Nahrung besteht aus Plankton, Insektenlarven, Würmern und auch Algen.

Zu seiner Fortpflanzung ist der Bitterling auf Muscheln angewiesen. Zur Laichzeit im April/Mai sind die Männchen rotviolett gefärbt. Die Weibchen legen mittels einer Legeröhre über die Kloakenöffnung ca. 40 Eier in die Mantelhöhle von Muscheln ab. Gleichzeitig geben die Männchen über der Atemöffnung der Muschel ihren Samen zur Befruchtung der Eier ab. Die Fischlarven verlassen die Muschel, sobald sie ihren Dottersack aufgebraucht haben.

Als Folge des Schilfrückgangs ist der Bitterling am Bodensee stark dezimiert worden, da mit dem Schilfsterben gleichzeitig der Lebensraum der Muscheln verkleinert wurde.

Der *Strömer* (Telestes agassizi Heckel) wird bis zu 20 Zentimeter lang. Sein Körper ist spindelförmig und sein Maul unterständig. Die Schuppen sind relativ groß. Über die silbrigen Seiten zieht sich ein breiter dunkler Streifen, die Seitenlinien sind orangegelb gefärbt. Strömer leben gesellig und bevorzugen rasch fließende Gewässer mit Kiesgrund, aus denen sie dann in den See gelangen. Ihre Nahrung besteht aus Bodentieren und Plankton, aber auch aus Anfluginsekten. Sowohl Männchen als auch Weibchen besitzen zur Laichzeit im April/Mai einen Laichausschlag. Ein Weibchen legt an steinigen Stellen bis zu 8000 Eier ab.

Die *Laube* (Alburnus alburnus L.), auch Laugele oder Uklei genannt, ist gekennzeichnet durch einen langgestreckten Körper und hat ein oberständiges Maul. Sie wird bis nahezu 20 Zentimeter lang. Der Rücken ist grau gefärbt bis grünlich, die Seiten und der Bauch sind silbrig und die Flossen an den Wurzeln gelblich.

Die Laube lebt gesellig in großen Schwärmen, im Sommer an der Oberfläche in Ufernähe, im Winter in der Tiefe. Als Nahrung wird Plankton bevorzugt, die Laube nimmt aber auch Flugnahrung auf. Sie laicht im Mai/Juni in Ufernähe an kiesigen Stellen und an Wasserpflanzen. Ein Weibchen legt bis zu 6000 Eier.

Durch Krankheiten als Folge der Eutrophierung ist diese gegen Abwasser sehr empfindliche Fischart während der vergangenen zwei bis drei Jahrzehnte so zurückgegangen, daß man zeitweise glaubte, sie sei ausgestorben. Neuere Beobachtungen lassen aber vermuten, daß diese Fischart sich langsam wieder erholt.

Der *Schneider* (Alburnus bipunctatus L.), zur gleichen Familie und sogar Gattung wie die Laube gehörend, wird nur bis 15 Zentimeter lang. Sein Körperbau ist dem der Laube ähnlich, er ist aber höher und gedrungener. Sein Maul ist zudem endständig. Der Rücken ist braungrün bis blaugrün gefärbt, die Seiten sind heller. Die Seitenlinie ist tief heruntergezogen und von einer doppelten Reihe schwarzer Punkte eingefaßt. Auf den Seiten befindet sich ein breites, dunkles Band, der Bauch ist weiß gefärbt und die Flossen orangegelb.

Der Schneider ist ein geselliger Fisch, lebt meist am Grund klarer schnellfließender Gewässer. Er ist sehr empfindlich gegen Gewässerbelastung und daher vielerorts bereits verschwunden. Im Bodensee tritt er derzeit nur noch äußerst selten vor Flußmündungen auf. Er lebt von Bodentieren, Plankton und Anflugnahrung. Zur Laichzeit im Mai/Juni ist der Schneider intensiv gefärbt. Das Weibchen legt mehrere tausend Eier in schnellfließenden Gewässern auf kiesigem Grund ab.

Aber es gibt nicht nur aus der Familie der Karpfenartigen oder Weißfische Kleinfischarten im Bodensee, sondern noch aus drei weiteren, und zwar aus den Familien der Groppen, Schmerlen und Stichlinge.

Die *Groppe* (Cottus gobio L.) auch (Mühl-) Koppe genannt, wirkt auf den Betrachter recht eigenartig, fast irgendwie exotisch. Sie wird bis 15 Zentimeter lang, ist schuppenlos mit Ausnahme an den Seitenlinien, die mit sehr kleinen Schuppen bedeckt sind. Der Kopf ist groß, breit, etwas abgeplattet, die Augen sitzen an der Kopfoberseite. Das endständige Maul ist ebenfalls groß und breit. Kiefer und Pflugscharbein sind mit Hechelzähnen besetzt. Der Körper ist keulenförmig, besitzt zwei Rückenflossen und große Brustflossen, die fächerartig

ausgebreitet werden können. Eine Schwimmblase hat die Groppe nicht. Die Farbe wechselt in Abhängigkeit vom Untergrund. Rücken und Seiten sind meist braungrau, oft mit gelben Tönen und unregelmäßigen dunklen Flecken. Die Unterseite ist hell.

Die Groppe lebt in der Uferzone an sauberen und unbelasteten Stellen. Tagsüber hält sie sich unter Steinen verborgen und wird erst nachts aktiv. Sie bewegt sich ruckartig, nahezu hüpfend über den Boden. Ihre Nahrung besteht vorwiegend aus Insektenlarven und anderen Kleintieren. Sie ist aber auch Laichräuber und verzehrt Jungfische – sogar der eigenen Art.

Bei der Fortpflanzung im April/Mai legt das Weibchen am Ufer in kleine Gruben oder zwischen Steine ca. 100 bis 200 Eier ab. Das Gelege wird vom Männchen bewacht.

Als Folge der Eutrophierung ist der Groppenbestand im Bodensee sehr stark zurückgegangen. Trotz der zahlreichen Sanierungsmaßnahmen konnte bisher keine Erholung dieser Fischart beobachtet werden. In früheren Jahrzehnten wurde die Groppe im Frühjahr am Untersee in größeren Mengen gefangen und in Ermatingen während der sog. Groppenfasnacht, köstlich zubereitet, als wirkliche Delikatesse geboten.

Die *Schmerle* (Noemacheilus barbatulus L.) aus der Familie der Schmerlen wird wegen ihrer sechs Barteln auf dem Oberkiefer auch Bartgrundel genannt. Sie wird bis 15 Zentimeter lang, hat einen drehrunden, walzenförmigen Körper, ist gestreckt und mit sehr kleinen Schuppen bedeckt. Der ein wenig abgeplattete Kopf ist relativ klein. In der Färbung paßt sie sich der Umgebung an. Der Rücken ist bräunlich-grünlich gefärbt,

Die hübschen kleinen Flitzer unter den Bodenseefischen (von links oben bis rechts unten): Stichling, Groppe, Schmerle, Schlammpeitzger, Gründling, Elritze, Bitterling, Strömer, Laube, Schneider.

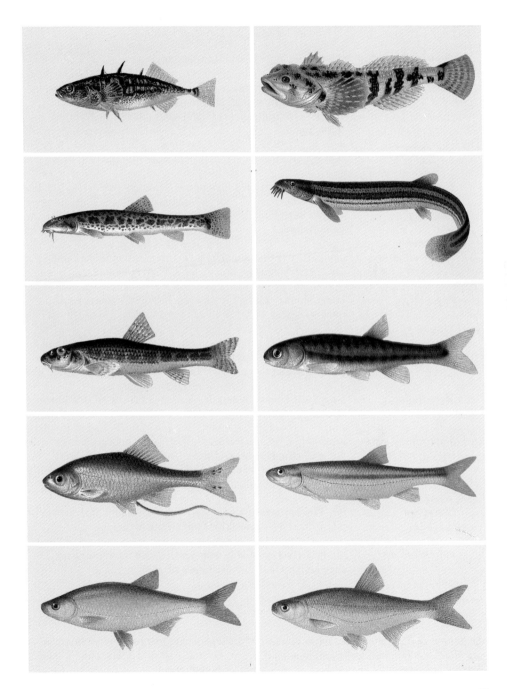

Barteln, Bartfäden:	Tastorgane mit Geschmacksnerven.
Dottersack:	Nach dem Schlüpfen aus dem Ei haben die Fischlarven auf der Bauchseite einen großen Anhang mit Nährstoffen. Nach Aufzehrung dieses Dottersacks müssen sie Nahrung aufnehmen.
Eutrophierung:	Anreicherung von Gewässern mit Nährstoffen.
Exoten, exotisch:	aus fremden Ländern stammend, fremdländisch.
Hechelzähne:	kleine, kegelförmige, fast ganz in der Schleimhaut verborgene Zähne.
Kloakenöffnung:	gemeinsamer Endabschnitt für Darm, Ausscheidungs- und Geschlechtsorgane.
Legeröhre:	lange, dünne, häutige Röhre, die aus der Geschlechtsöffnung wächst.
Laichausschlag:	weißliche oder gelbliche Verdickung auf der Oberhaut durch Verhornung unter Einwirkung von Geschlechtshormonen. Bildet sich nach der Laichzeit wieder zurück.
Mantelhöhle:	Raum auf beiden Seiten des Muschelkörpers, in den die Kiemen hängen.
Maulform:	wenn Ober- und Unterkiefer gleich lang sind, spricht man von endständigem Maul. Ist der Unterkiefer kürzer als der Oberkiefer, dann ist das Maul unterständig, umgekehrt hingegen oberständig.
Plankton:	im Wasser schwebende tierische (Zooplankton) und pflanzliche (Phytoplankton) Organismen.
Pflugscharbein:	ist ein länglicher und bei manchen Fischen bezahnter Knochen an der Oberseite des Gaumens.

die Seiten sind gelblich, mit schwarzbraunen Flecken. Die hellen Seitenlinien sind deutlich sichtbar.

Dieser standorttreue Fisch lebt tagsüber am Grund unter Steinen und Wurzeln, nachts geht er auf Nahrungssuche. Er frißt vorwiegend Insektenlarven und Kleinkrebse, auch pflanzliche Stoffe werden gelegentlich aufgenommen. Zeitweise dienen auch Fisch- und Froschlaich als Nahrung. Zur Laichzeit im Mai legt das Weibchen ca. 6000 Eier an Steine oder Wasserpflanzen ab.

Lange hatte es den Anschein, daß diese Fischart im Bodensee als Folge der Eutrophierung vom Aussterben bedroht sei. Seit wenigen Jahren wird sie aber wieder häufiger beobachtet, vielleicht ein Zeichen, daß ihr Lebensraum, die Uferzone des Sees, nicht mehr so stark belastet wird.

Der *Schlammpeitzger* (Misgurnus fossilis L.), ebenfalls aus der Familie der Schmerlen, kommt nur äußerst selten im See vor. Er wird bis 25 Zentimeter lang, hat einen gestreckten, walzenförmigen Körper, der hinten seitlich zusammengedrückt ist. Charakteristisch sind seine sechs Barteln am Oberkiefer und die vier am Unterkiefer. Auffallend sind auch seine kleinen Augen und Flossen. Die Oberseite ist gelbbraun gefärbt, am Bauch ist er dunkelgelb, auf den Seiten befinden sich dunklere Längsstreifen.

Wie der Name sagt, lebt dieser Fisch gewöhnlich am Grund schlammiger Gewässer und gräbt sich zu seinem Schutz meist in den Schlamm ein. Bei Sauerstoffmangel holt er von der Wasseroberfäche Luft, welche in der Darmschleimhaut Sauerstoff an feine Blutgefäße liefert. Gleichzeitig wird bei dieser Darmatmung Kohlendioxid abgegeben.

Die Nahrung des Schlammpeitzgers besteht aus Würmern, Schnecken und Muscheln. Er laicht im Mai/Juni zwischen Pflanzen im flachen Wasser. Das Weibchen legt bis 150000 Eier.

Der *dreistachlige Stichling* (Gasterosteus aculeatus L.) wird nur bis sieben Zentimeter lang und ist damit der kleinste hier zu nennende Fisch. Sein gedrungener Körper ist spindelförmig und seitlich durch Knochenplatten geschützt. Charakteristisch für ihn sind drei bewegliche Stacheln ohne Flossenhäute auf dem Rücken. Die Bauchflossen haben einen kräftigen Stachel. Der Rücken ist graublau gefärbt, die Seiten sind silbrig.

Der Stichling hält sich in Schwärmen in Buchten, Häfen und am flachen Ufer auf. Im Herbst wandert er in tiefere Wasserschichten. Seine Nahrung besteht in der Jugend aus tierischem Plankton, später aus Bodentieren, vor allem Zuckmückenlarven, aber auch aus Fischlaich und gelegentlich Fischbrut.

Vor der Laichabgabe im Mai/Juni baut das Männchen ein Nest aus Pflanzenteilen, die durch ein Nierensekret zusammengeklebt werden. Zu dieser Zeit ist das Männchen, das auch das Gelege bewacht, auf der Körperunterseite stark rot gefärbt. Ein Weibchen legt 80 bis 100 Eier ab.

Bis heute ist der Stichling die einzige Fischart, die erst in diesem Jahrhundert in den Bodensee gelangte, sich hier aber bereits ungeheuer stark vermehrte; leider nicht zur Freude der Fischer noch anderer Fische. Da der Stichling in dichten Schwärmen ruhig im Wasser steht, können sich Fischparasiten auf ihm leicht vermehren und dann ausbreiten. Aus diesem Grund ist er in Seen und Teichen unerwünscht, da meist hohe Verluste am Fischbestand die Folge sind. Auch für den Bodensee trifft dies zu, wie Untersuchungen während der letzten Jahrzehnte zeigten. Hoffen wir, daß der Stichling die letzte „Liebesgabe" von einem Aquarienfreund an den Bodensee war. Der Einsatz fremder Fischarten ist nämlich verboten und strafbar.   Josef Deufel

An der Argen bei Heggelbach

Argenwasser: Kein Grund zur Beruhigung

Trotz Kläranlagen zählt Oberschwabens Wildwasser noch zu den Seeverschmutzern

Ob ihr Name nun keltischen Ursprungs ist und „Wildwasser" oder „am Wald gelegen" bedeutet oder mit dem lateinischen „argentum" (Silber) verwandt ist – unbestritten ist, daß die Argen und ihr Tal eine der schönsten oberschwäbischen Flußlandschaften darstellen. In ihrem unteren Verlauf entstand die – geologisch gesehen – junge Argen am Ende der Würm-Eiszeit (ca. 60 000 bis 10 000 v. Chr.) und ist immerhin der größte deutsche Bodenseezufluß. Ihr Einzugsgebiet reicht bis in die Alpen hinauf und umfaßt 667 Quadratkilometer. Ursprünglich war die subalpine, kühle Argen ein sauberer Fluß mit natürlichem Forellenbestand.

Wer jedoch heute im Argental zwischen Laimnau und Langenargen spazierengeht, wird von regelmäßig auftauchenden Schildern aufgeschreckt: „Baden verboten". Die Gewässerverschmutzung hat also auch vor der Argen nicht halt gemacht. In den fünfziger Jahren herrschten stellenweise sogar katastrophale Zustände, und erst nach und nach gelang es, durch den Bau von Kläranlagen die Verschmutzung zu bremsen. Nach Angaben der Internationalen Gewässerschutzkommission am Bodensee wurden von 1960 bis 1980 drei Milliarden Schweizer Franken in die Abwasserreinigung investiert. Aber 1980 kam die Argen wegen eines Fischsterbens erneut in die öffentliche Diskussion: In der Schwäbischen Zeitung vom 15. Oktober 1980 konnte man von ei-

ner kritischen Belastung, insbesondere im Bereich Laimnau, lesen. Die Kläranlage Laimnau/Apflau befand sich damals erst in Planung und ist heute noch im Bau. Es mußte aus hygienischen Gründen ein Badeverbot erlassen werden.

Und wie sieht es heute aus? Liegt die Wasserqualität der Argen noch immer im argen? Vor einer Antwort auf diese Frage muß eine weitere in kurzem Aufriß geklärt werden: Wie wirken sich Abwässer eigentlich aus, wie und wodurch schaden sie dem Fluß?

Abwässer und ihre Folgen auf das aquatische Ökosystem

Ohne menschliche Eingriffe bestünde im Fluß ein biologisches Gleichgewicht. Ein Beispiel soll dies veranschaulichen: Grüne Wasserpflanzen (z. B. Algen) entziehen dem Wasser die für sie lebensnotwendigen Mineralien, Salze und Gase. Schnecken, Insektenlarven und andere Tiere fressen die Pflanzen; sie wiederum werden von Fischen und Krebsen verspeist, und die landen zuletzt im Bauch von größeren „Raub"fischen, Wasservögeln und Säugetieren – oder auch im Menschen. Tierkadaver, abgestorbene Pflanzen und Kot stellen organisches Material dar, das von Bakterien und Pilzen in seine Grundbestandteile zersetzt (mineralisiert) wird. So stehen die Mineral- und Nährstoffe letztlich den Pflanzen wieder zur Verfügung, die Nahrungskette schließt sich zu einem Kreislauf. Er hat jedoch einen Haken: Die Selbstreinigung, also der Abbau organischen Materials durch Bakterien, funktioniert nur, wenn genügend Sauerstoff zur Verfügung steht. Die Bakterien entziehen ihn dem Wasser bei ihrer Abbautätigkeit.

Durch Abwassereinleitungen des Menschen steigt die Menge der organischen Stoffe enorm: Kot, Spülwasser, Gülle sind Bestandteile unseres Abwassers, von dem übrigens ein Bundesbürger im Durchschnitt 300 Liter täglich produziert (Entwicklungsländer: 15 Liter). Waschmittel bringen hohe Phosphatfrachten ein, ebenso auch landwirtschaftliche Einschwemmungen. Die Bakterien entziehen immer mehr Sauerstoff, um mit der Menge an Material „fertig" zu werden. Sauerstoff wird knapp, Faulschlamm entsteht, und vielen Tieren geht damit „die Luft aus". Forellenlaich kann sich z. B. nicht mehr entwickeln, empfindliche Krebse und Fischarten sterben oder wandern ab.

Doch hält die Argen dank ihres kühlen, reißenden Wassers viel aus; Turbulenzen wirbeln ständig neuen atmosphärischen Sauerstoff hinein und schaffen damit eine große Selbstreinigungskraft. Aber auch sie wird nicht mit der ganzen Last organischer Abwässer fertig und der Bodensee, der deshalb noch einen großen Teil abbekommt, erst recht nicht. Besonders die Phosphate führen im See zu einer Nährstoffexplosion, deren Folgen bekannt sind: Es besteht die Gefahr extremer Sauerstoffknappheit und damit des „Umkippens", was die Herbststürme durch neuen Sauerstoffeintrag glücklicherweise bisher verhindern konnten.

Doch das ist nicht alles. Die menschlichen und landwirtschaftlichen Fäkalien bestehen zu rund einem Drittel aus Bakterien – hauptsächlich Colibakterien aus dem Darm. Dabei können aber durchaus auch geringe Mengen krankheitserregender (pathogener) Keime mit Überlebenschancen von mehreren Wochen enthalten sein: Salmonellen, Ruhr, Wurmeier und andere. Sie schwimmen bei direkter Abwassereinleitung also mit in die Argen und in den See. Schließlich enthält Abwasser auch giftige Stoffe, etwa Schwermetalle, Pestizide, chlorierte Kohlenwasserstoffe. Über die Rolle dieser vorwiegend industriellen Abwässer für die Argen ist noch keine Veröffentlichung bekannt, doch ist zu hoffen, daß sie hier weniger bedeutsam sind.

Alle diese Abwässer greifen in ein kompliziert vernetztes Kreislaufsystem ein und können Kettenreaktionen auslösen, an deren Ende fast immer der Mensch steht: als Fischer, Fischesser, Trinkwasserabnehmer, Badender oder Erholungsuchender. Gewässer- und Naturschutz bedeutet auch Menschenschutz.

Gewässeruntersuchung mit Bio-Indikatoren

Wer könnte besser über die Argen Auskunft geben als diejenigen, die in ihr leben? Die Tiere des Flußbettes, z. B. Schnecken, Würmer, Egel, Insektenlarven und Krebse sind Indikatoren (Anzeiger) der Wasserqualität. Diese Lebensgemeinschaft hat sich langfristig auf die durchschnittliche Belastung eingestellt – denn es müssen ja ständig die minimalen Lebensanforderungen der Tiere an Sauberkeit und Sauerstoffgehalt in ihrem Lebensraum (Biotop) gewährleistet sein. Erfahrungs- und Forschungswerte machen es möglich, viele dieser Tiere bestimmten Güteklassen des Wassers zuzuordnen. Rote Zuckmückenlarven (Chironomidae) und der Schlammröhrenwurm Tubifex halten zum Beispiel die größte Schmutzfracht aus. Sie sind in der Lage, mit dem roten Blutfarbstoff Hämoglobin (den auch der Mensch besitzt) das bißchen Sauerstoff ihrer Umgebung zu binden. Andere dagegen, wie Steinfliegen- und manche Eintagsfliegenlarven sterben bereits bei mäßiger Bela-

Trügerische Sommer-Idylle? Blick vom Wiesacher Rutsch auf die Argen

stung an Sauerstoffmangel; gerade sie sind eine wertvolle Fischnahrung. Um nun die Gewässergüte auszurechnen, werden an jeder Meßstelle Bodentiere gesammelt, bestimmt und ausgezählt. Jedes hat einen Güteindex zwischen 1 und 4. So kann ein Endwert errechnet und die Untersuchungsstelle „benotet" werden: Die Güteklassen reichen von I bis IV.

Mit Gummistiefeln, Sieb, Teller, Pinzette, Lupe und Bestimmungsbuch ausgerüstet, führte ich im Herbst 1984 und stichprobenartig auch 1985 eine solche Untersuchung der Argen durch. Weil diese Methode nur den Grad der Belastung angibt, aber nichts über die verantwortlichen Stoffe aussagt, ergänzte ich sie durch einfache chemische Messungen. Diese „Momentaufnahmen" der chemischen Zusammensetzung des Wassers spiegeln allerdings nur den Zustand des jeweiligen Tages bzw. der Jahreszeit wieder und dienen daher nur als Hinweise auf sich abzeichnende Tendenzen. Bakteriologische Proben wurden in einem Fachlabor ausgewertet.

Die Ergebnisse

Anhand dieser Messungen läßt sich die eingangs gestellte Frage nach der heutigen Situation der Argen beantworten.

Die eigentliche Argen beginnt beim Zusammenfluß der Oberen und Unteren Argen in Pflegelberg. Hier ist sie bereits mäßig belastet (Klasse II). Aus dem Allgäu kommen z. B. Abwässer von Isny und Schwebstoffe aus dem Gottrazhofener Stausee.

Gleich im ersten Kilometer nach dem Zusammenfluß erhält die Argen einen Abwasserstoß aus der Wangener Kläranlage (Pflegelberg). Denn auch geklärtes Wasser ist noch immer stark belastet (polysaprob). Zudem werden Bakterien in den Kläranlagen nie vollständig abgetötet. Während die organische Belastung des Auslaufs innerhalb vorgeschriebener Grenzwerte lag, zeigten im Fachlabor ausgewertete bakte-riologische Proben eines Fischereivereins sehr hohe bakterielle Verschmutzung an. Die Colibakterienzahlen lagen weit über den Richtlinien für Badegewässer.

Ein Teil der Belastung wird auf der Strecke bis Laimnau trotz einiger kleinerer Zuläufe wieder abgebaut. Der Bollenbach, dem früher die Laimnauer Abwässer zuflossen, ist nicht mehr so stark belastet, weil das Laimnauer Abwasserrohr umgeleitet wurde: Aus einem Sammler laufen nun die ungeklärten Abwässer einschließlich derer einer Käserei direkt in die Argen! Hier liegt ein besonders kritischer Punkt. Die konzentrierte Brühe fäkaler, organischer und milchsaurer Abwässer gehört der Klasse IV (sehr stark verschmutzt) an und drückt die Güte der Argen an der Einleitungsstelle auf kritische bis starke Belastung (III). Das Abwasser selbst wies einen ungewöhnlich hohen Kaliumpermanganat-Verbrauch $(KMnO_4)$ auf. Dieser Wert gibt die Menge organischer Stoffe im Wasser an. Der für den Bodensee-Einzugsbereich bei 80 Milligramm pro Liter liegende Grenzwert wurde hier um mehr als das Zehnfache überschritten. Er war so hoch, daß er mit einfachen Methoden bereits nicht mehr genau meßbar war.

Entsprechend sieht die Fauna des Gewässerbodens aus. Typische Vertreter wenig anspruchsvoller Organismen machen sich breit (die lateinischen Namen bezeichnen Tiergattungen): Rollegel (Erpobdella), Zuckmücken (Chironomidae), Schlammröhrenwürmer (Tubificidae). Es fehlen die Steinfliegen (z. B. Perla und Dinocras), die Hakenkäfer (Elmis); Eintagsfliegen und Köcherfliegen werden seltener (z. B. Ephemera und Silo, selbst ausdauerndere Gattungen wie Hydropsyche und Rhyacophila). Nur den enormen Turbulenzen unterhalb der Laimnauer Einleitung am „Wiesacher Rutsch" und der großen Verdünnung ist es zu verdanken, daß die Sauerstoffwerte noch relativ hoch bleiben und doch ein

Abflußrohr einer Kläranlage: Damit muß die Argen nun selber fertig werden.

schneller Teilabbau erfolgen kann. Am Wiesacher Rutsch ist die Fauna aber noch immer der Güteklasse II-III mit Tendenz zu III zuzuordnen, das bedeutet, hier liegt noch immer kritische Belastung vor. Übrigens halten sich dort trotzdem Fische auf. Auf den ersten Blick könnte man erleichtert feststellen, daß es ja so schlimm nicht sein kann, wenn es immerhin noch Fische gibt. Doch das ist ein Irrtum: Die Fische sind zwar kurzfristig da, um die Käsereiabwässer und eingeleitete Speisereste zu fressen, doch ihr Laich hat hier keine Überlebenschance. Nur durch Besatz ist ihre Nachkommenschaft noch zu sichern. Auch bakteriologisch waren am Wiesacher Rutsch Negativrekorde festzustellen.

Bis zur Gießenbrücke hat sich der Zustand der Argen auf der kurzen Fließstrecke nur leicht gebessert. Dann aber beginnt der begradigte und stellenweise angestaute Unterlauf der Argen. Stauungen beeinträchtigen die Selbstreinigungskraft des Flusses, weil sich die Strömung verlangsamt. Dadurch kann sich das Wasser stärker erwärmen und verliert an Sauerstoff. Gleichzeitig werden mehr Algen produziert, die Produktion von „Biomasse" angekurbelt. Die Probleme wurden bereits geschildert: Sauerstoffmangel und Ablagerungen (Sedimentierung) von Schwebstoffen unter Bildung von Faulschlamm sind die Folgen. In dieser Hinsicht würden sich übrigens erst recht bei Kraftwerksstufen äußerst negative Folgen für die Argen ergeben, zumal sie mit 60000 Tonnen pro Jahr eine große Schwebstofffracht mit sich trägt.

Obwohl inzwischen auch die Einleitung der Abwässer Oberdorfs weggefallen ist (sie wurden an die Kläranlage Kressbronn/Langenargen angeschlossen), bleibt also bis zur Mündung eine mäßige Verschmutzung mit teilweise kritischen Tendenzen. Die Argen trägt damit immer noch zur Eutrophierung (Überdüngung) des Bodensees bei. Wenngleich sie sich im See (samt Bakterien und

Baden verboten
Gesundheitsgefahr
Landratsamt Bodenseekreis

Schmutzfracht) wegen ihrer relativen Kühle gleich in tiefere Zonen einschichtet, beeinträchtigt die Belastung doch die Güte des beliebten Argenmündungsgebietes mit seinen Bade- und Wassersportmöglichkeiten.

Wie sieht es also heute aus? Die Antwort muß lauten: Noch immer ist die Argen nicht sauber, obwohl etwas getan wird. Das Institut für Seenforschung stellt laufend Untersuchungen zur Gewässergüte an und trägt damit auch zum Aufspüren unbekannter Einleiter bei; Wasserschutzgebiete werden ausgeweitet und vermindern Belastungen aus der Landwirtschaft, und das Wichtigste: In Kürze dürfte die Kläranlage Apflau in Betrieb gehen und das Laimnauer Rohr hinfällig machen. Doch Kläranlagen sind nicht die einzige Lösung. Wenn sich parallel zu ihrem Bau auch der Wasserverbrauch in Haushalten, Industrie und Landwirtschaft ständig erhöht, kommt unter dem Strich für den Fluß dasselbe Ergebnis heraus.

Kläranlagen sind nur „Notbremsen". Sie müssen einhergehen mit Maßnahmen, die eine Erhöhung der Abwassermengen verhindern. Dabei ist nicht zuletzt jeder einzelne gefordert, einen verantwortlichen Beitrag zum Gewässerschutz zu leisten.

Martin Fix

Literatur:

Baur, Werner: Gewässergüte bestimmen und beurteilen. Hamburg 1980.
Engelhardt, Wolfgang: Was lebt in Tümpel, Bach und Weiher. Stuttgart 1977.
Fix, Martin: Die Gefährdung der Argen durch menschliche Eingriffe. Zulassungsarbeit, Weingarten 1985.
Habeck-Tropfke, Hans Herrmann: Abwasserbiologie. Düsseldorf 1980.
Internationale Gewässerschutzkommission für den Bodensee: Bericht 24, 28, 30.
Klee, Otto: Hydrobiologie. Stuttgart 1975.
Knodel, Hans und Kull, Ulrich: Ökologie und Umweltschutz. Stuttgart 1981.
Landesanstalt für Umweltschutz: Die Verfahren der biologischen Beurteilung des Gütezustandes der Fließgewässer. Karlsruhe 1980.
Liebmann, Hans: Handbuch der Frisch- und Abwasserbiologie. München 1962.
Nümann, Wilhelm: Der Chemismus eines Flusses vor und nach Beseitigung von Zelluloseabwässern (. . .) am Beispiel der Argen. Zeitschrift „Vom Wasser", Band 34, 1968.
Wachek, F.: Der biologisch-chemische Zustand der Bodenseezuflüsse Schussen, Argen, Rotach und Laiblach; in: Liebmann, Hans (Hrsg.): Trinkwassergewinnung aus Oberflächenwasser. München 1968.

Alpenblumen der Bodenseeregion

In Konkurrenz mit dem Wald überdauerten sie Jahrtausende

Betrachtet man die Flora in den wenigen noch natürlichen Landschaftsteilen des Bodenseeraumes und Oberschwabens, wird man einige Pflanzen finden, die auch in den Alpen in größeren Höhen anzutreffen sind. Zwischen den Lebensbedingungen hier und dort besteht ein großer Unterschied, denn das alpine Klima ist von viel schärferen Gegensätzen bestimmt als unser Tieflandklima. Die Alpenpflanzen haben sich in ihrer langen Entwicklungsgeschichte diesen alpinen Bedingungen angepaßt und Eigenschaften entwickelt, die ihnen das Überleben in einer relativ lebensfeindlichen Umwelt gestatten. Niedriger Wuchs, Behaarung, Wachsüberzüge auf Stengeln und Blättern sind rein äußerlich erkennbare Merkmale. Auf den ersten Blick nicht sichtbare Besonderheiten der Verankerung im Boden, der Ausbildung der Wurzeln, des Stoffwechsels, der Fortpflanzung treten hinzu.

Doch: Warum gibt es auch bei uns Alpenblumen? Die Antwort weist uns Jahrtausende zurück. Teile der Erde wurden, beginnend vor etwa 600000 Jahren, von mehreren Kälteperioden heimgesucht, den sogenannten „Eiszeiten". Die letzte endete vor etwa 20000 bis 15000 Jahren. Für Nordeuropa und die Alpen brachten diese Eiszeiten eine für uns schwer vorstellbare Vergletscherung. Von Skandinavien ausgehend, bedeckte das Eis einen großen Teil Mitteleuropas, und aus den Alpen schoben sich die Gletscher als zusammenhängende Eismasse weit ins Alpenvorland hinaus. Nur ein vergleichsweise schmaler Streifen von etwa 300 Kilometern Breite blieb zwischen den vereisten Gebieten frei.

Die Alpenpflanzen und die in Skandinavien beheimateten Arten „wanderten aus", als die ständig härter werdenden Bedingungen ihnen das Leben unmöglich machten, und ihre ursprünglichen Standorte Zug um Zug unter Eis und Schnee versanken. In dem schmalen eisfreien Streifen zwischen nördlicher und alpiner Verdeutscherung haben sich die „Ausgewanderten" getroffen, haben sich auch ausgetauscht, sodaß einige nördliche Arten mit dem schließlich weichenden Eis in die Alpen, wie auch einige alpine Arten nach Norden gezogen sind.

Erfolgte die Rückwanderung aufgrund des milder gewordenen Klimas? Sie mußten weichen, denn ihnen wurde durch das Nachrücken von Gewächsen mit größeren Ansprüchen, vor allem der Wälder, der Lebensraum streitig gemacht. Die Wälder nahmen ihnen Platz und Licht. Die Entstehung von dicken Humusschichten und damit ein verändertes Nahrungsangebot sagte

Alpenblumen am See und in Oberschwaben (von links oben nach rechts unten): Prachtnelke, Mehlprimel, Fieberklee, Lungenenzian, Wollgras mit Knabenkraut, Sonnentau.

den Alpenpflanzen nicht zu, die sich auf ein karges Nährstoffangebot spezialisiert hatten.

Doch gab es in den eisfrei gewordenen Gebieten „Inseln", auf denen die bedrängende Konkurrenz nicht recht vorankam. Es waren die Ufer von Seen und Flüssen, die ständigen Veränderungen durch das damals noch reichlich strömende Wasser ausgesetzt waren. Wo Flüsse versiegten, wo Seen verlandeten, hat sich aber zum Teil bis heute noch nicht die Bodenqualität entwikkelt, die dem Wald oder anderer Vegetation zuträglich ist. Und diese Gebiete sind es, in denen heute Alpenpflanzen anzutreffen sind. Die Flora dieser Moore und Riede ist völlig verschieden von der, die wir auf Wiesen und in Wäldern antreffen. Man sucht zwar vergebens nach manchen bekannten Alpenblumen wie Edelweiß, Alpenrose, Aurikel oder Steinbrech, oder nach ausgesprochen hochalpinen Arten wie Mannsschild und Gletscherhahnenfuß, doch finden sich Mehlprimel, Trollblume, Fettkraut, Sonnentau, Rauschbeere, Fieberklee, Wollgras, Frühlingsenzian, Knabenkräuter, Schwalbenwurz- und Lungenenzian, Weidenröschen und andere.

Wenn wir den Radius noch ein wenig weiter schlagen und humusarme Trockenrasengebiete (Jura, Hegau, Alb) in unsere Betrachtungen einbeziehen, können auch noch Händelwurz, Gelber Enzian, Braunrote Sumpfwurz, Fransenenzian, Nelken und Mauerpfeffer als Relikte der nacheiszeitlichen Flora beobachtet werden. Auch hier fehlt ihnen die Konkurrenz der Wälder, und selbst nach deren weitgehender Rodung konnten die Wiesenpflanzen die Alpenblumen nicht verdrängen.

Im Gebirge schließlich finden Wiesen und Wälder ihre klimatisch bedingten Obergrenzen. Sie verdrängen die Alpenpflanzen nicht mehr, so daß diese bis hinauf an die Grenzen ihrer Lebensmöglichkeiten ziehen. Jedoch gegen Eingriffe des Menschen können sie sich auch hier nicht wehren. Durch ihre undenkbar lange Entwicklungszeit auf „schmale Kost" spezialisiert, vertragen die Alpenpflanzen es nicht, wenn z. B. durch Trockenlegung oder Düngung die Bodenchemie verändert und das Nährstoffangebot angereichert wird. Die Anpassungsfähigkeit an das Klima ist besser ausgeprägt.

Alpenblumen im Bodenseeraum – das ist ein Brückenschlag aus der Vorgeschichte, als es noch keine Menschen gab, in unsere Gegenwart, da der Mensch alles im Griff zu haben meint. Es wird noch viel zu wenig bedacht, daß mit der Veränderung und Nutzbarmachung solcher „Reliktstandorte", in denen Alpenpflanzen noch leben, unwiederbringliche Schätze zerstört werden.

Gottfried Achberger

Der Pflanzensammler Hieronymus Harder

Vor 400 Jahren entstanden die ersten Herbarien

„Scientia amabilis", die liebenswerte Wissenschaft, pflegt man die Botanik zu nennen. Wie wahr dieses Wort ist, beweisen einmal mehr die alten Pflanzensammlungen, die sich freilich nur in spärlicher Zahl über die Jahrhunderte hinweggerettet haben. Es ist da ähnlich wie mit den gedruckten Büchern: Die ersten waren die weitaus schönsten. Spät, wie die Schwarze Kunst, wurde auch die Kunst, Pflanzen zu pressen, erfunden. Aber es gibt schon recht früh Notizen, wie etwa im sog. Philobiblon des Richard de Bury im frühen 14. Jahrhundert, die von der Unart der Studenten, gepreßte Pflanzen als Lesezeichen in die Bücher einzulegen, berichten. Eine Unart freilich, den praktischen Nutzen aber hat damals noch keiner gezogen.

Im pflanzenreichen Italien hat man dann die ersten richtigen Sammlungen angelegt. In Deutschland sollte es noch ein bißchen länger dauern. Erst im 16. Jahrhundert begann man auch hier, Pflanzen zu sammeln, zu pressen und aufzubewahren. Wer der erste war, der hier diese Kunst übte, läßt sich heute nicht mehr mit Sicherheit sagen. Sowohl der Arzt Caspar Ratzenberger († 1603) als auch sein Kollege Leonhart Rauwolff, der seine Herbarien zwischen 1560 und 1563 anlegte, just in der Zeit also, in der auch Hieronymus Harder seine erste Sammlung anfertigte, haben sich damals damit beschäftigt. Im Gegensatz zu Harder nennen sie aber keine Jahreszahl. So muß es

dahingestellt bleiben, ob Hieronymus Harder vielleicht sogar der erste in Deutschland war, der Pflanzensammlungen anlegte, einer der allerersten war er jedenfalls. Friedrich Schnack, der wie Harder einige Zeit am Bodensee lebte, hat sich − in dichterischer Freiheit − mit dem im besten Sinne des Wortes dilettantischen Kräutersammler in seinem Buch „Cornelia und die Heilpflanzen" beschäftigt.

Wer war Hieronymus Harder? Er wurde im Jahre 1523 zu Meersburg geboren, wo sein Vater Schulmeister war. Daß er dann in seinem ersten (uns bekannten) Herbarium einmal schreiben wird „Ich Jeronimus Harderus von Bregentz" liegt daran, daß der Vater, kaum daß der Sohn zwei Jahre alt war, als Lehrer nach Bregenz ging und dort später, nach seiner Pensionierung, das Mesneramt versah. Vor 1580 scheint der Vater gestorben zu sein, denn fortan ist bis zum Jahre 1591 die „Harderin" in den Bregenzer Steuerlisten erwähnt. Sie war wohl die Stiefmutter unseres Hieronymus.

Urkundlich erscheint Hieronymus Harder das erste Mal im Jahre 1560 in Ulm. Das dortige Protokoll des Pfarrkirchenbaupflegamts berichtet unter dem Datum des 28. November 1560: „Iheronimus Harder von Bregenz, welcher zum lateinischen Schulamt gen Geislingen bitt und begehrt", habe in Ulm eine Prüfung abgelegt und dabei „ziemlich wohl bestanden, dann allein, daß er etliche Zeit in der Übung nit gewest".

Aus dem Lindauer Herbar des Hieronymus Harder

Harder war also, wie sein Vater, Lehrer geworden. Nun wurde ihm eine Stelle als Lateinschulmeister in Geislingen in Aussicht gestellt. Zuvor aber sollte ihm noch vorgehalten werden: „Er müsse der Kirchen zu Geislingen mit Psalmensingen und Catechismo halten fleißig aufwarten, des Papsttums allerdings müssig stehen, sich auch allen Arzneiens und was derselbigen Ding gänzlich entschlagen." Wir hören hier also erstmals von Harders Leidenschaft, Heilpflanzen zu sammeln und anzuwenden. Im gleichen Protokoll heißt es schließlich unter dem 13. Mai 1561, den Spitalpflegern zu Geislingen sei mitzuteilen, daß die freigewordene Schulmeisterstelle Harder zugesprochen worden sei.

Ab Mai 1561 finden wir Harder nun in Geislingen, wo er für ein Jahrzehnt sein Zuhause fand. Zuvor noch hatte er in Ulm seine künftige Frau, Agatha Marner (oder Marnerin), bezeichnenderweise die Tochter eines Gewürzhändlers, kennengelernt. Hier in Geislingen wurden ihm auch drei seiner Kinder geboren. Am 25. September 1562 kamen Margaretha, zwei Jahre darauf, am 28. Januar 1564, Johannes und nach weiteren sieben Jahren, am 26. August 1571, die Tochter Maria zur Taufe.

In das Jahr nach Harders Anstellung in Geislingen fällt auch die Entstehung seines – soweit uns bekannt – ersten Herbariums. Es entstand anno 1562 und befindet sich heute in Privatbesitz in Heidelberg. In einem Auktionskatalog vom Jahre 1932 wurde es um 500 Schweizer Franken als „Herbarium vivum" zum Verkauf angeboten. Vor wenigen Jahren wurde übrigens in Heidelberg nochmals ein Harder-Herbarium zum Gebotspreis von 14 000,– DM angeboten, doch handelt es sich hier wohl um einen Verwandten Harders, möglicherweise seinen Sohn Johannes.

Zurück zu der heute in Heidelberg aufbewahrten Sammlung. Die Wissenschaftler bezeichnen es gern als das Anfangsherbar

des Hieronymus Harder. Es wäre freilich durchaus denkbar, daß er schon zuvor einige Versuche unternommen hat. Der Hinweis im erwähnten Ulmer Protokoll läßt immerhin daran denken. Begonnen hat Harder das „Heidelberger Herbarium" am 4. Februar 1562, beschäftigt hat er sich damit aber wohl viel später noch, jedenfalls lassen verschiedene Tinten, die er zur Beschriftung benützt hat, darauf schließen. Der badische Apotheker Walther Zimmermann (Ilmenau), der sich viel mit diesen Sammlungen beschäftigt hat, meint zur Entwicklung der Harder'schen Herbare: „Überall zeigt sich – und gerade das packt bei dem Eindringen in diese deutsche Herbar-Inkunabel eigenartig – das Hineinwachsen eines schlichten Pflanzen- und Naturfreundes in eine neue Gedankenwelt. Man spürt das noch unbeholfene, unsichere Tasten. Man hat den Eindruck, als versuche der Herbaranleger in den gefundenen Pflanzen diese oder jene Pflanze aus einer gedruckten Quelle in seiner Umgebung zu finden, ähnlich wie die ersten Kräuterbücher Pflanzen des griechischen Arztes Dioskurides in heimischen Gewächsen erkennen wollten. Man fühlt auf diesen Seiten mit den recht gut erhaltenen, nicht aber immer nur gepreßten Pflanzen etwas neues Geistiges auf deutschem Boden wachsen, hört eine Quelle einer neuen naturwissenschaftlichen Betätigung in Deutschland hervorbrechen, die neben dem Drucken von Kräuterbüchern und dem Schneiden von Pflanzenbildnissen in köstlichen Holzschnitten einherlief."

Man kann die Herbare Harders kaum besser beschreiben „. . . nicht aber immer nur gepreßte Pflanzen . . .": Harder war ein findiger Kopf. Als er feststellen mußte, daß sich verschiedene Pflanzenteile wegen ihrer Stärke oder Verfärbung nicht recht pressen und trocknen lassen wollten, kam er auf die Idee, diese Teile mittels Pinsel und Farbe zu ergänzen. Er sollte es bald zu einer

Meisterschaft bringen, die uns heute noch erstaunen läßt und die seine Sammlungen zweifellos noch liebenswerter machen.

Etwa 450 Pflanzen hat Harder in seinem ersten Herbarium zusammengetragen. Daß er damals aber noch ein Suchender war, zeigen die vielen ungenauen Bezeichnungen, die er seinen Lieblingen zukommen läßt. Manchmal unterliefen ihm auch Verwechslungen wie etwa, wenn er unsere Mohrrübe mit der Bibernelle vertauscht. Und manchmal gibt er ganz offen zu, daß ihm eine Pflanze unbekannt sei. So schreibt er bei Gypsophila repens unumwunden: „Diss gewexlin hab ich an denn stainichten Bergen gefunden ist mier noch unbekannt." Besonderen Wert erhält die Sammlung dadurch, daß sie die erste Albflora zusammenstellt.

1571 oder 1572 – wir kennen das genaue Datum nicht mit letzter Sicherheit – wechselte Harder seine Stelle und wurde Schulmeister in dem ulmischen Dorfe Bad Überkingen. Hier nun hat er – unter schwierigen finanziellen Verhältnissen – sein zweites Herbarium, das sich heute in der Bibliothek des Deutschen Museums in München befindet, angelegt. Am 18. Februar 1574 habe er es begonnen, schreibt er eigenhändig in den Folianten. Im April 1576 schloß er es. 441 Pflanzen waren zusammengekommen. Auf dem Titelblatt nennt er sich voller Stolz „Schulmeistern und Simplicisten zu uberchinge(n)". Das später eingeklebte Exlibris aus der Bibliothek des bayerischen Herzogs" läßt an die Praktik Harders erinnern, seine Sammlungen an hochgestellte Persönlichkeiten zu veräußern, wohl in der Hoffnung, sein spärliches Gehalt damit etwas aufzubessern. Just in der Zeit, da dieses Herbarium entstand, 1574 und 1576, weilte Herzog Albrecht von Baiern in Überkingen zur Kur. Dort hat ihn wohl Harder kennengelernt und ihm dann das neueste Werk überlassen.

Noch ein weiteres Herbarium dürfte in Überkingen entstanden sein. Wir kennen zwar nicht seine Entstehungszeit, können sie aber aus verschiedenen Notizen darin einigermaßen sicher festlegen. Es dürfte auch um 1574 angelegt worden sein. Heute wird die etwa 300 Pflanzen beinhaltende Sammlung in der Biblioteca Apostolica Vaticana gehütet. Wie sie da hinkam? Nun, als Dank für päpstliche Hilfsgelder während des 30jährigen Krieges hat Kurfürst Maximilian von Baiern die berühmte Heidelberger Bibliothek dem Heiligen Vater zum Geschenk gemacht. Unter den vielen Schätzen, die damals nach Rom gekarrt wurden, befand sich auch dieses Herbarium.

Noch zu der Zeit, da Harder in Überkingen lebte, begann er mit dem viertältesten Herbarium, das heute in der Bayerischen Staatsbibliothek in München aufbewahrt wird. Als er es 1594 abschloß, lebte er längst in Ulm. Es sollte mit seinen 849 Pflanzen das umfangreichste von seiner Hand werden. Schon vom Äußeren her ist es ein sehr ansehnlicher Foliant. Für uns interessant ist hier eine Eintragung, die sich auf das Bodenseegebiet bezieht, erfahren wir doch, daß Harder auch im Vorarlbergischen botanisierte. Im Text über die „Violen" heißt es: „Blo Mertzen violen haben auch Iren namen von disem Monat dann in dem Mertzen khompt kain lieblichere blum noch herfür als dise . . . Die Gelen Berg violen hab ich im Hochen Gepirg gefunden Bey Hoche(n) Emps waxen im mies herauß an den Bergen, hatt wenig bletter ob dem mieß (Moos)." In diesem Herbar berichtet er auch stolz über seine Heilerfolge: Anno 1588 habe er mit dem Gauchheil einem Gerbersohn, der sich mit dem Messer arg verletzt hatte, geholfen. Und als er im März 1600 Durchfall hatte und an die vierzigmal „laufen" mußte, da hat er sich mit der Angelika geheilt.

Seit 1578 lebte Harder in Ulm, wo er im September des Jahres Präzeptor der Ersten Klasse an der Lateinschule geworden war. Schon ein Jahr zuvor hatte man ihn für dieses Amt vorgesehen. Im Protokoll des Reli-

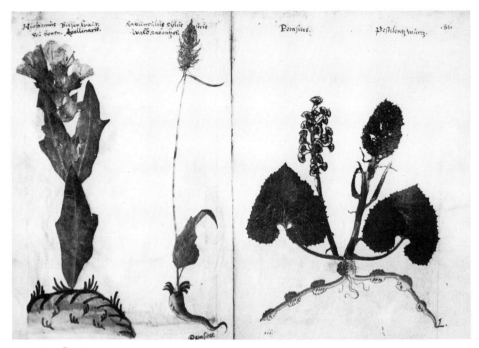

Aus dem Überlinger Herbar des Hieronymus Harder

gionsamtes vom 26. September 1577 findet sich darüber ein Vermerk. Harder hat Ulm nie mehr für längere Zeit verlassen. Nur 1587 war er wohl noch einmal für kurze Zeit in Überkingen zu Besuch.

Drei Sammlungen Harders befinden sich heute in Österreich. Das im Haus der Natur zu Salzburg liegende wurde 1592 fertiggestellt. Die beiden anderen zeigt man in Wien und Linz. Beide sind aus dem Jahre 1599. Vier weitere Sammlungen werden am Bodensee bzw. in seinem Umkreis aufbewahrt. Anno 1594 schloß Harder das Herbarium ab, das sich heute in Ulm befindet. Es enthält auf 204 Blättern 746 „lebendige" Pflanzen.

Als Besitzer dieser Sammlung kennen wir die Ärzte Georg Hasfurt, Johannes Regulus und schließlich Johannes Frank, Ulmer

Stadtphysikus. Als er 1725 starb, kam das Herbarium wohl in den Besitz der Ulmer Stadtbibliothek, denn sie erbte die stattliche Büchersammlung mit ihren etwa 2000 Bänden. Als die Bibliothek 1785 zum größten Teil ein Raub der Flammen wurde, konnte das Harder-Herbarium diesem Schicksal entgehen. In diesem Herbar nun erzählt uns der Sammler auch, wem er bis dahin schon alles ein Herbarium geschenkt habe. Er spricht von sechs Sammlungen, die er zusammengestellt habe. Demnach besaß zu diesem Zeitpunkt zwei Werke Herzog Albrecht von Baiern, ein drittes der Kurfürst von der Pfalz, ein viertes der Markgraf von Baden-Durlach, ein fünftes der Bischof von Augsburg, „der von Kneringen", und das letzte ein gewisser Dr. Joan Kern aus Innsbruck.

41

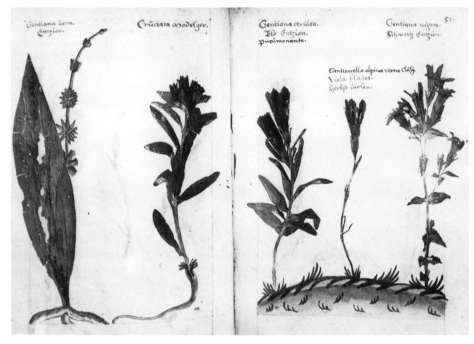

Aus dem Überlinger Herbar des Hieronymus Harder

Noch vor dem Jahre 1594 muß das Herbarium entstanden sein, das heute im Städtischen Museum zu Überlingen aufbewahrt wird. Es ist an manchen Stellen noch unfertig, vielleicht sollte es zu späterer Zeit noch Zuwachs erhalten. Auch das Titelblatt, das Harder sonst immer sehr sorgfältig beschrieb, ist hier noch nicht ausgefüllt. Möglicherweise handelt es sich um Harders Handexemplar, das nur für ihn selbst bestimmt war. So blieb es auch nach Harders Tod weiter in Familienbesitz. Und dies ist wohl auch der Grund dafür, daß es sich heute in Überlingen befindet. Einer seiner Schwiegersöhne nämlich, Johann Breehe, lebte hier in der Reichsstadt am Bodensee als Bader. Ihm hat Harder das Buch vermacht. Er selbst schrieb auf der inneren Seite des vorderen Buchdeckels: „Ich Hierony-

mus Harder hab dises Buch unnd Werkh meinem lieben Tochterman Johan Breehe Burger und Barbierer Zuo Uberlingen, zu ewiger meiner gedachtnuß verehrt." In roter Schrift hat eine andere Hand später hinzugefügt: „welches nach absterbung Solliches hinderlassen seinem Sohn Johanni Brehe der Medicin Doctori". Die Familie hatte sich inzwischen hochgearbeitet.

Das achtseitige Inhaltsverzeichnis nennt 288 lateinische und 324 deutsche Pflanzennamen. Auch hier hat der Alte wieder – wie schon erwähnt – mit Pinsel und Farbe nachgeholfen. Ganze Vegetationsfloren hat er so auf das Blatt gezaubert. Beim Frauenschuh beispielsweise sind nur die Blätter echt, alle anderen Pflanzenteile sind mit dem Pinsel hinzugefügt worden. In gleicher Weise machte er es mit dem Aronstab. Ja, er hat es nicht einmal an regelrechten Täuschungsversuchen fehlen lassen. Auf der Rückseite des Blattes 106 hat er da ein mittels eines Strohhalmes versteiftes Blattstück von Utricularia als Pflanze mit dem phantastischen Namen „Pfauenfeder, Myriophyllum" ausgegeben.

Was aber dieses Überlinger Herbarium für die Geschichte der Pflanzensammlungen so besonders interessant macht, ist die Tatsache, daß es zum Vorbild für das älteste Apothekerherbarium werden sollte. Der Sammler dieses Herbariums, das im Jahre 1594 fertiggestellt wurde, war der Überlinger Apotheker Johann Jakob Han. Daß er die Kunst von Harder abgeschaut hatte, gibt er unumwunden zu. Er schreibt: „So hatt nur ain kunstreicher auch großer Liebhaber der Kreiter, in der Weitberiempten Statt Ulm ain sunderige Kunst erdacht solche Kreiter in die Biecher zuo faßenn d(a)z solche Kreiter so lang als d(a)z Papeir in dem Buoch weret ohn verserung der Milben unnd Schaben bleiben, welche Kunst auch mir von ainem seinem geliebten Dochtermann mitgethailt ist worden." Dieser Tochtermann war Johann Breehe.

Der „Appodeckher" Zuo Uberlingen", wie sich Han nennt, hat darin 233 „lebenndiger Kreiter" zusammengetragen, „wie sy der Allmechtig Gott selbst erschaffenn unnd auf Erdenn hatt wachsenn lassenn, Daß auch unmüglich ist ainem maller wie Kunstreich er sy, so leblich zuo Mallen unnd an tag zugeben." Auch dies ist ganz die Sprache Harders; so drückte auch er sich stets in seinen Sammlungen aus.

Man möchte freilich dem Apotheker Han solche Liebe zum Detail und zur Pflanzenwelt kaum zutrauen, hört man von seinem Lebenslauf. Sowohl er als auch sein Vater, ebenfalls Apotheker, müssen rechte Hitzköpfe gewesen sein, deren Draufgängertum nichts zu wünschen übrig ließ. Man braucht nur in den Überlinger Ratsprotokollen ein bißchen zu blättern, um so manche Schandtat, vor allem des Sohnes, zu erfahren. Einmal schlug sich der junge Pharmazeut mit dem „blaser uf dem Wendelstain (= Münsterturm)" und sollte deswegen fast selber hineinkommen. Das andere Mal mußte der Vater achtzig Gulden auf den Tisch legen, weil sein Filius ein geliehenes Pferd zu Tode geritten hatte. Bald steht unser Botaniker schon wieder vor Gericht. Diesmal, weil er offensichtlich nicht nur Pflanzen, sondern auch schöne Mädchen sammelte, oder, wie es in nüchternem damaligem Amtsdeutsch heißt, weil er „etliche ledige dochtern allhier und an andern frembden Orten defloriert" hat. Gerechterweise muß allerdings hinzugefügt werden − und dies tat auch das Gericht −, daß sich der Mädchensammler aber auch bereit erklärte, in Pestzeiten der Bürgerschaft beizustehen und „nit zu weichen". Und die Botaniker werden ihm eine Menge zu seinen Gunsten anrechnen, weil er dieses Herbarium Anno 1594 schuf.

Zurück zu Harder! Im Frühjahr 1980 erfuhr ich von einem alten Herbarium in Zürich, das ich dann einwandfrei als eine Harder'sche Sammlung identifizieren konnte. Welchen Weg das umfangreiche Herbar seit Harder genommen hatte, ist nicht mehr feststellbar. Der heutige Besitzer, Walter Bruderer, hat es von seinem Vater geerbt, der es in den 20er oder 30er Jahren in Liechtenstein von einem auswandernden Deutschen, dem der Foliant nur Ballast sein konnte, erworben hatte. Etwa 425 Pflanzen sind in dem dickleibigen Buch zusammengetragen. Wann es abgeschlossen wurde, wissen wir nicht. Aus verschiedenen Angaben können wir aber schließen, daß es nicht vor 1592 fertig wurde. Als Zeitraum läßt sich vielleicht das letzte Jahrzehnt des 16. Jahrhunderts nennen. Im Vorwort spricht Harder beispielsweise davon, daß zwei Pflanzen der Sammlung, die 1594 gefunden wurden, hier eingeklebt sind.

Was uns aufhorchen läßt, ist der Satz, er habe inzwischen zwölf Herbare angelegt.

Da bis heute erst elf Exemplare bekannt sind, können wir noch mindestens auf zwei Funde hoffen, wobei natürlich die Wahrscheinlichkeit eines Verlustes recht groß ist. Vielleicht ist während des 30jährigen Krieges das eine oder andere auch nach Schweden abgewandert und taucht eines Tages im hohen Norden auf. Daß sich in der vorliegenden Sammlung auch Pflanzen aus dem Bodenseegebiet finden, zeigt uns die Angabe bei „Viola lutea montana", die er im hohen Gebirge bei Hohenems gefunden habe. Meistens sind freilich die Angaben zu den einzelnen Pflanzen recht spärlich, nur im Vorwort wird Harder ausführlicher.

Das jüngste Herbarium des Hieronymus Harder wird in der 450 Jahre alten Lindauer Stadtbibliothek (ehemals Reichsstädtische Bibliothek) gehütet. Es trägt die Jahreszahl 1607 und ist somit im Todesjahr unseres Simplizisten, wie er sich oft selbst nennt, entstanden. Wir dürfen darin also so etwas wie eine Ausgabe letzter Hand sehen. Es ist nur noch ein kleinformatiges Bändchen geworden. Fein säuberlich hat Harder, nun schon 84 Jahre alt, auf das Titelblatt geschrieben: „Kreuterbiechlin darin(n) 193. Laebendiger Kreuter begriffen sind, wie sy der Allmöchtig Gott sebs Erschaffen. und auf der Erden hatt wachsen lassen. die zusamen getragen. und in diß Biechlin geordnet durch Hieronymu(m) Harder. der zeit Lateinischer Schul diener zu ulm. Anno 1607." Auf der Innenseite des vorderen Deckels finden wir auch einen nicht mehr ganz zu identifizierenden Besitzeintrag, aus dem wir etwa „Maria Lynnsin der Jungeres gehört daß Kreuterbuch" herauslesen können. Harder hat hier wohl doch schon infolge seines hohen Alters gewisse Schwierigkeiten gehabt. So darf man etwa dem Register nicht mehr ganz trauen. Ein paar Pflanzen sind dort aufgeführt, die im Pflanzenteil aber fehlen, andere, die dort eingeklebt sind, werden im Verzeichnis mit keinem Wort erwähnt.

Wie die meisten seiner Sammlungen, beginnt auch diese letzte mit der „Hornungs blum" und der „Kuchen schell". Eingestreut in die bunte Pflanzenwelt finden sich auch hier wieder Heilerfolge und Pflanzenrezepte. Mit der Angelika etwa habe er einen Mann geheilt, der mit einem „Rapir durch und durch gestochen gewesen" und den die Ärzte und Bader wegen der Aussichtslosigkeit nicht mehr behandeln hatten wollen. Dank seiner, Harders, Behandlung lebe der Mann noch und habe erst vor wenigen Jahren seiner „Agata" auf dem Markte Grüße an seinen Lebensretter aufgetragen. An anderer Stelle teilt er uns das Rezept für eine Tabaksalbe mit, die er mit Erfolg bei Räude und Flechten anwende. Er selbst habe mehrere Jahrzehnte an einem solchen Leiden laboriert und es schließlich „mitt diser salb un(d) Gottes Hilff gehailt".

Mit Abschluß dieser kleinen Sammlung hat dann Hieronymus Harder Botanisiertrommel und Zeichenstift aus der Hand gelegt, vielmehr hat ihm beides der Tod abgenommen. Schon zu Beginn des 17. Jahrhunderts hatte der Sensenmann des öfteren in seinem Hause Ernte gehalten. Am 19. September 1603 wurde seine Frau Agatha begraben, bald darauf auch der Sohn Johannes, der in Ausübung seines Berufes als Arzt an der Pest gestorben war. Beides war wohl für den alten Mann zuviel. Er begann zu kränkeln, und bald erlöste auch ihn der Tod. Am 27. April des Jahres 1607 trug man ihn in Ulm zu Grabe.

Wir wissen nicht, wo er dort seine letzte Ruhestätte fand. Aber wir kennen heute elf seiner kostbaren Pflanzensammlungen, die uns von einem Mann künden, der, trotz vieler Anfechtungen seitens uneinsichtiger Vorgesetzter, gerade wegen dieser Kunst sein Leben oder doch zumindest seine freie Zeit der „Scientia amabilis" weihte.

Werner Dobras

Zwei vom Aussterben bedrohte, bzw. stark gefährdete Amphibien: der Laubfrosch und (unten) der Moorfrosch, der hier – zur Paarung – sein blaues Hochzeitskleid angelegt hat

Laßt dem Frosch sein Heimatrecht!

Vom vielfältigen Amphibienschutz im Bodenseekreis

An einem Morgen Ende Februar 1985 kommen 20 Schüler einer Markdorfer Schule an die Kreisstraße 7742 zwischen Markdorf und Friedrichshafen. Wie bereits im Vorjahr beginnen sie, mit der Unterstützung des Straßenbauamtes Überlingen, im Abstand von drei Metern kleine Pfosten in den Boden zu rammen. Sie wollen einen etwa 50 Zentimeter hohen, undurchlässigen Zaun aus Kunststoffolie errichten. Dieser Zaun soll die nun aus dem Winterschlaf erwachenden und zu ihren Laichgewässern wandernden Amphibien vor den tödlichen Reifen unaufmerksamer, zum Teil auch rücksichtslos vorüberrasender Autofahrer schützen. Er stellt für die Tiere ein unüberwindliches Hindernis dar, und die jungen Amphibienschützer brauchen dann nur noch am Zaun entlangzulaufen, um die Amphibien in Eimern aufzusammeln und sicher auf die andere Straßenseite zu bringen. Auf diese Weise werden Hunderte von Amphibien vor dem Tod durch ihre unnatürlichen Feinde – Straße und Kraftfahrzeug – gerettet.

An einem anderen Tag kommen die Mitarbeiter einer anderen Amphibienschutzgruppe auf die Mülldeponie Weiherberg in der Nähe von Friedrichshafen. Bevor die Mülldeponie errichtet wurde, konnten Spaziergänger an dieser Stelle ein großes Feuchtgebiet vorfinden. Sie konnten sich an den farbenprächtigen Sumpfpflanzen, an der Flugakrobatik der Libellen oder an der „Stille" der Natur erfreuen. Mit etwas Glück begegneten sie einem der letzten Kammolche des Bodenseekreises, einem Wiesel oder einem kleinen Igel.

Die Mitarbeiter der Amphibienschutzgruppe kommen an diesem Tag nicht, um die Natur zu genießen. Sie kommen, um die letzten überlebenden Amphibien aus den wenigen noch bestehenden Tümpeln zu fischen und sie dann in andere, zum Teil eigens dafür hergerichtete Tümpel umzusetzen. Auf diese Weise wurden in den letzten Jahren mehrere tausend Amphibien vor den Baggern und somit dem sicheren Tod gerettet. – Dies sind zwei Geschichten, wie sie jeder, der sich um den Schutz von Amphibien bemüht, erzählen kann.

Warum bemühen sich Menschen aller Altersgruppen um den Schutz der Amphibien? –

Was sind überhaupt Amphibien?

Immer wieder liest oder hört man, daß diese Tiergruppe in ihrem Bestand bedroht sei – gar manche Arten kurz vor dem Aussterben stünden.

Amphibia ist der Überbegriff für alle Frösche, Unken, Kröten, Salamander und Molche und heißt frei übersetzt „Lebewesen, das sowohl im Wasser als auch auf dem Land leben kann". In der Bundesrepublik Deutschland kommen 19 verschiedene Amphibienarten vor, wovon sich zwölf auch im gewässer- und feuchtgebietreichen Bodenseekreis finden lassen.

Übersicht · Gefährdung der Amphibien Stand 1982 BRD ◣ CH ▬ Boden-seekreis ▦

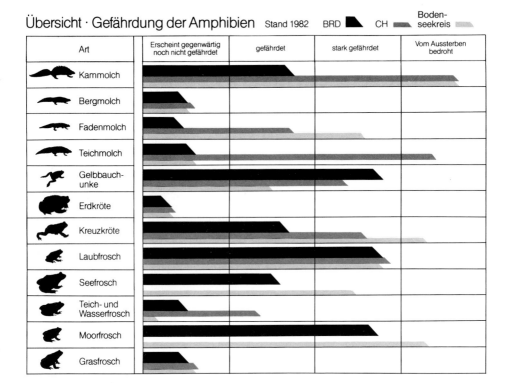

Art	Erscheint gegenwärtig noch nicht gefährdet	gefährdet	stark gefährdet	Vom Aussterben bedroht
Kammolch				
Bergmolch				
Fadenmolch				
Teichmolch				
Gelbbauch-unke				
Erdkröte				
Kreuzkröte				
Laubfrosch				
Seefrosch				
Teich- und Wasserfrosch				
Moorfrosch				
Grasfrosch				

Vor etwa 400 Millionen Jahren gelang den Vorfahren unserer heutigen Amphibien der Übergang vom Wasser ans Land; damit haben sie die Grundlage für die Eroberung der Landflächen durch Wirbeltiere geschaffen. Im Gegensatz zu den übrigen Wirbeltieren, gelang dieser Schritt den Amphibien allerdings nur teilweise, denn nach wie vor vermehren und entwickeln sie sich ähnlich wie die Fische. Mit wenigen Ausnahmen sind sie in ihren ersten Lebensabschnitten, der Embryonal- und der Larvenzeit, an das Wasser gebunden. Selbst erwachsene Amphibien sind aufgrund ihrer dünnen ungeschützten Haut auf eine mehr oder minder feuchte Umwelt angewiesen.

Amphibien leben in feuchten Wiesen, Wäldern, Büschen, Schilfflächen, Mooren, langsam fließenden Bächen, mit Wasser gefüllten Gräben und in Teichen und Seen. Die erwachsenen Amphibien halten sich nur etwa zwei Monate in ihrem Laichgewässer auf. In dieser Zeit findet die „Amphibienhochzeit" mit ihren lauten Froschkonzerten statt, der das Ablegen der mit einer Gallerthülle umgebenen Eizellen folgt. Danach verlassen die Frösche und Molche wieder das Wasser und überlassen ihre Nachkommen einer selbständigen Entwicklung.

Aus den Eiern schlüpfen nach einiger Zeit die fischähnlichen Larven (bei den Fröschen Kaulquappen genannt), welche langsam größer werden und sich zu kleinen Fröschen und Molchen umwandeln. Dieser Vorgang, auch Metamorphose genannt, ändert ihre Lebensbedingungen grundlegend.

Konnten die Larven mit Kiemen unter Wasser atmen, so müssen die jungen Tiere jetzt öfters an Land oder zumindest an die Wasseroberfläche gehen, um den zum Leben notwendigen Sauerstoff über die nun vorhandenen Lungen aus der Luft zu bekommen. Nach abgeschlossener Umwandlung verlassen die kleinen Frösche und Molche ihr Geburtsgewässer und beziehen ihren Überwinterungsplatz. Den Winter verbringen die meisten Amphibien in der Laubschicht oder dem Unterholz von Wäldern und Hecken, in Erdmulden und unter Steinen oder umgestürzten Baumstämmen, um im nächsten oder übernächsten Jahr als erwachsene Frösche oder Molche wieder zu ihrem Geburtsgewässer zurückzukehren.

Amphibien sind Tiere, die durch ihre Ernährung mit Insekten, Würmern und Schnecken der Landwirtschaft oder dem Kleingartenbesitzer einen guten Dienst erweisen. Andere Tiere, wie zum Beispiel der von jedem gern gesehene Storch, sind auf sie als Nahrungsquelle angewiesen. Durch ihre Farbenpracht und Lebensweise bereichern sie die Natur. Durch ihre Ausrottung würde das Gleichgewicht der Natur zerstört, und die Landwirtschaft würde dazu gezwungen, noch mehr Gifte auf den Feldern auszubringen. In Süd-Asien wird zum Beispiel ein starkes Zunehmen von Schadinsekten und somit eine ökologische Katastrophe befürchtet, da durch die rücksichtslose, bis zur Ausrottung gehende Jagd auf Frösche und deren Schenkel die natürlichen Feinde der Insekten verschwinden.

Wegen der Artenschutzbestimmungen droht den Amphibien bei uns die Gefahr durch Einsammeln im allgemeinen nicht, dafür werden sie schon seit Jahrzehnten durch eine Vielzahl anderer, ebenso großer Gefahren bedroht.

Trotz ihrer Harmlosigkeit und ihres Nutzens sind die Amphibien seit Menschengedenken gefürchtet und geächtet. Im Märchen muß erst ein „häßlicher" Frosch an die

Ein Mitarbeiter des Arbeitskreises Amphibienschutz beim Einfangen gefährdeter Tiere auf der Mülldeponie Weiherberg

Wand geworfen werden, damit der Prinz entzaubert wird, und vom harmlosen Feuersalamander behauptete Plinius vor 2000 Jahren, er sei „das größte Scheusal unter allen Gifttieren, das ohne Reue ganze Völker vernichtet".

Mittelalterliches „Wissensgut" über Salamander, Kröten und Frösche hat sich bis in unsere „aufgeklärte" Zeit erhalten, und nur wenige Menschen können ihre anerzogene Scheu überwinden und in den Tieren auch das Schöne und Interessante bewundern – etwa das bernsteinfarbene Auge der Erdkröte, die herzförmigen Pupillen der Unken oder die Umwandlung der Kaulquappe zum Frosch, die mit zum Erstaunlichsten gehört, was in der Natur alljährlich geschieht.

49

Der Kammolch ist im Bodenseekreis vom Aussterben bedroht

Während früher nur einzelne Tiere getötet wurden, bringt das Industriezeitalter den Amphibien Massenvernichtung. Vor allem die Trockenlegung von Feuchtgebieten zur Intensivierung der landwirtschaftlichen Nutzung und die Verbauung von Bach- und Flußufern läßt Frösche, Kröten und Molche von Jahr zu Jahr seltener werden. Auch der Straßenbau und die Flurbereinigung mit der aus ihr resultierenden Zerstörung von Tümpeln, der Rodung der Hecken und Begradigung der Bäche zerstören die Lebensräume für Amphibien, auch der hohe Gifteinsatz durch die Landwirtschaft sowie die giftigen Abwässer bzw. Abgase der Industrie und des Verkehrs tragen zur Gefährdung dieser Tiergruppe bei.

In der Schweiz wurden in den letzten 150 Jahren nahezu 90 Prozent der Feuchtgebiete zerstört; auch in der Bundesrepublik Deutschland und in Österreich sind die meisten Amphibienarten in ihrem Bestand bedroht.

Die einzige Möglichkeit, Amphibien nachhaltig zu schützen, ist die Pflege, die Anlage und der Schutz von für Amphibien geeigneten Gewässern und Landlebensräumen. Durch diesen Biotopschutz bekommen gleichzeitig auch noch andere vom Aussterben bedrohte Tiere und Pflanzen, wie zum Beispiel verschiedene Libellenarten oder auf feuchten Wiesen vorkommende Orchideen eine Chance zum Überleben.

Aus diesem Grund führte der Bund für Umwelt- und Naturschutz Deutschland (BUND) mit der Hilfe von über 40 ehrenamtlichen Helfern und mit der finanziellen Unterstützung des Bodenseekreises in den Jahren 1984 und 1985 eine Kleingewässerkartierung im Kreis durch. Bei dieser Kartierung wurden über 1000 Gewässer von kleinen Wassergräben bis hin zu Tümpeln

Die Gelbbauchunke ist in ihrem Bestand gefährdet

und Teichen aufgenommen und in ihrem Aussehen beschrieben. Über dies hinaus wurden noch Pflege- und Schutzvorschläge erarbeitet. All die nun gesammelten Daten wurden in einem umfangreichen Buch zusammengefaßt, welches den Gemeinden und Ämtern als Grundlage für Planungen und Pflegemaßnahmen dienen soll.

In den letzten Jahren wurden vom Deutschen Bund für Vogelschutz (DBV), dem BUND und anderen Gruppen mehrere Pflegeeinsätze durchgeführt und verschiedene Lebensräume für Amphibien hergerichtet. Vom DBV werden beispielsweise alljährlich mehrfach Pflegearbeiten im Naturschutzgebiet Eriskircher Ried bei Friedrichshafen organisiert und durchgeführt. Gemeinsam pflegen der DBV und der BUND das Naturschutzgebiet Altweiherwiesen bei Oberteuringen, wo 1985 wieder eine größere Riedfläche gemäht und abge-

räumt wurde. Von mehreren am Naturschutz interessierten Bewohnern der Friedrichshafener Umgebung, die die Arbeit der BUND-Ortsgruppe Friedrichshafen durch ihre tatkräftige Mithilfe unterstützen wollen, und dem beim BUND beschäftigten Pflegetrupp wurden 1985 mehrere Bombentrichter ausgeräumt und wieder für Amphibien bewohnbar gemacht. Bei dieser Arbeit kamen aus den ursprünglich für Amphibien geeigneten und oft mit Wasser gefüllten Mulden große Mengen von Müll – von Getränkedosen über giftige Chemikalien bis hin zu Autoreifen und größeren Küchengeräten – zum Vorschein. Im Hangquellmoor Oberesch bei Weilermühle wurden die aufkommenden Büsche entfernt, und Teile des Feuchtgebietes Lichtenwiesen bei Meersburg wurden gemäht und abgeräumt.

Bei Weilermühle wurde von dem beim BUND angestellten Pflegetrupp ein Kalk-

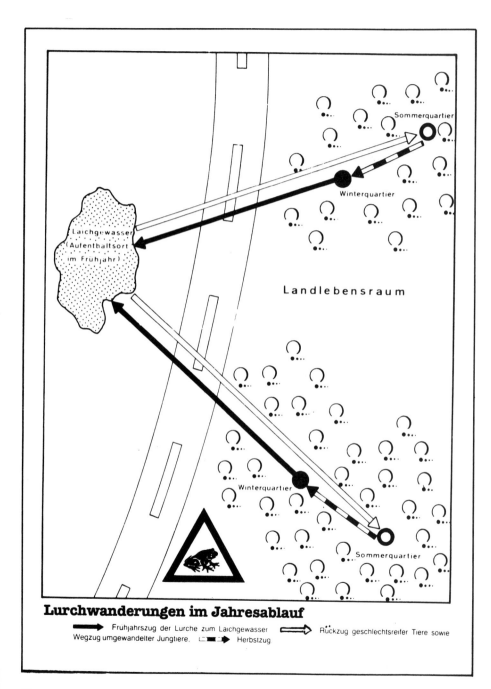

Lurchwanderungen im Jahresablauf

Frühjahrszug der Lurche zum Laichgewässer
Wegzug umgewandelter Jungtiere. Herbstzug
Rückzug geschlechtsreifer Tiere sowie

Noch verhältnismäßig häufig trifft man die Erdkröte an

quellmoor renaturiert. Bei diesem für die Bundesrepublik Deutschland einzigartigen Pilotprojekt wurde vorwiegend durch Handarbeit Bauschutt und Müll aus dem Gelände geborgen. Die aufkommende Verbuschung, welche den Charakter des seltenen Biotoptypes verändert oder gar zerstört, mußte mitsamt dem Wurzelwerk entfernt werden. Noch über Jahre hinweg muß dieses Kalkquellmoor beobachtet und gepflegt werden, bevor es seinen ursprünglichen Zustand wieder erreicht hat. Über den gesamten Bodenseekreis verstreut wurden mehrere Teichanlagen hergerichtet, welche wieder einigen Fröschen und Molchen eine Heimat geben werden.

Die hier aufgezählten Projekte zum Schutz dieser faszinierenden Tiere sind nur ein Teil dessen, was durch viele Naturfreunde jedes Jahr überall gemacht wird.

Leider sind bei uns trotz dieser intensiven Arbeit fast alle Amphibienarten mehr oder weniger stark vom Aussterben bedroht, und der Bestand mancher Arten nimmt immer noch ab.

Die Frösche, Kröten und Unken, die Molche und Salamander brauchen unser aller Schutz, damit unsere Kinder und Enkel auch in der Zukunft noch sagen können: „Schau mal, da ist ein Frosch".

Ulrich Mauser

Waldlandschaft um Salem

Ein forstliches Beispiel mit jahrhundertealter Tradition

Der Linzgau ist fraglos eine der schönsten, vielseitigsten und abwechslungsreichsten Landschaften Süddeutschlands. Arm an Industrie und nur kleinräumig besiedelt, bietet das bunte Mosaik an Wäldern und Gewässern, an bäuerlichen Besitzungen, Wein- und Obstgütern das unvergleichliche Panorama einer harmonischen Kulturlandschaft. Kein Wunder also, daß dieser auch mit Kulturgütern reich gesegnete Landstrich den verstädterten, vom Alltag geplagten Menschen anzieht. In den Salemer Wäldern findet er noch Stille abseits von Autostraßen und städtischer Betriebsamkeit, und er mag sich geborgen fühlen in einer noch weitgehend naturhaften Waldumgebung, die mehr und mehr als „Stätte der Erholung" an Bedeutung gewinnt. Zahlreiche Wanderwege erschließen diese Wälder und bieten auf Schritt und Tritt unvergeßliche Ein- und Ausblicke, zeigen den Reichtum eines gesegneten Landstrichs, der es verdient, daß alle Anstrengungen zu seiner Erhaltung unternommen werden.

Glücklicherweise sind Teilbereiche schon unter Natur- oder Landschaftsschutz gestellt worden, so z.B. der Aachtobel und der Raum Salem-Killenweiher. Weitere Schutzmaßnahmen werden folgen. So erfüllt der Salemer Wald in bedeutendem Umfang auch Aufgaben der „Sozialfunktion", und sein Eigentümer erbringt damit Leistungen für das Allgemeinwohl, die als beispielhaft für das Verständnis der Sozialbindung des Eigentums gelten können.

Der heutige Waldbesitz des Markgrafen von Baden hat eine lange geschichtliche Entwicklung aufzuweisen, die bis in das 12. Jahrhundert zurückreicht. Im Jahr 1134 wurde das Zisterzienserkloster Salem gegründet, dem es in der Folgezeit Zug um Zug gelang, einen ansehnlichen Besitz von Ländereien verschiedener Art zu erwerben, wozu neben Kauf und Tausch vor allem Schenkungen und Vermächtnisse beitrugen. Bereits im 13. Jahrhundert wuchsen Salem auch außerhalb weitere Ländereien zu. Nach und nach brachte es das Kloster in den folgenden Jahrhunderten zu großem Wohlstand und einem weit gestreuten Grundbesitz an Höfen und Wald. Eine tüchtige, umsichtige Verwaltung verstand es, den Besitz zu sichern und ständig zu erweitern.

Wertvolle Einblicke in die Waldverhältnisse des 17. und 18. Jahrhunderts verschaffen u.a. die sog. „Heiligenberger Forstordnung", von 1615 und die „Salemer Forstordnungen", die 1688 bzw. 1791 erlassen wurden. Sie geboten der weitverbreiteten Verwüstung der Wälder durch Weide- und planlose Holznutzung nach und nach planmäßig Einhalt und steuerten der drohenden Holznot entgegen. Erstmals wurden Richtlinien für die Holznutzungen und die Wiederbestockung der Schläge, sowie eine Reihe von Schutzvorschriften erlassen. Damit wurde ein allmählicher Übergang zu einer ausgeglichenen, auf Erhaltung, ja sogar Mehrung der Holzvorräte gerichteten Forstwirtschaft eingeleitet.

Nach der Säkularisierung des Reichsstiftes Salem und des Klosters Petershausen im Jahre 1802 gingen deren Besitzungen größtenteils in das Eigentum der Markgrafen Friedrich und Ludwig von Baden über als Entschädigung für die an Frankreich abgetretenen linksrheinischen Güter. Danach besorgte die Markgräfliche Verwaltung mit einer eigenen Forstorganisation die Bewirtschaftung der Wälder, wobei sie bis 1849 noch die Funktion einer Aufsichtsbehörde für den gesamten Waldbesitz innerhalb ihrer „Standesherrschaft" wahrnam. Der Markgräflichen Forstverwaltung gelang es in der Folgezeit, die Bodenseewaldungen zu einem waldbaulich und wirtschaftlich hervorragenden Forstbetrieb zu entwickeln, der noch immer weit über seine Grenzen hinaus hohe Anerkennung findet.

Die Markgräflichen Wälder, die von Salem aus bewirtschaftet werden, liegen im näheren und weiteren Bereich des Bodensees auf vormals 44 verschiedenen Gemarkungen. Die einzelnen Waldteile sind über ein Gebiet mit einer Länge von etwa 60 Kilometern und einer Breite von etwa 30 Kilometern sehr weit gestreut. Die abwechslungsreiche klein- bis großflächige Struktur des Salemer Waldes fügt sich zu einem besonders reizvollen, vielgestaltigen Landschaftsgebilde zusammen, das im bunten Wechsel von Wald, Feld, weiteren sonstigen Kulturarten und Teichen im süddeutschen Raum seinesgleichen sucht.

Der Forstbezirk gliedert sich in mehrere Schwerpunkte. Der Raum Salem ist durch seine kleinräumige Hügellandschaft geprägt: Eine ganze Herde von langgestreckten Hügeln oder Kuppen in Fließrichtung der einstigen Gletscher, dazwischen schmälere und breitere Talzüge, die landwirtschaftlichen Kulturen einschließlich Obst- und Weinbau bestimmen neben den Wäldern das Bild. Die größeren Walddistrikte liegen westlich und südwestlich von Salem. Der Mauracher Wald erreicht im Südwesten das Ufer des Bodensees, während sich im Süden Markgräfliche

Waldungen von Unteruhldingen bis über Baitenhausen hinaus erstrecken. Der größte zusammenhängende Waldteil findet sich im Dreieck Salem-Tüfingen-Mühlhofen, durchsetzt mit einer Kette größerer und kleinerer Weiher, deren bekanntester der Killenweiher ist. Ost- und südostwärts von Salem gruppieren sich zwischen Beuren, Weildorf, Oberstenweiler und Bermatingen weitere Walddistrikte wechselnden Umfangs.

Die Wälder rings um Salem sind besonders vielfältig in ihrem Bestandsaufbau und insgesamt außergewöhnlich leistungsfähig. Das glücklicherweise reichlich erhaltene Laubholz verleiht den Salemer Wäldern neben seiner biologischen Wirksamkeit unter anderem auch ein hohes Maß an Schönheit.

Zur Gruppe „Hochland" rechnen die Wälder bei Owingen und Herdwangen, an deren offener Feldmark jetzt hauptsächlich auch der Getreideanbau teilhat. Die meist nach Südwesten, Westen und Norden abfallenden Steilhänge zu den Trogtälern der einstigen Gletscherströme sind ebenso charakteristisch wie die tief eingeschnittenen Tobel und die teilweise rutschgefährdeten Hangflanken des Owinger und Billafinger Tales. Nicht weit davon liegt der Distrikt „Gründen" – Wald, der sich bis in die Talsohle des Tobels der Salemer Aach erstreckt. Die Wälder um Herdwangen und Rast stocken auf leicht welligem, meist schwach geneigtem Gelände auf Höhen zwischen 550 und 725 Metern, während die Wälder um Salem in Höhen zwischen etwa 400 Meter (Maurach) und 588 Meter (Leutkircher Wald) liegen.

Auffallend ist der Mangel an größeren Bächen. Lediglich die Aach, die bei Aach-Linz entspringt, durch das Salemer Tal fließt und bei Uhldingen in den See mündet, ist von landschaftsbestimmender Bedeutung. Es gibt noch Reste von wasserhaltenden Mooren und Rieden; die meisten sind jedoch aufgeforstet oder nach Drainage zu Äckern und Wiesen umgewandelt worden. Umso höher zu bewerten sind daher die vielen erhalten geblie-

benen und zum Teil in jüngster Zeit wieder hergestellten Weiher. Zu Zeiten der Klosterwirtschaft gab es mehr als 20 Fischteiche; heute werden noch 13 fischereiwirtschaftlich genutzt. Diese Teiche bereichern auf reizvolle Weise die Landschaft und erbringen einen gar nicht hoch genug einzuschätzenden ökologischen Nutzen.

Die standörtlichen Voraussetzungen für das Waldwachstum sind, bedingt durch das milde Klima (mittlere Jahrestemperatur 8,6°C) und günstige Niederschlagsverhältnisse (etw 840 mm) sowie durch die Bodenverhältnisse, überdurchschnittlich gut. Die Böden entstammen der tertiären Molasse, dem Diluvium und Alluvium. Der weitaus größte Teil des Bodenseegebietes wird von den Schuttmassen der Eiszeit, also des Diluviums bedeckt (Moräneschutt). In den vier aufein-

ander folgenden Eiszeiten (Günz-, Mindel-, Riß- und Würmeiszeit) wurde die heutige Moränenlandschaft geformt. Das außerordentlich abwechslungsreiche Relief der Landschaft ist das Ergebnis dieser über Jahrmillionen andauernden, tektonisch mitgestaltenden Eiszeiten. Besonders charakteristisch sind für große Teile der Bodenseeumrandung die sog. „Drumlins". Sie bestehen aus Grundmoränen-Material und wurden wahrscheinlich durch das immense Gewicht der Gletscher aus dem Untergrund herausgepreßt und durch die Fließbewegung der Gletscher in ihre charakteristische Form gebracht. Der geologischen Herkunft entsprechend sind die fruchtbaren Böden von lehmig-sandiger bis sandiger Ausprägung und von meist beträchtlicher Tiefgründigkeit. Sie sind reich an Mineralien und überwiegend als frisch zu charakterisieren. So bestehen fast durchweg optimale Wachstumsbedingungen für den Wald mit entsprechend hohen Massen- und Qualitätsleistungen der Bestände.

Die Bedeutung der Salemer Wälder liegt zunächst vorrangig in der Produktion des für die Volkswirtschaft unentbehrlichen Rohstoffes Holz. (Die Bundesrepublik importiert noch immer mehr als die Hälfte ihres Holzbedarfes). Daran sind zahlreiche Baumarten beteiligt: unter den Nadelhölzern neben der Hauptbaumart Fichte die Kiefer, Lärche, Douglasie und Tanne; an Laubbaumarten sind vor allem vertreten die Buche, dann aber auch Esche, Eiche, Erle, Linde, Ulme, Hainbuche, Roteiche, Weide, Pappel und der Ahorn sowie Kirsche, Nußbaum und auch Birke u.a. Im Gegensatz zu vielen anderen Wäldern ist der Salemer Wald also noch verhältnismäßig reich an Laubhölzern: Sie nehmen immerhin mehr als ein Drittel seiner Fläche ein – ein Umstand, der in der guten biologischen Verfassung zahlreicher Bestände sichtbaren Ausdruck findet. Der Mischwald hat hier noch eine sichere Heimat, und wer offenen Auges diese Wälder durchwandert, erfreut sich an der bunten Vielfalt ihrer Erscheinungsformen. Diese Vielfalt begünstigt auch einen ungewöhnlich hohen Massenertrag, wobei durch intensive, allerdings auch aufwendige Pflege eine beachtliche Qualität der Holzsorten erreicht wird.

Voraussetzungen für eine solch herausragende Leistung eines Waldes sind ein zielstrebiger, intensiver Waldbau und eine betriebswirtschaftlich optimale Steuerung. Mit gutem Recht zählt Salem im süddeutschen Raum zu den führenden Beispielsbetrieben. Zahlreiche Exkursionen mit Studenten aller deutschen Forstlichen Hochschulen und aus dem benachbarten europäischen Ausland kommen hierher, um die ungewöhnliche „Waldkultur" zu bewundern und Lehren aus dem hohen biologischen und technischen Standard forstlicher Produktion zu ziehen.

Neben der wirtschaftlichen Leistung des Salemer Waldes muß man seine Bedeutung für die Allgemeinheit hervorheben. Im Vordergrund steht dabei die ökologische Rolle für den Wasserhaushalt, für Luftreinhaltung und Bodenschutz sowie für den klimatischen Ausgleich. Trotz des Übergewichts von Landwirtschaft und Obstbau im Linzgau stellen die Salemer Wälder dank ihrer Ausdehnung, ihres vielseitigen Bestandsaufbaus und der stetigen Pflege eine unersetzbare Quelle günstiger Wirkungen auf die Landschaft dar. Die Wälder erfüllen eine öffentliche Aufgabe ersten Ranges. Zerstörte Waldgebiete in anderen Ländern zeigen verheerende Folgen.

Die gesunden Wälder zu bewahren und zu pflegen, ist daher in der Gegenwart mit Recht zu einem dauernden Anliegen geworden, und es bleibt zu hoffen, daß die auch in unserer Gegend schon deutlich erkennbaren Immissionsschäden in naher Zukunft wieder geheilt werden können. Dies hängt entscheidend von gesetzlichen Maßnahmen, aber auch von der Mitwirkung jedes einzelnen ab. Es muß alles nur Erdenkliche dafür getan werden, den Wald vor äußeren und inneren Schäden zu bewahren und ihn in einem Gleichgewichtszustand zu erhalten. Hierzu gehört vor allem auch, daß größere Flächeneingriffe vermieden werden, die, abgesehen von Substanzverlusten am Wald, den Weg zu gefährlichen Entwicklungen für die in sich einheitliche und ausgewogene Kulturlandschaft der Bodenseeumrandung frei machen würden.

Will Berger

Lebensgemeinschaft „Streuobstwiese"

Der Intensivobstbau begünstigt nur Amsel und Drossel

Beim Durchwandern der Bodenseelandschaft zwischen Überlingen, Markdorf, Meckenbeuren, Tettnang und Lindau – um nur einige Namen zu nennen –, fallen dem Wanderer immer wieder die herrlichen Baumgestalten der Mostbirnen auf, die alle anderen Obstbäume weit überragen. Daneben findet er noch manchen Weiler, umgeben von lichten Apfelhochstämmen, unter denen das Vieh weidet. Leider werden in wenigen Jahren diese Schönheiten einer uralten bäuerlichen Kulturlandschaft kaum noch bewundert werden können, denn die Intensivierung im Obstbau, das Ausufern der Dörfer und Städte, Flurbereinigungen, Straßenbauten, etc. vernichten in immer schnellerem Tempo diese ökologisch höchst interessanten Landschaftsstrukturen. Streuobstbau ist nicht mehr wirtschaftlich, und die Wiesen und Felder müssen maschinengerecht geordnet sein – da stört der am Rande stehende, oft mehr als 100 Jahre alte Birnbaum!

Wenn hier von Streuobstwiese gesprochen wird, müssen wir den Begriff zunächst einmal definieren. Unter Streuobstbau bzw. Streuobstwiesen verstehen wir alle Obstbäume, einzeln, in Reihen, Gruppen, auf Feldern oder Wiesen gepflanzt, die nicht intensiv, z. B. nach Spritz-, Schnitt- und Düngeplänen (Ullrich 1975), gepflegt werden. Aus dieser für das Ökosystem bedeutsamen Tatsache ergibt sich, daß für Insekten, Säuger, Pflanzen und ganz besonders für Vögel ideale Lebensbedingungen herrschen, wie sie in der ausgeräumten Feldflur oder im Intensivobstbau nicht mehr anzutreffen sind. Anhand der Vögel – einer Tierklasse, die den Menschen wohl schon immer fasziniert hat – wollen wir die Bedeutung des Ökosystems Streuobstwiese etwas näher betrachten.

Bis Ende der 50er Jahre und noch bis Ende der 60er Jahre brüteten im Bodenseegebiet Rebhuhn, Steinkauz, Wiedehopf, Wendehals, Rotkopfwürger, Neuntöter, Gartenrotschwanz und z. T. auch die Grauammer in den Zentren des Streuobstbaues im Hegau, zwischen Überlingen, Markdorf, Friedrichshafen, Weingarten und Tettnang an vielen Stellen. Sie alle sind Arten der „Roten Liste" (Listen über die in ihrem Bestand gefährdeten Pflanzen- und Tierarten). Heute sind diese Brutvorkommen entweder ganz oder bis auf wenige Einzelvorkommen erloschen. Das Verschwinden dieser sensiblen Arten ist ohne Zweifel auf den Strukturwandel in der Landwirtschaft allgemein, im besonderen aber auf den Rückgang der Streuobstbestände zurückzuführen. So waren zwar 1980 im gesamten Bodenseebecken noch etwa 72 Quadratkilometer alte Streuobstflächen erhalten, wie schnell jedoch der Abgang der Hochstämme vor sich geht, macht ein Vergleich der Baumzählungen 1965 und 1984 im Bodenseekreis deutlich. Bei der Zählung 1965 konnten noch 477 000 Streuobstbäume er-

mittelt werden, 1984 wurden nur noch 239000 gezählt; es waren also in 20 Jahren fast 50 Prozent gerodet worden.

Wie verarmt die Vogelwelt in den modernen Obstplantagen am Bodensee bereits ist und welche Bedeutung die Hochstammanlagen für das gesamte Ökosystem unseres Raumes besitzen, macht eine Untersuchung von Schuster und Seitz (1985) deutlich.

Wie man aus der Grafik über die Vogelarten erkennen kann, liegt die Arten- und Re-

vierdichte in Streuobstbeständen erheblich über der in Niederstammanlagen. Die relativ hohe Paarzahl in den Niederstammanlagen bei Nonnenhorn wird vor allem von Amseln und Wacholderdrosseln erzielt, von Arten also, die im Obstbau in manchen Jahren großen Schaden anrichten können. Die meisten vorher erwähnten Vogelarten, die Höhlenbrüter sind, finden in den Spindel- und Buschbäumchen keinen Nistplatz mehr. Weit schlimmer ist aber ein anderer

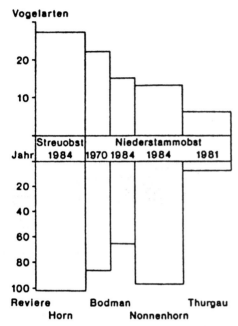

Arten- und Revier-/Paarzahl in Obstanlagen des Bodenseegebietes, bezogen auf jeweils 20 ha Fläche (aus Schuster u. Seitz 1985).

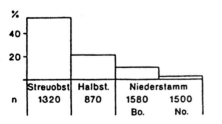

Prozentualer Anteil der Blätter mit Insektenfraßspuren in Obstanlagen des Bodenseegebietes. Bo = Bodman, No = Nonnenhorn (aus Schuster u. Seitz 1985).

Grund: Es fehlt in den Intensivobstanlagen einfach die Nahrung! Auch dieser Frage gingen Schuster und Seitz in ihrer Untersuchung nach. In drei Untersuchungsflächen wurden Laubblätter von Hochstamm-, Halbstamm- und Niederstammbäumen auf Insektenfraßspuren untersucht, die ganz drastische Unterschiede deutlich machten.

Daß es im Intensivobstbau für die meisten Tiere keine Nahrung mehr gibt, merken auch die Landwirte, die mit Nistkastenaktionen z. B. Meisen ansiedeln wollen, um die natürlichen Helfer gegen schädliche Insekten zu unterstützen. Die Kästen werden meistens auch besetzt. Der Bruterfolg in solchen Revieren ist in der Regel allerdings sehr schlecht. Bei Kontrollen werden oft tote Jungvögel gefunden, die offensichtlich verhungert sind. Denn durchschnittlich 20 mal pro Jahr muß im Intensivobstbau eine Behandlung mit Pflanzenschutzmitteln erfolgen; das sind zwar meist Mittel gegen Pilzbefall wie Schorf und Mehltau, aber auch je ein- bis viermal Insektizide. Dazu kommen ein- bis zweimalige Herbizidspritzungen, die den Boden von Pflanzenwuchs, dem Konkurrenten der Bäumchen, frei machen. Für andere Lebewesen ist da kein Platz mehr. Zudem müssen die modernen Anlagen mit Zäunen versehen werden, um Wildbiß zu verhindern. Alle diese negativen Einflüsse auf die Lebensgemeinschaft gibt es in der Streuobstanlage nicht oder nur in abgeschwächtem Maße. Es ist deshalb nicht verwunderlich, daß wir dort eine artenreiche Pflanzen- und Tierwelt antreffen.

Gemeiner Gelbstern oder Beinwell, um nur wenige interessante Pflanzen zu nennen, wachsen unter den Bäumen. Am Stamm rankt sich Efeu empor, und oft stehen unmittelbar am Stamm, ihn manchmal einhüllend, Holunder- und Schlehenbüsche. In der tiefrissigen Rinde übertagen in großen Mengen Ohrwürmer, die nachts auf Insektenjagd gehen, sitzen Spinnen, Nachtfalter, und in Höhlungen, die fast immer

Kein Feind: ein aktiver Helfer der Schädlingsbekämpfung!

In Sauerkirschen nistender Buchfink füttert seine Jungen mit einer Raupe.

vorhanden sind, brüten Vögel oder hat sich ein Hornissenvolk eingenistet. Gelbhalsmäuse und Siebenschläfer verbergen sich in Astlöchern, und hinter einem Stück sich ablösender Rinde haben Fledermäuse einen Ruheplatz gefunden. Die besten Plätze, im Herbst oder Winter einen Hasen zu beobachten, sind heute nicht mehr die Felder, dort ist die Nahrung für das Wild knapp geworden, sondern die Streuobstwiesen. Die Beispiele ließen sich beliebig vermehren.

Der Obstbau wird sich in nächster Zeit nicht in eine ökologisch günstige Richtung entwickeln, obwohl einige Anbauversuche biologischer Art und das Nachpflanzen von Hochstämmen einen ganz kleinen Hoffnungsschimmer erkennen lassen, daß ein wesentliches Strukturelement unserer Heimat doch noch erhalten bleibt.

Es muß nach Möglichkeiten gesucht werden, unter Berücksichtigung ökologischer Belange auch zum ökonomischen Vorteil, eine reich gegliederte und gesunde Kulturlandschaft zu erhalten. Wesentlich wären die Erhaltung und Neuschaffung von Naturinseln am Rande oder in den Pflanzungen, wie es einige Landwirte bereits praktizieren. Und wenn an Zäunen, Wegen und Gräben keine Herbizidspritzungen mehr vorgenommen würden, wäre ein weiterer Schritt in die richtige Richtung getan.

Gerhard Knötzsch

Literatur:

Bodenseekreis-Umweltbericht 1984, Landratsamt Bodenseekreis.
Schuster, S., Seitz, E. (1985): Verarmte Vogelbestände in Obstplantagen am Bodensee. Die Vogelwarte 33: S. 17-25.
Ullrich, B. (1975): Bestandsgefährdung von Vogelarten im Ökosystem „Streuobstwiese" unter besonderer Berücksichtigung von Steinkauz (Athene noctua) und den einheimischen Vogelarten der Gattung Lanius. Beihefte Veröff. f. Naturschutz und Landschaftspflege Ba.-Wü. 7: 190-210.

Vom Kaukasus an den Bodensee

Aus der Geschichte unseres Obstbaus

Vor- und Frühgeschichte
5.000 − 2.500 v. Chr. (Jungsteinzeit)

Der Obstbau am Bodensee hat eine lange Geschichte, die mit der Besiedlung des Gebietes und der kulturellen Entwicklung eng verbunden ist. So weiß man, daß bereits zur Steinzeit typische Obstbäume wie Apfel, Kirsche und Pflaume das Bild der Bodenseelandschaft prägten. Natürlich handelte es sich hier um Sträucher mit recht ursprünglichen Formen, die am ehesten mit unseren heutigen Zierformen von Apfel, Birne, Kirsche und Pflaume vergleichbar sind.

Dies belegen Kerne und Fruchtsteine von Wildformen des Obstes, die in den Pfahlbauten rings um den Bodensee gefunden worden sind. Die meisten Äpfel, die bei Ausgrabungen zutage gefördert wurden, waren zerschnitten. Wahrscheinlich wurden sie gedörrt und als Wintervorrat aufbewahrt. Auch Schalen von Äpfeln fand man; daraus darf man auf Mostbereitung schließen. Wenigstens suchte man diese Überreste als Rückstände zu deuten, welche sich beim Auspressen der Früchte zum Zwecke der Mostgewinnung ergaben

Um die Überlieferungen aus der Frühgeschichte richtig zu verstehen und einzuordnen, kann ein Blick auf die Abstammung und die Gattungszugehörigkeit der Obstarten hilfreich sein. So sind die Wildformen der Steinzeit als Art bzw. Unterart in die Familie der Rosengewächse einzuordnen.

Die Frage, wo Kernobst und Steinobst ihren Ursprung haben, beschäftigte vor allem russische Forscher. Sie gehen davon aus, daß dort, wo sich die größte Mannigfaltigkeit einer Gattung bzw. Familie findet, der Ursprung − man nennt ihn das Genzentrum − zu suchen ist. Für den Zwergapfel und Holzapfel gelten daher die dichten Waldbestände der südlichen Hänge und Ausläufer des Kaukasusgebirges als Ursprungsgebiet. Als Folge von Kreuzungen beider Arten ergab sich in Farbe, Größe und Geschmack der Früchte ein immer größerer Formenreichtum. Ähnliches wird aus Kirgistan berichtet, wo der Zwergapfel in Bergtälern und Hochsteppen vorherrscht und wo die ganze Breite wertvoller Merkmale, z.B. schönes Aussehen der Früchte, große Fruchtbarkeit usw., schon bei den dortigen Wildformen beobachtet werden kann.

Am Zustandekommen dieses Formenreichtums sind neben Artkreuzungen auch Mutationen, d. h. sprungartige erbliche Veränderungen einzelner Eigenschaften, beteiligt gewesen. Die moderne Genforschung berichtet, daß durch äußere Einflüsse, namentlich der Strahlung, dauerhafte Mutationen ausgelöst werden, die Form und Farbe der Früchte verändern. Sofern sie positiv sind, vermehren sich die so entstandenen neuen Sorten und Typen. Negative Mutationen werden dagegen ausgesondert. Es ist bemerkenswert, daß Veränderungen die Regel sind, daß sie aber nicht im-

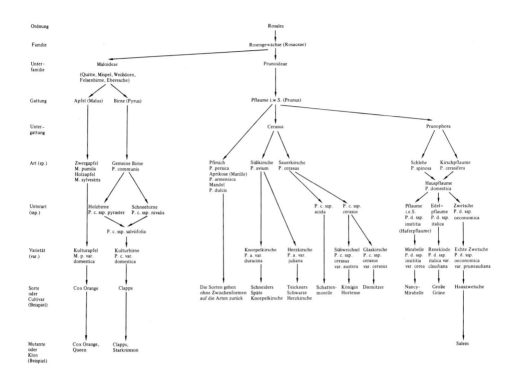

Die Stellung der wichtigsten Gattungen und Arten beim Obst im botanischen System. Quelle: Lucas' Anleitung zum Obstbau

mer Neues bringen, sondern oftmals wieder auf die Ausgangsformen zurückführen.

Von der Antike ins Mittelalter

Der Mensch hat auf die Obstkultur erst Einfluß genommen, als er seßhaft wurde. Die Ureinwohner haben als Sammler in den natürlichen Verbreitungsgebieten immer wieder Bäume gekennzeichnet, deren Früchte ihnen aufgefallen sind und die sie dann in die Nähe ihrer Wohnplätze verpflanzten. Für das Abendland entdeckt wurden die ersten, von den Persern gezüchteten Kultursorten, durch die Römer, denen im 3. Jahrhundert v. Chr. schon eine große Zahl von Apfelsorten bekannt war. Die Vermehrung und Verbreitung der da-

maligen Obstsorten geschah durch Pfropfung, wie sie offenbar schon frühzeitig Anwendung fand. Soweit es sich um selbstfruchtbare Obstsorten wie den Pfirsich handelte, erfolgte die Vermehrung auch über Samen. Die römischen Schriftsteller berichteten vielfach, daß die Germanen noch keine kultivierten Obstbäume besäßen, im Gegensatz zu den römischen Provinzen südlich der Alpen, wo schon zu Beginn unserer Zeitrechnung der Obstbau hoch entwickelt war. Die Poma agrestia, die Tacitus erwähnt, ist wohl nur als Holzapfel und Holzbirne aufzufassen.

Durch fortlaufende Auslese neu entstandener Formen aus Wildbeständen, die in geschichtlicher Zeit vor allem in Europa zunehmend in den Wäldern heimisch waren oder am Rande von Siedlungen, z. B. Pfahlbauten, kultiviert wurden, entwickelte sich allmählich der Großteil der heute noch im Anbau stehenden Obstsorten.

Der planmäßige Obstbau wurde erst durch die Berührung mit der römischen Kultur eingeführt. Diesen Zusammenhang bewiesen die vielen, meist aus dem Lateinischen entlehnten Fachausdrücke wie Kelter, Presse, Faß, Trichter, Most, Essig, Pfropfen oder Pelzen (auch Pfalzen), Keller, Birne, Pflaume, Kirsche. Auf römischen Obstbau weist übrigens auch der Name Arbon hin, das von den Römern Arbor felix (glücklicher Baum) genannt wurde. Die Römer waren also Lehrmeister der Deutschen im Obst- und Weinbau. Wie die Kerne und Schalen verschiedener Obstarten, so Pflaumen, Kirschen, Pfirsiche, Aprikosen, die bei den Ausgrabungen römischer Burgen auf deutschem Boden gefunden wurden, beweisen, war die Obstkultur im zweiten christlichen Jahrhundert in Ländern am Rhein und an der Donau bereits eingebürgert.

Die Römer brachten unter anderem aus Ägypten und Persien Obstbäume mit. Man liest in alten Büchern, daß schon damals der Obstbau als eine königliche Beschäftigung galt. So wurden bei feierlichen Gelegenheiten an geweihten Stellen Obstbäume gepflanzt. Ein besonderer Freund des Obstbaus war der ältere Cyros, der in den Jahren 560 bis 529 v. Chr. in Persien regierte. Er ließ an den großen Heerstraßen im Perserreich Obstbäume pflanzen.

Colymella, der frühe römische landwirtschaftliche Schriftsteller, beschrieb als erster 20 Birnen- und sieben Apfelsorten, während Plinius d. Ä. am Anfang unserer Zeitrechnung bereits 36 Birnensorten, 25 Äpfel- und acht Kirschensorten kannte. Auch die Quitte war den Alten schon bekannt. Sie war als Symbol des Glückes, der Liebe und der Fruchtbarkeit der Aphrodite geweiht. Die Pflaumen stammen vermutlich aus Syrien, die Aprikose aus Armenien, der Pfirsich aus Persien und die Mandel aus Kleinasien. Sie kamen aus dem Orient durch die Römer nach Italien und verbreiteten sich von dort über Europa.

Gärten von Königen und Klöstern

Daß die Germanen in der nachrömischen Zeit den Obstbau nicht nur kannten, sondern, was auf eine schon höhere Stufe hinweist, zu schätzen und zu schützen wußten, geht aus entsprechenden gesetzlichen Bestimmungen und Verordnungen hervor. In den alemannischen Gesetzen des 6. und des frühen 7. Jahrhunderts fehlen sie noch. Dagegen sind solche uns erhalten geblieben bei verwandten westgotischen Stämmen, bei den Bayern wie den Langobarden; so wird z. B. das Ausreißen eines Pfropfreises vom Baum unter schwere Strafe gestellt.

Bei der Kultivierung des Obstbaus in unserem Land kamen zwei Einflüsse wesentlich zur Geltung, nämlich das von den königlichen Maierhöfen ausgehende Beispiel und das von den Klöstern gepflegte, wirksame Vorbild eines zweckmäßigen Anbaues, der unter der Obhut der Benediktiner- und Zisterziensermönche einen ersten Höhepunkt erlangte. Nachweise für die Tätigkeit der Klöster in Landwirtschaft und Obstbau haben wir aus St. Gallen und von der Reichenau. Wir sind in der glücklichen Lage, aus dem Jahre 820 n. Chr. einen Plan von St. Gallen zu besitzen, der wohl die älteste planmäßige Obstanlage überhaupt zeigt. Im Klostergarten des Mittelalters werden drei Arten von Gärten unterschieden: der Obstgarten, der Gemüsegarten und der Arzneikräutergarten. Als Obst- oder Baumgarten sollte in sinniger Weise der Begräbnisplatz dienen. Zur Blütezeit bot er ein bezauberndes Bild.

Die Tatsache, daß in St. Gallen wie auf der Reichenau Obst gepflanzt wurde, ergibt sich auch aus der Widmung der Dichtung

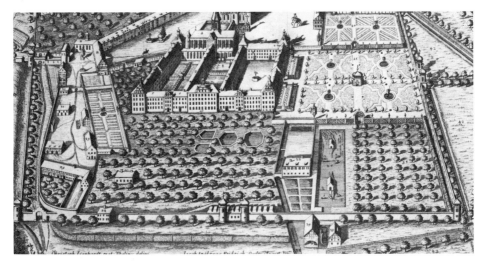

Das Kloster im Obstgarten, Ausschnitt aus der „Wahrhaften Abbildung", dem Idealplan Salems nach Franz Beer; Kupferstich Anfang 18. Jh.

„Hortulus" von Walafried Strabo aus dem 9. Jahrhundert. Sie ist an Abt Grimuald von St. Gallen gerichtet. Es heißt darin, daß Grimuald, im Schatten der Apfel- und Pfirsichbäume sitzend, das Büchlein lesen möge. Aus dieser Zeit stammt auch ein Kalendergedicht des Mönchs Wandelbert von Prünn (848), darin wird unter den jahreszeitlichen Pflegemaßnahmen im Garten auch das Versetzen und Pfropfen der Obstbäume geschildert. Der ausführliche Hinweis auf die Pflege der Obstbäume, auf Vermehrung durch Samen und durch Pfropfen, ist der beste Nachweis für den hohen Stand des mittelalterlichen Obstbaus.

Einer der ersten, der sich die Pflege der Obstzucht und des Gartenbaus angelegen sein ließ, war aber bereits Karl der Große (747-814) gewesen. Die königlichen Maierhöfe hat Karl zu Musterwirtschaften, man könnte sagen: zu Ackerbauschulen auszugestalten gewußt, und immer erhielt der Obstbau einen wichtigen Platz. In diesem Zusammenhang ist es wichtig zu betonen, daß auch Bodman am Westende des Überlinger Sees, das heute im Obstbau eine wichtige Rolle spielt, einst karolingische Domäne war. Baum- und Sortenmaterial wurde von dem Klostergarten der Reichenau geliefert. Karl d. Große hat sich von seinen Gutsverwaltern besondere Verzeichnisse der auf den einzelnen Höfen vorhandenen Edelobstbäume anfertigen lassen.

In der Stauferzeit war es besonders Kaiser Friedrich I. Barbarossa (1172-1190), der die Maierhöfe und damit auch den Anbau von Obst förderte. Aber auch von dem Kirchenlehrer und Naturforscher Albertus Magnus sind Bemühungen um den Obstbau überliefert. Von den Hauptobstarten ist damals offensichtlich nur der Apfel als Frischobst verzehrt worden. Kirsche oder Pflaume empfahl man als Dörrobst, Birnen zur Verwendung als Dörr- oder Kochobst. Bratäpfel bereicherten den Speisezettel, aber man wußte auch schon, wie man aus Äpfeln Most und Essig bereitet. Seit dem 13. Jahrhundert wurde der Obstertrag von den Landesherren und den Kirchen zur Steuer herangezogen.

Die meisten historischen Daten über den Obstbau lassen sich aus Urkunden gewinnen, in denen Obstgärten bei Besitzwechsel wie Schenkung oder Kauf, bei Abgaben u. ä. Erwähnung finden. Daneben haben wir Zeugnisse in Ortsnamen, die mit dem Obstbau zusammenhängen, z. B. Aftholderberg, Bonndorf (Baumdorf), Nußdorf, Birnau, Apflau.

Salem und der Obstbau

Für den Obstbau des Linzgaus hatte das Zisterzienserkloster Salem besondere Bedeutung. Ansichten des Klosters zeigen schon früh große Obstbestände. Unter den Salemer Äbten waren viele große Förderer des Wein- und Obstbaus. Der Salemer Chronist während des 30jährigen Krieges, Sebastian Bürster, bestätigt das mehrfach. Die Salemer Zisterziensermönche, wie alle Zisterzienser, waren vorbildliche Landwirte. Mit ungeheurem Eifer oblag ihnen die Bewirtschaftung ihrer Güter. So wurden sie bald führend auf dem Gebiet der Acker- und Viehwirtschaft, des Wein- und Obstbaues. Dabei gaben die Zisterzienser mit ihren Errungenschaften der Bevölkerung der benachbarten Dörfer ein Beispiel. Die Kunst, Obstbäume durch Pfropfreiser zu vermehren, wurde von ihnen verbreitet. Noch heute existieren in unserer Gegend alte, eigentümliche Spezialsorten von Tafelobst wie der Salemer Klosterapfel, deren Vorhandensein wir uns ohne den vermittelnden Einfluß des alten Salemer Klostergartens nicht erklären könnten.

Der Einfluß, der von Salem ausging, war auch deshalb sehr nachhaltig, weil das Kloster im ganzen Linzgau reich begütert war. Welche Bedeutung die Mönche dem Obstbau beimaßen, geht noch aus einer Verordnung vom Jahre 1718 hervor, die verschiedene Mißstände zu beseitigen sucht; dabei werden u. a. ausführliche Regelungen getroffen, in welcher Weise die künftige Nutznießung der Obstbäume bei Vererbung, Kauf, Verkauf von Gütern usw. festgelegt werden soll.

Im gleichen Jahr, 1718, verfügt der Abt, Bäume auf den Allmenden anzupflanzen. Das große Interesse an der Obstkultur ergab sich schon aus den zisterziensischen Speisevorschriften: Neben Getreidenahrung standen Gemüse und Obst obenan, gelegentlich gab es Fisch, Fleisch war untersagt. Für den Anbau auf dem Allmendland wurden Äpfel, Birnen, Nüsse, Kirschen empfohlen, aber auch Wildäpfel, Eschen, Linden und Vogelbeeren wurden genannt. Auch aus den Jahren 1739 und 1740 gibt es Planzberichte, diesmal werden auch Aprikosen und andere Steinobstarten erwähnt. Man scheute keine Mühe und ließ die Jungbäume bis aus Wasserburg, ja bis aus Basel kommen. Pfropfreiser erwarb das Kloster 1770 in der Ordenszentrale Citeaux, Sämlinge im Salemer Tochterkloster Tennenbach. Und 1777 berichtet der Chronist mit Stolz, man habe im Klostergarten 393 Obstbäume gepflanzt, darunter auch Quitten.

Längst produzierte man auch Obst nicht nur für den eigenen Bedarf. Aus grünem und aus gedörrtem Obst erlöste die Abtei im Schnitt der Jahre 1780 bis 1794 je 889 Gulden. 1770 brannte man 21 Eimer Kirschwasser, was einer Menge von rund 800 Liter entsprach, 1780 erlöste man für grünes Obst (im Gegensatz zum gedörrten), worunter auch ein gut Teil „bester Sorten" waren, 1130 Gulden. 1760 wurden für Kirschenbrechen 210 Tagelöhne ausgegeben, 858 Tagelöhne für das Herrichten von Apfel- und Birnenschnitzen zum Dörren.

Wie der Chronist im 19. Jahrhundert, Staiger, berichtet, unterhielten die Zisterzienser einen sieben Morgen großen Obstgarten südwestlich vom Hofgarten gegen das Amtshaus, der feinstes Tafel- und Wirtschaftsobst zu seinem Bestand zählte und von der Markgräflichen Verwaltung weiter gepflegt wurde. Als Apfelsorten wurden genannt: Calville-Sorten, alle Sorten bei Re-

netten, weiter die bekanntesten Wirtschaftsäpfel und an Birnen die verschiedensten Butterbirnen, Bergamotte und dann noch alle bekannten Sorten bei Zwetschgen, Kirschen, Nüssen und an Spalieren die feinsten Aprikosen und Pfirsiche. Eine Obstbaumschule zu vier Morgen wurde westlich von Scheuerbuchwald an der Straße nach Murach und eine Gehölzbaumschule zu einem Morgen im sogenannten Novizengarten betrieben. Daraus wurden jährlich 1600 bis 1800 Stück auf die herrschaftlichen Güter und zur Kultur teils in Anlagen, teils in die Waldungen versetzt.

Besondere Förderung erfuhr der Obstbau in Baden durch den Markgrafen Karl Friedrich. Er sammelte gute Sorten und Bäume in seinen Baumschulen und gab sie zu billigen Preisen ab. Außerdem veranlaßte er die Errichtung von Baumschulen, ließ die Straßen und Feldwege mit Obst bepflanzen und Baumwarte anstellen, wie wir sie heute noch haben. Diese Baumwarte mußten sich auch um die Verwertung des Obstes in den ihnen zugewiesenen Bezirken kümmern.

Markgraf Karl Friedrichs Nachfolger haben den Obstbau tatkräftig gefördert. Auf der im Markgräflichen Besitz befindlichen Insel Mainau wurde ein Mustergarten angelegt. Heute knüpft die Mainau-Gartenverwaltung an diese Tradition an und sammelt alte Sorten, um diese für die Zukunft zu erhalten. Damit wird man dem Wunsch vieler Menschen heute gerecht, die sich für eine natürliche Lebensweise einsetzen und dem Obstbaum in der Landschaft wieder Geltung verschaffen wollen.   Friedrich Frick

Aus dem Obstbuch des Philipp Theodor Popele

Über 400 Abbildungen von Kern- und Steinobst enthält das Obstbuch, das Philipp Theodor Popele in der ersten Hälfte des vorigen Jahrhunderts mit naturgetreuen Farbskizzen und genauen Angaben über Ernte und Haltbarkeit der Früchte, über Farbe und Form der Blätter, vermutlich als Lehrbuch für die Salemer Landwirtschaft angelegt hat. Der nicht nur als Zeichner und Illustrator hochbegabte Popele, 1756 auf dem Burghof bei Wallhausen geboren, wuchs in Stefansfeld auf, nutzte die damals schon recht beachtlichen Bildungsmöglichkeiten im Bereich des Klosters Salem, beendete rasch den Versuch, Mönch zu werden, blieb dem Kloster aber zeitlebens verbunden: als Kanzlist, als Sekretär Anselms II., als „Schreiber und Laquai" von dessen Nachfolger Robert, dem letzten Abt vor der Säkularisation. In der Großherzoglich Badischen Verwaltung war Popele schließlich mit dem Titel eines Rechnungsrats tätig. Er starb 1843 in Salem.
Die wiedergegebene Seite zeigt: „356. Die Gloggenbirn, 357. Der Gravensteiner Apfel, 358. Die zweimal tragende Pflaume, 359. Die Bouquet-Kirsche, 360. Die kleine runde Haferbirne".

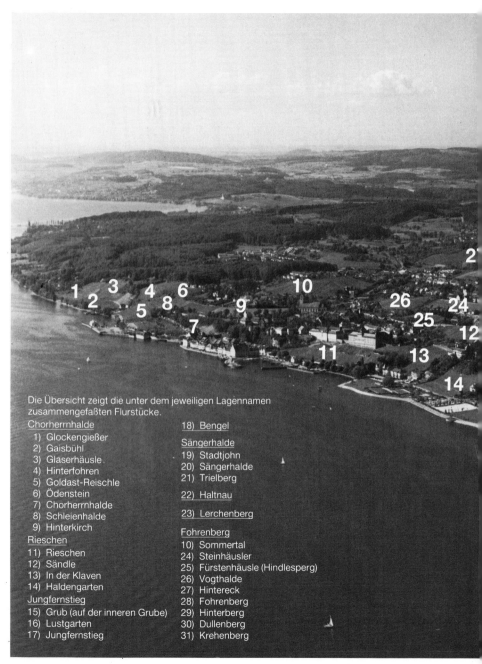

Die Übersicht zeigt die unter dem jeweiligen Lagennamen zusammengefaßten Flurstücke.

Chorherrnhalde
1) Glockengießer
2) Gaisbühl
3) Glaserhäusle
4) Hinterfohren
5) Goldast-Reischle
6) Ödenstein
7) Chorherrnhalde
8) Schleienhalde
9) Hinterkirch

Rieschen
11) Rieschen
12) Sändle
13) In der Klaven
14) Haldengarten

Jungfernstieg
15) Grub (auf der inneren Grube)
16) Lustgarten
17) Jungfernstieg

18) Bengel

Sängerhalde
19) Stadtjohn
20) Sängerhalde
21) Trielberg

22) Haltnau

23) Lerchenberg

Fohrenberg
10) Sommertal
24) Steinhäusler
25) Fürstenhäusle (Hindlesperg)
26) Vogthalde
27) Hintereck
28) Fohrenberg
29) Hinterberg
30) Dullenberg
31) Krehenberg

Die Meersburger Weinlagen – zum Bericht auf den folgenden Seiten.

Hurenwadel, Lustgarten, Glaserhäusle

Meersburger Weinlagen – Geschichte und Geschichten

Der Ortspolizist Friedrich Haas war ein gewissenhafter Feldhüter. Es mag um die Jahrhundertwende gewesen sein, als er die folgende Anzeige beim „hochwohllöblichen" Gemeinderat Meersburgs machte: „Auf meiner Feldhut sah ich den hier wohnhaft verheirateten N.N. und die hier verheiratete N.N. im Gewann Hurenwadel. Sie trieben dort ein solches Luderleben, wie solches sonst nur unter Eheleuten vorzukommen pflegt." So tüchtig Friedrich Haas auch war, so wenig scheint er sich Gedanken über die Bedeutung von Flur- und Lagennamen gemacht zu haben; andernfalls hätte er gewiß für diesmal sein strenges Feldhüterauge zugedrückt. Überzeugender (oder lebendiger) jedenfalls war jener Flurname nicht in einen Sachzusammenhang zu bringen.

Wie man sieht, hieß das Gewann damals noch „Hurenwadel". Die spätere Umbenennung in „Jungfernstieg" freilich brauchte auch nicht gleich als Ehrenrettung jenes Frauenzimmers gelesen zu werden; der Feldhüter könnte sich ohnehin um ein paar Rebzeilen geirrt haben: „Lustgarten" war der Name des benachbarten Rebstücks, das eine Unterstädtlerin (soviel dürfen wir von Frau N.N. verraten) nur über die beschwerliche „Jungfernsteige" erreichte. In den 60er Jahren, zur Amtszeit von Bürgermeister Franz Gern, der, wie erinnerlich, selbst manchen guten Schoppen trank, wollten Meersburgs Ratsherren aus dem „Jungfern-stieg" wieder einen „Hurenwadel" machen. Dies scheiterte am Staatsweingut. Der „Jungfernstieg" sei inzwischen ein eingeführter Wein, hieß es nun, und „Hurenwadel" und Frau N.N. waren längst vergessen.

Nicht alle Flur- und Weinlagennamen haben einen so eindeutigen „Sitz im Leben" wie der„ Lustgarten" und der „Jungfernstieg". Viele sind noch unerforscht, manche lassen sich wohl erklären, doch ist bei der Herleitung dann größte Vorsicht geboten. Nicht selten führt, wie wir noch zeigen werden, eine allmähliche Veränderung der Namen auf eine falsche Spur. Versuchen wir dennoch, einige Meersburger Lagennamen nach ihrer Herkunft zu bestimmen und zu ordnen!

Am häufigsten sind Namensteile mit Bezug zur Geländeformation: „Berg" („Lerchenberg", „Fohrenberg"), „Tal" („Sommertal"), „Halde" aus dem mittelhochdeutschen „halda" und „Bühl" von „bühel"; beides bedeutet „Abhang" („Chorherrnhalde", „Schleienhalde", „Vogthalde", „Gaisbühl"). Auch die Endsilbe „Stieg" („Steig") besagt, daß es sich dabei um eine Hanglage handelt. Allein 13 von den in unserem Bild eingetragenen Lagennamen verraten auf solche Weise schon Qualität, denn an Hanglagen reifen bekanntlich dank der günstigeren Sonneneinstrahlung die besten Weine.

Anders erklärt sich die Lage „Grub", auf der noch in den 60er Jahren die schönsten Müller-Thurgau Weine heranreiften (unvergesslich die 64er Spätlese!). Nicht in Senken und Gruben wachsen die guten Weine, sondern an den Hängen; so ist auch die „Grub" in Wirklichkeit keine Grube. Der Name scheint vielmehr aus dem mittelhochdeutschen „Krebe" = Korb ableitbar. Im Mittelalter bezeichnete man damit einen korbartigen Holzverschlag im Wald, als nächtliche Unterkunft für die Schweine während der Eichelmast; ein damaliges Recht der Waldnutzung von großer Bedeutung. Davon, daß sich dort oben Wald befunden haben muß, zeugt auch die Lage „Sängerhalde". Doch davon später.

Manche Lagennamen stammen von Gebäuden oder markanten Punkten in ihrer Nähe. Das „Fürstenhäusle", durch Fürstbischof Jakob Fugger (1604-1626) als Lusthäuschen erbaut und 1843 von Annette von Droste-Hülshoff erworben, stand dem dortigen Hügel Pate. Früher, so wußte noch die Droste in einem Brief an Elise Rüdiger vom 18. November 1843 zu berichten, nannte man diesen auch „Hindlesperg" („Hindles" = „Hühner"), und die Glückliche erzählte weiter von „5000 Weinstöcken, die in guten Jahren schon über zwanzig Ohm Wein (1 Ohm = 100 bis 160 Liter) gebracht haben" und die „der alte Bischof mir auf's beste gewählt, Burgunder, Traminer, Gutedel usw., und die eine (Sonnen-) Seite des Abhanges bringt solchen Wein, als Laßberg Ihnen vorgesetzt, die anderen geringeren – so kann ich also in guten Jahren auf zehn Ohm vortrefflichen und ebensoviel mittelmäßigen Wein rechnen…"

Die Lage „Ödenstein" befindet sich westlich des gleichnamigen Aussichtspunktes, der zeitweise in „Edelstein" umgetauft war. „Da gibt es seit Väterzeiten nicht gar weit von Meersburg den Fleck mit wundervoller Aussicht, der ‚der Ödenstein' hieß; bis eines Tages der alte Kaiser Wilhelm und andere hohe Herrschaften den Platz besuchten und die Aussicht bewunderten, und ein Namenerfinder, dessen eigener Name nicht festzustellen ist, den ehemaligen ‚Ödenstein' zum Dank für den hohen Besuch in ‚Edelstein' verkehrte. Es wäre gut, wenn der historische Name in den Fremdenführern und sonst wieder hergestellt würde. Ich glaube zu wissen, daß die hohen Personen, denen geschmeichelt werden sollte, solche Änderungen ehrwürdiger Namen nicht lieben." Schrieb Anfang der 20er Jahre Fritz Mauthner.

Nicht weit davon, hinter der Kirche, trifft man auf die Lage „Hinterkirch". Vom Ödenstein gelangt man auf dem „Himmelbergweg" dorthin. Ist es die überwältigende Aussicht auf See und Burg, der gute Burgunder oder die Nähe zu Kirche und Pfarrhaus, die einen in den Himmel führen soll? Immerhin wußte die Geistlichkeit von jeher auch die paradiesischen Wirkungen des Weines sehr zu schätzen. Wenn anderswo die Gläubigen den Himmel in den Weinberg versetzten, hatten sie meist das keltische „e" = klein und „maill" = Hügel umgedeutet. So standen sprachliche Ahnungslosigkeit und das Volkswissen über die mythologische Bedeutung des Weines im Christentum gleichermaßen Pate bei den unzähligen Namensverbindungen, die heute so klangvoll den Himmel auf Erden versprechen. (Berühmt ist das Graacher Himmelreich; an der Ihringer Himmelburg am Kaiserstuhl reifte ein wahrhaft irdischer Elbling). Auch das eine Beispiel, wie das „unverschulte Volk gern alle Worte versteht, die es gebraucht, und überall bemüht ist, unverständliche Fremdklänge so lange hin- und herzuwenden, den Lauten nach, dem Sinne nach oder den Lauten und dem Sinne nach, bis endlich etwas herauskommt, was wie ein Wort der lieben Muttersprache tönt". (Mauthner).

Einer ausgezeichneten Steillage direkt am See gab das Glaserhäusle seinen Namen. Das Glaserhäusle war eine ehemalige Weinschenke (die „Schenke am See" der Droste), deren erster Wirt, Kern (1784), zugleich das Glaserhandwerk ausübte. Später wurde es von so bedeutenden Persönlichkeiten bewohnt wie dem Maler Zimmermann, dem Philosophen Fritz Mauthner und Pfarrer Wilhelm Restle. Die Meersburger Zeitschrift gleichen Namens bezieht sich auf die kulturelle Tradition dieses von der Stadt so abgeschiedenen Ortes.

Von gewissen Flurnamen läßt sich auf die Beschaffenheit des Bodens oder auf das Klima schließen. Vielleicht heißt das Gewann „Sändle" nach seinem Untergrund. „Sommertal" klingt nach heißen Tagen, aber auch nach Obstbäumen, nach grünen Wiesen und einem Bach. Noch in den Fünfziger Jahren war das Sommertal solch ein kleines Paradies. Heute erinnert daran lediglich eine Weinlage, die das zerstörte Tal an seiner Nordseite begrenzt.

Oft borgen Flurnamen bei der Tier- und Pflanzenwelt. In Meersburg etwa der „Fohrenberg" und der „Lerchenberg". Es mag vielleicht auch der „Hinterfohren" dazugehören, der in alten Flurkarten „Hinter-Fohren" geschrieben wird. Das alte Rebstück „Gaisbühl" zählt wohl kaum in diese Kategorie, wenngleich es auf den ersten Blick so scheint. Aber seine Schreibweise verrät uns die wahrscheinliche Herkunft. In vielen anderen Gegenden springt die „Geiß" durch die Weinberge, ohne daß ihre Abstammung aus dem keltischen „caid" = Anhöhe noch zu erkennen ist. Freilich steckt auch in dieser Umwandlung uraltes mythologisches Erbwissen. Wie bekannt, handelt es sich beim Geißbock um das dem Weingott Bacchus zugeordnete Fruchtbarkeitssymbol. Als Sühne für das Schneiden der Rebe und das Zermalmen und Keltern der Trauben wurde in alten Zeiten dem Gott ein „Bocksopfer" gebracht. Recht häufig erscheint so auch der „Bock" in Lagenamen. (Bei der berühmten Saarlage „Ockfener Bockstein" etwa).

Das kleine Rebgärtlein „Goldast" assoziiert mit seinem klangvollen Namen den herbstlichen Buchenwald, der den gesamten westwärts verlaufenden Höhenzug begrenzt, ebenso wie die im Oktober goldfunkelnden Reben. Die Côte d'Or, Herzstück des Burgund, hat genau von daher ihren Namen. In der Herbstsonne wird diese berühmte Hügelkette, aus der die kostbarsten Weine stammen, in ein funkelndes Gold getaucht. Dennoch rührt das häufige Auftreten dieser beziehungsreichen Silbe „Gold" in vielen Fällen aus anderer Quelle. Es handelt sich um eine Umdeutung des keltischen „Col" = Berg. Wir können nicht mit Gewißheit sagen, wie der „Goldast" zu seinem Namen kam, ob er also ganz profanen Ursprungs ist und erst später seine bildhafte Umdeutung erhielt, ob er von jeher so poetisch klang oder ob er sich gar auf den Saft bezieht, der aus seinen Trauben gekeltert wird. Denn auch dieser kann wie Gold sein – für das Auge, für den Gaumen, gar für die „Seele".

In anderen Namen sind die ehemaligen Besitzer gegenwärtig, die geistlichen und weltlichen Herren Meersburgs etwa in den Lagen „Chorherrnhalde" und „Vogthalde". Die „Haltnau" geht womöglich auf ein ehemaliges Geschlecht zurück. Fritz Mauthner, der sich mit der etymologischen Herleitung von Ortsnamen am See beschäftigt hat, erklärte „Haltnau" jedenfalls mit „Au des Halto". Auch jenes reichlich sagenhafte Fräulein Wendelgard, das den Meersburger Ratsherren, wie man weiß, nicht schön genug war, trug den Namen dieses Geschlechts.

Geschehnisse, einmalige oder wiederkehrende, können in Flurnamen eingehen, siehe „Jungfernstieg" und „Lustgarten". Auch „Sängerhalde" zählt zu dieser Gruppe. Nicht etwa, weil da Meersburgs Männergesangverein jeden Montag probt. Vielmehr stammt der Name von „absengen"; die alte Schreibweise „Sengerhalde" ist auf dem Katasterplan noch eingetragen. Früher befand sich dort ein Eichenniederwald, dessen Stämme erst geschält und dann niedergebrannt wurden. Der so gedüngte Boden war für landwirtschaftliche Nutzung gut. Die Lohe benutzte man zum Gerben. Diese Umwandlung von Wald in Weinberge war ein wichtiges Ereignis in der Geschichte einer Winzergemeinde. So gibt es auch in vielen anderen Orten Namen, die sich auf diesen Anlaß beziehen, aber später fast immer in „Sänger" oder „Sang" umgedeutet wurden. (An der Mosel z.B. „Vogelsang", „Sängerheck", „In der Sang"). Nun ja: „Wein und frohes Lied machen froh Gemüt". Denselben Bezug haben übrigens in anderen Gegenden Namen wie „Rotenberg", „Rotlay" oder „Rotert", die mit der Silbe „Rot" ebenso die Rodung von Wald, Niederwald, Ginstergestrüpp, Hecke usw. festhalten.

Im Dunkeln bleibt vorerst die Herkunft der Namen so bedeutender Lagen wie „Bengel" und „Glockengießer". Kommt „Bengel" etwa vom „Luderleben", das man in den unmittelbar angrenzenden Fluren von „Hurenwadel" und „Lustgarten", wie wir hörten, zu treiben pflegte?

Neugierig wären wir besonders auf die Entstehung des Namens „Rieschen". An seiner Aussprache geben sich übrigens die Fremden schnell als solche zu erkennen, trennen diese doch zwischen „s" und „ch", so, als handle es sich da um „Radieschen". Der Meersburger spricht bekanntlich das „sch". Bis heute hat man für diesen Namen keine Erklärung. An der Mosel gibt es in Thörnich die Lage „Ritsch" von Rütsche (mhd. Steinrütze) = steiler Felsabhang. Immerhin würde diese Charakterisierung die Meersburger Steillage, die von Felsbrüchen begrenzt wird, genau treffen. Was an ihr wächst, gehört zum Besten am See. Auch diese Lage ist in die hiesige Chronique scandaleuse eingegangen. Am 30. August 1885

nämlich berichtete der Güteraufseher Schmäh der Großherzoglich Badischen Domänenverwaltung Meersburg (im originalen Wortlaut): „Der Unterzeichnete macht hiermit Anzeige, daß oben vom Seminar runter Wasser vom Schiffen auf die Reben im Rieschen schon mehrere male geschütten wurden, infolge dessen einige Rebstökke ganz verbrannt sind." Dennoch (nicht deshalb) reifen in jener Meersburger Spitzenlage sogar Riesling und Traminer, in guten Weinjahren von vorzüglicher Qualität. Ein Kuriosum: Früher füllte das Staatsweingut den Traminer – und nur diesen – in Bocksbeutelflaschen ab. Heute sind die meisten alten Lagennamen von den Etiketten verschwunden. Wie in allen Weinlandschaften wurden auch am Bodensee mit dem neuen deutschen Weingesetz (1971) viele kleine Weinlagen zu größeren zusammengefaßt. Lagen unter fünf Hektar Größe kann man nicht mehr als Einzellagen deklarieren. Dabei dürfte es wenige Weinorte geben, die sich so viele alte Lagennamen retten konnten wie Meersburg.

Klauspeter Hack

Überarbeitete und ergänzte Fassung eines Artikels, der in der Meersburger Zeitschrift „Glaserhäusle – Meersburger Blätter für Politik und Kultur" Heft 4/1982 – erschien.

Literatur
1) Die alten Lagennamen der Moselweinberge, Dr.Dr. Karl Christoffel, in: Schriften zur Weingeschichte Nr. 37, 1976, Gesellschaft für Geschichte des Weines.
2) Über die Herkunft von Lagennamen im Badischen Weinbau, N. Becker, B. Götz, J. Kannenberg, W. Schön in „Baden", Hsg. H. Ambrosi und B. Breuer, Stuttgart 1979.
3) Unsere Ortsnamen und die Volksetymologie, Fritz Mauthner, Das Bodenseebuch, Hsg. K. H. Maurer, Konstanz 1914, S. 32 ff.

Hopfenbau in Tettnang

Eine Kultur zwischen Romantik und Realität

Mit dem Allerwelts-Satz „Hopfen und Malz . . ." ist das Wissen um unseren Hopfen meist schon erschöpft. „Vertiefende Kenntnisse" werden in Verbindung mit dem Reinheitsgebot zum besten gegeben, und „Fachleute" erinnern zumindest gern daran, daß sie früher schon einmal bei der Handpflücke im Hopfenernteeinsatz waren. Festzustellen ist jedenfalls, daß dieses Gewächs eine gewisse Faszination ausübt, welcher man sich nur schwer entziehen kann. Besonders eindrucksvoll erscheint das „Erlebnis Hopfen" beim Erkunden der Gegend rund um Tettnang, dem Zentrum des Schwäbischen Hopfenbaues. Eingesäumt vom Bodensee und den grünen Matten des Allgäus, präsentiert sich ein arrondiertes Anbaugebiet, in dem sich die hohen Gerüstanlagen nicht penetrant in den Vordergrund schieben, sondern harmonisch im Wechsel mit Wald, Wiesen und Obstkulturen eine reizvolle Kulturlandschaft prägen. Der Hopfenbau in Tettnang hat jedoch eine verhältnismäßig junge Geschichte, denn bis zur Mitte des letzten Jahrhunderts wurde im Bodenseegebiet neben Kirschen und Wein überwiegend Getreide angebaut und in die benachbarten Alpenländer exportiert. Der Bau der Eisenbahnstrecken München-Lindau und Ulm-Friedrichshafen erschloß diesen Markt dann für die großen Getreidebauregionen und veränderte damit die Marktlage für Bodenseegetreide grundlegend, verursachte eine Krisensituation bei den Bauern und führte schließlich zu einer völligen Verarmung der Landbevölkerung.

Die Suche nach Auswegen brachte den Hopfen nach Tettnang, und er gewann hier sehr rasch eine stattliche Ausdehnung. Im Jahre 1850 betrug die Anbaufläche vier Hektar, 1864 bereits über 80 Hektar, vor genau 100 Jahren hatte das Gebiet um Tettnang 650 Hektar Hopfen vorzuweisen, und heute werden in 470 landwirtschaftlichen Betrieben 1 200 Hektar angebaut. Die Gründe für diesen Aufschwung waren zum einen die guten Absatzmöglichkeiten; zum anderen – und das kann man sogar im Standardlehrbuch nachlesen – erfordert der Hopfen für sein Wachstum eine Mischung aus Weinbau- und Weizenklima, also genau das Klima, das unser Bodenseegebiet vorzuweisen hat. Auch die tiefgründigen Böden glazialen Ursprungs kommen den Ansprüchen der Hopfenpflanze entgegen, so daß die bis zu zwei Meter tief reichenden Wurzeln genügend Ausdehnungsmöglichkeiten vorfinden, und alle Voraussetzungen vorhanden sind, um eine optimale Entwicklung des Hopfens zu gewährleisten.

Diese Kombination günstiger Standortfaktoren ermöglicht nun die Synthese eines „chemischen Wunderwerkes", welches dem Bier alles gibt, was aus einem Malzgetränk ein prickelndes „Pilserlebnis" werden läßt. Die Humulonsäuren verursachen den bitteren Geschmack, die ätherischen Öle, mehrere hundert an der Zahl, geben in ihrer spezifischen Kombination dem Bier das Aroma, also die „Blume", und zeichnen für die beruhigende Wirkung verantwortlich, und schließlich sind es die Gerbstoffe, welche den Gerstensaft haltbar machen. Auch ist niemand verwundert, wenn Hopfen aufgrund seiner vielfältigen anderen Verwendungsmöglichkeiten als Droge bezeichnet wird; seine Zugehörigkeit zur Familie der Hanfgewächse läßt sich nicht ableugnen.

Aber ungeachtet der Art der Verwendung: Es handelt sich immer um die als Dolden ausgebildeten, unbefruchteten Blütenstände der weiblichen Pflanzen, denn der „Humulus Lupulus", so die botanische Bezeichnung des Kulturhopfens, ist zweihäusig, d. h. es gibt „Männer" und „Frauen". Und in einer schwachen Stunde kann es dem Bauern schon passieren, daß er von seinen „Hopfendamen" schwärmt; hat er nicht einen schönen Beruf? Es ist jedoch ein langer, oft nervenaufreibender Weg, bis die Hopfendolden ihrer Bestimmung zugeführt werden können.

Die Arbeiten im Hopfengarten beginnen noch im Winter. Das Gerüst, welches der Hopfen als Kletterpflanze zu seiner Entwicklung benötigt, muß jetzt gewartet, das Drahtnetz neu verspannt, und brüchige Holzmasten müssen ausgewechselt werden. Eine harte Arbeit bei oft sehr widrigen Witterungsbedingungen, aber doch in einem Umfeld von sehr reizvoller Stimmung, die bei Abenddämmerung mit sinkender Sonne und Schneeverwehungen immer wieder aufs neue Hobbyfotografen zu Höchstleistungen herausfordert.

Mit den ersten Sonnenstrahlen im Frühjahr werden die im Boden überwinternden Wurzelstöcke zurückgeschnitten und die Steigdrähte aufgehängt, an denen dann nach erfolgtem Austrieb die jungen Hopfentriebe angeleitet werden. Dazu sind sehr viele Handarbeitsstunden erforderlich, und es bietet sich, obwohl es sich um eine sehr anstrengende Tätigkeit handelt, die an-

genehme Möglichkeit, hier eine erste Sonnenbräune einzufangen.

Nach dem Bambus ist Hopfen die am schnellsten wachsende Kulturpflanze der Welt, und bei guten Witterungsbedingungen kann er in einer lauen Mainacht bis zu 30 Zentimeter in die Höhe schießen. So erreicht er in kürzester Zeit die Gerüsthöhe von nahezu acht Metern.

Während dieser Wachstumszeit ist er aber zahlreichen Gefahren ausgesetzt, die seine Entwicklung stören oder gar verhindern können. Eine Bedrohung sind Gewitterstürme mit Hagelschlag, die hier im Bodenseegebiet besonders in den Monaten Mai, Juni und Juli schon zu verheerenden Schäden geführt haben. Aber auch Pilzkrankheiten und tierische Schädlinge können der Hopfenkultur zusetzen. Wenn nicht geeignete Abwehrmaßnahmen ergriffen werden, kann dies die völlige Vernichtung der Bestände zur Folge haben. Das Ferienklima des Bodensees begünstigt nicht nur das Wohlbefinden von Mensch und Tier, sondern fördert auch die Massenvermehrung von Schadorganismen. Daß dem nicht nur in jüngster Zeit so ist, belegen Beratungshinweise z. B. aus dem Jahre 1862, wonach im Tettnanger Gebiet von einer Blattlausepidemie berichtet wurde, die eine aufwendige chemische Bekämpfung erforderte: „Man nehme zwei Pfund Wallnusslaub, stopfe solche zusammen, brühe sie mit vier Maas siedendem Wasser, oder lasse sie fünf Minuten aufkochen. Dann wird ein Pfund Glanzruß fein gestossen und, mit zwei Maas Wasser übergossen, 24 Stunden stehen gelassen. Endlich nehme man ein halbes Pfund gelöschten Kalk zu einer Maas Wasser, filtriere die ganze Flüssigkeit durch ein Tuch und bestreiche die Hopfenköpfe mittels eines halbrunden Pinsels, den man an einem Stab von drei oder sechs Fuß Länge befestigen kann".

Die heutigen Pflanzenschutzmethoden sind dagegen weit differenzierter, und man

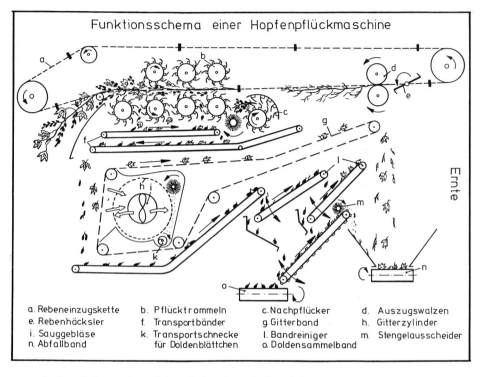

Funktionsschema einer Hopfenpflückmaschine

a. Rebeneinzugskette   b. Pflücktrommeln   c. Nachpflücker   d. Auszugswalzen
e. Rebenhäcksler   f. Transportbänder   g. Gitterband   h. Gitterzylinder
i. Sauggebläse   k. Transportschnecke   l. Bandreiniger   m. Stengelausscheider
n. Abfallband   für Doldenblättchen   o. Doldensammelband

versucht inzwischen mit gezielten Behandlungen im Rahmen des „integrierten Pflanzenschutzes" einem Überhandnehmen der Schädlinge vorzubeugen. So wird in Kenntnis der ökologischen Zusammenhänge weitestgehend umweltverträglich und nützlingsschonend gearbeitet und angestrebt, durch kombinierte physikalische, biologische und chemische Pflanzenschutzmethoden den Kreislauf der Natur zugunsten des Ertrages positiv zu beeinflussen.

Zweifellos den Höhepunkt des Hopfenjahres bildet Ende August die Hopfenernte. Dazu müssen die brautechnisch wertvollen Dolden von den Reben abgezupft und anschließend getrocknet werden. Früher war da ein Riesenrummel in der Montfortstadt Tettnang, als die Handpflücker von überall her den Ort überschwemmten und wochenlang „belagerten". Der 1956 in Tettnang ge-

drehte Spielfilm über die „Heiße Ernte" vermittelte dazu einige Eindrücke. Ganz so romantisch und harmonisch wird es aber wohl nicht gewesen sein, und aufgrund von arbeitswirtschaftlichen Zwängen begann Mitte der 50er Jahre die maschinelle Pflücke. Innerhalb kürzester Zeit wurde die ganze Erntetechnik umgestellt, und bereits 1965 gehörte die Handernte der Vergangenheit an.

Das moderne Ernteverfahren beginnt mit dem Bergen der Hopfenreben im Garten und dem Transport zur stationären Pflückmaschine. In den ersten Jahren der maschinellen Ernte sprach man noch vom „Pflückroboter", da sich niemand vorstellen konnte, wie die Handbewegung beim Zupfen und Sortieren auf eine Maschine übertragen werden konnte. Jedoch werden beim maschinellen Ernteverfahren lediglich die un-

Kosten bei verschiedenen Ernteverfahren für Hopfen

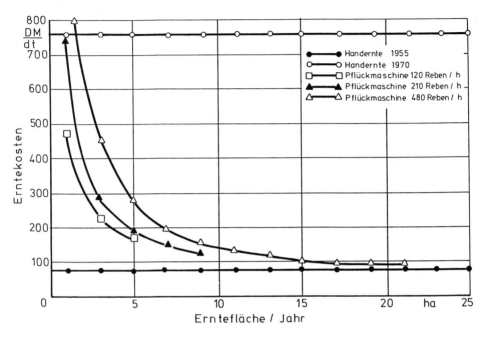

Erntekosten / [y-axis: 0–800 DM/dt]
Erntefläche / Jahr [x-axis: 0–25 ha]

Legend:
- Handernte 1955
- Handernte 1970
- Pflückmaschine 120 Reben / h
- Pflückmaschine 210 Reben / h
- Pflückmaschine 480 Reben / h

terschiedlichen physikalischen Eigenschaften des Erntegutes herangezogen, um das Pflücken und Aussortieren der Hopfendolden zu gewährleisten. Die einzelnen Hopfenreben werden mittels einer umlaufenden Transportkette, dem Rebeneinzug, durch das Pflückaggregat der Maschine gezogen. Dieses besteht aus rotierenden Walzen, welche mit stählernen Pflückfingern ausgestattet, Hopfendolden und Blätter von der Rebe abkämmen. Eine Trennung des Erntegutes erfolgt im Gebläsereiniger durch Absaugen kleiner Blatteilchen, und schließlich wird die rundliche Form der Dolden ausgenutzt, indem diese auf schräglaufenden Sortierbändern abwärtsrollen und gesammelt werden. Letzte Verunreinigungen wie Blätter und Stengelteile gehen auf den Kompost. Eine abschließende Handauslese gewährleistet dann sauberen Doldenhopfen, der, durch Trocknung haltbar gemacht, dem Handel und den Brauereien zugeführt werden kann. Anhand dieser Erntetechnik ist es heute möglich, mit nur wenigen Hilfskräften bis zu 500 Hopfenreben pro Stunde abzuernten; früher, zu Handerntezeiten, ein respektables Tagesergebnis.

Aufgrund der technischen Veränderungen und der damit verbundenen Einsparung an Arbeitskräften ist auch der Umtrieb in der Stadt ruhiger geworden. Von der Erntezeit wird kaum mehr Notiz genommen. Lediglich das monotone Getöse der Gebläseaggregate und die großen Hopfenballen -säcke), welche zu den Markthallen transportiert werden, lassen noch etwas Hopfenstimmung aufkommen. Zarte Nasen allerdings notieren nach wie vor den Hopfengeruch, der Anfang September in Tettnangs Straßen überall wahrzunehmen ist.

Spätestens um diese Zeit jedoch ist es auch mit dem letzten Funken Romantik vorüber, wenn es nämlich daran geht, den Hopfen auf dem Markt abzusetzen. Der weltweiten Hopfenüberproduktion stehen ein stagnierender Bierverbrauch und jährlich abnehmende Hopfengaben pro Hektoliter Bier entgegen. Diese Entwicklung führte seit Beginn der 80er Jahre zu einem gnadenlosen Verdrängungswettbewerb unter den Hopfenproduzenten; insbesondere die USA und Staatshandelsländer wie die Tschechoslowakei und Jugoslawien setzen dabei dem deutschen Hopfenbau zu. Um so verwunderlicher ist es, daß ein kleines An-

baugebiet, wie es Tettnang darstellt, im „Kampf der Giganten" noch bestehen und konkurrieren kann. Des Rätsels Lösung ist einfach: Das eingangs erwähnte Bodenseeklima verleiht der einheimischen Sorte „Tettnanger" ein ganz besonderes Aroma und macht sie für die Bereitung von edlen Pilsbieren unentbehrlich. So ist es auch zu erklären, daß nahezu 70 % des Tettnanger Hopfens exportiert werden und Großbrauereien in Amerika und Japan zu den „Tettnang-Liebhabern" gehören: ein Gewinn für die Biertrinker in aller Welt und nicht zuletzt – auch für das „Leben am See"

Bernhard Locher

„. . . tausend Jahre sind wie ein Tag . . ."

Ein Bericht über die Entstehung der Bodenseelandschaft

Als die Alpen aufstiegen

Ja — das Eis, der unwiderstehliche, immerfort schürfende Alpengletscher, hat einst auch unseren schönen Bodensee ausgeschliffen und geformt; zwar nicht nur das Eis allein, das mit seinem ungeheuren Gewicht über den Untergrund schrammte, sondern vor allem auch das darin eingefrorene Gestein, das über den Gletscherboden geschoben wurde. Aber schon lange vorher, in der über 60 Millionen Jahre dauernden, fast tropisch warmen Tertiärzeit begannen sich im südlichen Ozean und tief im Schoße der Erde die ersten Vorläufer unserer Alpen zu formen, sich in mächtigen Schichten, sog. „Decken", übereinander zu schieben, zu falten, sich nach Norden zu bewegen und zuletzt noch hoch aufzutürmen. Zur obersten, der „Oberostalpinen Decke", gehören die Gipfel der Drei Schwestern, der Scesaplana, der Zimba und des Widdersteins. Vor diesen mächtigen Bergstöcken zieht sich dann vom Alpenrheintal die „Helvetische Deckengruppe" nach Westen mit den Sieben Churfürsten — direkt am Walensee — und dem weiter nördlich liegenden Säntisblock (Säntis und Altmann) mit seinen jähen Felswänden, aber auch noch nach Osten mit den Vorarlberger Gipfeln Hoher Freschen, Kanisfluh und Hoher Ifen. Und schon bei der Bildung all dieser Berge muß sich hoch über dem heutigen Alpenrheintal wohl durch Brüche eine noch nicht allzu tiefe Entwässerungsfurche für die nach Nor-den abfließenden Gebirgswässer gebildet haben — erster Vorläufer des erst sehr viel später entstehenden und dann so tief noch ausgeschürften Alpenrheintals.

Zwei tiefe Meeresarme in Oberschwaben

Nördlich der nun fast fertig gebildeten Alpen erstreckte sich — vor 30 Millionen Jahren — das Meer in einem tiefen Trog vom großen Südmeer und vom heutigen Rhonetal über Oberschwaben bis Wien und zum damals dort beginnenden großen Ungarischen Meer.

Gleichzeitig aber begann in den weiter aufsteigenden Alpen auch sofort eine starke Abtragung. Die vielen wasserreichen Gebirgsflüsse und auch die Zuflüsse von Norden und Osten her setzten nun, zusammen mit mächtigen Meeresablagerungen, in dieser großen Mulde — dem Molassetrog — gewaltige Schuttmassen, hier Molasse genannt, ab. Unmittelbar am nördlichen Gebirgsrand blieb in mächtigen Deltas (gebirgsnahen, breiten Schuttablagerungen) das gröbste Geröll liegen. Dieses wurde jedoch später — wie im schweizerischen Alpenland, am Pfänder und im Hochgratgebiet — durch Kalkwässer verbacken und verfestigt, noch hochgehoben und zuletzt dort zu richtigen Gebirgsketten geformt. Dann aber zog sich dieses erste „Molassemeer" wieder weit nach Süden zurück. Doch schwemmten nun die zahlreichen Flüsse von allen Seiten riesige Massen von

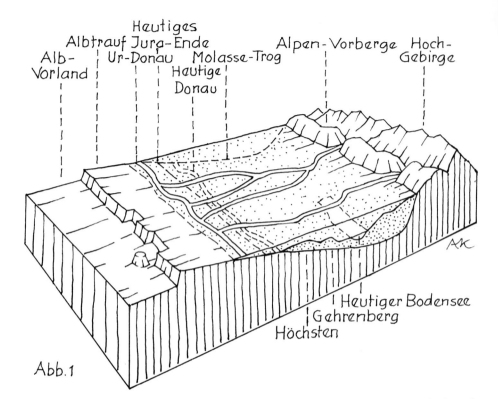

Heutiges
Albtrauf Jura-Ende   Alpen-Vorberge Hoch-
Alb- | Ur-Donau Molasse-Trog   Gebirge
Vorland | | | Heutige |
        | | | Donau |

Höchsten
Gehrenberg
Heutiger Bodensee

Abb. 1

Schiefe Ebene und Molassetrog: *Schon während der Entstehung der Alpen wurde die tiefe Einmuldung vor ihnen mit Schutt aufgefüllt. Die große „Schiefe Ebene" reichte bis zur Mitte der Albfläche. Auf ihr floß am tiefsten Punkt des ganzen Alpenvorlandes die Ur-Donau.*

Abtragungsschutt in den weiten Molassetrog ein und füllten diesen weiter auf. Aber vor 20 Millionen Jahren stieß dann das Meer von Süden her erneut in dieses Gebiet zwischen Alpen und Alb vor. Auch in diesem zweiten „Molassemeer" wurden am Meeresboden jetzt nochmals riesige Mengen von Sanden, Kalken und Tonen abgesetzt, bis zuletzt auch dieses Meer wieder ganz aufgefüllt war und sich dort von den Alpenkämmen bis zur Albfläche eine riesige „Schiefe Ebene" gebildet hatte. (Abb. 1)

Auf ihr strömten nun alle Alpenflüsse nach Norden, dem großen, neu entstandenen Sammelabfluß, der Donau, zu. Doch

floß diese damals noch auf der südlichen Albhochfläche selbst dahin.

Ihre alpinen Schotter und Gerölle sind dort noch heute fast überall vorhanden. Von all den vielen dort einst im Meer eingeschwemmten Ablagerungen aber sind die am Überlinger Ufer anstehenden mächtigen Molassesandsteine heute zu einer richtigen Sehenswürdigkeit geworden. Sie sind nicht allzu hart, daher leicht zu bearbeiten, aber doch auch recht standfest. Aus ihnen sind deshalb schon in alter Zeit die bekannten „Überlinger Heidenhöhlen" ausgehauen worden. Während des letzten Krieges aber wurden in diesen Sandsteinschichten von Zwangsarbeitern noch weitere, größere unterirdische Anlagen zur Herstellung von Kriegsmaterial geschaffen. Und immer wieder werden in diesem weiten Molassebekken bei Bohrungen auch Erdgas- und Ölvorkommen in größerer Tiefe entdeckt, die in den Feldern Pfullendorf/Ostrach und Illmensee/Fronhofen eine allerdings begrenzte rentable Förderung zulassen. Die sich dort bewegenden Pumpen geben davon Zeugnis.

Dann kam das Eis

Vor ungefähr 600 000 Jahren aber begann nach einer längeren Abkühlung die eigentliche „Eiszeit" auf der Nordhalbkugel der Erde. Schwankungen der Erdachse mit einer verminderten Sonneneinstrahlung könnten mit eine der Ursachen dieser Klimaverschlechterung gewesen sein. Große Teile Europas wurden jetzt — wie übrigens auch ganz Nordamerika — vom Gletschereis überzogen. Die mächtigsten Eisströme kamen von Norden, von Skandinavien, aber auch aus dem Alpengebiet flossen jetzt gewaltige Eismassen heraus. Ebenso waren damals auch der Schwarzwald und die Vogesen in ihren höchsten Lagen im Süden vergletschert.

Viermal insgesamt kam das Eis aus den Alpen und überdeckte weite Gebiete des Vorlandes mit einer bis zu 1 000 Meter mächtigen Eisschicht. Jede dieser „Eiszeiten" (Günzeiszeit, Mindeleiszeit, Rißeiszeit und Würmeiszeit) dauerte etliche Zehntausende von Jahren. Ungefähr ebenso lange hielten auch die zwischen ihnen liegenden warmen Zwischeneiszeiten an. In ihnen verschwanden die Gletscher im Alpenvorland jedes Mal wieder vollständig und zogen sich tief ins Hochgebirge zurück. Doch stieß das Eis der beiden ersten Eiszeiten nur wenig über das heutige Bodenseegebiet vor und furchte dort auch nur recht flache Gletschertröge aus. Erst die Rißeiszeit mit ihren gewaltigen Eismassen brachte dann vor 200 000 Jahren den ganz großen Gletschervorstoß bis zum Bussen und auf die südliche Albfläche bei Riedlingen (Abbildung 2). Dabei wurden aber von dem mächtigen Rißgletscher schon sehr tiefe, später jedoch wieder zugeschotterte Abflußrinnen und sogar auch schon ein tiefes Bodenseebecken ausgeschürft. In diesem konnte sich nun nach dem Verschwinden des Eises die ganze folgende warme Zwischeneiszeit hindurch ein dort jetzt entstehender Bodensee halten. Dann aber bereitete ihm vor etwa 60 000 Jahren — mit dem Beginn der Würmeiszeit — das wiederum vorstoßende Eis natürlich ein rasches Ende. In dieser letzten Eiszeit rückte jedoch der Gletscher nur noch bis zur Linie Aach – Ostrach – Schussenried – Wolfegg – Isny vor. Der Höchsten, mit 833 Metern die größte Erhebung Oberschwabens, lag damals noch 50 Meter, der Heiligenberg 100 Meter, der Gehrenberg 150 Meter und das heutige Stadtgebiet von Friedrichshafen sogar mehr als 600 Meter unter der riesigen Eisfläche. Am Gletscherrand häuften sich beim Abschmelzen des Eises aus dem mitgeführten Geröll und Sand langgezogene hohe Schuttwälle — die Endmoränen — auf (Abbildung 3). Und aus den zahlreichen Gletschertoren dieser „Äußeren Jung-Endmoräne" flossen hier auch die schuttreichen Schmelzwässer ins Vorland und dann in vielen, oft sehr verzweigten Gletscherströmen nach Norden zur Donau ab. Sie schütteten in diesen weiten Abflußrinnen jetzt überall mächtige, flache Schotterfelder auf, die dort heute – im Betonzeitalter – in großen Kiesgruben als begehrter Baurohstoff aber auch überall wieder abgebaut werden. Daß dabei jedoch der Landschaftsschutz allzu starke Eingriffe und Zerstörungen im Landschaftsbild verhindern sollte, ist natürlich auch eine Selbstverständlichkeit in unserer heutigen, doch allmählich sehr auf Umweltschutz bedachten Zeit. Durch eine vernünftige, allerdings auch etwas kostspielige Rekultivierung wä-

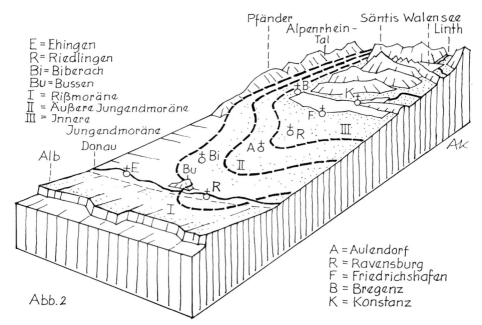

E = Ehingen
R = Riedlingen
Bi = Biberach
Bu = Bussen
I = Rißmoräne
II = Äußere Jungendmoräne
III = Innere Jungendmoräne

Pfänder   Säntis Walensee
Alpenrhein-Tal   Linth

Alb   Donau   Alb

A = Aulendorf
R = Ravensburg
F = Friedrichshafen
B = Bregenz
K = Konstanz

Abb. 2

Die großen Eisvorstöße: *Die Gletscher der Rißeiszeit (I) flossen bis auf die Albfläche bei Riedlingen. Den Bussen umflossen sie damals in halber Höhe. Ganz Oberschwaben lag noch unter einer mächtigen Eisdecke. Auch über die Walenseefurche flossen Gletscherströme in Richtung Zürich ab.*

re vieles von solchen Schäden auch sofort wieder gutzumachen.

Die „Innere Jung-Endmoräne"

Etwas weiter südlich der „Äußeren Jung-Endmoräne" bildete sich dann, nach einem kurzen Eisrückzug bis ins Bodenseegebiet und einem nochmaligen Vorstoß nach Norden, dort jetzt für längere Zeit die „Innere Jung-Endmoräne" mit ihren immer noch stattlichen Moränenzügen. Vom Ende des vor dem Eis gerade entstehenden, aber noch recht kleinen ersten Überlinger Sees, der noch bis Wahlwies reichte, zog sich diese Endmoräne im Bogen um das noch von einer mächtigen Eiszunge ausgefüllte Salemer Becken. Von Heiligenberg flossen nun aber die Gletscherwässer nicht mehr wie bisher alle zur Donau nach Norden ab, son-

dern jetzt teilweise nach Südwesten, zum großen Sammelabfluß der aus dem Raume Winterthur und Zürich abströmenden Schweizer Gletscherflüsse, dem jungen, neu entstandenen Rhein. Von Heiligenberg aber zog sich die „Innere Jung-Endmoräne" dann nach Osten über das Deggenhauser Tal weiter zum Schussentobel, bog dann nach Süden zur Waldburg um und zuletzt wieder nach Osten bis zu den hohen Allgäubergen, wo sie endete.

Immer noch strömten alle östlichen Schmelzwässer von dieser Endmoräne nach Norden zur Donau. Diese floß jetzt aber nicht mehr oben auf der Hochfläche der Alb, wie früher, sondern hatte sich in der Zwischenzeit ein tiefes Tal von Ehingen über Blaubeuren bis Ulm geschaffen, nachdem sie sich etwa zur selben Zeit auch ihr

88

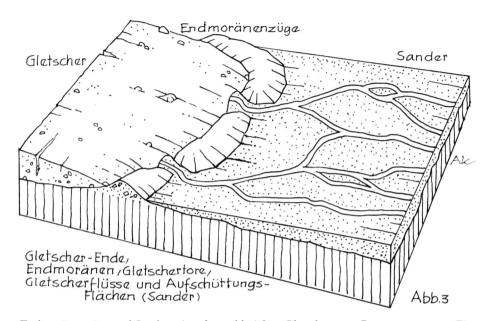

Endmoränenzüge und Sander: *Aus den zahlreichen Gletschertoren flossen am ganzen Eisrand die vielen Gletscherwässer heraus und häuften dort beim Abschmelzen des Eises die mächtigen Endmoränenzüge auf, vor ihnen aber noch gewaltige, mitgeschwemmte Schottermassen (Sander).*

prächtiges Durchbruchstal zwischen Beuron und Sigmaringen ausgefurcht hatte. Und die große „Schiefe Ebene" war jetzt auch weitgehend vom fließenden Eis und den Flüssen der Zwischeneiszeiten schon wieder abgetragen worden. Jedoch im hügeligen Moränenland zwischen der „Äußeren" und der „Inneren Jung-End-Moräne" blieben dort nach dem endgültigen Verschwinden des Eises zahlreiche Seen und Weiher zurück, die später jedoch teilweise vermoorten oder ganz verlandeten. Der reizvolle, vielbesuchte Illmensee und seine beiden Nachbarn, der Ruschweiler See und der kleinere Volzer-See, alle drei nördlich des Höchsten und in der Nachbarschaft des weitläufigen Pfrunger Rieds gelegen, waren früher einmal zu einem einzigen größeren See verbunden gewesen.

Die beiden Salemer Seen

Als sich aber – vor 21 000 Jahren – die Gletscher von der „Inneren Jung-Endmoräne" endgültig weiter nach Süden zurückgezogen hatten, entstanden überall vor dem neuen Eisrand in diesen tiefen, vom Eis jetzt freigegebenen Gletscherbecken viele, zum Teil auch recht tiefe, große Stauseen. Im hintersten Salemer Becken bildete sich zwischen seinen hohen, steilen Talhängen auch sofort ein großer See, der „Heiligenberger See" mit sechs Kilometern Länge, vier Kilometern Breite und einer Tiefe von 60 Metern. Mit seinem Wasserspiegel von 510 Metern lag er aber noch immer mehr als 200 Meter tiefer unter dem hochgelegenen Plateau des Heiligenbergs. Der Blick von dieser Höhe hinunter auf die große Wasserfläche mit dem Gletscher im Hintergrund

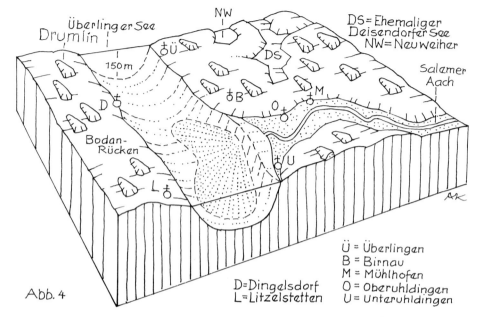

Überlinger See
Drumlin
NW
Ü
150m
DS
B
M
D
O
Bodan-Rücken
U
L
Abb. 4

DS = Ehemaliger Deisendorfer See
NW = Neuweiher
Salemer Aach

D = Dingelsdorf
L = Litzelstetten

Ü = Überlingen
B = Birnau
M = Mühlhofen
O = Oberuhldingen
U = Unteruhldingen

Der Unteruhldinger Schuttberg: *Die größte Schuttauffüllung erfolgte im Überlinger See vor Unteruhldingen. Hier mündeten lange Zeit alle Schmelzwasser von ganz Oberschwaben in den Überlinger See. (Von den hier so zahlreichen Drumlins konnten nur wenige – stark vergrößert – als Kennzeichnung in das Blockbild eingetragen werden.)*

müßte auch schon damals großartig gewesen sein. Der Überlauf floß direkt zum Überlinger See. Doch staute dieser Abfluß noch vorher bei Deisendorf einen größeren, aber etwas flacheren See in der dortigen Hügellandschaft auf.

Einige Zeit danach – beim weiteren Eisrückzug im Salemer Becken bis Mimmenhausen und Neufrach – entstand dort ein zweiter, ebenso großer, jetzt aber tiefer gelegener flacher Stausee, der „Salemer See". Seine Abflüsse strömten durch das Killenweiher Tal damals schon bei Oberuhldingen in eine größere Seitenbucht des Überlinger Sees. Doch wurde dieses flache Seebecken von der Salemer Aach auch rasch wieder bis zum steilen Uferabfall des hier noch 150 Meter tiefen Überlinger Sees aufgefüllt. Dort aber schüttete dieses kleine Flüßchen

nun „unter Wasser" einen ganz gewaltigen Schuttberg bis zur Seemitte auf (Abbildung 4). Doch eine vollständige Zufüllung und Trennung dieses tiefen Sees gelang ihr mit ihren schwächeren Kräften – im Gegensatz zum Linthfluß am Walensee – natürlich nicht. Dort hatte dieser von Süden von Glarus her kommende, wasserreiche Alpenfluß den damals bis Zürich reichenden „Großen Walensee" mit seinen gewaltigen Schuttmassen gerade in der Mitte durch eine mächtige Aufschüttungsebene zum heutigen „Rest-Walensee" und zum jetzigen „Züricher See" getrennt. Der Linthfluß wird heute über diese weite Ebene in einem künstlichen Bett, dem Linth-Kanal, zum Züricher See geleitet, den er dann als Limmat bei Zürich wieder verläßt, um schließlich in die Aare zu münden.

90

Die späten Reste eines Sees der Eiszeit: der Weiher bei Deisendorf. Die ursprüngliche Größe des Sees ist aus dem nebenstehenden Blockbild (Abbildung 4 oben) zu ersehen, ebenso der Verlauf der Salemer Aach mit ihrem breiten Tal durch die Drumlinlandschaft.

Die Schmelzwässer der später erst bei Unteruhldingen in den „Überlinger See" mündenden Salemer Aach aber flossen unmittelbar am schwimmenden Eisrand des bis hierher zurückgewichenen Gletschers entlang quer durch diesen ersten Überlinger See weiter in Richtung Konstanz und von dort zuletzt zum schon bestehenden Rhein.

Die großen Stauseen im Schussental

Andere große Stauseen – drei an der Zahl – hatten sich schon etwas früher auch im Schussenbecken gebildet. Der erste, der „Obere Schussen-See" entstand sofort beim ersten Eisrückzug nach Süden. Später, als sich der Gletscher etwas weiter in diese vom Eis so tief ausgeschliffene Mulde zurückzog, vergrößerte sich dieser See Stück um Stück nach Süden. Seine Wassertiefe betrug zuletzt sogar 90 Meter, die Länge etwa fünf Kilometer, der Wasserspiegel stand anfänglich bei 540 Metern. Seine Überläufe strömten noch am Westrand der riesigen Ravensburger Gletscherzunge über das dortige flachwellige Moränenland nach Süden. Die vielen späteren, tiefen Tobel hinunter ins Schussental waren aber damals alle noch nicht entstanden. Sie konnten sich erst nach dem vollständigen Verschwinden des Eises bilden. Die Gletscherwässer flossen damals durch das Rolgenmooser Urstromtal und hinter dem Gehrenberg hinüber ins Urnauer Urstromtal – das heutige mittlere Rotachtal – und dann weiter zum schon bestehenden „Salemer See". Dort setzten sie – bei Stefansfeld – in einem riesigen Schwemmkegel große Massen von mitgeführtem Sand und Geröll ab und flossen zusammen mit den Abflüssen des Salemer Sees durch das Killenweiher Tal weiter dem Überlinger See zu.

Beim weiteren Zurückschmelzen des Eises im Schussenbecken entstand dann der ausgedehnte „Große Ravensburger See". Mit 13 Kilometern Länge, einer Breite von über fünf Kilometern, und mit 500 Metern Spiegelhöhe betrug seine größte Tiefe immer noch 70 Meter. In ihn schwemmten jetzt die wasser- und schuttreichen Schmelzwässer von den östlichen Gletschern und Eisseen her bei Baindt, Baienfurt und Weingarten gewaltige Schuttmassen hinein, die dort in riesigen Kiesgruben auch wieder abgebaut werden. Die Seeabflüsse – ein mächtiger Schmelzwasserfluß – strömten dann durch das bis heute vollständig erhalten gebliebene „Taldorfer Urstromtal" hinüber in das vom Eis schon teilweise freigegebene Markdorfer Becken. In dessen Westteil – vor Markdorf – aber stand eine große Gletscherzunge immer noch bis zum Gehrenberg. Unmittelbar vor ihr zwängten sich nun die reißenden Schmelzwässer

durch das enge „Wangener Tälchen" hinüber nach Bermatingen. Von dort konnten sie dann wieder ungehindert durch das breite, längst verlassene Eistal weiter nach Ahausen abfließen. Vereint mit den Abflüssen des Salemer Beckens, der Salemer und der Deggenhauser Aach, strömten die Schmelzwässer dann in den Überlinger See bei Unteruhldingen.

Der dritte und letzte der Schussenseen, der „Untere Schussensee", staute sich auf, als das sich weiter zurückziehende Eis vor den etwas niedrigeren Moränenzügen südlich von Untereschach nochmals stehen blieb. Ihm strömten jetzt von Osten her andere, südlichere Abflüsse der dortigen Gletscher zu. Trotz seiner geringeren Wassertiefe von nur noch 25 Metern reichte aber auch dieser See immer noch sehr weit ins Schussenbecken hinauf. Doch seine Abflüsse konnten bei nur noch 450 Metern Spiegelhöhe die hohe Schwelle hinüber ins Taldorfer Urstromtal nicht mehr überwinden. Sie mußten sich neue Abflußrinnen hinüber ins jetzt ganz eisfreie Markdorfer Becken durch das Hügelland um Ailingen und Raderach schaffen. Den engen Weg durch's Wangener Tälchen brauchten die Gletscherwässer jetzt nicht mehr zu nehmen. Das sperrende Eis war ja inzwischen schon weiter nach Süden zurückgewichen. Ein nochmaliges Schwinden desselben ließ dann – als neue, niedrigere Moränenkette – den Endmoränenbogen um das Kluftener Becken, die noch recht deutliche Spaltensteiner Endmoräne sowie die anschließenden kleineren Moränenhügel bei Windhag entstehen. Von dort zog sich der weiter stark geschwundene Gletscher mit nur noch wenig ausgeprägten Moränebildungen nochmals nördlich bis über Meckenbeuren hinauf und von dort im Bogen wieder zurück nach Süden. Aber immer noch flossen an dieser Eisgrenze entlang alle Schmelzwässer hinüber ins Markdorfer Becken und wie bisher zum Überlinger See.

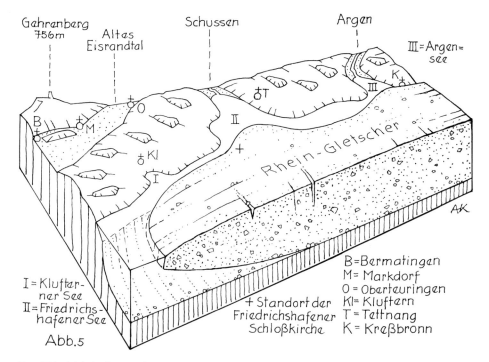

Gehrenberg
756m
Altes
Eisrandtal
Schussen
Argen

III = Argen = see

I = Klufter-
ner See
II = Friedrichs-
hafener See

Abb. 5

+ Standort der
Friedrichshafener
Schloßkirche

B = Bermatingen
M = Markdorf
O = Oberteuringen
Kl = Kluftern
T = Tettnang
K = Kreßbronn

Der Friedrichshafener Eisstausee: *Die große Eiszunge des Alpengletschers schnürte die flachen Seitenbuchten von Kressbronn, Friedrichshafen und Kluftern ab und staute dort größere Eisrandseen auf. Zwischen dem Gehrenberg und der Bermatinger Endmoräne (Buchberg) flossen im „Wangener Tälchen" eine Zeitlang die früheren Gletscherwasser durch.*

Der Friedrichshafener Eisstausee

Bei einem nochmaligen Eisrückzug wich der inzwischen weiter geschwundene Gletscher bis ins heutige Friedrichshafener Altstadtgebiet zurück. Ein letzter großer, aber nur noch 15 Meter tiefer Stausee, der „Friedrichshafener See" entstand nun im untersten Schussenbecken. Er reichte noch etwas über Meckenbeuren hinauf, doch griff die Eiszunge am Südende noch ein Stück weit in das dort sieben Kilometer breite Seebecken hinein (Abbildung 5). Und gerade hier – im Gebiet der heutigen Friedrichstraße – wurde bei einem Erweiterungsbau vor Jahren auch der mächtige, haushohe Findlingsblock „entdeckt", den einst der Alpengletscher auf seinem Rücken bis hierher geschleppt hatte, wo er dann beim Abschmelzen des Eises liegen blieb. Der gewaltige Felsbrocken mußte sogar gesprengt werden, damit er überhaupt abtransportiert werden konnte. Und auch aus der Spaltensteiner Moräne kam erst vor kurzem ein riesiger „Findling" zutage. Und solche „Zeugen der Eiszeit" gibt es natürlich noch viele im ganzen, ehemals vom Eis bedeckten Alpenvorland von der Schweiz bis nach Bayern. Nur noch von 50 bis 100 Meter hohem Gletschereis war die Friedrichshafener Uferzone damals überdeckt. Doch über der Seemitte stand der Gletscher noch etwas höher.

93

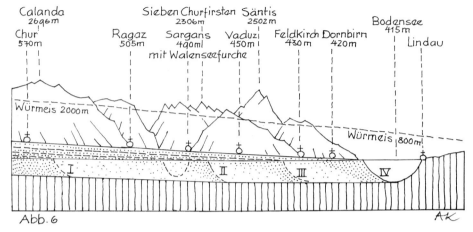

Abb. 6

Rhein und Bodensee: *Der Querschnitt zeigt den großen „Rheinsee" bis Chur und seine allmähliche Zufüllung mit den „Delta-Ständen" I-IV. Gleichzeitig wurden über diesen waagrechten Seeaufschüttungen weitere Schuttmassen vom Alpenrhein abgesetzt. Ohne das so entstehende Gefälle hätte der Rheinstrom ja nicht fließen können. Seine größte Tiefe – etwa 300 Meter – hatte der See bei Dornbirn. Auch die Walenseefurche wurde zur selben Zeit aufgefüllt.*

Gleichzeitig aber war auch im untersten Argental vor der dortigen Eiszunge ein größerer See entstanden. Dieser „Argen-See" bildete dann mit dem Friedrichshafener See zusammen etwas später einen einzigen großen Eisstausee von Kreßbronn bis zum Gebiet der heutigen Friedrichshafener Schloßkirche. Die flachen Böden dieses letzten Sees im hiesigen Bodenseegebiet bilden heute die weiten Ebenen vom Löwentaler Flugplatz bis zur Argenniederung. In sie schnitten dann später die reißende, schuttreiche Argen und die „sanftere" Schussen ihre jetzigen Flußbetten noch etwas tiefer ein. Dagegen hat die Rotach sich in dieser Zeit als einziges Flüßchen selber ihr tiefes Durchbruchstal zwischen Unteruhldingen und Ittenhausen zu diesem Seebecken schaffen können. Die weiteren Rückzüge des Bodenseegletschers gingen dann verhältnismäßig rasch vonstatten. Bei Lindau schüttete das Eis während eines kürzeren Zwischenhaltes, teilweise sogar unter dem

Wasserspiegel, noch eine weitere Endmoräne, die heutige Lindauer Insel, auf. Und südlich von Bregenz querte dann zuletzt eine immer noch mächtige Eismauer das weite Alpentor.

Der riesige Rheinsee

Nun erst zog sich das Eis im Alpenrheintal selbst allmählich wieder bis über Chur ins Gebirge hinauf zurück. Auch vom Walensee her wich jetzt das dort ebenso mächtige Gletschereis zum Rheintal zurück. Und immer folgte dem Eis, das dieses weite Gletschertal bei Dornbirn sogar 400 Meter tief unter die heutige Talebene ausgeschürft hatte, der ständig sich vergrößernde See nach (Abbildung 6). So entstand zuletzt der riesige, tiefe „Rheinsee" von Bregenz bis Chur und ein ebenfalls sehr großer, tiefer „Walenseearm". Auf beiden Seen aber konnten jetzt große Eisberge bis Konstanz und Zürich treiben. Der Wasserspiegel dieses großen Sees stand auf 415 Meter. Aber

94

diese riesigen Seen wurden auch gleich von Anfang an von den gewaltigen Schuttmassen des Alten Rheins und der anderen größeren Flüsse und Bäche wieder aufgefüllt. Die weiten Flächen des breiten Rheintales entstanden jetzt. Nur weiter im Gebirge, bei Chur, schoben sich auch große Schuttfächer in das enger gewordene Tal hinein. Der Walensee und der Züricher See aber wurden, wie schon beschrieben, vom großen Schuttkegel des Linthflusses voneinander getrennt.

Die Folgen dieser gewaltigen erdgeschichtlichen Vorgänge beschäftigen uns noch heute. Und seit Menschengedenken machen ja die gewaltigen Hochwässer im Alpenrheintal, besonders im unteren Teil desselben, den Bewohnern dort sehr zu schaffen. Der schlingenreiche, mächtige Rheinfluß trat dort regelmäßig im Frühjahr, während der Schneeschmelze im Hochgebirge, über seine Ufer. Er verlegte seinen Lauf dauernd und überschüttete dabei weite Flächen dieser Ebene oft meterhoch mit Sand, Kies und Geröll. Einmal befürchtete man sogar, er würde bei Sargans in die tiefe Talfurche zum Walensee ausbrechen und mit seinen Wassermassen bis Zürich weiterströmen. Die Folgen einer solchen Katastrophe wären unausdenkbar gewesen. Deshalb waren auch die Züricher im Rheintal schon seit langem „wuhrpflichtig", d.h., sie mußten die Schutzdämme mit unterhalten. Der ungebärdige Rhein brach aber auch an anderen Stellen oft aus seinem Bett aus und überschwemmte immer wieder das weite Alpenrheintal. Um dieser „Rhein-Not" endgültig abzuhelfen, beschlossen zuletzt die verantwortlichen Behörden von Österreich und der Schweiz nach zähen und langwierigen Verhandlungen schließlich einmütig, das schon länger geplante Riesenprojekt, die große „Rheinkorrektion", in Angriff zu nehmen. Man wußte natürlich, daß dieses Vorhaben gewaltige Summen verschlingen würde. Aber man begann

trotzdem, den Wildfluß zu begradigen, riesige Dämme aufzuschütten und unmittelbar rechts und links des neuen Flußlaufes noch weitere Hochwasser-Abflußrinnen anzulegen. So fließt jetzt seit dem Jahre 1900, dem Abschluß dieser langjährigen Arbeiten, dort der Rheinstrom, gebändigt zwischen hohen Dämmen, in einem neuen, schnurgeraden Lauf in die Fußacher Bucht. Hier setzt er allerdings seine ganze mitgeführte Schuttfracht nun im Bodensee selbst ab. Kiesschiffe können die sich durch den dauernden Zufluß immer wieder erneuernden Kiesablagerungen mit Baggern im See bequem abbauen. Die „Rhein-Not" ist damit zwar jetzt behoben, aber die starke Schuttablagerung im Bodensee selbst wird auch in Zukunft doch ein großes Problem bleiben.

Die Drumlins – die großen Schutthügel

Ganz zum Schluß der Eiszeit aber, vor etwa 20 000 Jahren, beginnen bei uns im Bodenseegebiet – wie auch in der benachbarten Schweiz – unter dem strömenden Eis von Lindau bis Überlingen die eindrucksvollen, so schön geformten Drumlinhügel sich zu bilden. Sie bestehen alle nur aus Gletscherschutt und abgeschürftem älterem Untergrund und umsäumen hier die weite Bodenseelandschaft in erstaunlich großer Zahl. Der zu dieser Zeit aber schon sehr stark geschwundene Gletscher konnte mit seiner jetzt geringeren Eismasse – und der deshalb auch schon stark verminderten Schubkraft – die Ablagerungen am Gletschergrund gerade noch zu solchen „Drumlins" zusammenschieben. Diese ovalen Kuppen sind alle von fast genau gleicher Größe und Form, etwa 800 Meter lang und druchschnittlich 60 bis 80 Meter hoch. Nur in den großen, ehemaligen Seebecken, in denen das Eis so lange ruhig stehenblieb, gibt es sie natürlich nicht. Mit ihrer steilen Stirnseite sind sie immer dem heranströmenden Gletscher zugewandt und markieren so auch überall genau den damaligen

Verlauf und die Fließrichtung des Eises. An der Rückseite aber fallen sie flacher ab. Heute sind sie meistens bewaldet, was aber die ebenmäßige Schönheit ihrer Form nur noch unterstreicht. Doch tragen sie auch hin und wieder kleinere Siedlungen auf ihren flachen Rücken, wie Raderach und Berg bei Friedrichshafen. Schon in frühgeschichtlicher Zeit wurden auf diesen leicht zu verteidigenden Höhen große Fliehburgen errichtet, z.B. das „Heidenschloß" und der „Ringwall" südlich von Oberteuringen, von denen heute noch Reste erhalten sind. Der Name „Drumlin" stammt von der irischen Bezeichnung für solche Hügel. Auch dort entstanden sie unter dem Eis, als sich dieses von Norwegen her über die ganze Nordsee und England bis Irland hinüberschob. Jedoch auch über weite Teile Norddeutschlands rückte damals der große „Eiskuchen" bis zum Harz vor. Von vielen unserer so schönen Drumlins hat man bei freier Sicht einen herrlichen Blick über die flache Uferlandschaft und die weite, schimmernde Seefläche hinweg zum Hochgebirge. Wohl dem, der heute in solcher Landschaft leben darf!   Adolf Koch

Adolf Koch, Jahrgang 1901 und gebürtiger Nürnberger, lebt seit 1937 am See. Neben seinem Beruf als Lehrer — er war Leiter der evangelischen Volksschule in Fischbach — galt seine Liebe schon früh der Geologie. Seit Mitte der 50er Jahre zeitweilig für die Arbeit am Geologischen Institut der Universität Tübingen bei Prof. Dr. Georg Wagner beurlaubt, konnte er sein Hobby 1960 endgültig zum Beruf machen, und zwar als Konservator am Staatlichen Museum für Naturkunde in Stuttgart. 1965 erhielt er — zusammen mit Georg Wagner — den Schillerpreis der Stadt Marbach. Adolf Kochs besondere Leistung, die derzeit von niemandem erreicht wird, sind seine anschaulichen geologischen „Blockbilder", von denen einige diesen Beitrag illustrieren. Hier findet auch seine künstlerische Begabung, von der Aquarell und Gedicht (S. 97) zeugen, ihren Ausdruck. Koch und Wagner schufen gemeinsam die bekannte geologische Reliefkarte Südwestdeutschlands.

Als der Eisstrom dich einst formte,
vielgeliebter Bodensee,
ragten nur die höchsten Spitzen
über's Eis noch in die Höh'.

Nur die höchsten Gipfel waren
nicht von kühler Flut verhüllt,
alles sonst vom Strom des Gletschers
kalt und tödlich ausgefüllt.

Später — in's verlass'ne Bette —
floß dein lebend Wasser nach;
und es füllte um die Wette
sprudelnd dich so mancher Bach.

Heute lockt in lichter Bläue
nun dein weiter Spiegel mich.
Bodensee! In alter Treue
grüß ich, Vielgeliebter, dich!

Adolf Koch

Leben am See in römischer Zeit

Wichtige Funde in Friedrichshafen warten noch auf die Wissenschaft

*Die Römer, die vor 2000 Jahren das Alpenvorland unterwarfen, haben nicht nur am Ost-
und am Südufer des Bodensees ihre Spuren hinterlassen. Zwar geht, abgesehen von Hoyren
(horreum = Speicher) bei Lindau, kein Ortsname am Nordufer auf eine römische Wurzel zurück. Auch ist nirgendwo ein römischer Kern einer bestehenden Siedlung nachzuweisen.
Doch wären die Funde, die bei Bauarbeiten in Friedrichshafen gemacht wurden, – u.a. auf
dem ZF-Gelände 1938 und 1953 – wichtige Hinweise. Die Fundstücke sind nur zu einem kleinen Teil öffentlich zugänglich, nämlich im Graf-Zeppelin-Gymnasium, das meiste harrt noch
im Keller des Friedrichshafener Bodenseemuseums der Sichtung und der wissenschaftlichen
Würdigung. Ulrich Paret, der selbst bei diesen Ausgrabungen dabei war, versucht in dem folgenden Beitrag, aus Friedrichshafener Funden ein Bild des römischen Lebens am See zusam-
menzufügen.*

Trotz aller Friedensbeteuerungen des
Kaisers Augustus hatten seine Stiefsöhne
Tiberius und Drusus durch verschiedene
Kampfhandlungen mit Schiffen und normalen Truppen die Vindeliker und Räter besiegt und Bregenz zu einem römischen
Stützpunkt und Handelsplatz gemacht. Dadurch drohte seit dem Jahr 15 v. Chr. der
Beherrschung des Bodensees auch vom
nördlichen Ufer keine Gefahr mehr. Hier
wie für Oberschwaben wird gegolten haben,
was der Geschichtsschreiber Tacitus vom
sog. Dekumatenland im Winkel zwischen
Rhein, Neckar und Main im Jahr 100
n. Chr. schreibt: Ein unstetes Volk von Kel-
ten und Germanen habe sich dort niederge-
lassen. Die großen Truppenbewegungen im
Westen und Osten berührten unser Gebiet
nicht. Doch erst als Oberschwaben unter
dem Kaiser Claudius (41-54 n. Chr.) durch
die Anlage des festen Stützpunkts Rißtissen
und anderer Kastelle auch von der Donau

her gegen alle Überfälle und sonstige äußere Störungen gesichert war, konnte eine
Durchdringung mit römischer Zivilisation
beginnen, also seit der Mitte des ersten
nachchristlichen Jahrhunderts. Den römischen Schriftstellern waren diese Landstriche gleichgültig, und wir sind auf die Boden-
forschung und auf Rückschlüsse aus anderen Reichsgebieten angewiesen.

Auf Baureste über der Erde wie im
Rheinland kann die Forschung nicht zu-
rückgreifen, nur solche unter der Erde oder
zerstreute Einzelfunde untrüglich römischer Herkunft können Auskunft geben.
Das sind neben kompakten Mauerteilen vor
allem Inschriften, Münzen, Tonscherben,
Mosaikwürfelchen, Verputzreste, handgeschmiedete Nägel, Schlüssel und nicht zuletzt Bruchstücke römischer Dachplatten.
Denn rechtwinklig gebogene Ziegelreste in
späterem Mauerwerk stammen alle nur von
römischen Dachplatten mit hochgeboge-

Auf dem Friedhof in Jettenhausen wurde dieser Silber-Denar mit dem Profil des Kaisers Nerva, 98 n. Chr., gefunden. Er hat 18 Millimeter Durchmesser, die Umschrift „IMP(erator) NERVA CAES(ar) AUG(ustus) P(Pontifex) M(aximus) TR(ibunicia) P(otestate) CO(n) S(ul) III(tertium) P(ater) P(atriae)" bedeutet: Kaiser Nerva, Cäsar, Augustus, Oberpriester, mit tribunizischer Amtsgewalt, zum dritten Mal Konsul, Vater des Vaterlandes. − Auf der Rückseite mit der zwei Ähren haltenden Frauengestalt lautet die Umschrift: „SALUS PUBLICA", zu deutsch: Gedeihen und Wohlergehen des Staates und der Allgemeinheit.

nem Rand. Sie waren in keiner anderen Architektur verwendet und sind darum ein sicheres Zeichen für frühere römische Gebäude in der Nähe.

Einen weiteren Hinweis können Gelände- und Flurbezeichnungen geben, die an verschiedensten Orten im Zusammenhang mit römischen Resten auftreten, wie Hochsträß, wo ein römischer Straßenzug über Höhen geführt hatte, Maueracker, Mäurach, Mauren, wo der Pflug des fluchenden Bauern weitab vom Dorf auf Mauerwerk stieß.

Auf dem Boden von Friedrichshafens Altstadt hat der Wiederaufbau seit 1945 weder in Baugruben noch in neu gezogenen Gräben römische Reste zu Tage gefördert. Zwei vor über 70 Jahren beim Bau der Uferstraße gefundene Münzen sind noch kein Beweis für eine dauernde Anwesenheit der Römer. Anders in den Außenbezirken; von Norden, vom „Hochsträßösch" her, führte die heutige Hochstraße, die keine mittelalterliche Siedlung unmittelbar berührte, also älter sein mußte. Die alte kümmerliche Straße nach Löwental zeigte einen durch keine Geländebildung erzwungenen Knick. 1807 ist die Stelle bezeichnet als „die Vogelheerde" gegenüber dem „Löwentalischen Maueracker"; ein nicht mehr verstandener Vogelherd für die Vogelstellerei, altes römisches von Dornsträuchern umwachsenes Mauerwerk, ein Hindernis für den Wegebau, aber ein natürliches Paradies für Vögel.

Dort wurde 1938 auf dem Gelände der Zahnradfabrik der bedeutendste Römerfund gemacht. In die Umfassungsmauer des Klosters Löwental waren Kantenstücke römischer Dachplatten eingemauert. Von viel altem Römerschutt berichtet schon die Oberamtsbeschreibung vom 1915, und dasselbe wurde bei den Straßenbauten dort in den letzten Jahren festgestellt. Ähnlichen Schutt und Gebäudereste überdeckende Bodenerhebungen fand man auch im Gelände des Karl-Olga-Hauses und am Ostende der Keplerstraße, die früher Mauerackerstraße hieß. Zahlreich müssen vor allem die Reste in Jettenhausen westlich der Kirche gewesen sein, Estrich- und Wandverputzstücke, tönerne Heizröhren und Mauerstücke. Ferner wurden eine Münze des Kaisers Trajan (98-117 n. Chr.) und ein Silberdenar Nervas (96-98) gefunden. Leider hat auf diese Umstände bei den Neubauten nach 1945 niemand Rücksicht genommen; die Ränder der Baugruben zeigten nur noch einen kleinen Wasserablauf und sonst geringe römische Reste. Die alte Kirche in Jettenhausen steht auf einem römischen Gebäude.

Der einzige, „schriftliche" Überrest ist ein Ziegel mit der Zahl XXI, vermutlich, wie die meisten Ziegel, aus dem Norden Friedrichshafens. Demzufolge hätte man dort den Standort der Abteilung zu suchen, die vom Lager der 21. Legion in Vindonissa-Windisch aus der Westschweiz herkommandiert war. Da es ein Einzelfund ist, war die Truppe nicht groß und wohl zum Schutz der Straßen und Brücken bestimmt, da das Gebiet ohne militärische Bedeutung war. Sie kann auch als Polizei gegen eine Unbotmäßigkeit der einheimischen unfreien Bevölkerung gedient haben.

Verwaltungsmäßig gehörte der Bezirk zur Provinz Rätien, wovon die Sprachforscher Ries und Riesling ableiten. Wie die Provinzialverwaltung in Augsburg sich auf die Orte am See auswirkte und wie sie ihre Zuständigkeit gegen das Heereskommando Vindonissas in der Provinz Obergermanien abgrenzte, wissen wir nicht. Man nennt sie Villen, aber über ihre und ihrer Einwohner rechtliche Stellung fehlt jede Nachricht, jede Spur eines Rathauses, eines zentralen Tempels, einer Markthalle für den Handel. Die Villen dürften Teil der vermuteten „civitas" (Stadtgemeinde) der Brigantier gewesen sein, die ihrerseits wieder ein Teil der Provinzialverwaltung des Reiches war.

Wandverputz mit stilisierten Ornamenten, dunkelrot und gelb auf Weiß

Diese Streusiedlungen waren Häuser, die den städtischen Komfort zu erreichen suchten, mit Heizanlagen, warmen Bädern, farbenfrohem Wandverputz und gemustertem Fußboden. Die Wohnweise der ursprünglich eingesessenen Bevölkerung ist unbekannt. Die römische Besatzung stellte sich auf die neu eingewanderten Bewohner ein. Erst sie hatten festes Mauerwerk und rote Dachplatten eingeführt. Dieser für die Gegend ungewöhnlich hohe Lebensstandard orientierte sich an dem Italiens und des gallischen Westens. Er war nur auf der Grundlage einer ausgedehnten Sklavenwirtschaft möglich, deren Formen uns aber unbekannt sind. Was im eigenen Land- und Gartenbau nicht erzeugt wurde, konnte sich der vermögende Herr durch Träger und Fahrzeuge in der gewünschten Menge besorgen. Die neu-en Bewohner oder in römischen Diensten emporgekommene und wieder zurückgekehrte Einheimische führten auch hier, nicht weit vom Barbarenland, für ihre Häuser zur Erwärmung des Fußbodens die komplizierte sog. Hypokaustheizung ein.

Auf dem Gelände der ZF stieß man auf ein 13 Meter breites Badegebäude. Ein Teil einer Hypokaustanlage ließ sich näher untersuchen, das Stück, in dem die heiße Luft unmittelbar unter dem Fußboden hinstrich. Eine Art Rohrleitung erwärmte auch die Wände. Diese bestand aus Heizkacheln, sozusagen hohlen Backsteinen, die auch seitlich durch Öffnungen mit Nachbarkacheln verbunden waren. Die eigentliche Hypokaustanlage erhielt als Unterlage einen harten Estrich, der direkt über das planierte und stellenweise mit einzelnen Tuffbrocken

Römisches Freilandbecken, ausgegraben im ZF-Gelände; die Quermauern sind Teile einer zweiten, quadratischen Anlage.

und abgeschlagenen farbigen Verputzstükken ausgefüllte Geschiebe gestrichen war. Darüber wurden Säulchen aus quadratischen fünf bis sechs Zentimeter dicken Ziegelplättchen von 19/20 und 27/28 Zentimeter Seitenlänge gebaut. Für die unterirdischen Seitenwände war alles greifbare Material verwendet worden: Dachplattenstükke, altes Baumaterial, vom See hergeholte, algenzerfressene Geschiebesteine waren durch Mörtel zu einem etwa 60 cm hohen Mäuerchen verbunden und über die innere Kante mit dem Estrich fest verstrichen worden. Nach oben waren die Säulchen mit immer breiter werdenden Ziegelplatten bedeckt, bis zuletzt ganz große einen zusammenhängenden Untergrund für den eigentlichen Fußboden bildeten. Eine Unmasse grauweißer Mosaikwürfelchen, mit einigen schwarzen untermischt, beweisen, daß der

Fußboden mit ihnen bedeckt gewesen war, schwarz gemustert; ein schwarzes und ein weißes hingen nämlich noch aneinander. Stücke weißlicher Mörtelunterlage mit Würfeleindrücken sind noch vorhanden. Die Innenwände waren unmittelbar mit Farbe bedeckt. Da findet sich ein leuchtendes Gelb, ein grünes Linienmuster auf Schwarz, ein weinrotes auf Weiß. Ein einfaches tiefes Scharlachrot überwiegt wie auf den Wänden Pompejis. Es war erstaunlich, mit welcher Kraft und Frische die farbigen Brocken aus der feuchten Erde hervorleuchteten, in der sie mindestens 1700 Jahre hatten liegen müssen. In einer gediegenen Technik waren Farbe und Innenverputz zu einer untrennbaren Einheit verbunden. Man begnügte sich nicht mit einfachen Flächen oder rein linearen Mustern; ein bunter Zweig mit Blättern beweist es.

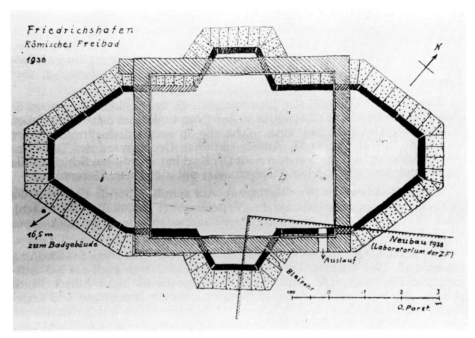

Grundriß des Freilandbeckens mit Bleirohr als Ablauf (unten Mitte)

Ein Bild der ganzen Gebäude auf dem ZF-Gelände zu rekonstruieren, dazu reichen die Überbleibsel nicht aus. An vielen Orten Württembergs waren die Außenwände rot. Doch hier müssen sie weiß gewesen sein. Zum Regenschutz lagen schräge Ziegeldächer auf hölzernen Latten, große Dachplatten, mit hochgezogenen Seitenrändern dicht nebeneinander. Darübergelegte Hohlziegel hinderten den Regen, zwischen diese Fugen einzudringen. Erhellt wurden die Räume durch bloße Öffnungen in der Mauer, die sich zustopfen oder durch Holzläden schließen ließen. An Kosten jedenfalls brauchten die Bewohner nicht sparen. Das zeigt die aufwendige Heizanlage, die eine Unmenge Holzkohle aus Meilern in der Nachbarschaft erforderte, sollten die Heizkacheln nicht in Kürze hoffnungslos verrußen. Das zeigt auch die Herbeiführung

des Tuffs, der in unserer Gegend nicht vorkommt.

Eine im römischen Deutschland auffallende Anlage war ein im ZF-Gelände ausgegrabenes 11,2 Meter langes und 7,6 Meter breites Freiland-Wasserbecken, während überdachte Warmwasser-Badeanlagen auch größeren Umfangs nichts Ungewöhnliches sind. Schon der Grundriß ist auffallend: An jeder Längsseite ist eine Nische in Form eines halben Sechsecks angefügt. Man denkt sich das Becken mit Statuen umstanden. Das Wasser floß durch ein großes bleiernes Rohr an der einen Seitennische ab. Der Baumeister hatte für die Mauern Stücke unbrauchbarer Dachplatten durch mit Ziegelmehl vermischten Mörtel zu einer harten Masse verbunden und den gleichen Mörtel als Becken-Boden über die Rollierung gestrichen. Diese Art Zement mußte

103

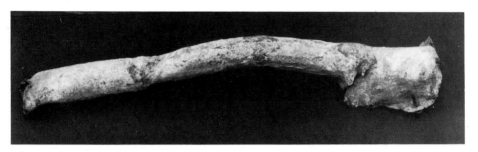

Bleirohr vom Ablauf des Freilandbeckens, 87 Zentimeter lang, lichte Weite sieben Zentimeter

bei den Bauarbeiten in den 30er und 50er Jahren gewaltsam zerschlagen werden. Boden und Wände waren mit sieben bis zehn Zentimeter dicken Platten Rorschacher Sandstein ausgekleidet. Das Becken hielt vermutlich nicht dicht, denn ein zweites, etwa quadratisches, wurde darüber gebaut.

An losen Einzelstücken konnte nicht viel die Jahrhunderte überstehen, was an Wertvollem der Feuchtigkeit hätte standhalten können, verfiel der Habgier oder der Zerstörungswut des später eingedrungenen Volkes. An Metall waren nur einige vierkantige, handgeschmiedete Nägel geblieben. Einzig der gebrannte Ton widerstand in größerer Menge, wenn auch als Scherben, den Kräften der Zerstörung. In der Nähe des Wasserbeckens und der Hypokaustanlage barg eine damalige Schuttablage die Reste veschiedenster Gefäße. Dickwandige helle Stücke gehörten zu Vorratsgefäßen, derbe Henkel neben einem runden Mundstück zu großen zweihenkeligen Krügen, sog. Amphoren, die vielfach mit ihrem spitzen Ende in den Sand des Kellers gesteckt wurden. Weiter gehörten grobe Schüsseln zum Geschirr. Aber auch feinere, gemusterte graue, aber ganz dünnwandige Töpfereierzeugnisse waren im Gebrauch, die eine nicht geringe Geschicklichkeit des Meisters auf der Töpferscheibe erforderten. Die verschiedensten Abtönungen in gelblichen, rötlichen Farben, z.T. gefleckt, sprechen von den hohen Ansprüchen der Benützer.

Zu den eindrucksvollsten Verzierungen gehört der flache Rand eines mittelgroßen Gefäßes, in den plastisch ein fortlaufendes Blattmuster eingedrückt ist. Doch einigermaßen vollständig kam nur ein einziges halbkugeliges Schüsselchen ans Tageslicht, das auf zwei Füßen steht; der fehlende dritte ließ sich leicht ergänzen. Die Töpfer hatten noch keine auswärtige Konkurrenz zu fürchten – mit zwei Ausnahmen: Eine Schüssel aus hartem, leuchtend rotem Ton war aus Westdeutschland oder Gallien eingeführt, sogenannte Terra Sigillata. Die glänzende Oberfläche trug plastisch erhaben in fortlaufender Reihe figürliche Ornamente. Der Hauptteil des Gefäßes war vor dem Brennen in eine Formschüssel mit vertieften (negativen) Figuren eingedrückt worden. Ferner hatte ein unscheinbares Bruchstück zu einer Schüssel gehört, die aus dem grünlichen, weichen Lafez-Stein gedreht war, einer Einfuhrware aus Graubünden oder dem Tessin. Römische Tongefäße waren nicht glasiert. Nur waren ab und zu ins Innere gestreute Sandkörner beim Brand geschmolzen und hatten eine wohl unbeabsichtigte Glasur ergeben.

Neben graziösen und gut gebrannten waren auch unansehnliche, weiche Stücke unter die Scherben gemischt, vermutlich vom Geschirr der einheimischen dienenden, hauptsächlich keltischen Bevölkerung. Einer künftigen Forschung bleibt es überlassen, die hiesigen Scherben mit den magazi-

Reste der römischen Fußbodenheizung (Hypokaustum) mit zwei Hypokaustsäulen auf einem Estrich, die oben in drei breite Untergrundplatten des Mosaikfußbodens übergehen

nierten Beständen der mitteleuropäischen Museen zu vergleichen. Auch bei der farbigen Ausschmückung der Innenwände wäre zu untersuchen, welcher Zusammenhang zwischen dem Westen und dem Land über den Alpen bestand, wo ein reicheres Fundmaterial zur Verfügung steht.

Schon die Heizung mit dem großen Bedarf an Holzkohle war ohne Wohlstand (mindestens großen Waldbesitz) nicht möglich. Dasselbe gilt für die gediegene Bauweise, die Farben der Innenräume, die teilweise gute Keramik, für den Rorschacher Sandstein des Freilandbeckens, der hohe Transportkosten über den See erforderte und ohne einen entwickelten Schiffsverkehr nicht möglich war. Farbige Verputzbrocken im Rollierungsmaterial der Hypokaustanlage beim Freilandbecken beweisen, daß Mit-

tel für Um- und Neubauten vorhanden waren. Was war die Quelle des Wohlstands? Wie in den besser überblickbaren Bezirken des Dekumatenlands, wird der Boden zunächst Staatseigentum gewesen sein, und kapitalkräftige Großpächter aus dem Westen werden ihn genutzt und es verstanden haben, ansässige und nachwandernde keltische Volksteile in ihren Dienst zu nehmen. Dazu kamen Veteranen (Leute von 36 Jahren), die Land zugewiesen und ihren zurückbehaltenen Sold ausbezahlt bekamen, auch sie durch Sklaven der gröbsten Arbeit enthoben.

Worin aber die Einkünfte über die Erzeugung ihres eigenen Lebensbedarfs hinaus bestanden, darin sind wir auf Rückschlüsse angewiesen. Ohne Zusatzeinnahmen wäre das mitgebrachte Kapital bald aufgebraucht gewesen. Vielleicht lieferte Oberschwaben schon damals wie bis ins 19. Jahrhundert Getreide in die Landstriche südlich des Sees. Kam noch der Lein dazu und der bis in späte Zeiten auf feuchten Böden angebaute Hanf? Der Römer Plinius weiß von einer Leinenweberei der Germanen, und der Leinanbau war der Grundstock der Wirtschaftsblüte oberschwäbischer Städte im Mittelalter. Die Mittel zum Bau des Freilandbeckens konnte eine Ziegelei liefern, deren Fehlbrände in der Nähe gefunden wurden. Im Brand verbogene Dachplatten weit zu transportieren, wäre sinnlos gewesen. Das Material konnte der tonige Untergrund liefern. Streunende Hunde und andere Tiere hinterließen Spuren in dem noch feuchten Lehm. Auch das Muster eines groben Gewebes bewahrte ein Ziegel auf.

Ohne Verkehrswege konnte der Wohlstand nicht gedeihen. Vom Schiffsverkehr war schon die Rede; noch im Mittelalter wurde er dem Landverkehr vorgezogen. Wenn zwei beim Bau der Uferstraße gefundene römische Münzen auch kein Beweis für einen römischen Landeplatz sind, so passen sie doch zur Anwesenheit römischer Untertanen. Auch waren die Seeufer so oft im Lauf der Jahrhunderte verändert worden, daß auch römische Steinreste verschwinden konnten; Holzbaracken, die keine Spuren hinterließen, konnten vielleicht genügen. Einzigartig in der antiken Kulturwelt waren die Römer durch ihre Landstraßen. Eine solche verlief entlang dem nördlichen Seeufer. Die Pfeiler ihrer Brücke bei Eriskirch steckten noch bis in unser Jahrhundert im Grund der Schussen nebst verlorenen Münzen aus der Zeit Kaiser Augustus, Claudius, Vespasian Domitian und Trajan. Vielleicht überquerte die Straße die Rotach bei der Trautenmühle, von wo im Mittelalter die „Kornstraße" nach Norden führte. Die zugespitzten Eichenpfähle, die dort bei den Wiederaufbauarbeiten nach 1945 im Bachbett gefunden wurden, kön-

nen zu einer römischen Brücke gehören. Von dort stammte auch eine Münze Vespasians im alten Museum. Natürlich kann eine Brücke der Ost-West-Straße am Unterlauf der Rotach gelegen sein. Der Flurname „Hochsträß-Ösch" mit dem alten Straßenzug der Hochstraße deutet auf eine römische Nord-Süd-Verbindung. Die Alemannen legten dort einen Friedhof an, und die Anlage eines Dorfs in der oberen Werastraße, des alten „Hofen", wird sich den alten Straßenzug zunutze gemacht haben.

Bei der Mädchenrealschule St. Elisabeth beginnt die Zeppelinstraße nach Westen. Diesen Platz nahm zur Zeit des Klosters Hofen dessen Gastwirtschaft ein, die sog. Taferne, ein mit vielen landwirtschaftlichen Gebäuden gleichzeitig ausgestatteter umfangreicher Hof. Als verkehrswichtiger Punkt wird sie schon beim Kauf 1486 bezeichnet, nämlich „an baid Straßen zu Dorf (= Hofen) gelegen". Das Anwesen hatte den Namen „zu dem Stein" übrigens schon 1296. Findlinge waren aber im Mittelalter nichts so Ungewöhnliches, daß man einen Hof nach ihnen genannt hätte. Nach Beispielen in Nordwürttemberg könnte es ein an der Kreuzung der Ost-West- und Nord-Südstraße bis ins Mittelalter gerettetes römisches Bildwerk gewesen sein, ein Götteroder Kaiserbild, oder gar einer der bis drei Meter hohen römischen Meilensteine? Auf alle Fälle ist es nicht unwahrscheinlich, daß dort schon in römischer Zeit eine wichtige Straßenkreuzung lag.

Genau lassen sich die genannten Römersiedlungen nicht datieren. Seitdem unter Kaiser Claudius (41-54) die Donaugrenze durch Kastelle (Rißtissen und andere) gesichert war, konnte sich die römische Zivilisation in Oberschwaben ungestört entfalten. Der Ziegelstempel der 21. Legion in Vindonissa beweist, daß spätestens im Jahre 70 n.Chr. sich das römische Leben im Raum Friedrichshafen voll entwickelt hatte. Denn in diesem Jahr wurde die Legion nach

Die Bilder von links oben nach rechts unten: Teilstück des Mosaikfußbodens, weiß mit schwarzen Mustern – Hypokaustziegel mit dem Abdruck einer Hundepfote – Dreifuß aus dem antiken „Müll"; ergänzt – Rote Terra-Sigillata-Scherben, der mittlere ein Bodenstück mit Fabrikstempel – Schwarzgrauer Gefäßrand, Blattmuster mit Model eingeprägt – Nagel aus der ZF-Grabung; römischer Schlüssel aus der Umgebung

107

Mainz verlegt. Doch seit dem zunächst erfolglosen ersten Einbruch der germanischen Alemannen im Jahr 213 war die Ruhe zu Ende. Die römischen Truppen zogen sich etwa 50 Jahre später (260) hinter eine neue Befestigungslinie, die von Bregenz bis Augsburg reichte, zurück, überließen das nördliche Bodenseeufer den Alemannen, die zu einem Zusammenleben mit den in ihrer Lebensweise fremden Bewohnern nicht bereit und nicht fähig waren.

Ein Teil der dienenden Bevölkerung flüchtete nicht und überlebte. Man könnte sich ausmalen, daß den neuen alemannischen Herren einige der alten Uferbewohner willkommen waren, um von ihnen die Methoden des Fischfangs und des Schiffbaus zu lernen oder sie zu diesen Zwecken in Dienst zu nehmen, so wie in anderen Gegenden lateinische Lehnwörter ein Fortbestehen des arbeitsreichen Rebenbaus durch zurückgebliebene Weingärtner wahrscheinlich machen. Aber im Raum Friedrichshafen ist davon nichts nachzuweisen. Manche glaubten, weiter östlich hätten im frühen Mittelalter noch Romanen gelebt. Aber das römische Recht, nach dem im Jahr 867 in Wasserburg Menschen lebten, war kein politisches, sondern kirchliches Recht und besagt nichts über Volkstum und Sprache. Kein Schriftsteller meldet aus unserem Raum Kämpfe zwischen Römern und Alemannen. Immerhin könnte ein Verputzbrocken mit natürlicher Glasur in den Gebäuderesten nahe dem Freilandbecken darauf hinweisen, daß ein Teil der Gebäude niedergebrannt wurde. Auch war nach dem Abzug der römischen Truppen die Nähe der Grenze, der römischen Schiffe, also die Gefahr neuer Kämpfe dem Fortbestand einer auch nur dürftigen Zivilisation nicht günstig.

Doch unabhängig von ihr bewahrten mancherorts im Land gebliebene Reste der alten, geringen Bevölkerung den römischen, vielleicht noch älteren Kultstätten ihre Verehrung. Dies ist unter Umständen in Jettenhausen der Fall gewesen. Das ursprüngliche Dorf lag in einer Senke und mied das römische Trümmerfeld. Doch dort in der Höhe, über einem Brunnen, stand die Kirche, z.T. erbaut aus römischen Trümmern, über einem römischen Gebäude errichtet und von römischen Fundamenten umgeben. Vielleicht ist es so gewesen: Als das Land christlich wurde, doch in vielen der neu Getauften noch immer im Verborgenen der Zug nach den uralten heiligen Stätten weiterlebte, weihten christliche Priester die Trümmer eines römischen Tempelchens zu einem kleinen christlichen Gotteshaus oder bauten an seiner Stelle eine neue, hölzerne Kapelle, der dann im Mittelalter eine Kirche folgte.

Die neuen Wohnungen der Alemannen dagegen und ihrer schwäbischen Nachkommen lagen von den Römerbauten entfernt, auf alle Fälle der alte Dorfkern. Nicht einmal das Bleirohr des römischen Freilandbeckens wurde von den metallhungrigen Neusiedlern entdeckt. Um die Ruinen, unbrauchbar für die in Holzhäusern wohnenden Alemannen, wuchs Dorngestrüpp, ein Paradies für Vögel, ein Jagdgrund für die mittelalterlichen Vogelsteller. Als die Schwaben später den Steinbau erlernt hatten, waren die Ruinen ein willkommener Steinbruch und wurden bis auf den Grund abgetragen. Die alten Verkehrswege waren wohl als Spuren geblieben. Aber sonst entstand Buchhorn und seine Nachfolgerin Friedrichshafen mit seinen z.T. dörflichen und klösterlichen Vorläufern neu und knüpfte an keine römische Tradition an.

Ulrich Paret

Stoa – Stai – Stui – Stoi – Stua

Am nördlichen Seeufer spricht man Bodensee-Alemannisch

Blickt der Wanderer von den Höhen des Heiligenbergs oder von denen des Gehrenbergs über die fruchtbare Bodenseelandschaft zum Säntismassiv in die nahe Schweiz hinüber, erfaßt er mit einem Rundblick einen der ältesten Kulturräume Mitteleuropas.

Als sich um 400 n. Chr. die Römer endgültig aus ihren Befestigungen Bregenz (lat. Castrum Brigantinum), Arbon (kelt. Arbona, lat. Arbor felix) und Konstanz (lat. Constantia) zurückzogen, überließen sie nun auch das Südufer des Bodensees einer germanischen Völkerschaft, die seit dem Zusammenbruch des Limes 260 n. Chr. bereits die ganze Südwestecke bis zum Rhein und Teile des nördlichen Bodenseegebietes besetzt gehalten hatte und die von römischen Geschichtsschreibern als Sueben, Teile daraus aber als Alemannen bezeichnet wurden.

Bis in diese Zeit reichen auch die Wurzeln der Sprache der Bewohner des Bodenseeraumes, nämlich des Schwäbischen und Alemannischen. In den berühmten Klöstern auf der Reichenau und St. Gallen wurde die (althoch)-deutsche Schriftsprache aus der Wiege gehoben von Gelehrten wie Walahfried Strabo (um 809-849) bis Notker dem Deutschen (um 950-1022). Bereits in das 5.-8./9. Jahrhundert fällt nun jene große Veränderung im (süd)germanischen Konsonantismus (=Mitlautsystem), die dem sog. Althochdeutschen und in dessen Folge auch der neuhochdeutschen Sprache ihr charakteristisches Gesicht gab und die in der Fachwissenschaft als *2. oder hochdeutsche Lautverschiebung* bekannt ist. Sie wurde von Jakob Grimm (1785-1863) erstmals in der 2. Auflage des 1. Bandes seiner „Deutschen Grammatik" (1822) beschrieben.

Auch heute teilt man die deutschen Mundarten noch nach der geographischen Verbreitung dieses Lautwandels ein. Darin unterscheiden sich z. B. die niederdeutschen von den oberdeutschen Mundarten. Im Süden sagt man *ich, machen, Dorf, das, Apfel* und *Pfund*, im Norden dagegen *ik, maken, Dorp, dat, Appel* und *Pund*.

Die südlichste und hier wichtigste Linie dieser Lautveränderung (s. Karte 1, Linie ... ____ ... ____) läuft auch heute noch mitten durch den Bodensee und trennt das Bodensee-Alemannische vom Südalemannischen. Während am Nordufer das (germanische) „k" am Wortanfang erhalten blieb – hier sagt man wie im Neuhochdeutschen *Kind* –, wurde es im Südalemannischen zu „ch", also *Chind*, verschoben. Der Freiburger Sprachhistoriker Bruno Boesch datiert den Beginn dieser sogenannten *k-Verschiebung* in das 6. Jahrhundert und nimmt als Ausgangsgebiet den elsäßischen Sund- und oberrheinischen Breisgau, die Baar und den Hegau an zum Zeitpunkt des Aufbruchs der Alemannen in die Schweiz. Diese Kind/Chind-Linie trennt also bereits in vorschriftlicher Zeit das Südalemannische vom restli-

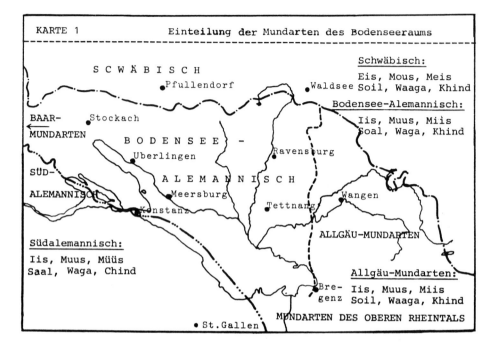

KARTE 1   Einteilung der Mundarten des Bodenseeraums

S C W Ä B I S C H
Pfullendorf

Schwäbisch:
Eis, Mous, Meis
Waldsee Soil, Waaga, Khind

Bodensee-Alemannisch:
Iis, Muus, Miis
Soal, Waga, Khind

BAAR-
MUNDARTEN
Stockach

B O D E N S E E -
Überlingen

Ravensburg

SÜD-

ALEMANNISCH

A L E M A N N I S C H
Meersburg

Konstanz

Tettnang

Wangen

ALLGÄU-MUNDARTEN

Südalemannisch:

Iis, Muus, Müüs
Saal, Waga, Chind

Allgäu-Mundarten:

Bre-
genz

Iis, Muus, Miis
Soil, Waaga, Khind

St.Gallen

MUNDARTEN DES OBEREN RHEINTALS

chen Alemannischen oder Nordalemannischen (so der Tübinger Professor Bohnenberger). Noch im 14. Jahrhundert verlief diese Grenze – besonders im badischen Rheintal – weiter nördlich als es ihr heutiger Verlauf ausweist.

Ebenfalls in das ausgehende Mittelalter (Ende 13. Jahrhundert) fiel eine weitere Veränderung – dieses Mal die Vokale (= Selbstlaute) betreffend –, die im Hinterland des Bodensees die zweite große Mundartgrenze schuf und die das (ältere) Bodensee-Alemannische vom (nun jüngeren) Schwäbischen ausgliederte: die sogenannte Iis/ Eis-Linie. Während die Mundartsprecher am Bodensee an der mittelhochdeutschen (mhd.) Aussprache der langen î, û und û (iu) festhielten, „verfiel" das Schwäbische der aus dem Bairischen eindringenden sogenannten *Neuhochdeutschen Diphthongierung*. Im Schwäbischen werden seit dieser Zeit Wörter wie „Eis", „Maus" und „Mäu-

se" – wie in der Hochsprache – mit Diphthong (= Zweilaut) gesprochen, also *Eis, Mous, Meis*, wohingegen die Bodenseealemannen *Iis, Muus* und *Miis* sagen. Doch dringen hier über die Achse Ravensburg-Friedrichshafen die schwäbischen Neuerungen an den See vor. Die alte schwäbisch-alemannische Grenze lief im Norden außerhalb des Kreisgebietes südlich von Pfullendorf und Waldsee.

Das Bodensee-Alemannische liegt so einerseits eingezwängt zwischen dem (nördlichen) Schwäbischen und dem Südalemannischen; ein schmaler Streifen, der andererseits jedoch die Verbindung herstellt zwischen dem badischen Oberrhein-Alemannischen und den alemannischen Mundarten des oberen Rheintals (s. Karte 1). Dieser West/Ost-Streifen wird von dem bekannten Freiburger Altphilologen Friedrich Maurer insgesamt als *Oberrheinisch* bezeichnet. Gemeint ist damit das ganze Gebiet, das

110

zwischen der Iis/Eis-Linie (.___.___.) und der Kind/Chind-Linie (...___...___) liegt. Wie Maurer selbst zugesteht, ist dies ein Behelfsterminus, der für das Alemannische am Nordufer des Bodensees nicht glücklich gewählt ist. Deswegen sei es erlaubt, im folgenden auf einige sprachliche bodensee-alemannische Eigenheiten hinzuweisen.

Wie nahe auch heute noch das Alemannische am Bodensee der mittelhochdeutschen Sprachstufe steht, mögen – neben der bereits genannten, nicht durchgeführten schwäbischen Diphthongierung – zwei weitere Mundartmerkmale beweisen: die Beibehaltung der Kurzaussprache in offener Silbe und die Bewahrung des Gegensatzes von harten und weichen Konsonanten.

„Offene Silben" sind solche, die auf Vokal enden, z. B. Wa-gen, Stu-be, O-fen, „geschlossene" solche, die auf Konsonant enden, wie Gar-ten, käl-ter, of-fen. Die Vokale in offener Silbe wurden im Mittelhochdeutschen kurz ausgesprochen, in neuerer Zeit jedoch – wie im Schwäbischen – gedehnt. Die Mundarten des Kreises, mit Ausnahme wiederum der Kreisstadt, sprechen so nach alter Manier: *Graba* „Graben", *Lada* „Laden", *Waga* „Wagen" etc. und nicht, wie in Friedrichshafen (und Ravensburg), *Graaba, Laada, Waaga*. Diesen für den Sprechrhythmus wichtigen kurzen Silbentyp hat der Linzgau heute noch gemeinsam mit dem Hegau, der Baar und dem Klettgau, aber auch mit dem schweizerischen Südufer und Südvorarlberg.

Kommen wir zu den Konsonanten. Wie in mittelhochdeutscher Zeit unterscheiden die Mundarten des Bodenseekreises noch streng zwischen harten und weichen Mitlauten (= Fortes und Lenes), während das nördliche Schwäbische und das ganze Oberrheintal von Karlsruhe bis Basel nur noch weiche, besser: wieder erweichte Konsonanten kennt. So unterscheiden die Linz- und Argengauer in ihrem Dialekt noch genau zwischen hartem (unbehauchtem) pp

und weichem (unbehauchtem) b in „Wappen" und „Waben", zwischen t und d in „waten" und „Waden", zwischen ck und g in „hacken" und „Hagen" (= männlicher Stier), zwischen ss und s in „Wasser" und „Wasen" (= oberste Schicht des Grasbodens) und zwischen ff und f in „offen" und „Ofen". Diese Gegensätze bestehen in diesen Wörtern nur, weil auch – wie vorher besprochen – die offenen Silben in Waben, waten, Hagen, Wasen und Ofen in der Mundart kurz geblieben sind.

Doch wie bei den anderen Merkmalen reichen auch hier erste Ausläufer dieser Erscheinung bereits bis an den See hinunter, wobei die westliche Kreishälfte resistenter ist als die östliche. In der Mundartkunde belegt man dieses Phänomen mit dem Terminus *Binnendeutsche Konsonantenschwächung*.

Nach den kreisübergreifenden Kennzeichen wollen wir uns noch einigen kleinräumigen bodensee-alemannischen Besonderheiten zuwenden. Betrachen wir als erstes ein Beispiel aus dem Konsonantismus (s. Karte 2). Die Biene heißt in der alten Mundart im westlichen Kreisgebiet „Imme", in der östlichen Hälfte „Imbe". Hier hat der ehemalige Kreis Tettnang die ältere Form mit -mb- bewahrt. Wir finden beide Wörter, Biene (althochdeutsch *bîna*) und Imbe (ahd. *imbi* „Bienenschwarm"), bereits in einem unserer ältesten Sprachdenkmäler, dem *Lorscher Bienensegen* aus dem 10. Jahrhundert. Weil sich im Großteil des alemannischen Sprachgebiets in spätalthochdeutscher Zeit (u. a. im Wort „Imbi") das -b- an das vorausgehende m lautlich anglich, findet sich in mittelhochdeutschen Handschriften die angeglichene Form „Imme" neben der älteren „Imbe". Wie die Karte 2 zeigt, drängt die Form „Biene" die alten Mundartwörter immer weiter zurück.

Bei den kurzen Vokalen stellen die drei e-Laute eine weitere Besonderheit im Kreisgebiet dar. In der Sprachwissenschaft unter-

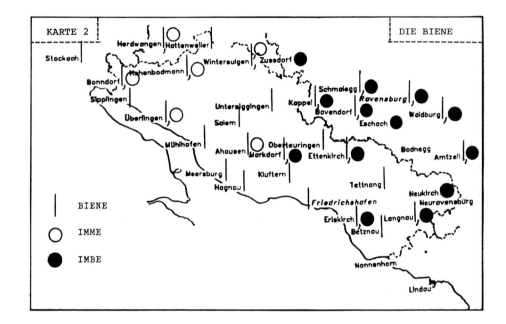

scheidet man den sogenannten *Primärumlaut*, d. h. das alte Umlaut-e, das im 8. Jahrhundert aus a entstand, den sogenannten *Sekundärumlaut*, der erst im Spätalthochdeutschen (11. Jahrhundert) in der Schreibung auftaucht und das seit dem Germanischen unveränderte ë.

Der Primärumlaut erscheint fast im gesamten Alemannischen als geschlossenes e in Wörtern wie *Beck* „Bäcker", *Deckel, verzela* „erzählen" und wird gleich gesprochen wie das *entrundete* (d. h. ohne Lippenrundung gesprochene) mittelhochdeutsche ö in *Beck* „Böcke", *Zepf* „Zöpfe", *Efa* „Öfen" und *Beda* „Böden". Auf der Reichenau heißt es dafür bereits – wie in der Schweiz – *Böck, Zöpf, Öfa* und *Böda*.

Der Sekundärumlaut wird als offenes ä ausgesprochen und erscheint u. a. vor -sch-, z. B. *wäscha* „waschen", *Äscha* „Asche", in der Mehrzahl von Wörtern, die in der Einzahl -a- haben, z. B. *Mäga* „Mägen", *Äcker* „Äcker", und in der Verkleinerungsform,

z. B. *Fäßle* „Fäßlein", *Räädle* „Rädlein".

Hier sei ein kleiner Exkurs gestattet: In einem Viereck Lindau-Pfullendorf-Stokkach-Konstanz trinkt man ein *Gläsle̲* Wein, bei mehreren Gläslein spricht man jedoch von *Gläslen*. Die angrenzenden Baarmundarten und das schweizerische Bodenseeufer unterscheiden die Einzahl nicht von der Mehrzahl, die Baaremer und die Schweizer trinken also ein oder mehrere *Gläsli*. Die Schwaben wiederum (Friedrichshafen, dann östlich einer Linie Pfullendorf, Sigmaringen, Tübingen) genießen ein *Gläsle̲* Württemberger oder auch zwei oder drei *Gläsla̲*.

Beim dritten, (germanischen) e-Laut sei auf eine weitere Grenze gegen den Hegau und die Baar hingewiesen: die Zweilautaussprache am Bodensee in Wörtern wie „Stekken" *Stäacka*, „Eber" *(N)Äaber* und „essen" *äassa*. Diese schwäbische Neuerung reicht in vielen einsilbigen Wörtern sogar bis zur sogenannten „Schwarzwaldschran-

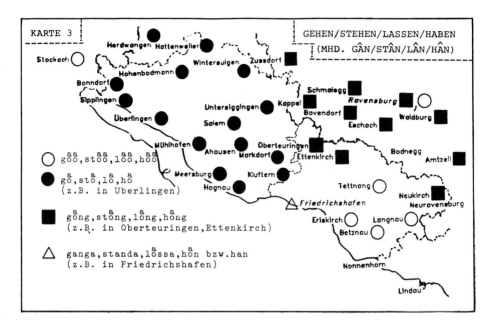

KARTE 3

GEHEN/STEHEN/LASSEN/HABEN
(MHD. GÂN/STÂN/LÂN/HÂN)

○ göö, stöö, löö, höö

● gö, stö, lö, hö
(z.B. in Überlingen)

■ göng, stöng, löng, höng
(z.B. in Oberteuringen, Ettenkirch)

△ ganga, standa, lössa, hön bzw. han
(z.B. in Friedrichshafen)

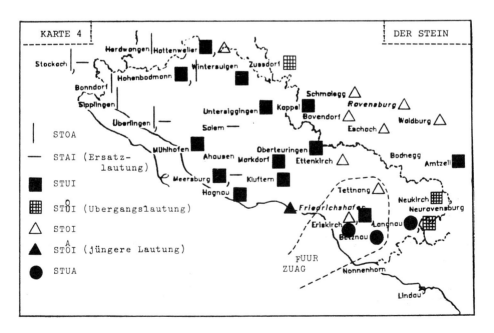

KARTE 4

DER STEIN

| STOA

— STAI (Ersatz-
lautung)

■ STUI

▦ STÜI (Übergangslautung)

△ STOI

▲ STOI (jüngere Lautung)

● STUA

FUUR
ZUAG

113

ke", an welcher sich die Baarmundarten von denen des Schwarzwaldes und Oberrheintales trennen. Am Bodensee sagt man demnach kurzes (zwiegelautetes) ää in *Stäacka, Läaber* „Leber", *bäata* „beten" und langes (zwiegelautetes) äää in *Wääag* „Weg", *Stääag* „Steg", *Määal* „Mehl", in der Baar und im Hegau jedoch *Stäcka, Läber, bäta,* aber auch *Wääag, Stääag, Määal.*

Ein weiteres fällt dem Baaremer und auch dem Pfullendorfer auf, kommt er in die alte Reichsstadt Überlingen an den See: Sind ihm die Lautungen in *Ååbat* „Abend" (å = Laut zwischen a und o gesprochen), *Strååß* „Straße", *frååga* „fragen" vertraut, erkennt er jedoch den alteingesessenen Überlinger an seinen kurz gesprochenen *gå* „gehen", *stå* „stehen", *lå* „lassen" und *hå* „haben" (s. Kt. 3), die wenig Gemeinsames mit dem in Pfullendorf und auf der Baar beheimateten *gau, stau, lau* zu haben scheinen. Und doch gehen alle genannten Lautungen auf ein langes mhd. â zurück: âbent, strâze, vrâgen und gân, stân, lân, hân. An denselben Zeitwörtern hat ehemals seinerseits der badische Markdorfer den württembergischen Ettenkirchner in den einstigen Altlandkreisen Überlingen und Tettnang erkannt. Östlich der Rotach hört man nämlich *gång, stång, lång* und *hång*, wobei das auslautende -ng genau wie in *Gesang* ausgesprochen wird. Doch wird der Vormarsch der schwäbischen *ganga* und *standa* nicht aufzuhalten sein.

Ein buntes, aber interessantes Bild zeigen die verschiedenen Aussprachen für das Wort „Stein" (mhd. stein). Während normalerweise für die mhd. ei-Lautung im ganzen Westschwäbischen oa gesprochen wird, so in *Soal* „Seil", *Goaß* „Geiß", tauchen vor (abgefallenem) n vier verschiedene Lautungen auf: *Stoa, Stui, Stoi* und *Stua* (s. Kt. 4). Die letzte Variante ua begegnet uns auch im Wort *Zuag* „Zeug" in Eriskrich, Tettnang und Betznau. In denselben und nur in diesen Ortschaften wird das Feuer mit *Fuur*

bzw. *Fuar* bezeichnet. Die zwei letztaufgeführten Wörter gehen allerdings – im Gegensatz zu „Stein" – auf einen anderen lautlichen Ursprung (ahd. iu *germ. eu*) zurück. Dem Sprachenforscher ist die Entwicklung dieser Lautungen auch heute noch ein Rätsel.

An der mittelhochdeutschen Kurzsprache festgehalten hat der Bodenseeraum auch in einigen einsilbigen Wörtern, die auf weiche Mitlaute enden, z. B. *Sib* „Sieb", *Schmid* „Schmied", *Zug* „Zug", *Has* „Hase" ganz im Gegensatz zum Großteil der Mundarten im deutschen Südwesten, die in diesen Fällen – wie das Neuhochdeutsche – die sogenannte *Einsilberdehnung* durchgeführt haben, also *Siib, Schmiid, Zuug, Haas*. Doch gilt diese Regel nicht ausschließlich, wie so vieles in der Sprache: denn am Nordufer des Sees heißt es mit langem a *Graas* „Gras", *Glaas* „Glas" und *Raad* „Rad", während in einem kleinen Gebiet am süd-westlichen Gnadensee und auf der Reichenau *Glas* und *Gras* mit kurzem Vokal ausgesprochen wird.

Doch kehren wir jetzt den Spieß um: Während normalerweise das mhd. a in „Dach" und „Bach", wie im Neuhochdeutschen, kurz gesprochen wird, dehnen z. B. die Meersburger den Vokal in *Daach* und in *Baach*, wobei im östlichen Kreiszipfel auch noch das -ch wegfällt, so daß es u. a. in Langnau *Daa, Baa* und auch *Loo* „Loch" heißt (s. Karte 5). In Neukirch erinnern sich die Alteingesessenen an diese sprachliche Erscheinung noch in *Daa*, allerdings kennen die jüngeren Mundartsprecher nur das neue *Dach*.

Ist in diesen Wörten der ch-Laut nur in diesen beiden Ortschaften abgefallen, so verschwindet er im ganzen Kreis vor -t, z. B. in „Nacht", recht", „Knecht", und „Docht". Am Bodensee heißt es dafür *Naat, räat, Knäat, Dååt*, wobei der vorangehende Vokal gedehnt bzw. diphthongiert wird. An dieser letztgenannten Erschei-

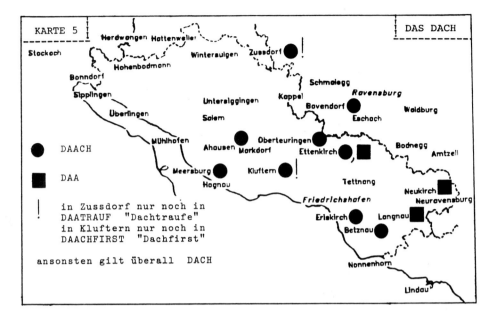

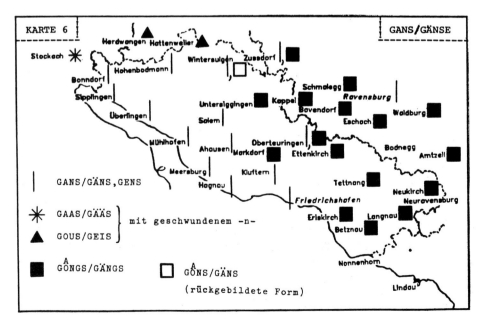

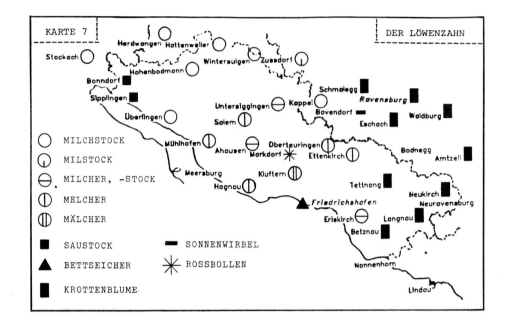

O MILCHSTOCK

Ⓘ MILSTOCK

⊖ MILCHER, -STOCK

Ⓘ MELCHER

Ⓘ MÄLCHER

■ SAUSTOCK   ▬ SONNENWIRBEL

▲ BETTSEICHER   ✳ ROSSBOLLEN

■ KROTTENBLUME

nung, die über den Hegau bis in die württembergischen Baarorte (Schwenningen)
reicht, erkennt man ebenfalls sofort den
Linz- und Argengauer. Doch muß noch einmal wiederholt werden: Zwar hört man bei
den ältesten Dialektsprechern noch alle diese Formen, doch wird dem Mundartkundi-
gen nicht entgehen, daß in Überlingen z. B.
neben ältestem *Knäat, Naat,* jüngeres
Knäacht, Naacht zu beobachten ist, in
Friedrichshafen sogar hochdeutsches
Knächt und *Nacht.*

Betrachten wir als letzte Beispiele zwei
Wörter aus der Tier- bzw. Pflanzenwelt: die
Gans (Karte 6) und den Löwenzahn (Karte
7). Wir können im Kreisgebiet drei verschiedene Lautungen für Gans/Gänse hören: Im nördlichen Hattenweiler spricht
man in der Einzahl schwäbisches *Gous,*
schließt sich in der Mehrzahl aber der südlichen Aussprache an, wo von Sipplingen bis

Friedrichshafen *Gans/Gäns* gilt. Im Vergleich mit den Zeitwörtern „gehen", „stehen", „lassen", „haben" (s. Karte 3), ist die
ng-Lautung in „Gans" noch in weiterer Verbreitung als diese im nördlichen Kreis erhalten geblieben, wo *Gångs/Gängs* die alten
Mundartformen darstellen. Daß die im ehemaligen Überlingerkreis notierten *Gans/
Gäns*-Belege mundartliche Neuerungsfor-
men sind, beweisen die Lautungen für den
Gänserich. Der „Ehemann" der Gans heißt
in Bonndorf, Hohenbodmann und auch bei
alten Überlingern noch *Gouser* mit altem
ou-Zwielaut, in Untersiggingen und Ahausen *Gånser,* in Mühlhofen *Gånseler.* Die
Lautung für den männlichen *Gångser* deckt
sich dagegen gebietsmäßig mit der von
Gångs im alten Tettnanger Kreis.

Bot schon der „Stein" ein variantenrei-
ches Bild, wird dieses bei weitem übertrof-
fen von den unterschiedlichen Bezeichnun-

gen, die dem „Löwenzahn" aus der Mundart erwuchsen. Auf der Karte zeigen die Grundformen der Symbole (○, □, ⊡, △) die verschiedenen Eigenschaften, nach denen die „Löwenzahn" – blättrige Wiesenpflanze noch benannt worden ist. Unter dem am häufigsten vertretenen Kreissymbol finden wir die Ausdrücke, die sich auf den milchigen Pflanzensaft als Benennungsmerkmal beziehen. Wegen dieses Saftes gilt der Löwenzahn als milcherzeugendes Futter. Nach seiner Verwendung als Schweinefutter wird er auch als „Saublume" (■) bezeichnet.

Im Osten des Kreises sagt man „Krottenblume" (■) zu ihm, wohl in seiner Funktion als Krötenunterschlupf. Die Kröte spielte allgemein eine große Rolle im Volksaberglauben. In der heutigen Kreisstadt nennt man ihn „Bettseicher" (▲), so nach der harntreibenden Teezubereitung der getrockneten Löwenzahnwurzel. In Markdorf bezeichnet man ihn als „Roßbollen" (✳), da er bevorzugt auf Roßweiden wächst, aber auch von den Pferden gern gefressen wird. Aus der leuchtend gelben Farbe der Blüten machte die Volksphantasie den „Sonnenwirbel" (▬), wie im angrenzenden Bavendorf noch zu hören ist.

Wie aus den oben genannten Beispielen hervorgeht, kann der Raum zwischen Stokkach, Waldsee und Bregenz nicht mehr als *Oberrheinisch* bezeichnet werden. Es handelt sich hier vielmehr um ein eigenständiges Mundartgebiet, das zu Recht als *Bodensee-Alemannisch* (nach Hugo Steger) bezeichnet werden darf.

Den Mundartsprecher selbst kümmern diese Einteilungsversuche der Fachwissenschaft wenig. Für ihn zählt in erster Linie die sprachliche Geborgenheit in der Mundart. Sie bestätigt ihn täglich in seiner Zugehörigkeit zu einer örtlichen Sprachgemeinschaft in einer vertrauten Sprachlandschaft. Das „Zuhause" in seiner Sprache ist ihm das wichtigste Kriterium – und mit Recht. Ewald Hall

Der Fund von Salem

Oberschwaben im Zentrum des europäischen Handels –
Menschen an der Schwelle der Neuzeit

In der Arbeit des Historikers gibt es Momente, in denen ihm die Hände zittern, der Atem stockt und der Schweiß ausbricht. Einer Welt, die das Forschen in Archiven für langweilig hält, ist das Ausmaß von Glück in einem solchen Augenblick nicht mitteilbar. Einen solchen Augenblick muß im Jahre 1909 der damalige Leiter des badischen Generallandesarchivs in Salem erlebt haben. Der Karlsruher Geheimrat Dr. Karl Obser entdeckte bei einer Revision der in Salem verbliebenen Akten einen Packen mit der alten Aufschrift „unnützliche Handelssachen", der sich als einer der für die Geschichte des Handels im späten Mittelalter wichtigsten Funde erwies. Dieser Packen war zufällig in dem zum Schloß gewordenen Zisterzienserkloster Salem zurückgeblieben, als mit der Säkularisation (1802-04) die meisten Urkunden und Akten des aufgehobenen Klosters nach Karlsruhe ins Generallandesarchiv wanderten. Die „unnützlichen Handelssachen" lagen lange in einer Schublade neben einem offenen Fenster. Und so kam es, daß auf den Papieren ein Vogelpaar nistete. Jemand, der aufräumen zu müssen meinte, schob die Lade eines Tages zu, als gerade in dem Vogelnest ausgebrütete Junge piepsten; sie starben erbärmlich in der dunklen Lade auf dem vergilbten Papier und wurden erst wieder entdeckt, als bei einer Sichtung der in Salem verbliebenen Reste an Akten Dr. Karl Obser 1909 die Lade öffnete.

Nach der Entdeckung der toten Vögel blätterte Obser die Akten durch und erkannte sofort den Wert dieses überraschenden Fundes. Es handelte sich um Papiere der Großen Ravensburger Handelsgesellschaft des ausgehenden Mittelalters. Er brachte sie mit dem Einverständnis von Prinz Max von Baden nach Karlsruhe und suchte einen sachkundigen Bearbeiter des Fundes. Er fand ihn in dem Gelehrten Aloys Schulte aus Bonn.

Die bedeutendste Handelsgesellschaft ihrer Zeit

Aloys Schulte war ein Fachmann, hatte er doch bereits mit seiner „Geschichte des mittelalterlichen Handels und Verkehrs zwischen Westdeutschland und Italien mit Ausschluß von Venedig" (Leipzig 1900) ein Standardwerk veröffentlicht. An den in Salem gefundenen Papieren der großen Ravensburger Handelsgesellschaft arbeitete Schulte von 1910 an mehr als zwölf Jahre, bis sein, das Thema weitgehend erschöpfendes dreibändiges Werk 1923 endlich erscheinen konnte. In zwei Bänden stellte er die „Geschichte der Großen Ravensburger Handelsgesellschaft 1380-1530" (so auch der Titel der in der Deutschen Verlagsanstalt Stuttgart 1923 erschienenen Arbeit) dar, im dritten Band sind die Quellen zusammengefaßt – auf 473 Seiten die Papiere aus Salem, auf 60 Seiten alle übrigen damals erreichbaren Archivalien; schon aus diesem

Verhältnis der Quellen wird die Bedeutung des Funds von Salem deutlich.

Die Große Ravensburger Handelsgesellschaft war um 1380 entstanden als privatwirtschaftlicher Zusammenschluß dreier Familien, der Humpis aus Ravensburg, der Mötteli aus Buchhorn und der Muntprat aus Konstanz. Sie behielt, auch als sie 70-80 Mitglieder hatte, den Charakter eines Familienunternehmens, in das allerdings mit Zustimmung der „Gesellen" auch kapitalkräftige Fremde eintreten konnten. Das Büro- und zentrale Lagerhaus, 1446 erbaut, steht heute noch und ist inzwischen mustergültig renoviert (Marktstraße Nr. 59). Die heimische Grundlage des Handels der Gesellschaft war die Leinenweberei. Die im Oberschwäbischen gewobenen Leinenstücke waren zwar nicht von der allerbesten Qualität und konnten sich nicht mit denen aus den Niederlanden, Flandern oder Frankreich messen, aber sie waren brauchbar und billig und wurden so die ersten wesentlichen Exportartikel.

Wichtigstes Exportgebiet war während der ganzen Zeit des Bestehens der Gesellschaft Italien, besonders die Lombardei und die Städte Mailand und Genua. Nachdem die Handelsverbindungen einmal in Gang waren, wurde Handel mit jeder Ware getrieben, die Gewinn abzuwerfen versprach. Schulte zählt Hunderte verschiedener Waren auf, zum Beispiel diverse Arten von Webwaren und deren Rohstoffe (Leinen, Hanf, Baumwolle, Wolle, Seide, Kamelhaar) und allerlei andere Textilprodukte, Pelze, Felle, Leder und Farbwaren, Spezereien, Südfrüchte und Lebensmittel (vor allem Safran, Zucker, Reis und viele Gewürzarten, aber auch Olivenöl, Käse, Westfälischen Schinken, Fische, Wein), Metalle und Metallwaren (als Rohmetalle und Legierungen oder als Waffen, Schmuck oder Gebrauchsartikel) und ausgesprochene Luxuswaren wie Perlen, Edelsteine, kosmetische Utensilien, Bücher und vieles mehr.

Wappenscheibe des Claus Mötteli (Museum Vogtshaus Ravensburg), gestorben nach 1444; die später in Ravensburg ansässige Kaufmannsfamilie stammte aus Buchhorn und schloß sich um 1400 mit den Humpis zu einer größeren Gesellschaft zusammen.

Neben der Gesellschaftszentrale in Ravensburg unterhielt die Gesellschaft in den wichtigsten oberschwäbischen Städten eigene Kontore: in St. Gallen , Konstanz und Memmingen. Im Ausland besaß sie sogenannte „Gelieger", die „Faktoren" aus dem Kreis der Gesellen der Gesellschaft unterstanden und weiteres Hilfspersonal beschäftigten.

Hauptniederlassungen, die sogenannten Gelieger, sind bekannt in Venedig, Mailand, Genua, Genf, Lyon, Avignon, Barcelona, Saragossa, Valencia, Brügge, Antwerpen, Nürnberg und Wien. Außerdem gab es ständige Vertretungen in Bern, Bourge-en-Bresse, Aigues-Mortes, Toulouse, Alicante, Tortosa, in Mainz, Frankfurt am Main und in Linz. Daneben arbeiteten Agenten und Kommissäre der Gesellschaft an zahlreichen anderen europäischen Handelsplätzen.

Aloys Schulte stellte die rechtliche und wirtschaftliche Situation der Gesellschaft, die Organisation und Technik des Handels, die soziale und kulturelle Bedeutung dieses Handelsunternehmens ausführlich dar. Eine wahre Fundgrube detaillierter Informationen trug er zum Personal der Gesellschaft zusammen. Annähernd vollständig werden Hunderte von Biographien mittelalterlicher Kaufleute aneinandergereiht. Mit zwei von ihnen werden wir uns noch näher beschäftigen.

Sodann charakterisierte Schulte den Handel nach einzelnen Landschaften und Orten und schließlich nach den verschiedenen Warenarten. Es gab immer wieder Krisen innerhalb der Gesellschaft, die in einem Fall zur Absplitterung eines eigenen Unternehmens, der „Ankenreute-Gesellschaft", führten, und es gab bekanntlich zahlreiche Konkurrenten. Die Ravensburger Handelsgesellschaft überschritt den Höhepunkt ihrer Bedeutung um 1440, überdauerte noch schwierige Jahrzehnte und wurde 1530 endgültig aufgelöst.

Die Gründe für die Auflösung waren mannigfach. Die Ravensburger hatten ihr ganzes Kapital in Waren gesteckt, sich streng an das kirchliche Zinsverbot gehalten und damit auf jede Art von Geldgeschäften verzichtet, während ihre Augsburger Konkurrenten, die Fugger und die Welser, gerade damit im 15. Jahrhundert auch zu politischer Macht aufstiegen. Dazu kamen die Neuorientierung des europäischen Handels nach der Entdeckung Amerikas und die Veränderungen der politischen Verhältnisse im Alpenraum, die den Verkehr zum Mittelmeer erschwerten. Auch beklagt Schulte, daß mehr und mehr die „genialen Naturen" fehlten.

Die Große Ravensburger Handelsgesellschaft stand an der Schwelle der Entwicklung Europas zum Kapitalismus, machte sich diese Wirtschafts- und Gesellschaftsform aber noch in dem Maße zunutze, das ein Überleben auf Dauer gesichert hätte. Andere traten an ihre Stelle, neben den Augsburgern auch Nürnberger und Schweizer Firmen. Aloys Schulte beendete sein Buch mit dem Satz: „Ein ganz seltener Fund hat uns die Möglichkeit gegeben, einen tiefen Einblick in das deutsche Handelsleben einer schweren und doch glücklicheren Zeit zu tun, als die ist, in der wir leben." (Band II, S. 242) – Schulte schrieb sein Werk in den Jahren unmittelbar vor, während und nach dem Ersten Weltkrieg.

Wie kam nun dieser seltene Fund ausgerechnet nach Salem? Während wir Intimeres aus der Zeit des Mittelalters allenfalls von Geistlichen oder Adeligen wissen, sind über Kaufleute ansonsten nur vereinzelte Quellen erhalten, selten ganze Briefwechsel oder gar Geschäftsbücher wie im diesem Falle. Schulte erzählt (Band I, S. 2 bis 3): „Als die Ravensburger Gesellschaft sich um 1530 auflöste, hob ihr Rechnungsführer, der schon bejahrte *Alexius Hilleson*, einen Teil der Papiere bei sich auf; kaum aus persönlichem Interesse, um sich etwa gegen Beschwerden zu decken, viel eher um die Erinnerung an vergangene Zeiten zu erhalten, am wahrscheinlichsten jedoch, um Nachkommen Lehrmittel zu hinterlassen. Wie immer, dieser getreue Diener der Gesellschaft rettete die Geschäftspapiere über die ernsteste Gefahr, die solchen zu allen Zeiten drohten und drohen werden, über die ersten fünfzig Jahre, wo sie praktische Bedeutung nicht haben und geschichtliche ihnen noch nicht beigemessen wird. In der

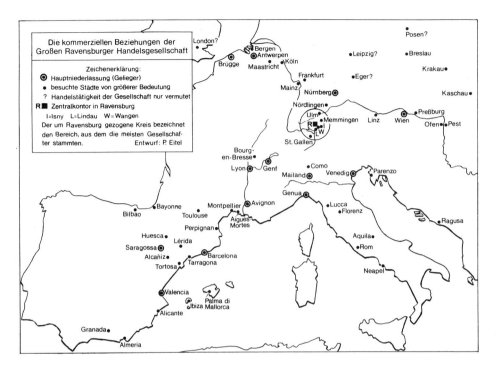

Die kommerziellen Beziehungen der Großen Ravensburger Handelsgesellschaft

Zeichenerklärung:
◉ Hauptniederlassung (Gelieger)
• besuchte Städte von größerer Bedeutung
? Handelstätigkeit der Gesellschaft nur vermutet
R■ Zentralkontor in Ravensburg
I=Isny L=Lindau W=Wangen
Der um Ravensburg gezogene Kreis bezeichnet den Bereich, aus dem die meisten Gesellschafter stammten.   Entwurf: P. Eitel

Hast der Arbeit wandern Bücher und Briefe in einen Winkel und werden dann, weil sie Raum stehlen, beseitigt. Man lebt ja der Gegenwart und der Zukunft. Ein *Enkel Hillesons* ward Mönch im Zisterzienserkloster Salem und brachte sie in dessen Archiv, das auch sonst geduldig vielerlei dort hin gebrachte Archivalien durch lange Zeiten barg, bis mit der Säkularisation (1803) das Kloster aufgehoben wurde und Kloster und Archiv in den Besitz der Großherzoge von Baden übergingen, von denen die jüngere Linie, die Sekundogenitur mit Salem, diesem herrlichen Besitze ob dem Bodensee, ausgestattet wurde. Die reichen urkundlichen Schätze des Archivs wanderten bald unter Vorbehalt des Eigentümers in das Generallandesarchiv nach Karlsruhe, später folgten die Akten. Ein Rest blieb in Salem zurück, darunter auch diese *„unnützlichen*

Handelssachen", wie eine alte Aufschrift lautete." Der Schlaf in der Schublade dauerte nach der Säkularisation noch mehr als hundert Jahre, in denen auch die erwähnte Vogelfamilie sich dazugesellte, bis der Geheimrat Obser die Papiere entdeckte und dem Historiker Schulte übergab.

Der junge Herr Alexius

Jener Alexius Hilleson, der die Papiere der Gesellschaft zunächst aufbewahrte, war in der Gesellschaft so angesehen, daß man ihn „Sir Alexius" nannte. Er war vor allem in der Rechnungsführung der Gesellschaft tätig und reiste viel in ihrem Auftrag. Von Alexius Hilleson sind neben beruflichen und amtlichen Dokumenten auch einige „private" Schreiben erhalten, so zum Beispiel ein Brief an seine (erste) junge Frau Dorothea vom 12. September 1504 aus

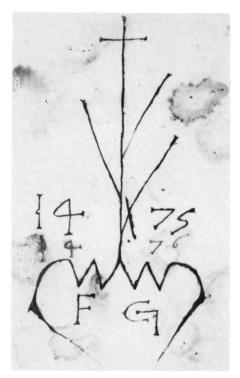

Das Markenzeichen der Gesellschaft in einem ihrer Geschäftsbücher; die Initialen beziehen sich auf den Gesellen Friedrich Grünenberg von Konstanz.

Mailand und ein Testament vom 12. September 1542. Aus den – zugegeben: wenigen – Dokumenten tritt uns eine beeindruckende Persönlichkeit entgegen, die einen der größeren schwäbischen Autoren des 20. Jahrhunderts zu einem epischen Porträt reizte. In der Deutschen Verlagsanstalt in Stuttgart, die 1923 Schultes Arbeit – mit der Unterstützung zahlreicher Mäzene – verlegt hatte, erschien 1940 der Roman „Der junge Herr Alexius" von Otto Rombach.

Otto Rombach, 1904 in Heilbronn geboren und 1984 in Bietigheim gestorben, schrieb schon in den zwanziger Jahren feuil-

letonistische Arbeiten für die „Frankfurter Zeitung". Während des Dritten Reiches wandte er sich vor allem historischen Stoffen zu – warum wohl? – und veröffentlichte 1935 den Schelmenroman „Adrian der Tulpendieb" und 1940 den dicken Alexius-Roman. Es folgten noch zahlreiche andere Romane, Bühnenstücke und Reisebücher.

Den „jungen Herrn Alexius" haben inzwischen einige hunderttausend Leser verschlungen. Ich las das Buch im Urlaub in Italien. Hier fand ich, was im von Touristen überfluteten Italien unterzugehen droht, was wir Italienreisende aber alle suchen, – vielleicht ausgenommen die, die sich mit Sonne, Sand und Pizza begnügen – die Welt der Renaissance, die Wissenschaft, Kunst, Wirtschaft in der Blütezeit des mediterranen Abendlandes, ein abenteuerliches Leben, geheimnisvolle Geschichten in Palazzis, bei denen schöne Frauen, strenge Herrn und lockere Künstler eine Rolle spielen.

Und nicht nur Italien kommt da vor – Venedig, Milano und der Gardasee – sondern alle Gegenden, wo ich je Urlaub machte oder machen wollte: die griechischen Inseln Korfu, Rhodos und Chios, Aigues-Mortes und die Bourgogne in Frankreich, Valencia, Granada, Sevilla und Guadix in Spanien, London, Brügge, Antwerpen, Reisen über den San Bernardino, zu Schiff im Mittelmeer, den Rhein hinunter und schließlich auch nach Amerika: Haiti, Venezuela, das Land der Azteken; Abstecher nach Indien, Afrika, Rußland kommen vor, primitive Eingeborene, zivilisierte Indios, selbstgerechte Spanier, clevere Italiener, schlaue Türken, berechnende Engländer werden geschildert. Man(n) verliebt sich in glühende Italienerinnen, geheimnisvolle Türkinnen, raffinierte Engländerinnen, innige Holländerinnen, temperamentvolle Spanierinnen und kluge deutsche Frauen. Ausgangspunkt und Heimat für alle Abenteuer ist aber Ravensburg, ist der oberschwäbische Raum zwischen Ulm und Bodensee.

Der Roman ist zunächst die Geschichte des Alexius Hilleson, der in Bologna Jura studierte, den Plänen seines Vaters und der Companie nicht entsprechen wollte und einer Frau durch die Levante nachjagte, dort freilich zu dem wurde, was die fortschrittlichste Existenzweise zu der Zeit war und was er nicht hatte werden wollen: zum Kaufmann. Eigensinnig und verstoßen wurde er es allein und ohne seine Companie, dann sogar gegen sie, fand aber über manche Umwege zurück und übernahm die Große Companie selbst – ohne sich je richtig mit seinem Vater auszusöhnen, der nach seinen Söhnen und, wie er meinte, durch sie veranlaßt, ausflippte und im Gegensatz zu ihnen nicht mehr zurückfand – und führte sie zu einer letzten Größe und Blüte. Das Ende dieses Kaufmanns und Abenteurers führte noch einmal in eine flimmernde Weite: in tragische Verstrickungen und nach Amerika.

Alexius begegnet auf diesem Lebensweg allen großen Bewegungen und Geistern dieser großen Zeit: ihren Malern in Italien, Deutschland und den Niederlanden, den religiösen Eiferern, Reformern, Reformatoren, den Wissenschaftlern, Ärzten, Alchemisten, den Naturforschern, Entdeckern, Eroberern, den Buchhaltern, Kanzlisten und Regierern – und er war selbst von allen etwas. Die zahlreichen kunst- und kulturgeschichtlichen Exkurse (besonders über Leonardo, Dürer, Giotto oder über Venedig, Milano, das Ulmer Münster) sind für sich kleine Meisterstücke sicheren Urteils und treffender Darstellung.

Vor allem aber war Alexius Kaufmann, er steht am Anfang einer Entwicklung, die sich erst in der Industriellen Revolution und dem modernen Kapitalismus vollendete. Sein Planen und Handeln im großen internationalen Rahmen, sein Rechnen in abstrakten Zahlen (jemand sagte später „Tauschwerten"), sein Eingehen von Risiken, was Rückhalt und angesammeltes Kapital erforderte, sein kühnes Überschreiten tradierter oder klerikaler Schranken, seine Lösung vom statischen Besitz und sein Übergang dazu, den Besitz flüssig, flexibel, tauschbar bei sich zu tragen (als Rechte, Anteile, Außenstände, Ansprüche, Wechsel, Know How oder bloße Risikobereitschaft) machen ihn zu einer Art Frühkapitalisten. Er steht an der Wiege der ursprünglichen Akkumulation von frei verfügbarem Handelskapital, das wichtig wurde für die später einsetzende Industrialisierung. Die Verwandlung von in Chios gesponnener Seide in Besitz, Kapital, Macht, Ansehen und politisch-ökonomisches Druckmittel wird hier anschaulich vermittelt und einfacher nachvollziehbar als in einem wirtschaftsgeschichtlichen Lehrbuch.

Das Buch ist aber auch Liebes-, Lebens-, Leidens- und Leidenschaftsgeschichte von Menschen aus Fleisch und Blut, Gefühlen und Vernunft. Ich muß gestehen, daß mich seit Robinson und Winnetou wenige Bücher wie dieses an den Rand des Weinens gebracht haben. Manchesmal litt ich mit, erwartete mit, freute mich mit. Auch wenn mir dazwischen (wie bei Winnetou) immer wieder die Unwahrscheinlichkeit des Beschriebenen deutlich wurde, bisweilen auch die konventionelle Machart des Einfühlungsromans aus dem 19. Jahrhundert.

Viele Frauen bleiben als Opfer auf dem Weg dieser Kaufleute, Abenteurer, Eroberer, Künstler. Bei Alexius steigert er sich fast ins Groteske. Auch die Ehefrauen daheim in Ravensburg tun einem aufgeklärten Menschen des 20. Jahrhunderts leid. Den Abscheu, den ich heute vor einem Mann wie Alexius empfinden würde, läßt Rombach nicht aufkommen, er zeichnet ihn zu sympathisch, die kritischen Gedanken seines Alexius sind noch nicht emanzipatorisch angehaucht. Verschwiegene Geliebte und wissend schweigende Gattinnen, geschwängerte Mädchen und verzichtende Anbeterinnen bleiben als Opfer auf der Strecke,

Hilfsmittel im Geldverkehr: das grüne Rechentuch. Solche Tücher verwendeten auch die oberschwäbischen Kaufleute für das schwierige Geschäft der Abrechnung. Das Bild aus dem Museum der Stadt Überlingen zeigt allerdings Spitalrechner aus einer etwas späteren Zeit.

wenn in Alexius der für ihn zentralere Konflikt Frau oder Geschäft tobt, wo sich letztlich eine Art Schwebezustand einspielt: Das Geschäft bleibt immer das Zentrale, Alltägliche, Abenteuerliche, die Frauen sind immer verfügbar, wenn Zeit ist, oder sie sind notwendig zur Kinderaufzucht. In der großen Zahl der von Alexius „geliebten" Frauen verschwimmt das, was zunächst als individuelle moderne Liebe erschienen war, und wird immer mehr der historischen Wirklichkeit gerecht: dem Geschlechterverhältnis als unspezifischer Geschlechtsbegegnung einerseits (die Reiseeroberung und der schnelle Flirt, die nur notdürftig mit Liebesbeteuerungen aus zweiter Hand ver-

brämt werden) und als Erfüllung gesellschaftlicher Normen andererseits (Ehe, Familie, Kinderaufzucht).

Aber der Alexiusroman ist ein Heimatroman, was sich erst nach und nach erschließt. Im Hintergrund spielen Ravensburg und das Land zwischen Konstanz und Ulm eine wichtige Rolle, von da ging all das aus, was beschrieben wird, und manches wirkte auch dahin zurück, wenn auch gedämpfter, sanfter, langsamer als draußen: moderne Produktions-, Handels- und Tauschmethoden, die Reformation, die Entdeckungen und Erfindungen, die moderne Kunst. Das so selbstsichere, konservative, etwas verschlafene und noch ganz gotische Oberland wird liebevoll geschildert. Noch kaum werden die aufgewühlten Künstler aus anderen Teilen Oberdeutschlands zur Kenntnis genommen (Dürer, Riemenschneider, Ratgeb); ein Dr. Faust oder Paracelsus wären aber auch in Ravensburg denkbar, und der Bauernaufstand fand immerhin hier statt, bleibt aber in Rombachs Darstellung merkwürdig blaß.

So modern Alexius und die anderen Protagonisten der neuen Zeit damals dachten, von sozialen Bewegungen oder gar von Aufruhr hielten sie nichts. Ob Rombach da dem Umstand gerecht zu werden sucht, daß die Bauern mit ihren Forderungen einfach zu früh kamen, ihre Niederlage aber nie mehr verschmerzten? Die Auseinandersetzungen auf der großen politischen Bühne zwischen Papst, Kaiser, Adel und Kaufleuten und die internationalen Verwicklungen werden dagegen umso intensiver dargestellt. Die Krise der mittelalterlichen Frömmigkeit und des Gottvertrauens spiegelt auf der ideologischen Ebene alle materiellen, ökonomischen und politischen Widersprüche. Alexius' Unfähigkeit zu beten, seine Faszination durch die Antike, seine Irritation durch Menschen anderer Religionen lassen ihn herauswachsen aus der Welt der Ravensburger Frauenkirche und des Ulmer Münsters. Er vollzieht die religiösen Übungen allenfalls noch äußerlich, aus Zweckmäßigkeitserwägungen, die Sphäre der Religion interessiert ihn eigentlich kaum mehr.

Über allen Einzelheiten bleibt als größter Eindruck aus dem Alexiusroman der Charakter des „Hauptdarstellers": ein Umgetriebener, ein unruhiger Geist, ein Abenteurer, einer, der sich nicht bescheiden kann, der weiter suchen, raffen, forschen, leben muß, dem die Opfer nicht viel bedeuten, dem auch zweifelhafte Verbündete manchmal recht sind, ein Bruder des großen Doktor Faust, fast einfühlsamer beschrieben und lebendiger als der etwas papierne Held Goethes. Faust oder in der histori-

schen Realität die Welser und Fugger weisen allerdings schon in eine neue Zeit, indem sie sich im Bergbau, in der entstehenden Industrie, als Grubenmagnaten engagierten; davor schreckte Alexius noch zurück.

Gefallen hat mir, wie Rombach das beschreibt, was er Alexius „seine Ravensburger Lähmung" nennen läßt, nachdem er arriviert war, die Kinder gediehen, der Alltag seine Zeit in Anspruch nahm. Es blieb nicht bei der Lähmung, und der Held erlebte am Ende noch Abenteuer, die kaum weniger turbulent waren als die seiner Zeit als „junger" Herr Alexius.

Die Romanfiguren sind Montagen aus verschiedenen Gestalten im Umkreis der Gesellschaft. Die kulturhistorischen, kunstgeschichtlichen und geographischen Exkurse übersteigen natürlich an Einsicht und Farbigkeit die Darstellung in den oft trockenen Quellen und der nüchternen wissenschaftlichen Darstellung. Diese Bezüge im einzelnen nachzuprüfen, wäre eine reizvolle Aufgabe. Insgesamt stimmt das Bild, das Rombach zeichnet, genauso wie die Darstellung Schultes. Beide stehen in einem interessanten Spannungsverhältnis, beide sind imponierende Leistungen.

Oswolt Krel

Was Rombach in seiner Romanfigur Alexius vor unserer Phantasie entwickelt, ist glücklicherweise zu einem Teil auch für unser Auge überliefert: Jene Kaufleute vom Schlage des Alexius waren mit die ersten, die Porträts von sich anfertigen ließen. Ihrem vernünftigen, selbstbewußten Geist entsprach es, ihre Individualität von den besten Künstlern ihrer Zeit festhalten zu lassen. Aus der Antike lernend, am modernen Geist orientiert, schufen Renaissancekünstler eindrucksvolle Menschenbildnisse; an hervorragender Stelle Albrecht Dürer, dessen Porträts „Jakob Fugger der Reiche" oder „Oswolt Krel" in der Münchner

Bildnis des in Nürnberg tätigen Gesellen Oswolt Krel, gemalt von Albrecht Dürer, zu sehen in der Alten Pinakothek in München

Pinakothek hängen. Oswolt Krel gehört zum Umkreis der großen Ravensburger Handelsgesellschaft. Das 1499 in Nürnberg entstandene Porträt dürfte auf Bestellung gemalt worden sein. Es zeigt den herben Kopf eines jungen Mannes, der überrascht, mürrisch und etwas verschlagen aus seinen Augenwinkeln am Betrachter vorbeiblickt. Das ist nicht mehr, wie im Mittelalter, ein starres Bildnis, sondern das Einfangen der Seele eines Menschen in seiner äußeren Erscheinung – und damit eines der ersten modernen Porträts.

Oswolt Krel stammte aus einer angesehenen Lindauer Familie. Seit 1494 war er „ein factor und handler" der „geselschafft von Rafensburg" in Nürnberg – er war also der Leiter einer Agentur der Handelsgesellschaft am wichtigen Handelsplatz Nürnberg. Diese Stellung erklärt vielleicht den harten und strengen Zug und die Entschlossenheit im Blick Krels, der doch noch relativ jung war. Zwei Jahre vor der Entstehung des Porträts, im Jahre 1497, war Oswolt Krel in Nürnberg in einen Rechtsstreit verwickelt, der einiges von dem Charakter verrät, der uns aus Dürers Bild in die Augen springt: Er wurde mit einem Freund zusammen vom Rat der Stadt Nürnberg zu einem Monat Haft „uff ein versperten thurn" und zu einer Geldstrafe verurteilt, weil beide einen ehrbaren Nürnberger Bürger in einem Fastnachtspiel als Narren verhöhnt hatten. Trotz verschiedener Anträge um Aufschub an den Rat mußte er vermutlich die Strafe abbüßen.

Ab 1502 ist Krel in Nürnberg nicht mehr nachweisbar, er wird sich entweder nach Ravensburg gewandt haben oder direkt nach Lindau, von wo er stammte. In Lindau wurde er ein hoch angesehener Bürger, war von 1511 bis 1534 achtmal Bürgermeister und dazwischen öfters Ratsherr. Sein Bild gilt in der Kunstgeschichte als eines der ersten Porträts einer selbstbewußten Persönlichkeit, die als solche erkannt werden und fortleben möchte. Der Maler versuchte, sein Gegenüber psychisch zu erfassen, er überraschte den Porträtierten gewissermaßen in einer Sekunde, in der dieser sich unbeobachtet glaubte. Dürer demaskierte mit seinem Bild Krel, indem er ihn „mit dem Blick eines Falken vor dem Niederstoßen" zeigte, und drückte damit das Energische, Hellwache, Tatkräftige, Ehrgeizige des Kaufmannes aus, wie es sich auch in der energisch zupackenden linken Hand manifestiert. Vor unseren Augen steht der Prototyp eines frühkapitalistischen Kaufmannes und eines selbstbewußten Individuums der Renaissance. Der starre Blick einer Gesinnung fixiert uns, die auch unsere Gegenwart noch prägt. Oswald Burger

Literatur:

Aloys Schulte: Geschichte der Großen Ravensburger Handelsgesellschaft 1380-1530, Drei Bände, Deutsche Verlagsanstalt Stuttgart und Berlin 1923.

Otto Rombach: Der junge Herr Alexius. Roman, Deutsche Verlagsanstalt Stuttgart 1940 (zur Zeit sind erhältlich eine gebundene Ausgabe der Deutschen Verlagsanstalt und eine Taschenbuchausgabe des Fischer Taschenbuch Verlags).

Alfons Dreher: Geschichte der Reichsstadt Ravensburg und ihrer Landschaft von den Anfängen bis zur Mediatisierung 1802, Band 2, Konrad Verlag Weißenhorn/Dornsche Buchhandlung Ravensburg 1972.

Peter Eitel: Die Große Ravensburger Handelsgesellschaft. Ravensburg 1984. (Ravensburger Stadtgeschichte 13, Herausgegeben von der Ulmer Volksbank Ravensburg).

Albrecht Dürers Bildnis des Oswolt Krel von 1499 hängt in den Bayerischen Staatsgemäldesammlungen – Alte Pinakothek – in München.

Konrad Widerholt

Der Kommandant vom Hohentwiel war ein Mann seiner Zeit

Die wohlhabende Reichsstadt Überlingen hatte 1634 vom 23. April bis zum 16. Mai einer Belagerung durch den schwedischen General Horn standgehalten, so daß Horn nach dem Verlust von 2500 Mann unverrichteter Dinge wieder abziehen mußte. Im Jahre 1643, in der Frühe des 30. Januar, gelang es dem Kommandanten der Festung auf dem Hohentwiel, Konrad Widerholt, durch eine List die Wache am Grundtor zu überrumpeln und sich so Eingang in die völlig überraschte Stadt zu verschaffen.

Die mit Widerholt in Verbindung stehenden französischen und schwedischen Soldaten unter General Oysonville drangen hierauf in die Stadt ein und hieben nieder, was sich ihnen entgegenstellte, plünderten die Stadt und machten reiche Beute. Allein Widerholt selbst und seine Mannschaft, denen der Überfall gelungen war, sollen nicht weniger als 45 Wagen mit geraubtem Gut und 36 Wagen mit bestem Wein nach Hohentwiel weggeführt haben. Der Schweizer Chronist Wepfer berichtete: „In der Stadt Überlingen haben die schwedischen und französischen Truppen unaussprechliche Beute gemacht und bloße und arme Soldaten sich allein nicht wohl bekleidet, sondern Säcke voller Silbergeschirr, bares Geld und anderes davon gebracht." Der 30. Januar 1643 wurde zum schwärzesten Tag in der Überlinger Geschichte und brachte Not und Elend für eine lange Zeit.

Wer war dieser Konrad Widerholt? Am 13. September 1634 ernannte der jugendliche Herzog Eberhard III. von Württemberg den Major Konrad Widerholt zum Kommandanten der Festung Hohentwiel. Diese Ernennung geschah angesichts der Schlacht vom 6. September bei Nördlingen, wo das schwedische Heer und seine Verbündeten, darunter Württemberg, eine schwere Niederlage erlitten hatten. Die kaiserlichen Truppen überschwemmten daraufhin ganz Württemberg. Der Herzog mußte mit seinem Gesinde aus dem Lande fliehen, und die starken Festungen Hohenasperg, Hohenneuffen, Hohenurach und Tübingen gingen nacheinander verloren. Für seine neue Aufgabe brachte Widerholt vielfältige militärische Kenntnisse und Erfahrungen mit, und seine Ernennung sollte für den Hohentwiel, den Hegau und ganz Oberschwaben von schicksalhafter Bedeutung werden.

Der am 20. April 1598 in Ziegenhain in Hessen Geborene begann mit 17 Jahren seine militärische Laufbahn als Reiter bei den hanseatischen Truppen. 1616 stand er als Musketier im Sold der Stadt Bremen und stieg dort bald zum Gefreiten auf. Mit dem Infanterieregiment des Grafen von Löwenstein kam er anschließend in venezianische Dienste, wo er seine Kenntnisse zu Wasser und zu Land erweitern konnte. In Venedig lernte er einen württembergischen Prinzen kennen, der ihn bewog, in seine Heimat zu kommen. Hier versah Widerholt zunächst drei Jahre lang das Amt eines Exerzier- oder Drillmeisters. 1622 wurde er zum Capitän-Leutnant, 1627 zum Capitän-Major befördert und nahm an verschiedenen Feldzügen der württembergischen Truppen teil. Vor allem zeichnete er sich bei der Belagerung und Einnahme von Schramberg rühmlich aus. Zuletzt war er Kommandant von Hornberg. Der junge Herzog war gut beraten, als er Widerholt mit der Verteidigung seiner bald letzten Festung beauftragte.

Widerholt wußte, daß er eine schwere Aufgabe übernommen hatte. Nicht nur, weil die Festung außerhalb des Landes isoliert in einer feindlichen Umgebung lag, so daß die Versorgung mit allem Notwendigen größte Schwierigkeiten erwarten ließ: Von seinem aus dem Lande geflüchteten Herzog konnte er kaum Hilfe erwarten. Dazu kam, daß die Festung weder mit Mannschaften noch mit Verpflegung, weder mit Waffen noch mit Munition ausreichend versorgt war. Der Krieg hatte diese Gegend bis dahin verschont, und man vertraute darauf, daß dies so bleiben würde. Darum hatte der Herzog auch dem Kommandanten Löscher, Widerholts Vorgänger, als Besatzung nur 100 Mann bewilligt und ihm befohlen, den Ist-Zustand zu belassen, obwohl er Truppen zur Verstärkung angefordert hatte.

Widerholt begann sofort mit allen Mitteln die Zahl seiner Truppe zu erhöhen und ihre Ausrüstung zu verbessern. Er ließ die Festungswerke verstärken und Vorräte aller Art auf den Berg bringen. Vor allem aber machte er einen Teil seiner Mannschaft beritten, um zu verhindern, daß sich ein Feind ungestört der Festung nähern konnte. Ihm selbst wurde es nun möglich, durch Ausfälle aus der Festung die Belagerer zu verunsichern und die Verbindung nach außen aufrecht zu erhalten. Der Einzug seiner Kontributionen und seine Überfälle bis in die Gegend von Tübingen und Ulm wären ohne seine Reiterei undenkbar gewesen.

Conradus Widerholhus Militiæ Confoederatorum ex primis Colonellus. Arcisq. Alto-Wielsacæ. Terrarumitem Vicinarum hGub:

Konrad Widerholt um 1630

Der Feind ließ ihm nicht viel Zeit. Bereits 1635 wurde Widerholt erstmals in seiner Festung belagert. Es war für ihn eine schwere Prüfung, denn die Pest, die unter den Belagerern wütete, machte auch vor den Festungstoren nicht halt. Über einhundertfünfzig Mann und Unteroffiziere, dazu der Pfarrer und zwei Feldschere wurden ein Opfer des schwarzen Todes. Widerholt bat seinen Herzog um Verstärkung, schrieb ihm, daß er sich Sorgen mache wegen der Festung, falls die Pest auch ihn treffe. Doch die Seuche erlosch, und später konnte er sogar berichten, daß die Knechte, die zuletzt von der Pest ergriffen worden waren, wieder genesen seien und Dienst tun könnten.

Weitere Belagerungen folgten in den Jahren 1639, 1640, 1641 und 1644. Dazwischen gelang es Widerholt immer wieder, wenn auch mit aller Härte, durch Überfälle, Geiselnahmen, Brandschatzungen und Kontri-

butionen neue Mittel für seine dauernd rückständigen Soldzahlungen zu beschaffen, neue Mannschaften anzuwerben und seine Vorräte zu ergänzen. Auch den weiteren Ausbau der Festung betrieb er ständig. Für die unterdrückte und mit Abgaben schwer belastete Bevölkerung der näheren und weiteren Umgebung war er eine „Geißel Gottes".

Ein um 1643 in Augsburg verlegtes Flugblatt mit einer Ansicht der Festung Hohentwiel während der Belagerung durch den kaiserlichen Feldzeugmeister Sparr trug neben der Beschreibung der Festung die Inschrift: „Der Allmächtige GOTT verleihe sein Göttlich Gnad / Daß dieser Vöstung Übergab / der Kayserl. Majestet bald erfolgen möchte / damit einest die darumb ligende benachbarte Oerter befreyet / und vor fernerer Einquartierung im Land hin und wider / (so diese Vöstung alleinig verursacht) entledigt und errettet werden."

An den Überfällen der Twieler Besatzung nahm Widerholt oft selbst teil. So wurde die Insel Reichenau im Januar 1646, als der Untersee zugefroren war, überfallen. Neben Vieh wurde auch ein erbeutetes Geschütz weggeführt. Als unterwegs das Eis zu

brechen begann, geriet Widerholt in Lebensgefahr. Beim Überfall auf Überlingen soll er die erste Petarde (= geballte Ladung) selbst am Tor angebracht haben.

Zugute kam Widerholt die Nähe der reformierten Kantone der Eidgenossenschaft, Schaffhausen und Zürich, wobei er besonders gute Beziehungen zu den Städten Stein am Rhein und vor allem zu Schaffhausen pflegte. Durch seine Kundschafter war er stets auf dem laufenden, was draußen geschah und geplant war.

Im Jahre 1645 wurde sein Keller (Verwalter) Stockmayer auf dem Rückweg aus Schaffhausen von Bauern überfallen, seines Geldes beraubt und an patrouillierende Bayern ausgeliefert. Um die Herausgabe Stockmayers zu erreichen, unternahm Widerholt einen Raubzug nach Oberschwaben, zerstörte Buchhorn (Friedrichshafen) und plünderte das Montfortschloß in Tettnang, nahm den Abt des reichen Klosters Weingarten als Geisel mit auf den Hohentwiel und ließ ihn erst nach Auslieferung seines Verwalters und nach Zahlung eines Lösegeldes von über 15 000 Gulden wieder frei.

Neben dem weiteren Ausbau der Festung ließ er in den Jahren 1641 bis 1645 auf dem Berg eine Kirche errichten, deren Turm heute als Aussichtsturm dient. Die zehn Glocken, die bei der Einweihung am Konradstag (26. November) 1645 über das verwüstete Land klangen, hatte er in der Umgebung geraubt. So berichtet eine Thurgauer Chronik von 1641: „Die von Hohentwiel verbrannten den von Singen die Kirchen und das Pfarrhaus, nament inen die Gloggen". Eine Glocke holte er sich auf der benachbarten Burg Rosenegg, vier weitere in Eigeltingen. Die Singener erhielten ihre Glocke nach wiederholtem Bitten gegen Abtretung zweier Grundstücke unterm Hohentwiel wieder zurück, die Bitten der verarmten Eigeltinger um Rückgabe wenigstens einer Glocke blieben ungehört. Es ist vielfach zu lesen, daß er die Orgel aus der

Eintrag Widerholts in das Hohentwieler Willkomm-Buch bei seinem Besuch auf der Festung 1652: „Sechzehn Jahr der Liebe gott mich Allhier durch Seine gnad bewardt"

Franziskanerkirche in Überlingen mitgenommen habe. Die Hohentwieler Orgel stammte jedoch aus dem Kloster Weingarten; auch fehlt in den Klosterakten im Überlinger Stadtarchiv jeder diesbezügliche Hinweis.

Nach der Unterzeichnung der Friedensverträge von Münster und Osnabrück im Jahre 1648 ging der 30jährige Krieg zwar zu Ende, doch es brauchte noch einige Zeit, bis überall im Lande Ruhe und Ordnung eingekehrt waren. Heimatlose Haufen und bewaffnete Banden machten anfangs manche Gebiete unsicher. Auch Widerholt rührte sich zunächst noch. In Ulm waren für den Schwäbischen Kreis Abmachungen getroffen worden, wer die bewaffneten Plätze zu unterhalten habe. Der Hohentwiel war dabei nicht berücksichtigt, so daß Widerholt nichts anderes übrig blieb, als den Unterhalt für seine Mannschaft wie bisher mit Gewalt einzutreiben. Als gewiegter Diplomat war er auch Verpflichtungen dem französischen König gegenüber eingegangen, der ihn jahrelang mit Geld unterstützt hatte. Erst 1650 war es so weit, daß er die Festung, größer und stärker als zuvor, seinem Herzog übergeben konnte.

Für seine Verdienste wurde Widerholt mit dem Rittergut Neidlingen, Ochsenwang und Randeck auf der Schwäbischen Alb belehnt. Zudem wurde er zum Obervogt von Stadt und Amt Kirchheim unter Teck und zum Inspektor von Stadt und Amt Nürtingen ernannt, eine Stellung, die etwa der eines heutigen Landrats entspricht. Hier hat er sich durch Umsicht und Tatkraft für den Wiederaufbau des zerstörten Landes eingesetzt und viele Not gelindert. Mit seinem Herzog kehrte er einige Male auf Hohentwiel zurück. Er starb am 13. Juni 1667 zu Kirchheim und wurde neben seiner ihm im Tode vorausgegangenen Gattin Armgard beigesetzt. Ihre Ehe blieb kinderlos. Beider Grabmal befindet sich am Südchor der Stadtkirche St. Martin, während im Chorinnern zwei prachtvolle Epitaphien die Erinnerung an Widerholt wachhalten.

Alois Mattes

Literatur:

Berner: Hohentwiel, Bilder aus der Geschichte des Berges, 1957.
Martens: Geschichte von Hohentwiel, Stuttgart 1857.
Conrad Widerholt – zum 300. Todestag, herausgegeben von der Stadt Kirchheim/Teck 1967.

Die Überlinger Schwedenmadonna von Jacob Übelacker, gefertigt 1634 - 1660, Silber, teilweise vergoldet, mit Steinen geschmückt, getrieben, gegossen, graviert, punziert; Höhe 150,3 cm.

Wo die Schwedenmadonna herkommt

Meisterwerke Konstanzer Goldschmiedekunst im Bodenseekreis

Konstanz, in früheren Jahrhunderten Mittelpunkt einer großen Region, Bischofssitz, Reichsstadt und lange Zeit bedeutender Handelsplatz im Oberrhein-Voralpengebiet, bot naturgemäß die besten Voraussetzungen für das Gedeihen des nobelsten aller Handwerke, der Goldschmiedekunst. Kirchen und Klöster aus dem Bistum, dem größten im deutschen Sprachraum, bestellten bei Konstanzer Meistern Kostbarkeiten für ihre Kirchenschätze. Weingarten, Reichenau und St. Blasien, Einsiedeln, Engelberg und St. Gallen gehörten zu den Auftraggebern. Aber auch Dorf- und Stadtkirchen wie Radolfzell, Stockach, Überlingen, Meersburg sowie zahlreiche Schweizer Orte bestellten in der geistlichen Hauptstadt ihren Bedarf an liturgischem Gerät. So verarbeiteten die Meister in Konstanz Silber und Edelsteine zu prächtigen Reliquienbehältern, Kreuzen, Kelchen, Ziborien oder ganzen Silberfiguren. Der Glanz dieser Pracht war für die Gläubigen Symbol der überirdischen Kostbarkeit und Herrlichkeit Gottes und seiner Heiligen.

In mehreren Kirchen des Bodenseekreises finden sich noch eine Reihe von Werken Konstanzer Herkunft. Auffallend sind viele Arbeiten des bedeutendsten Konstanzer Goldschmieds des 17. Jh., Jakob Übelacker (gestorben 1658). Dieser Meister beherrschte vor allem die schwierige Kunst der Herstellung von Silberfiguren. Dazu bedurfte es der Zusammenarbeit mit einem Bildschnitzer, welcher aus Holz ein Modell schuf, das der Goldschmied dann durch Treiben, Ziselieren und Gießen in Silber formte, um schließlich die Oberfläche durch Gravieren, Punzieren und teilweise auch Vergolden zu beleben.

Das Hauptwerk Übelackers ist die berühmte Überlinger Schwedenmadonna, eine Stiftung Überlinger Bürger zum Dank für die glückliche Errettung vor der schwedischen Belagerung 1633. Schon ein Jahr danach erging der Auftrag an den vielleicht in Überlingen geborenen Meister. Die Ausführung sollte Übelacker bis zu seinem Lebensende beschäftigen, kein Wunder, daß die Überlinger höchst ungeduldig wurden! Als Übelacker 1658 starb, war die Figur noch nicht ganz fertiggestellt und mußte von dem Überlinger Gottfried Haitinger vollendet werden. Trotz − oder wegen? − der langen Dauer ist die Schwedenmadonna, die heute noch zweimal jährlich zum Gedenken an den Schwedenkrieg bei Prozessionen durch die Straßen getragen wird, die schönste Silberfigur aus Konstanzer Werkstätten und eine der schönsten Südwestdeutschlands aus dem 17. Jahrhundert. Die elegante und höchst eigenwillige Drehung des Körpers, das schöne Gesicht und die hoheitsvolle Haltung sind besondere Charakteristika dieser Figur. Die Erinnerung an Hubert Gerhards berühmte Statue auf der Münchner Mariensäule weist die künstlerische Richtung.

Die Schwedenmadonna im Umzug 1937, begleitet von der Jungfrauen-Kongregation.

Die Pfarrkirche von Meersburg erhielt 1653 eine kostbare Stiftung der Bürgerin Katharina Donin: die Gruppe der heiligen Familie, die auf der Wanderschaft von Ägypten zurück nach Bethlehem dargestellt ist. Es handelt sich ebenfalls um ein Werk Übelackers. Nur selten wurden ganze Gruppen in Silber gefertigt, hier gelang dem Meister eine höchst lebendige und doch fast klassische Gestaltung.

Auch eine Reihe von Monstranzen von der Hand Übelackers gehören zu den Meisterwerken aus Konstanzer Werkstätten. Monstranzen fanden seit der Einführung des Fronleichnamfestes im Jahre 1264 immer weitere Verbreitung. Die Gotik bevorzugte die Form der Turmmonstranz mit spitzen fialen Ziertürmchen, Maßwerk und einer schlanken Gesamtform. Diese Form hielt sich in Abwandlungen bis in die Mitte des 17. Jahrhunderts, bevor sie von der dann allgemein üblichen Strahlenmonstranz abgelöst wurde.

Auch in Übelackers Monstranzen in Engen und Ebersbach bei Aulendorf klingt die gotische Form deutlich nach.

Ganz gelöst davon hat er sich dagegen in der 1629 datierten Monstranz von Friedrichshafen-Jettenhausen, die eine der Renaissance entnommene Dreiecksdisposition und eine waagrecht betonte Gliederung aufweist. Meisterhaft geführte Kleinkunstwerke sind die zierlichen Figuren von Maria, St. Konrad und Augustinus, die unter Baldachinen von filigranem Blattrankenwerk um das Schaugefäß gruppiert sind. Die Monstranz war ursprünglich der Pfarrei Berg bei Friedrichshafen von dem Konstanzer Weihbischof Johann Jakob Mirgel geschenkt worden, von wo sie 1791 nach Jettenhausen verkauft wurde.

Der eigentliche Höhepunkt Konstanzer Goldschmiedekunst liegt jedoch, entsprechend der historischen Entwicklung der Stadt, im Mittelalter. Hier erweist sich die Konstanzer Zentrumsfunktion auch im

134

Heilige Familie auf der Wanderschaft (genannt Heiliger Wandel), Silber, teilweise vergoldet, getrieben, gegossen, graviert; von Jacob Übelacker, datiert 1635; Höhe mit Sockel 50,5 cm. Diese früheste von Übelacker bekannte Statuenarbeit ist eine der äußerst seltenen Gruppenszenen und befindet sich in der Stadtpfarrkirche in Meersburg.

Oberteil einer Monstranz, Silber, teilweise vergoldet; getrieben, gegossen, graviert, punziert; von Jacob Übelacker, datiert 1629; ursprünglich eine Stiftung für die Kirche in Berg, seit 1791 im Besitz der benachbarten Pfarrei Jettenhausen.

Zahlenvergleich mit anderen Städten. So lassen sich im 13. und 14. Jh. in Konstanz 20 Goldschmiede namentlich nachweisen, in Lindau nur drei, in Ravensburg vier, in Überlingen und Stein am Rhein je 3. Im 15. Jahrhundert sind es in Konstanz etwa 60, aber auch in den anderen Orten nimmt die Zahl zu. Vor allem zur Zeit der Gotik um 1300 entstanden in Konstanz Werke von europäischem Rang.

Besonders berühmt waren damals die Arbeiten in Email, das die Meister zum Schmuck von Requiembehältern, Kelchen oder Kreuzen gerne verwendeten. Meist in Medaillonform, manchmal auch in großflächiger Anwendung, wurden Szenen aus dem Leben Jesu, Heilige oder Propheten in Gold vor leuchtend roten, blauen oder grünen Emailgründen dargestellt. Vor allem das durchsichtige Email, das den Silbergrund durchschimmern läßt, wurde viel verwendet. Die Ausführung dieser Emailarbeiten ist heute ein wesentliches Kriterium für die Feststellung der Herkunft eines mittelalterlichen Werkes aus Konstanzer Werkstätten, war es doch damals noch keineswegs üblich, Goldschmiedearbeiten mit einem Meisterzeichen oder einer Stadtmarke zu kennzeichnen. Hauptwerke dieser Epoche sind etwa ein Kelch aus dem Schweizer Kloster Wettingen, den heute die Zisterzienser der Mehrerau bei Bregenz bewahren, oder das berühmte Ziborium aus Klosterneuburg bei Wien, vielleicht eine Stiftung der Habsburger.

Auch in der Kirche von Eriskirch befindet sich ein kleines Reliquienkästchen aus dieser Zeit, das auf der Vorderseite in Email eine Kreuzigungsdarstellung aufweist. Es gehört zu einer Reihe von sogenannten Bursenreliquiaren, deren Deckelabschluß wie ein Taschenbügel geformt ist – eine für das Bodenseegebiet im 14. Jh. besonders charakteristische Form. Rund um den Überlinger See haben sich auch mehrere kostbare Vortragskreuze dieses Stils erhalten, so in Liggeringen, Bodman, Espasingen, Meersburg und Überlingen. Wer mag den damals noch kleinen Dorfgemeinden solch großzügige Stiftungen gemacht haben? Aus den Mitteln der überwiegend bäuerlichen Bevölkerung konnten sie wohl kaum bezahlt werden. Aus alten Kirchenrechnungen, aber auch aus dem erhaltenen Geschäftsbuch eines Konstanzer Goldschmieds am Ende des 15. Jh. kennen wir einige Preise, können ermessen, welche Werte zur Ehre des Allerhöchsten in den Kirchen versammelt wurden.

Doch nicht nur für die Kirchen hämmerten, zisilierten, gravierten und vergoldeten die Goldschmiede. Den überwiegenden Teil ihres Geschäfts machten Aufträge aus dem Adel, dem wohlhabenden Bürgertum, sowie von Rat und Zünften aus. Schmuck, Gürtelschnallen, Degengriffe, Becher, Pokale und Humpen bildeten gewissermaßen das täglich Brot der Goldschmiede. Dennoch ist von diesen Dingen nur wenig erhalten. Sie galten stets auch als Geldanlage, die man in Notzeiten „versilbern" konnte, und sie waren mehr als das Kirchensilber dem Wandel des Geschmacks unterworfen und wurden immer wieder umgestaltet.

Als zur Zeit der Reformation der Konstanzer Bischof die protestantisch gewordene Stadt verließ und nach Meersburg übersiedelte, das Domkapitell jahrzehntelang in Überlingen im Exil lebte, ergaben sich auch für die Konstanzer Goldschmiede einschneidende Veränderungen. Kirchliche Aufträge blieben aus, und so kennen wir über 50 Jahre lang kein Werk eines Konstanzer Meisters. Erst im Zuge der Gegenreformation wurden die großteils zerstörten Kirchenschätze – in Konstanz etwa war der gesamte Domschatz in den Schmelzofen gewandert – wieder aufgefüllt und es gab eine neue Blüte dieses Handwerks um 1600. Hervorragende Meister wie die Brüder Egloff, Heinrich Hammer, Wolfgang und Leonhardt Stütz oder Jakob Frick schufen

Bursenreliquiar eines unbekannten, vermutlich Konstanzer Meisters, um 1330, Länge 21,5 cm, Breite 10 cm, Höhe 21,5 cm. Das Reliquien-Häuschen befindet sich in der Pfarrkirche Eriskirch.

Büstenreliquiar des hl. Placidus (Bündner Märtyrer des 7. Jh.), Silber, teilweise vergoldet, getrieben, gegossen, graviert. Sockel Kupfer vergoldet, Höhe 62 cm, vermutlich von Hans Schwartz, um 1480. – Dommuseum Chur.

Werke von hoher Qualität. Die Zusammenarbeit mit großen Bildschnitzern dieser Zeit wirkte sich fruchtbar für die Gestaltung von Silberfiguren aus. Bei einigen läßt sich beispielsweise der Entwurf von Mitgliedern der Überlinger Bildhauerfamilie Zürn nachweisen.

Nach der Mitte des 17. Jahrhunderts, als die Landschaft geschwächt war durch die Schrecken des 30jährigen Krieges, muß auch ein allmählicher Rückgang des Konstanzer Goldschmiedegewerbes festgestellt werden. Augsburg, das überragende Silberzentrum, verdrängte zunehmend die Konstanzer Meister aus ihrem angestammten Gebiet. Mit der Auftragslage läßt auch das ehedem hohe künstlerische Niveau allmählich nach. Zwar kennen wir noch viele schöne Werke aus dem späten 17. und 18. Jahrhundert, doch weisen sie nicht mehr einen eigenständigen Stil auf, sie stehen nun künstlerisch unter dem Einfluß der Augsburger Meister.

Elisabeth v. Gleichenstein

Eine Gesamtschau Konstanzer Goldschmiedekunst vermittelte im vergangenen Jahr erstmals eine Ausstellung im Rosgartenmuseum Konstanz, für die Meisterwerke von nah und fern für einige Wochen an den Ort ihrer Entstehung zurückgekehrt waren. Ein reich illustrierter Katalog behandelt das wichtige Thema süddeutscher Kunst- und Kulturgeschichte, führt Meister und Marken auf und wird als Nachschlagewerk auch weiterhin seinen Wert behalten.

Büste des hl. Jakobus; Figur Silber, teilweise vergoldet, getrieben, graviert, punziert. Sokkel Kupfer vergoldet, getrieben; Löwen gegossen, Gesamthöhe 33,2 cm; von Johann Keller, datiert 1657. – Pfullendorf, Pfarrkirche.

Wappenkunde des Bodenseekreises

Das Fürstenbergische Wappen im Spiegel der kommunalen Heraldik

Etwa ein Fünftel der Fläche des heutigen Bodenseekreises stand bis zum Jahre 1806 unter der Landeshoheit der Fürsten von Fürstenberg, die neben verschiedenen Streubesitzungen einen geschlossenen Herrschaftsbereich um die Stadt Donaueschingen aufgebaut hatten. Das Familienwappen dieses heute noch blühenden Geschlechts zeigt vier Symbole, die auf Abstammung, beziehungsweise Verwandtschaft hinweisen: Der Adler kommt von den Zähringern, der Wolkenbord von den Urachern, die dreilatzige Fahne von den Werdenbergern, der schräge Stufenbalken von den Heiligenbergern.

Die Fürstenberger stammen in direkter Linie von den Grafen von Urach ab. Graf Egino IV. von Urach († 1230) war mit Agnes von Zähringen vermählt. Ihr Sohn Egino V. erhielt aus dem Erbe der erloschenen Zähringer große Besitzungen und nannte sich Graf von Urach und Freiburg. Sein ältester Sohn Konrad I. ist der Stammvater der Grafen von Freiburg, sein jüngerer Sohn Heinrich († 1282) wurde Ahnherr der Grafen von Fürstenberg.

Das Stammwappen der Fürstenberger – in goldenem Schild mit blau-silbernem Wolkenbord ein blaubewehrter roter Adler – bezieht sich auf die Ahnherrn des Geschlechts. Die Zähringer führten einen roten Adler auf Gold in ihrem Wappen, die Herren von Urach den Wolkenbord. Unter Wolkenbord versteht man in der Heraldik einen Schildrand aus wellenförmigem Pelzwerk (Feh). Die ursprünglich hölzernen Schilde der mittelalterlichen Kämpfer waren manchmal teilweise oder ganz mit Fell bespannt. Neben Hermelin verwendete man häufig das Fell des grauen Eichhörnchens, wobei man graues Rücken- und helles Bauchfell abwechselnd nebeneinandersetzte. In der darstellenden Heraldik wurden daraus stilisierte Bänder oder Flächen mit entweder kantigen („Eisenhutfeh") oder gerundeten („Wolkenfeh") Abgrenzungen zwischen den beiden Tinkturen (Farben).

Im Jahre 1535 kam Graf Friedrich von Fürstenberg durch seine Gemahlin Anna von Werdenberg-Heiligenberg, letzte ihres Geschlechts, in den Besitz von Burg und Landgrafschaft Werdenberg-Heiligenberg. Kaiser Karl V. verlieh dem Grafen daraufhin das Recht, das fürstenbergische Wappen, mit einem Brustschild mit den Wappen der Häuser Werdenberg und Heiligenberg zu ergänzen. Die Heiligenberger waren seit 1135 Landgrafen im Linzgau. Ihr Wappen zeigt in Silber einen schwarzen Stufenschrägbalken, die sogenannte „Heiligenberger Stiege". Drückende Schuldenlasten hatten Graf Berthold von Heiligenberg 1277 dazu gezwungen, Burg und Grafenamt an seinen Oheim, Graf Hugo von Werdenberg, zu verkaufen. Die Werdenberger waren stammesverwandt mit den Grafen von Montfort und führten wie diese eine dreilat-

Fürstenberg - Heiligenberg

HEILIGENBERG

FRICKINGEN

zige Fahne in ihrem Wappen. Die jüngere Linie der Grafen von Werdenberg-Heiligenberg, die dem Hause Werdenberg-Sargans entstammte, zeigte in ihrem Wappen nebeneinander die dreilatzige silberne Fahne auf rotem Grund (Haus Sargans) und die Heiligenberger Stiege. „Geviert" ist dieses Allianzwappen noch heute Bestandteil des fürstenbergischen Familienwappens.

Eine Vielzahl von Gemeinden auf dem Gebiet der ehemals füstenbergischen Landgrafschaft hat in ihrem Wappen das eine oder andere Symbol aus dem herrschaftlichen Wappen übernommen, um der früheren Zugehörigkeit Ausdruck zu verleihen. Besonders der dekorative Wolkenbord, ein typisch fürstenbergisches Emblem, erscheint auch außerhalb des Bodenseekreises in vielen früheren und heutigen Gemeindewappen. Neben den hier beschriebenen Wappen zeigt auch das der Altgemeinde Oberstenweiler einen Wolkenbordschild (vergleiche „Leben am See", Band 2, 1984).

Heiligenberg

Bereits im 19. Jahrhundert zeigten die Gemeindesiegel den Stufenschrägbalken der Grafen von Heiligenberg, die sogenannte „Heiligenberger Stiege", als Vollwappen, d.h. mit Helm, Helmzier (hier mit einem Brackenrumpf) und Helmdecke. Das für die Heraldik im Großherzogtum Baden zuständige Generallandesarchiv in Karlsruhe schlug der Gemeinde im Jahre 1900 ein „redendes" Wappen vor (in Blau auf grünem Dreiberg ein goldenes Kreuz) und wies darauf hin, daß das Führen eines „standesherrlichen Wappens" der „standesherrlichen Genehmigung" bedarf und daß heraldische Beizeichen (Helm, Helmzier etc.) bei Gemeindewappen unüblich seien. Die Gemeinde erhielt dennoch 1901 die erforderliche Genehmigung von Fürst Max Egon von Fürstenberg und führt seither das Wappen mit allen Beizeichen. Seit der Vereinigung der ehemaligen Gemeinden Hatten-

weiler, Heiligenberg und Wintersulgen am 1. Januar 1975 sind Bestrebungen im Gange, ein neues Gemeindewappen zu schaffen, das auch die anderen beiden Gemeindeteile berücksichtigt. Bis heute konnte jedoch noch keine allseits zufriedenstellende Lösung gefunden werden.

Frickingen

Am 1. Januar 1973 schlossen sich die drei bis dahin selbständigen Gemeinden Frickingen, Altheim und Leustetten zur neuen Gemeinde Frickingen zusammen. Die Altgemeinde Frickingen hatte bereits 1898, dem Vorschlag des Generallandesarchivs folgend, ein Gemeindewappen angenommen, das auf die frühere Zugehörigkeit des Ortes zur fürstenbergischen Landgrafschaft Heiligenberg hinwies. Es zeigt in Gold den blaubewehrten roten Adler aus dem Wappen des Hauses Fürstenberg. Durch einen Tauschvertrag waren die Fürstenberger seit 1776 alleinige Gerichtsherren in Frickingen, nachdem sie hier bereits in früheren Jahrhunderten als Grund- und Lehnsherren aufgetreten waren. Frickingen bildete bis zum Übergang an Baden im Jahre 1806 ein fürstenbergisches Amt.

Das der neuen Gemeinde Frickingen am 5. März 1980 vom Landratsamt Bodenseekreis verliehene Wappen greift den Inhalt des Wappens der Altgemeinde wieder auf, vermehrt um einen Herzschild mit dem badischen Wappen. Neben der Zugehörigkeit aller Gemeindeteile zu Baden weist die Dreiteilung des Herzschildes auch auf die drei Entstehungsgemeinden hin.

Immenstaad

In den Jahren vor dem ersten Weltkrieg bemühte sich die Gemeinde Immenstaad um ein eigenes Wappen und ließ sich vom Generallandesarchiv verschiedene Entwürfe ausarbeiten, die jedoch alle keine Zustimmung fanden. Am 23. Juli 1913 schlug

DEGGENHAUSERTAL

IMMENSTAAD

WITTENHOFEN

ROGGENBEUREN

HÖDINGEN

das Generallandesarchiv der Gemeinde schließlich das heutige Wappen vor, das der Gemeinderat in seiner Sitzung vom 7. August 1913 annahm. Der Wolkenbord im Wappen erinnert an die Fürstenberger, die zwischen dem 15. und 18. Jahrhundert neben anderen Obrigkeiten die Herrschaft über Immenstaad ausübten. Seit 1486 waren die Grafen von Werdenberg Gerichtsherren im östlichen Teil des Ortes. Ihre Nachfahren, die Fürsten von Fürstenberg, erwarben 1779 weitere Gebietsteile vom Kloster Weingarten und 1783 den Anteil der Deutschordens-Kommende Mainau. 1792 erhoben die Fürstenberger Immenstaad zum Marktflecken. Mit Muschel, Krone und Pilgerstäben im Wappen wird auf den heiligen Jodok, den Schutzpatron der Pfarrkirche, hingewiesen. Bereits ein Gemeindesiegel aus dem Jahre 1583 zeigt den hl. Jodok mit einer Krone zu seinen Füßen.

Deggenhausertal

Die ortsadeligen Herren von Deggenhausen führten ein Wappen mit einer schwarzen Schere im silbernem Feld. Der Gemeinde Deggenhausertal wurde am 14. April 1977 ein Wappen verliehen, das neben der Schere, die bereits Bestandteil des Wappens der Altgemeinde Deggenhausen gewesen war, eine Wolkenfeh-Leiste im Schildhaupt zeigt. Die Leiste symbolisiert die ehemalige Zugehörigkeit der einzelnen Ortsteile zum Herrschaftsbereich der Fürstenberger. Auf Wunsch der Gemeinde wurden die Farben der Wolkenfeh-Leiste, im Gegensatz zum Silber-Blau im fürstenbergischen Schild, in Silber-Grün geändert, um der Bedeutung von Land- und Forstwirtschaft innerhalb des Gemeindegebietes Ausdruck zu verleihen. Die Anzahl der „Wolken" steht für die sechs Ortschaften, aus denen die Gemeinde am 1. Januar 1972 hervorging: Deggenhausen, Homberg, Roggenbeuren, Untersiggingen, Urnau und Wittenhofen.

Landkreis Überlingen

Die „Heiligenberger Stiege" erinnert daran, daß der größte Teil des ehemaligen Landkreises Überlingen früher zur Landgrafschaft Heiligenberg gehörte. Der Fisch deutet auf die Lage des Altkreises am nordwestlichen Ufer des Bodensees hin und symbolisiert gleichzeitig die frühere wirtschaftliche Bedeutung des Fischfanges für die Bevölkerung. Das Wappen wurde dem Landkreis am 16. Oktober 1958 durch den Innenminister verliehen. Mit der Auflösung des Kreises Überlingen am 1. Januar 1973 verlor das Wappen seinen amtlichen Charakter.

Roggenbeuren

Die bis zum 1. Januar 1972 selbständige Gemeinde Roggenbeuren nahm im Jahre 1902 auf Vorschlag des Generallandesarchivs ein Wappen an, das die früheren Besitzverhältnisse im Ort symbolisiert. Der größte Teil der Ortschaft und das Patronatsrecht über die Kirche lagen in den Händen des Dompropsts von Konstanz, was mit dem „Konstanzer Kreuz" im Wappen seinen Ausdruck findet. Aber auch die Fürstenberger waren in Roggenbeuren begütert. Der Wolkenbord aus dem fürstenbergischen Wappen weist darauf hin. Seit der Aufgabe der Selbständigkeit wird das Wappen amtlich nicht mehr geführt.

Hödingen

Der Wolkenbord aus dem Wappen der Fürstenberger bezieht sich im früheren Gemeindewappen von Hödingen auf die Hochgerichtsbarkeit, die die Fürsten von Fürstenberg-Heiligenberg bis zum Jahre 1779 über den Ort ausübten. Der Buchstabe „H" ist ein auf den Orstnamen bezogenes Kennzeichen, wie es in Gemeindesiegeln vieler Orte im vorigen Jahrhundert Verwendung fand. Das Wappen erscheint erstmals in der vorliegenden Form in einem Siegel aus dem Jahre 1900. Es wird seit der Eingemeindung von Hödingen zur Stadt Überlingen am 1. Juli 1974 amtlich nicht mehr verwendet.

Wittenhofen

Auf Vorschlag des Generallandesarchivs nahm die bis zum 1. Januar 1972 selbständige Gemeinde Wittenhofen im Jahre 1902 ein Wappen an, das durch den Wolkenbord an die frühere Obrigkeit erinnert: Alle Ortschaften der Altgemeinde gehörten bis zum Übergang an Baden im Jahre 1806 zur fürstenbergischen Landgrafschaft Heiligenberg. Der Wellenbalken symbolisiert die Deggenhauser Aach, die bei Wittenhofen, von Norden kommend, in westlicher Richtung weiterfließt. Als Siegel wurde das Wappenbild von der Gemeinde bereits im 19. Jahrhundert verwendet. Seit Wittenhofen Bestandteil der Gemeinde Deggenhausertal ist, wird das Wappen nicht mehr amtlich geführt. Gisbert Hoffmann

145

Wiedervereinigung nach 600 Jahren

Die Stadt Friedrichshafen feiert 1986 Geburtstag

Am 17. Juli 1811 hat König Friedrich von Württemberg die im Herbst 1810 an sein Land gefallene frühere Reichsstadt Buchhorn und das 1806 an Württemberg übergegangene Schloß (vormals Benediktinerpriorat) und Dorf Hofen unter der neuen Ortsbezeichnung „Schloß und Stadt Friedrichs-Hafen" vereinigt und die vorher konkurrierenden Häfen der beiden Orte zu Freihäfen erklärt. Weder die Bewohner noch die Verwaltungsorgane der beiden Gemeinden wurden zuvor um ihre Meinung gefragt. Das wäre unter der Würde eines Herrschers im Spätabsolutismus gewesen, der 1797 die Regierung eines Herzogtums angetreten und dann durch die politischen Schachzüge Napoleons 1803 zum Kurfürsten und 1806 zum König avanciert war. Nein, Seine Königliche Majestät haben nur zu tun „geruht", was Allerhöchstdieselben für richtig hielten.

Das königliche Reskript hat eine Einheit wiederhergestellt, die rund 600 Jahre vorher auseinandergebrochen war. Der Ausgangspunkt der beiden wiedervereinigten Gemeinden war das nachmals vom Kloster (anfangs Buchhorn, erst ab Mitte des 13. Jahrhunderts Hofen genannt) überbaute Buchenhorn, also der Landvorsprung des Schloßgrundstücks im See. Mit der Gründung und Verselbständigung eines im 13. Jahrhundert zur Stadt und Reichsstadt erhobenen Marktes auf dem östlich benachbarten Horn war das Gemeinwesen in zwei

Teile gespalten, die bis 1811 ihre eigene Geschichte schrieben und über die wenigen Gemeinsamkeiten − z.B. die ungeteilten Weidegründe − nicht selten uneins waren.

Der selbstherrliche Akt des Königs Friedrich war der Anfang einer engen Beziehung des württembergischen Königshauses zur einzigen Stadt des Landes am Bodensee − einer Stadt, die durch eine wundervolle und verkehrspolitisch überaus vorteilhafte Lage von Natur aus begünstigt war. Zu den Folgen des verfassungsmäßigen Einschnitts und der neuen Staatsbildung am Beginn des 19. Jahrhunderts zählen, um nur einige der markantesten zu nennen, die Einrichtung der königlichen Sommerresidenz in Friedrichshafen (1828) und, unterstützt durch technologische und wirtschaftliche Entwicklungen, der Bau der ersten Bahnstation am See in Friedrichshafen (1846/47) und schließlich auch − durch die königliche Domäne Manzell − die Voraussetzung für den Beginn der Zeppelin-Luftschiffahrt (1898/1900) mit ihren für die Stadt weitreichenden Konsequenzen.

Die Stadt Friedrichshafen wird sich auf vielfache Weise ihres 175. Geburtstages erinnern. Ein erstes Geburtstagspräsent mag die hier wiedergegebene Abbildung darstellen. Die von Georg Adam gefertigte und bei Ebner in Stuttgart verlegte Lithographie zählt zu den frühesten, mit der neuen Unterschrift „Friedrichshafen" versehenen Ansichten, ist vielleicht sogar die frühe-

Friedrichshafen.

Georg Bem sc.   Stuttgart bei Ebner.

ste überhaupt. Das ergibt sich aus der Kombination der neuen Ortsbezeichnung mit dem abgebildeten Baubestand. Das Bild zeigt nämlich in der linken Bildhälfte hart am See die auf Anordnung des Königs 1812 abgebrochene Kapelle St. Johannes von Nepomuk des im gleichen Jahr aufgelassenen städtischen Friedhofs. Friedhof und Kapelle paßten nach Ansicht des Monarchen nicht mehr in das Weichbild der Friedrichshafener „Neustadt", die als württembergisches Aushängeschild am See zwischen den alten Ortsteilen entlang der neuen schnurgeraden Friedrichstraße entstehen und die weitere Entwicklung der Stadt nach Norden bestimmen sollte.

Den Vordergrund der Lithographie bildet der auf Befehl Friedrichs 1806-1808 in Konkurrenz zum damals bayerischen Buchhorn großzügig neugestaltete Schloßhafen. Im Hintergrund ist der noch bescheidene alte städtische Hafen zu sehen, dessen Ausbau zum größten Hafen am See sich dann bis 1850 hingezogen hat. Bemerkenswert sind auch die schwerbeladenen Schiffe,

symbolisieren sie doch offenkundig den beträchtlichen Kornumschlag aus Oberschwaben in die Schweiz, den Friedrich den bayerischen und badischen Häfen erfolgreich abzunehmen trachtete.

Rechts neben der gut sichtbaren Pfarrkirche St. Nikolaus sind das Pfarrhaus und das Spital auszumachen, links neben der Nikolauskirche ragen der sogenannte Diebsturm (die Nordwestbefestigung, mit hohem Spitzdach) und – durch die Perspektive bedingt – links davon der Turm des Obertors (im Verlauf der heutigen Wilhelmstraße) über die Bürgerhäuser empor. Zwischen dem Obertor und der Nepomukskapelle ist im Hintergrund die an der damaligen Ecke Friedrich-/Ailinger Straße (beim heutigen Hotel Sonne) stehende, um 1845 abgebrochene Heilig-Kreuz-Kapelle mit ihrem Zwiebelturm zu sehen.

Die auf 1811/12 zu datierende Lithographie verrät also mehr über die Stadt Friedrichshafen in ihrem ersten Jahr, als es auf den ersten Blick scheinen möchte.

Georg Wieland

Badhütten – ein vergessener Kurort

Bei Laimnau fließt eine alte Heilquelle ungenutzt in die Argen

„. . . Man wird endlich keinen Fehler begehen, wenn man dieses Bad in Anschoppungen des Unterleibs, der Leber, der Portadern und daher entstandenen Goldader und des weiblichen Fortpflanzungssystems anrühmt, indem es durch seine sanfte Reizkraft die Tätigkeit der Gefäße allmählig vermehrt . . .“. Lobende Worte aus einer ärztlichen Beschreibung von 1822, die sich auf ein vergessenes Heilbad beziehen: Auf Badhütten im Argental südlich Laimnau. Man sagt heute landläufig Bad Laimnau, worin sich die geschichtliche Erinnerung ebenso spiegeln mag wie die Tatsache, daß man dort baden kann, als angenehme Erfrischung an heißen Tagen. Die Heilbadführer von heute verzeichnen weder Laimnau noch Badhütten. Aber das war früher einmal anders.

Niemand weiß, seit wann die Heilkraft der Quelle erkannt und genutzt wurde. Der Verfasser der Gattnauer Chronik vermutet, es könnte in der zweiten Hälfte des 15. Jahrhunderts gewesen sein, denn 1474 wurde in Schachen bei Lindau ein Schwefelbad errichtet. Der Chronist meint, erste Badbenutzer seien wohl die Langnauer Klosterherren gewesen. Die mit ihnen eng verbundenen Montfortgrafen hätten dann eine erste Badanstalt dort gebaut und sich im Sommer oft in Badhütten aufgehalten. Auch weiß die Sage, die gräflichen Söhne hätten nahe beim Bad zur Kurzweil einen Acker angelegt, der seither zehntfrei blieb.

Urkundlich ist erstmals 1515 das „Bad zu Laimno“ erwähnt, 1520 erscheint es als „Hans Kochs Bad“, 1721 wird das Gut „zur Badhütten“ als Schupflehen verliehen. 1743 wird eine Hofstatt erwähnt, „allwo das alte Haus gestanden“, und man liest den Flurnamen „in der alten Badhütten“. Eine Badordnung gab es schon im 16. Jahrhundert. Sie verlangte, und zwar als „althergebrachtes Badgeld 1 Böhmisch“ von denen, die „Tag und Nacht einsitzen“; wer nur bei Tag badete, hatte acht Pfennig zu zahlen. Ausführlich befaßt sich die Oberamtsbeschreibung von 1838 mit dem Bad, wobei sie sich vor allem auf ein Büchlein stützt, das ein Dr. Koller 1822 bei Gradmann in Ravensburg 1822 drucken ließ. Sein begeisterter Bericht hat folgenden Wortlaut:

In einem Zeitraume von etlich und 30 Jahren hatte der Verfasser dieser kleinen Schrift über das Bad bey Leimnau im Argenthale manche Gelegenheit, überzeugt zu werden, daß dieses Bad eine größere Aufmerksamkeit verdiene, als ihm bis daher zu Theil wurde. Viele Kranke, die er als nächster Arzt dahin wies, erhielten durch den Gebrauch dieses Bades, bey angemessener Ausdauer, ihre vollkommene Gesundheit wieder, wenn auch hie und da wenig Gründe zur Hoffnung vorhanden waren, keiner verließ dasselbe ohne Erleichterung. Deßwegen entstieg schon in früherer Zeit oft der Wunsch in ihm, daß dieses Bad bekannter und hiemit auch besuchter seyn möchte.

Ein paar Worte

über das

Bad zu Leimnau

im Argenthale,

des

K. Württemberg. Oberamts

Tettnang.

1822.

Weiß.

Diese kleine Schrift ist nun die Folge seines herzlichen Wunsches, welcher ganz ohne Nebenabsicht, nur Gutes zu bewirken den Zweck hat.

Zwar gehört dieses Bad nicht unter die eigentlichen Thermen, deren es in unserer Gegend gar keine giebt, indessen enthält es Stoffe von der Art, die jenen der eigentlichen Thermen, oder warmen Mineralquellen, sehr nahe tretten und vielleicht in mancher Hinsicht ihre Wirkung (wenigstens jene, die von Aussen nach Innen erwartet werden kann) selbst übertreffen.

Ein vorzüglicher Stoff dieses Wassers, worauf sich besonders seine Heilkraft gründet, ist das feuerfeste vegetabilische Laugensalz, welches sich schon beym Verkosten durch ein merkbares Beissen oder Brennen auf der Zunge zu erkennen giebt, und noch eine Weile nachher fortdauert, wenn das Wasser einige Zeit im Munde behalten wird.

Nach einer sorgfältig angestellten chemischen Prüfung, deren theoretische Auseinandersetzung der Raum dieses Blattes nicht gestattet, enthält ein Pfund dieses Wassers ein Gran vegetabilisches Laugensalz. Schon dieses Salzstoffes wegen allein verdient dieses Badwasser die höchste Aufmerksamkeit, nicht nur weil unter allen nicht flüchtigen Stoffen dieser am leichtesten aufgesogen und in die Masse der Gäste geführt wird, sondern auch, weil keiner in solchem Grade geeignet ist, die Haut von ihren talkartigen Verschliessungen zu reinigen, und selbe hiedurch zur regelmäßigen Vollziehung ihrer zur Gesundheit nothwendigen Verrichtungen wieder tauglich zu machen, worauf großentheils die heilende Wohlthat der Bäder beruht.

Neben diesem vegetabilischen Laugensalz enthält das Wasser Schwefel, welcher in etwas größerm Verhältniß vorhanden ist, und sich sowohl durch den Geruch als Geschmack deutlich verräth.

Obgleich diese Portion des Schwefels nicht bedeutend zu seyn scheint, muß sie jedoch in dieser Verbindung mit dem vegetabilischen Laugensalze ohne allen Anstand mehr Heilkräfte besitzen, als wenn der Schwefel in dreyfach so grosser Menge für sich allein, oder in einer andern Verbindung vorhanden wäre; weil durch die so ganz verhältnißmäßige Beymischung des Laugensalzes die schwerere Aussaugung des Schwefels erleichtert und nachher eine Art der Schwefelleber erzeugt wird, die in einigen Krankheiten, von welchen unten die Rede seyn wird, als das erste Heilmittel anerkannt ist.

Endlich führt die Quelle einigen Salpeter mit sich, welcher zugleich die Wirkung der beeden vorherigen Bestandtheile unterstützt, und das Wasser gegen mehrerley Krankheits-Formen ersprießlich macht, die ihren Sitz in den Blut führenden Gefässen zu haben scheinen.

Siedet man dieses Badwasser, so wird es milchicht, und der darin Badende fühlt seine Haut schlüpfrig und so beschaffen, wie wenn selber längere Zeit in einem Seifenwasser gewesen wäre.

Aus den Bestandtheilen, mit welchen diese Badquelle versehen ist, kann der Kunstverständige beurtheilen, in welchen Krankheiten das Bad mit Nutzen anzuwenden sey. Er wird dasselbe vortrefflich finden in den Krankheiten der Drüsen, in scrophulösen Geschwülsten und Vereiterungen, in der Engbrüstigkeit, die von daher entspringt, wie selbst in der scrophulösen Lungenschwindsucht, wenn selbe noch nicht zu weite Fortschritte gemacht hat; beym Kropfe, selbst dann, wann schon verhärtete Drüsen vorhanden wären. Nicht minder wird er ihm eine vorzügliche Heilkraft zuschreiben, bey allen Krankheiten, die von Unthätigkeit des Lymphsystems erzeugt wurden, wenn hierdurch nicht schon Anhäufungen des Wassers in der Brust und Bauchhöhle entstanden sind, in allen Arten der Kretze, in chronischen (langwierigen) Fußgeschwüren, sie

Bad Laimnau, wie es der Geometer Johann Jacob Heber 1730 in seine, für das Lindauer Hospital 1730 angefertigte, Karte der Niederen Gerichtsbarkeit eingezeichnet hat.

mögen ihr Daseyn einer ausgearteten Lymphe oder einem vernachläßigten oder übel behandelten Rothlaufe (Ueberröthe) zu verdanken haben, in allen äusserlichen schmerzhaften oder unschmerzhaften Geschwülsten, die nicht zur Wassersucht gerechnet werden können. Leicht ist zu ermessen, wie wohlthätig diese Quelle auf veraltete Rheumatismen (Flüsse) die Gliedersucht und alle dahin verwandte Krankheitsformen wirken müsse. Man wird endlich keine Fehler gegen die Lehre der Heilkunde begehen, wenn man dieses Bad in Anschoppungen des Unterleibs, der Leber, der Portadern und daher entstandenen Goldader und des weiblichen Fortpflanzungssystems anrühmt, indem es durch eine sanfte Reitzkraft die Thätigkeit der Gefässe allmählig vermehrt und die Stockungen in

denselben, besonders aber in der Gebährmutter hebt, die monatliche Reinigung regelmäßig macht, die Tonkraft der Fleischfasern herstellt, und so manchmal die süssen Wünsche ehelicher Liebe in Erfüllung bringt.

Obwohl dieses Wasser gewöhnlich nur als Bad gebraucht zu werden pflegt, ist dasselbe doch zum innerlichen Genuß nicht untauglich, und dürfte allerdings mit nicht kleinem Vortheile von denen getrunken werden, welche der fehlerhaften Drüsen halber hier Hülfe suchen, zumal da das Wasser rein und dem Geschmacke nach eben nicht widrig ist.

Daß durch diß Gesagte dem Leimnauer-Bade nicht mehr Lob ertheilt worden sey, als ihm in der That gebührt, könnte mit vielen Beyspielen dort erfolgter großer Heilungen, wie es gewöhnlich zu geschehen pflegt, glaubwürdig gemacht werden, wenn es nicht schon aus dem, was die Quelle enthaltet, hervorgienge, und die Hererzählung so vieler Kuren zum Theil lästig, zum Theil charletanenmäßig wäre.

Wenn indessen mancher in diesem Bade weder Heilung noch Linderung erfuhr, so ruht die Ursache hievon in dem zu kurzen Gebrauche desselben. Meistens suchen langwierige Kranke Hülfe in Bädern und solche Krankheiten fordern längere Zeit als nur 8 höchstens 14 Tage, in welcher eigentlich die Oberfläche des Körpers nur gereinigt und zur wirklichen Kur vorbereitet werden kann. Es harre ein solcher Kranker 5 bis 6 Wochen aus, und er wird segnend die Quelle verlassen, die ihn seinem Hause gesund zurückschicket.

Man weiß es, daß auch in den berühmtesten Bädern die erfolgten Kuren nicht dem Wasser und seinem äussern und inneren Gebrauche allein zuzuschreiben seyen, sondern daß zu diesen Heilungen alles beytragen müsse, was überhaupt bey Heilung der Krankheiten in Rücksicht genommen werden soll: Lage des Orts, Wohnung, Lebensweise durchaus, Kost, Getränke, Ruhe des Gemüths, Heiterkeit, Gesellschaft u.s.w. und folglich muß auch in Betracht dessen hier Einiges gesagt werden.

Das Badhaus liegt in dem lieblich fruchtbaren, eine Viertelstunde vom Pfarrorte Leimnau entfernten, anderthalb Stunde langen, nicht sehr breiten, von drey Seiten mit Hügeln umschlossenen Argenthale, durch welches der Argenstrom in raschem Laufe dahin fließt, das sich gegen den anderthalb Stund entlegenen Bodensee hin sanft abwärts ausbreitet, und dem Auge einen weiten Spiegel desselben zeigt, der von den blauen Gebürgen der Schweitz begränzt zu seyn scheint. Rein ist da in hinlänglicher Höhe die Luft, der Entfernung wegen nicht durchfeuchtet von den Ausdünstungen des Bodensees, erfrischt durch das schnell fließende Wasser der immerwährend kältern Arge und durch die umher auf den Hügeln zerstreuten Wäldchen, welche zugleich zum traulichen oder einsamen Spatziergange kunstlos aber herzlich einladen.

Das Wohnhaus, welches vom Badhause abgesondert steht, ist zwar nicht prächtig, und vornehme Leute möchten selbes ihrem Stande unangemessen finden, indessen hat es für ansehnliche Bürgersleute und selbst für genügsame Beamte Schönheit und Bequemlichkeit genug, um mehrere Wochen vergnügt darinn zubringen zu können.

Das Wasser des Trinkbrunnens ist kristallen, frisch und wohlschmeckend, die Kost einfach, nach dem Vorschlag des Arztes, der das Bad öfters besucht und den Badenden unentgeldlichen Rath ertheilt, gewählt, die Einrichtung des Hauses sittsam und reinlich, die aufs billigste angesetzte Bedienung herzlich wohlmeinend. – Wer es verlangt, dem wird das Bad in seinem Zimmer zugerichtet.

Im Badhause selbst ist eine artige Kapelle, worinn die heilige Messe gelesen werden darf, und da bereits keine Badezeit vorüber geht, in welcher nicht auch geistliche Herren zugegen sind, hat der Fromme nicht nur Gelegenheit, für sich seine Andacht zu verrichten, sondern auch täglich eine Messe anzuhören.

Rauschende Belustigungen, wie Musik und Tanz, diese der Gesundheit selbst oft gefährlichen Aufreitzungen der Begierden, sind keine veranstaltet, indessen würzet ein trauliches Gespräch in einem eigenen geräumigen und reinlichen Zimmer die frugale Mahlzeit, die übrige Zeit verkürzet an Regentagen ein wohlfeiles, nicht Unmuth hinterlassendes Spiel, bey schöner Witterung redliche Geselligkeit auf einem Spaziergange oder im kühlenden Schatten der heimischen Linde.

Die geschickteste Zeit des Badens ist am Ende des Mayens, sowohl weil dann bis En-

Bad-Anstalt bei Laimnau.

Die hiesige Bade-Anstalt, deren Quelle durch ihre heilsamen Wirkungen in verschiedenen Krankheiten sich schon oft
erprobt hat, wird am **1. Juni ds. Jhs.** wieder
eröffnet, und ladet zum Besuche höflichst ein.

Bad-Hütte Laimnau, den 31. Mai 1862.

Friedrich Heimpel, Badwirth.

de September das Bad die mehrsten Heilkräfte besitzt, als weil in diesem Zeitpunkte
sich mehreren theils mit weniger Nachtheil
die Entfernung von Hause ertragen läßt.
Es wird also der Innhaber des Bades sich
in Zukunft allemal so einzurichten suchen,
daß am Ende des Mayens, wo das Bad eröffnet werden wird, die Badegäste mit Zufrie-
denheit bedient werden können".
Das Bad muß im ganzen 19. Jahrhundert
floriert haben. 1847 wird von einer Bad-
brauerei berichtet, für die ein neuer Bier-
keller am Dammweg nach Wellmutsweiler
gebaut wurde. Und vier Jahre später verzeichnet der Chronist, Badbesitzer Friedrich Heimpel habe die in jedem Frühjahr
anstehende Wiedereröffnung des Mineral-
bades am 4. Mai mit einem „Mädchen- oder
sogenannten Verkehrten-Ball" bei gut be-
setzter Kapelle gefeiert.
Aus dem „Medizinischen Korrespon-
denzblatt des Württembergischen ärztlichen Vereins" erfahren wir 1882 einiges
über die Benutzer des Bades und über dessen Heilanzeigen: „Das Bad Laimnau im
Argenthale (enthält etwas Eisen, salzsaure
Kalkerde und Kohlensäure) wird vorzugs-
weise von Lindauer, Tettnanger, Ravensburger, Friedrichshafener und Kemptener
Stammgästen besucht; ihre Zahl soll sich
1857 auf etliche und 40 belaufen haben, die
der abgegebenen Bäder gegen 500. Das Bad
wird hauptsächlich gegen rheumatische ar-
thritische Leiden, insbesondere aber gegen
Fußgeschwüre mit gutem Erfolg gebraucht."

Als die ärztliche Lobrede von 1822 entstand, war erst kurze Zeit zuvor ein alter
Badepavillon durch ein regelrechtes Bade-
haus, dem Komfort-Anspruch damaliger
Zeit entsprechend, errichtet worden. Er
überdauerte das Jahrhundert und erlebte
1920 noch den Besuch des damals bereits
abgedankten Königs Wilhelm von Württemberg. Dieser Besuch war nicht ungewöhnlich, genoß das Bad doch unverändert
einen vorzüglichen Ruf. Ausdrücklich erwähnt wurde es zum Beispiel in den Erläu-
terungen zur geologischen Spezialkarte des
Königreichs, die 1908 herauskam. Dort
heißt es:
„Bei Laimnau liegt das Mineralbad Badhütten, das schon zur Zeit der Grafen von
Montfort eine Rolle spielte. Nach Angabe
des Besitzers entspringt die Quelle sechs
Meter tief über Lehm und läuft aus fünf
Adern zusammen, liefert 1,75 Liter in der
Sekunde, besitzt eine Temperatur von neun
Grad Celsius und einen Schwefelgeschmack
(?). Aus dem Prospekt ist folgende Analyse
der Badquelle entnommen: ,In 12 metr.
Pfunden sind enthalten: 5,32 g kohlensau-
res Natron, 1,86 g schwefelsaures Natron,
0,92 g salzsaures Natron, 0,43 g kohlensau-
re Eisenoxydul, 3,34 g kohlensaures Ma-
gnesia, 0,65 g salzsaure Magnesia, 20,38 g
kohlensaures Kali, 2,10 g Kieselerde. Un-
tersucht von Herrn Professor Juch und
Apotheker Heimpel, Lindau i. B."
In den 30er Jahren, nachdem die Anlage
mit allen Gebäulichkeiten von der Familie
Heimpel in den Besitz der Familie Späth

Wie auf dieser alten Postkarte dürfte das Bad um die Jahrhundertwende ausgesehen haben.

Nach 1930 war man stolz auf das neu errichtete Badhaus.

übergegangen und das alte Badhaus abgebrochen worden war, gab es noch einmal einen Aufschwung für Badhütten. Ein neues schmuckes Badhäusle entstand (es dient heute als Fahrradverleih), und ein ausführlicher Prospekt pries das Bad „im idyllischen Argental" den Ruhe- und Erholungssuchenden als „eine gute Heimstatt" an. Von Stille und erhabenem Frieden ist da die Rede (noch gab es keine Grasbahnrennen), vom wohltätigen Klima und der ozonreichen, weichen Luft. Und wie auch heute in der Touristik üblich, wird Laimnaus gute Verkehrslage besonders herausgestellt. Autobusverbindungen ermöglichten allerlei Ausflüge, u. a. gelange man bequem mit Bus und Bahn über Tettnang und Meckenbeuren zu den Zeppelinwerften nach Friedrichshafen und überhaupt an den Bodensee. „Zum Bad Laimnau gehört ein ausgedehnter landwirtschaftlicher Betrieb", konnte der umworbene Gast dem Prospekt weiter entnehmen, „der den Gästen Milch und deren Produkte, Eier, Gemüse und auch Fleisch stets frisch liefert. Vorzügliche Unterkunft in behaglichen Zimmern. Beste Verpflegung. Die Bade-Anstalt ist dicht am Hause gelegen, umschattet von hohen Laubbäumen. – Preis pro Person tägl. einschl. Verpflegung RM 5,– bis 7,–. Das ganze Jahr geöffnet, außer Saison (Juni bis August) ermässigte Preise."

Nach dem Krieg kam der Badbetrieb nicht mehr so recht in Gang, 1960 wurde er ganz eingestellt. Und so schnell geriet er in Vergessenheit, daß man die alten Heilquellen heute nur mehr vom Hörensagen kennt. Unweit des Hängestegs hinüber nach Unterlangnau fließt das einst so hochgelobte Wasser irgendwo in die Argen. Bad Laimnaus Besucher erholen sich auf andere Weise: im Freischwimmbecken oder auf dem inzwischen recht ausgedehnten Dauercampingplatz. Ernst Näher

Europas erste elektrische Bahn

Vor zehn Jahren stellte das Tettnanger Bähnle den Personenverkehr ein

Über Stillegungen der Bahn gibt es genügend Geschichten, so auch bei der Einstellung der Personenbeförderung auf der Nebenstrecke Tettnang-Meckenbeuren. Stellungnahmen, Eingaben und politische Vorstöße auf allen Ebenen, diesen Abbau zu verhindern, blieben nicht aus. Viele bemühten sich um die Erhaltung des „Bähnles". Heraus kam lediglich ein Aufschub. Was 1974 mit einer Rentabilitätsüberprüfung der Strecke begann, fand am 28. Mai 1976 seinen Abschluß: 81 Jahre und sechs Monate, nachdem zum erstenmal ein Zug vom Schussental zur Tettnanger Terrasse heraufgefahren war, trat das Bähnle seine letzte Fahrt an.

Wenn man heute auch zuweilen hört, die Tettnanger hätten sich gegen eine Eisenbahn gesträubt, dann sprechen die Beweise dagegen. Fast 40 Jahre lang hatte sich die alte Oberamtsstadt um einen Anschluß bemüht, bevor der erste normalspurige, elektrisch betriebene Zug in Europa die Stadt erreichte.

Am 8. November 1847 war die Bahnstrecke zwischen Ravensburg und Friedrichshafen eröffnet worden. Zwar sind Tettnanger Bemühungen, bereits diese Strecke in die Nähe der Stadt zu bekommen, nicht nachgewiesen, doch der Grund, warum sie über Meckenbeuren geführt wurde, war auch lange das Hindernis, von Meckenbeuren nach Tettnang zu kommen: die Überwindung der Steigung an der Tettnanger

Terrasse. Neun Monate später, am 7. August 1848, wurde dann im Tettnanger Gemeinderat folgendes verhandelt (Auszug aus dem Protokoll): „Nachdem dem Vernehmen nach der Anschluß Bayerns an die württembergische Eisenbahn von Lindau nach Untermeckenbeuren nunmehr definitiv beschlossen ist, was für den hiesigen Ort von größtem Interesse wäre, insbesondere, wenn eine Haltestelle in der Nähe des Orts errichtet würde, so wurde in der heutigen Sitzung beider Collegien einstimmig beschlossen: in dieser wichtigen Angelegenheit nichts zu versäumen, sondern vielmehr sogleich alle diejenigen Schritte zu ergreifen, die der Sache eine für den hiesigen Ort günstige Wendung verschaffen würden, und deshalb vor allem das k. Oberamt um seine Ansichten und Ratschläge zu ersuchen, und eine Commission niederzusetzen, die während in genauer Kenntniß den Gang des Unternehmens sich zu erhalten und die bürgerlichen Collegien auf die nöthig werdenden Schritte aufmerksam zu machen hätte. In diese Commission wurden berufen außer dem Vorstande der Stadträthe Dr. Halder und Bueble und die Ausschußmitglieder Obmann Müller und Kaufmann Adorno." Der Plan einer Bahn von Lindau aus nach Württemberg wurde jedoch damals von der Regierung nicht weiter verfolgt.

Nach dem Kriege von 1870/71 kam die Bahnfrage wieder ins Rollen. Jetzt tauchte der Plan einer Bahn von Wangen zum Bo-

Beim Bahnbau von Meckenbeuren nach Tettnang, 1894

densee auf. Wieder beschloß der Gemeinderat, eine Deputation nach Stuttgart zu schicken, der sich dann auch Vertreter der Gemeinden Schomburg, Neukirch, Flunau und Tannau anschlossen. Aber auch diese Eingabe wurde von der Regierung abschlägig beschieden.

Neuen Auftrieb erhielt das Engagement der Stadt für einen Bahnbau im Jahre 1887, als aus Stuttgart ein gewisser Hermann Steiner schrieb, er wisse ein Konsortium, das Interesse am Bahnbau zwischen Tettnang und Meckenbeuren bekunde. Dieses Anerbieten wurde zwar geprüft, doch richtete Stadtschultheiß Munding sein Augenmerk mehr auf die Münchner Lokalbahn-Aktiengesellschaft, die zur selben Zeit die Bahnlinie zwischen Weingarten und Ravensburg für Dampflokbetrieb baute. Da Gerüchte umgingen, diese am 29. Dezember 1889 fertiggestellte Bahn werde bis zum Bodensee durchgeführt, wandte sich Munding an diese Gesellschaft, die aber abwinkte (28. September 1889). Offenbar hatte es sich auch dort herumgesprochen, daß die Steigung zwischen Meckenbeuren und Tettnang den Dampflokomotiven Schwierigkeiten bereiten werde.

Munding gab nicht auf. Ein Stuttgarter Fachmann mußte eine Trassenführung suchen. Der schlug dann vor, „untenherum" zu fahren, mit einem Bahnhof an der Straße nach Friedrichshafen. Der Stadtschultheiß selbst sammelte Material, um die Rentabilität einer solchen Bahn beweisen zu können. Er schrieb auch an verschiedene Hopfenhändler, die natürlich großes Interesse an einer Bahn hatten. Besonders Ludwig Uhlfelder aus Nürnberg unterbreitete verschiedene Vorschläge. Uhlfelder war in den Zwanziger Jahren der Senior der Hopfenhändler, die jährlich nach Tettnang kamen. Auch der Fabrikbesitzer Konstantin Locher gab einen Bericht über seinen Versand von

Meckenbeuren aus. Außerdem ließ sich Munding von der Post eine Zusammenstellung der Postsendungen in den letzten fünf Jahren geben. Im Jahre 1888/89 hatte die Post einen Umsatz von 23047 Mark, abgesandt wurden 9412 Pakete und 2782 Wertbriefe. Angekommen waren 18486 Pakete und 3016 Wertbriefe. In Meckenbeuren wurden von 1883 bis 1889 im Durchschnitt jährlich 10000 Zentner Hopfen und 21000 Zentner Obst verladen.

Am 19. November 1889 wurde die Bahnfrage zum erstenmal im Gemeinderat beraten. Dabei gab Munding als Hauptgrund für die Notwendigkeit einer Bahn für Tettnang die Zunahme der Bevölkerung der Stadt an. Ferner wies er auf den Hopfenbau, die Zunahme des Obstbaues, die Viehmärkte und das lebhafte Treiben im Herbst hin. Auf seinen Antrag beschloß der Gemeinderat die Bildung eines Ausschusses für die weiteren Vorbereitungen einer Bahn nach Untermeckenbeuren, wie die Gemeinde Untermeckenbeuren zum Unterschied zu Obermeckenbeuren bis zum Jahre 1897 hieß. Für die Vorarbeiten bewilligte der Gemeinderat 3000 Mark.

Mit dem gesammelten Material wandte sich die Stadt nun an die Abteilung für Verkehrsanstalten beim Ministerium für auswärtige Angelegenheiten in Stuttgart. Sie bat, der Staat möge eine Bahnverbindung von Tettnang nach Meckenbeuren herstellen. Sollte aber der Staat kein Interesse am Bau einer Bahn haben, so bitte man wenigstens um die Konzession für den Bau einer solchen. Vom Ministerium kam die Antwort, daß vom Staat aus eine Bahn nicht in Aussicht stehe, daß aber gegen eine Konzession nichts einzuwenden wäre.

Nunmehr beabsichtigte die Stadt, die Bahn auf eigene Kosten zu bauen. Durch Vermittlung des Landtagsabgeordneten Bueble wurde der Stuttgarter Professor Schmid mit der Ausarbeitung der Pläne beauftragt, die sich allerdings wegen der

Überlegungen in bezug auf die Steigung lange hinzog.

Mitten in diesen Vorbereitungen tauchte der Plan einer Bodenseegürtelbahn von Lindau nach Überlingen wieder auf. Schon im Jahre 1864 hatte man von einer Bodenseegürtelbahn gesprochen. Als dies bekannt wurde, bildete sich in Tettnang sofort ein Ausschuß aus dem Gemeinderat, der diese Sache weiterverfolgen sollte. Dieser verhandelte auch mit den Städten Lindau und Markdorf und machte eine Eingabe an das Finanzministerium wegen einer Bahn von Lindau über Tettnang und Meckenbeuren nach Markdorf. Von dieser Eingabe wurden 200 Exemplare gedruckt und an die Mitglieder der Ständeversammlung verschickt. Doch konnte die Angelegenheit damals nicht weiter verfolgt werden.

Im Jahre 1890 nahmen die Pläne für eine Bahn von Lindau nach Überlingen konkretere Formen an. Sofort wandte sich Munding wieder an die Regierung in Stuttgart, erhielt jedoch von Staatsminister von Mittnacht die Antwort, daß er nicht in der Lage sei, sich darüber zu äußern, da die bayerische Regierung noch keine Neigung zu einer solchen Bahn zeige. Als nun in Friedrichshafen eine Versammlung in dieser Angelegenheit stattfand, fuhr auch Munding mit einigen Bürgern dorthin und setzte es durch, daß auch er als Vertreter der Stadt Tettnang in den damals gebildeten Ausschuß kam, der die Angelegenheit weiterverfolgen sollte.

Als Munding im August 1893 aus der Presse erfuhr, daß sich eine Versammlung in Friedrichshafen für die Linienführung Überlingen – Salemertal – Markdorf – Friedrichshafen – Langenargen – Lindau ausgesprochen hatte, sandte Munding sofort eine Bittschrift nach Stuttgart mit der Bitte, die Bahn landeinwärts zu führen. Diese Eingabe wurde von über 1000 Einwohnern aus Tettnang und den daran interessierten Gemeinden von Unterreitnau bis

Oberteuringen unterschrieben. Der Erfolg blieb auch diesmal aus.

Neben all diesen Anstrengungen, die Bodenseegürtelbahn über Tettnang zu bekommen, wurde der Plan für eine Lokalbahn nach Meckenbeuren weiterverfolgt. Im Jahr 1891 waren die Pläne von Professor Schmid fertig. Er hatte drei Projekte ausgearbeitet: eine untere Führung, eine mittlere und eine obere Bahnlinie. Die letztere ist die heutige Bahnlinie.

Plötzlich kamen neue Aspekte in die Vorbereitung zum Bau der Bahn von Meckenbeuren nach Tettnang. Am 21. Juli 1891 fand in Lindau ein Vortrag von Ingenieur de la Rosee statt. Er und ein Ingenieur Huber aus München sprachen im Auftrage der Maschinenfabrik Örlikon bei Zürich über die Ausnutzung der Wasserkraft in der Argen zur Erzeugung von elektrischem Strom. Im Anschluß an diesen Vortrag, den auch Munding besucht hatte, kam de la Rosee auf Einladung nach Tettnang. Bei den Gesprächen auf dem Rathaus kam auch der Plan auf, von Tettnang nach Meckenbeuren eine elektrische Bahn zu bauen. Zur Erzeugung des Stromes sollte in der Schussen eine Kraftanlage errichtet werden. Deswegen wurde sofort mit Escher Wyss in Ravensburg verhandelt. Jetzt berief Munding auch eine Bürgerversammlung in den Kronensaal, sprach über die Möglichkeit einer Bahn mit elektrischem Antrieb und verglich die Betriebskosten mit dem Dampfbetrieb. Das Material dazu erhielt er von der Maschinenfabrik in Örlikon. Im gleichen Jahr wurden von der Firma Escher Wyss Berechnungen wegen der Wasserkraft in der Schussen durchgeführt. Aber jetzt waren doch noch Kräfte am Werk, welche die elektrische Bahn sabotieren wollten. Die Maschinenfabrik Örlikon erhielt anonyme Briefe, die jedoch sofort in den Papierkorb geworfen wurden. Örlikon beauftragte nun ihren Ingenieur Huber mit den Berechnungen für eine elektrische Bahn. Nachdem er diese fertig hatte, setzte er sich mit der Lokalbahnaktiengesellschaft (LAG) in München in Verbindung. Nun hatte diese plötzlich Interesse an einer Bahn von Tettnang nach Meckenbeuren. Denn mit einer elektrischen Bahn war die Steigung von 50 Metern besser zu überwinden. Die LAG gab nun dem Ingenieur Oskar von Miller in München, dem späteren Gründer des Deutschen Museums, den Auftrag, die Pläne für die Bahn aufzustellen. Bis diese aufgestellt waren und die Verhandlungen der Stadt mit der LAG zu einem Ergebnis kamen, vergingen noch fast zwei Jahre. Am 22. Juni 1894 war der Vertrag aufgesetzt. Diese Reinschrift schrieb Lehrer Lutz in der Nacht auf den 23. Juni 1894 und erhielt dafür eine Entschädigung von 5 Mark.

Der Vertrag hatte 17 Paragraphen; im ersten Abschnitt verpflichtete sich die LAG, innerhalb von 15 Monaten nach Erteilung der Konzession durch den Staat, die Bahn aus eigenen Mitteln zu bauen. Ferner übernahm es die LAG, alle Tage zwischen 6 Uhr morgens und 11 Uhr abends für alle in Meckenbeuren haltenden Züge eine Verbindung herzustellen. Die Stadt Tettnang sollte dagegen der LAG alle Grundstückskosten, ebenso die Vermessungs- und Umschreibungsgebühren ersetzen. Zur Erzeugung des elektrischen Stromes hatte ein Consortium Tettnanger Bürger die gesamte Mühlenanlage in Brochenzell aufgekauft. Von diesem erwarb es die LAG mit der Wasserkraft um 71 332 Mark.

Dieses elektrische Werk sollte aber auch für die Stadt Tettnang Strom liefern, denn bisher war Tettnang noch an kein elektrisches Netz angeschlossen. Deshalb wurde in dem Vertrag der LAG auch das Recht eingeräumt, innerhalb der Stadt oberirdische und unterirdische Leitungen zu errichten. Für die Straßenbeleuchtung in Tettnang erhält die LAG eine jährliche Pauschale von 1500 Mark. Sie muß für 60 Straßenlampen und für 400 Privatlampen den Strom liefern.

Die Rechte und Pflichten aus diesem Vertrag sollten auch auf einen etwaigen Rechtsnachfolger übergehen. Den Vertrag unterschrieben von seiten der LAG deren Direktor Lechner, von Tettnang Stadtschultheiß Munding und die Mitglieder des Gemeinderats und des Bürgerausschusses.

Am Dienstag, dem 3. Dezember 1895, fand die feierliche Einweihung der Bahn statt. Am gleichen Tag erhielt die Stadt Tettnang das elektrische Licht. So war dieser Tag in doppelter Hinsicht ein Freudentag für Tettnang und ein besonderer Grund, ihn gebührend zu feiern. An den Hauptstraßen wurden auf beiden Seiten Fahnen aufgestellt, die mit Girlanden verbunden waren. Am Bahnhof, in der Storchen-, Lindauer-, Karl-, Montfort- und Kirchstraße wurden Ehrenpforten errichtet, die verschiedene Inschriften trugen und deren Verfasser Georg Locher war. So stand am Ehrenbogen am Bahnhof:

Ein Funken ist's, vom Blitz geliehen,
Den Männern unserer Stadt gebracht,
Mit ihm durch Berg und Thal wir fliehen
Und sonnenhell ist Licht entfacht!
Vergiß d'rum, Tettnang, ewig nicht,
Wer dir gebracht einst Bahn und Licht.

An der Ehrenpforte in der Kirchstraße stand dazu aber ein Abschiedswort an die Post:

Ade, du alter gelber Wagen,
Der diese Straße oft durchrauscht,
Ade Posthorn mit deinen Klagen,
Dem nächtlich ich so gern gelauscht!
Ein schönes Zeichen alter Zeit
Sinkt mit dir zur Vergangenheit.

Auch alle Häuser der Stadt hatten Festschmuck angelegt und waren beflaggt. Im Kontrast dazu standen die mit einem Trauerflor umhängten alten Öllaternen an den Straßen.

Das Fest begann mit einem Zapfenstreich am Vorabend. Am Festtag selbst war schönste und angenehmste Witterung. Um 5 Uhr morgens verkündeten Böllersalven ins Land hinaus das große Ereignis. Um 8.30 Uhr versammelten sich die Herren von der LAG, die Staatsbeamten, bürgerlichen Kollegien, die Vereine, Zünfte und sonstige Teilnehmer mit im ganzen 14 Fahnen am Rathaus und zogen mit Musik zum Festgottesdienst in die Stadtpfarrkirche. Nach dem Gottesdienst ging es wieder im Zug zum Rathaus zurück. Auf dem Bärenplatz war ein Pavillon errichtet, in dem die Militärmusik von Weingarten ein Promenadenkonzert gab. Um 12 Uhr stellte sich wieder ein Festzug am Rathaus auf und marschierte zum Bahnhof, wo der Regierungspräsident und die übrigen Ehrengäste, die mit der Bahn ankamen, feierlich empfangen wurden. Mit diesen zog nun der Festzug durch die Bahnhof-, Storchen-, Karl-, Schloß- und Montfortstraße zum Festessen in den Bären. Während des Essens, an dem über 100 Personen teilnahmen, spielte die Militärkapelle; außerdem wurden oft Trinksprüche ausgebracht, beginnend mit Stadtschultheiß Munding auf den König und endigend mit dem des Rechtsanwalts Jutz von Ravensburg auf die Tettnanger Frauen.

Um ¼4 Uhr fuhren die Gäste mit der Bahn nach Meckenbeuren und besichtigten das Kraftwerk in Brochenzell. Nach ihrer Rückkehr wurde um ½6 Uhr abends in der Stadt der elektrische Strom eingeschaltet, und seither glänzt Tettnang im Glanze des elektrischen Stromes. Zum Abschluß gab's abends im Bären ein Militärkonzert.

Im ersten Betriebsjahr 1896 wurden auf der neuen Bahn 80 534 Personen befördert und außerdem 11 163 Tonnen Güter. Die Einnahmen betrugen im Personenverkehr 18 056 Mark, im Güterverkehr 13 153 Mark; dazu kamen die Einnahmen aus dem Elektrizitätskraftwerk mit 10 026 Mark, so daß die Gesamteinnahmen 45 881 Mark betrugen, was bei 20 560 Mark Ausgaben einen Überschuß von 25 364 Mark ergab. Auch in den nächsten Jahren betrug der Überschuß zwischen 25 000 und 30 000 Mark.

Bahnstation Meckenbeuren. — Gare de Meckenbeuren.

Bahnstation Tettnang. — Gare de Tettnang.

Zwei Bilder aus der von der Maschinenfabrik Oerlikon 1901 herausgebrachten, in Deutsch und Französisch abgefaßten, technischen Beschreibung der „Elektrisch betriebenen Nebeneisenbahn Meckenbeuren-Tettnang"

161

Der Tettnanger Bahnhof und das „Ständle", um 1965; das „Bähnle" war in seinen letzten Jahrzehnten vor allem für den Schülerverkehr nach Ravensburg zuständig.

Das „Bähnle", wie es allgemein hieß, fuhr nun treu und brav jeden Tag von Tettnang nach Meckenbeuren und zurück. Es hatte einen Motorwagen mit einem Abteil 3. Klasse und einem 2. Klasse. Erst nach dem ersten Weltkrieg hatte es nur noch Abteile 3. Klasse, die in ein Raucher- und ein Nichtraucherabteil getrennt waren. Dazwischen lag das Gepäckabteil. Allerdings passierte es einmal, daß sich ein Güterwagen in Tettnang selbständig machte und den Berg hinabsauste, bis er auf dem Güterbahnhof in Meckenbeuren durch ein Ochsenfuhrwerk aufgehalten wurde. Es soll den Ochsen aber nicht gut bekommen sein.

Die Lokalbahn Aktiengesellschaft war also vertraglich verpflichtet, fahrplanmäßig täglich für jeden in Meckenbeuren halten-

den Zug zwischen 6 Uhr früh und 23 Uhr abends einen Anschluß nach Tettnang herzustellen. Im Jahre 1926 hörte das Werk in Brochenzell auf, und für Bahn und Stadt wurde der Strom von der OEW geliefert, die wiederum später von der EVS abgelöst wurde. Eine weitere Änderung trat ein, als die Bahn im Jahre 1938 in das Eigentum der Deutschen Reichsbahn überging. Während des Krieges kam es zu keinen größeren Betriebseinschränkungen, hingegen ruhte der elektrische Betrieb in den ersten Nachkriegsjahren. Statt dessen wurden dampfbespannte Züge geführt. Ab 1950 lief der Verkehr mit Triebwagen wieder im gewohnten Umfang an.

Dennoch war der „Untergang" des Bähnles schon programmiert, da sich durch die immer stärker zunehmende Motorisierung die Verkehrsverhältnisse völlig verändert hatten. Zudem wurden noch Buslinien nach Friedrichshafen und Ravensburg eingerichtet, die wesentlich zeitsparender waren. Darüber hinaus war die elektrische Fahrleitung erneuerungsbedürftig, und die Deutsche Bundesbahn erwog schließlich eine Einstellung des Personenverkehrs, was jedoch auf den entschiedensten Widerstand der Anliegergemeinden stieß. Man einigte sich dann dahingehend, daß sich das Land Baden-Württemberg an der Beschaffung eines Schienenbusses beteiligte. 1960 wurde gar ein neues Bahnhofsgebäude eingeweiht, zwei Jahre später die elektrische Bahn durch einen Wagen mit Dieselantrieb ersetzt. Aber auch der Übergang zum „modernen" Schienenbus konnte eine weitere Abwanderung von Fahrgästen nicht verhindern, und am 28. Mai 1976 fuhr zum letzten Mal ein Personenwagen auf der Strecke. Nur der Güterverkehr bleibt noch als Erinnerung an das alte Bähnle – und eben auch das „Bähnlesfest".

Als sich nämlich trotz aller Resolutionen immer deutlicher das Ende des Bähnles abzeichnete, machten die Tettnanger – nun erst recht! – aus ihrem Protest ein Volksfest. Am 23. Mai 1976 wurde das erste „Tettnanger Bähnlesfest" gefeiert. Seine Hauptattraktion war ein historischer Dampflokzug, der an diesem Tag zwischen Tettnang und Meckenbeuren mehr als 6000 Personen beförderte: absoluter Rekord in der Tettnanger Bähnlesgeschichte. Seit diesem gelungenen Auftakt, an dem sich bereits alle Vereine, die Musikkapellen, die Geschäftswelt und nicht zuletzt die Stadtverwaltung als Organisator beteiligt hatten, ist das inzwischen in den September verlegte Bähnlesfest jedes Jahr der spätsommerliche Höhepunkt für die Tettnanger und ihre Gäste aus nah und fern.

Alex Frick, Angelika Spindler

Der Prunkbau von Möggenweiler

Der Markdorfer Wasserhochbehälter ist ein technisches Kulturdenkmal

Schon für die spätmittelalterliche Stadt Markdorf ist die wichtige Rolle einer Wasserleitung aus hölzernen Deicheln (Rohre) bezeugt, durch die die öffentlichen Brunnen gespeist wurden. Dieses Wasserversorgungssystem blieb nach bisherigem Kenntnisstand durch die Jahrhunderte hindurch von der Konstruktion her unverändert bestehen. Erst gegen Ende des 19. Jahrhunderts zeichnet sich eine Modernisierung der mittlerweile in ihrer Leistung und vom Stand der Technik her als völlig unzureichend beurteilten Wasserversorgung ab.

Im Gemeinderatsprotokoll vom 4. November 1902 ist zu lesen: „Seit längster Zeit ist die Wasserversorgung der Stadt Markdorf sehr mangelhaft, insbesondere entbehrt der Stadtteil Auen sowie der Nebenort Möggenweiler sehr häufig des notwendigen Wassers. Die vorhandenen Quellen in der Stadt, welche hauptsächlich die Mittel- und Unterstadt mittels öffentlicher Brunnen mit Wasser versorgen, sind für die Stadt unzureichend und kann die Verwendung derselben in den höher gelegenen Stadtteilen überhaupt nicht in Betracht gezogen werden."

Nachdem bereits die im damaligen Bezirksamt benachbarten Städte Überlingen 1877 und Meersburg 1897 die neuen technischen Möglichkeiten der Wasserversorgung nutzten, entschloß sich nun auch die Stadt Markdorf zum Bau eines modernen Wasserleitungsnetzes: „... und nachdem es ge-

lungen (war), einige Quellen in Harresheim ausfindig zu machen, welche unter Mitbenutzung der bereits verwendeten Quellen in der Stadt, reichlich Wasser zu liefern im Stande sind, haben wir uns mit der Gr. (= Großherzoglich Badischen; Anm. d. Verf.) Kulturinspection Konstanz ins Benehmen gesetzt und die Anfertigung von Plänen und Kostenrechnungen beantragt (.)", heißt es im Gemeinderatsprotokoll vom 4. November 1902.

Im Jahre 1903 werden daraufhin die notwendigen Planungen und Genehmigungen eingeleitet sowie vorbereitende Untersuchungen durchgeführt. Am 26. bzw. 27. Januar 1904 schließlich geben Bürgerausschuß und Gemeinderat unter Bürgermeister Karl Beck die endgültige Zustimmung zum Bau der neuen Wasserleitung und zur Aufnahme eines in 45 Jahren durch den Wasserzins zu amortisierenden Kapitals von 200 000 Mark, eine für damalige Verhältnisse außerordentlich stattliche Summe.

Die „Konstanzer Zeitung" meldet am 13. März 1904 unter ihrer Rubrik „Aus Stadt und Land" für Markdorf: „Unsere Wasserleitung, die bereits im Bau ist, soll eine Musterleitung werden; statt der sonst üblichen werden nach neuen Verfahren hergestellte Stahlröhren verwendet." Kernstück der gesamten Anlage ist das „Hoch-Reservoir" Möggenweiler, oberhalb der Stadt Markdorf am Hang des Gehrenbergs gelegen. Eine ca. 6,5 Kilometer lange Hauptlei-

Der Markdorfer Wasserhochbehälter in Möggenweiler, 1904 erbaut nach dem Entwurf der Großherzoglich Badischen Kulturinspection Konstanz

tung von der Quelle in Harresheim speist diesen, noch heute im Betrieb befindlichen Hauptbehälter, von dem aus das Wasser in die Stadt und in die umliegenden Orte geleitet wird, wo jede Haushaltung (damals waren es 401) einen Anschluß bekam.

Die spezifische Wertigkeit dieses Hochbehälters als eines technischen Kulturdenkmals (die Eintragung ins Denkmalbuch wurde beim Regierungspräsidium Tübingen beantragt) resultiert nun primär aus dem gestalterischen Aufwand, mit dem die Stadt Markdorf diesen Bau errichten ließ. Er repräsentiert den erreichten technischen und zivilisatorischen Fortschritt der Stadt und ihrer Einwohner. Bei dem Möggenweiler „Hoch-Reservoir" handelt es sich dem Typus nach um einen in den Hang gebauten, zweikammerigen Erdbehälter mit einem Gesamt-Nutzinhalt von 300 Kubikme-

tern. Jeder der beiden kreisrunden Behälter besitzt einen Durchmesser von acht Metern. Der ebenfalls rund angelegte Vorraum mit Regulierschacht hat einen Durchmesser von vier Metern und eine Höhe von ca. 3,90 Metern. Bezeichnenderweise wurde dieser Vorraum, der außer der Steuerung der technischen Anlage offenkundig auch der Selbstdarstellung der Kommune dienen sollte, gegenüber dem ersten Entwurf von Weihnachten 1903 im endgültigen Plan vom März 1904 und dann auch in der Ausführung deutlich größer und stattlicher.

In diesem Zusammenhang sei darauf hingewiesen, daß von der damaligen Großherzoglich Badischen Kulturinspection Konstanz nicht nur die Konstruktionspläne der Anlage gefertigt wurden, sondern ebenso auch der baukünstlerische Entwurf der Fassade geleistet werden konnte. Die genannte

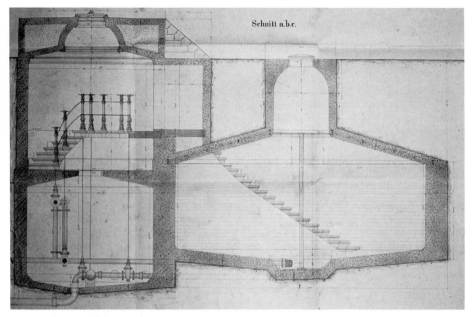

Schnitt n.b.c.

Ausschnitt aus dem Bauplan von 1904, Vertikalschnitt; die Funktion der Treppenpfosten als Drehschieber für die einzelnen Wasserleitungen ist deutlich erkennbar.

Behörde, ein Vorläufer der heutigen Wasserwirtschaftsämter, verfügte offenkundig noch über in Architektur und Zeichenkunst hervorragend ausgebildete Beamte, hier in der Person des „Kulturmeisters" Merk, über dessen Lebenslauf oder Berufsweg jedoch bisher nichts in Erfahrung gebracht werden konnte.

Der Hochbehälter in Möggenweiler zeichnet sich außen durch eine besonders anspruchsvolle Fassadengestaltung aus, wobei die Architektur – ganz im Sinne des 19. Jahrhunderts – in ihrem Stil romantischen Bezug zu vergangenen Epochen sucht. Der Aufbau der ca. 15 Meter langen Fassade ist durch symmetrische Anordnung der Bauglieder gekennzeichnet. Der risalitartige Mittelbau mit seiner offenen Vorhalle wird durch einen kräftig profilierten Segmentbogen erschlossen. Über dem Bogen

befindet sich ein kartuschenartiges Feld mit der Inschrift: „Wasser-Versorgung Markdorf". Sockel und Eckfassung der Portalfront sind in roter Rustikasandsteinquaderung ausgeführt, die verbleibenden Zwischenflächen kontrastieren in weißem Putz mit Quaderritzung. Der Mittelbau wird von schräg abfallenden Stützmauern flankiert, die, konstruktiv gegen den Hang gebaut, Teile der Gesamtfassade sind. Als Material wurde hier dunkles Bossenmauerwerk verwendet, von wiederum roten Randsteinen gefaßt.

Interessanterweise ist die versorgungstechnische Einrichtung eines Wasserbehälters hier, wie auch in Überlingen und Meersburg, mit der attraktiven Funktion einer Aussichtsplattform verbunden. Die Brüstung der Plattform besteht aus sorgfältig bearbeiteten, profilierten Sandsteinen.

166

Blick ins Innere: Treppenanlage mit Drehschiebern; im Hintergrund die Eingänge zu den beiden Wasserkammern

Die vertieften Felder sind mit Maßwerk in Fischblasen- und Dreipassform geschmückt; Bauelemente also, wie wir sie von der Gotik her kennen. Im Mittelpunkt der Brüstung befindet sich das Stadtwappen Markdorfs, ein achtspeichiges Rad ohne Felge. Mit ihm wird der Besitzanspruch der Stadt und ihr Stolz auf das Erreichte augenfällig. Die Plattform des Wasserbehälters, der bereits in einem Heimatbuch von 1910 als „sehenswert" beschrieben wird, lädt den Besucher zu einem Blick auf verschiedene Ortsteile der Stadt Markdorf, auf den Bodensee und auf die Bergkette der Alpen ein.

Ins Innere des Hochbehälters gelangt man durch ein sandsteingefaßtes Segmentbogenportal mit schmiedeeiserner Tür in sehr feingliedrigen, gotisierenden Formen. Hier im Inneren setzt sich der gestalterische und bauliche Aufwand des Äußeren fort:

Der Besucher betritt einen Raum von beinahe feierlicher Stimmung und sakral anmutender Wirkung. An der hier geschaffenen Verknüpfung von Technik und Ästhetik wird deutlich ablesbar, welch hohen kulturellen Wert diese fortschrittliche technische Einrichtung für das Gemeinwesen damals besaß. Es handelt sich um einen kleinen Zentralbau, der sein Licht durch eine sogenannte Laterne in der Kuppel erhält. Eine rundangelegte, zweiläufige Treppe führt zu den Eingängen der beiden Wasserkammern. Die schmiedeeisernen Türen sind reich geziert und jeweils mit einem Türklopfer in Form eines Löwenkopfes versehen, ein Detail, das in der herrschaftlichen Portalplastik seinen Ursprung hat. Das gleichfalls schmiedeeiserne Treppengeländer besteht aus akanthusgeschmückten, kandelaberartigen Pfosten, die zugleich als

Mit Akanthus geschmückter Drehschieber   *Türklopfer in Form eines Löwenkopfes*

Drehschieber für die einzelnen Wasserleitungen ausgebildet sind.

Die Kuppel des Raums ist durch eine rot gefaßte Voute und durch acht kreisrunde Medaillons aus Emaille gestaltet; letztere benennen und erläutern die an den Hochbehälter angeschlossenen Verteilerstellen und Schächte. Darüberhinaus geben in Profilrahmen gefaßte, emaillierte Tafeln an den Wänden des Vorraums dem Besucher Auskunft über das beachtliche Leistungsvermögen der Markdorfer Wasserversorgung, die erst im Zuge der Ausweisung von großen Neubaugebieten nach dem zweiten Weltkrieg erneut ausgebaut werden mußte (Hochbehälter Lichtenberg 1976).

Mit der Fertigstellung der neuen Wasserleitung im Herbst 1904 war nicht nur für lange Zeit eine ausreichende Versorgung aller Haushalte in nun sämtlichen Ortsteilen der Gemeinde gesichert, sondern auch ein weiterer Wunsch wurde erfüllt: die Verbesserung des Brandschutzes. Für diese Zwecke

wurden immer 150 Kubikmeter Wasser, was der Hälfte des gesamten Nutzinhaltes entspricht, im Hochbehälter Möggenweiler als Brandreserve zurückgehalten. In allen angeschlossenen Orten und Wohnplätzen konnten jetzt Löschwasserhydranten aufgestellt werden. Insgesamt wurde die stattliche Zahl von 108 Anschlüssen eingerichtet.

Daß technische Innovationen rasch auch einen Strukturwandel „im Kleinen" zur Folge haben, macht eine Meldung der „Konstanzer Zeitung" vom 8. September 1904 wieder unter der Rubrik „Aus Stadt und Land" augenfällig: „In den nächsten Tagen geht unsere Wasserleitung der Vollendung entgegen. In Verbindung damit hat sich das hiesige freiwillige Feuerwehrkorps neu organisiert, da die Spritzen in Wegfall kommen und die Mannschaft sich an den zahlreichen Hydranten einzuüben hat."

Die gleichzeitige Verwirklichung von technischen und künstlerischen Ansprüchen beim „Hoch-Reservoir" Möggenwei ler verdeutlicht schließlich noch ein reizvolles Detail. Die Stadt Markdorf begnügte sich nämlich nicht mit einer ansprechenden Gestaltung des Hochbehälters selbst, sie umgab ihn auch noch mit einer sinnbildhaften Naturgestaltung: Zwei Lebensbäume flankieren die Fassade; in der Mittelachse der Anlage wurde ein stimmungsvolles Arrangement aus Kunstfelssteinen und Schilfgräsern geschaffen, das eine echte Quelle symbolisieren sollte. Eine derartige Natursymbolik, die das Wasser als Quelle und Kraft jeglichen Lebens auffaßt, war dem Bildungsbürgertum um die Jahrhundertwende vertraut, so beispielsweise durch die verbreitete Kenntnis der Malerei eines Arnold Böcklin und seiner Naturmythologie.　　　　　　Michael Goer

Emailletafel mit technischen Daten des Markdorfer Wasserversorgungssystems

Quellen und Literatur:
Gemeinderatsprotokolle zum Betreff: „Die Wasserversorgung der Stadt Markdorf" und „Die Bestreitung des Kostenaufwandes" (1902 – 1907) im Staatsarchiv Freiburg, Bestand LRA Überlingen, P.Nr. 231, lfd. Nr. 220/1/1 unter Markdorf XVIII. 2 Spezialia.
Max Wetzel, Markdorf in Wort und Bild, Konstanz 1910, S. 182/183.
Originalpläne, freundlicherweise von der Stadt Markdorf zur Verfügung gestellt.

Puppenstuben bezeugen Wohnkultur

Die Sammlung Johanna Kunz im Überlinger Museum

Im einstigen Reichlin-Meldeggschen Patrizierhof, einem die Überlinger Altstadt und den See überragenden, stolzen Beispiel florentinischer Renaissance in Süddeutschland, ist heute das Museum der Stadt zuhause. Die städtischen Sammlungen bergen neben Altertümern manch erlesenes Ausstellungsgut, das den Kunstsinn und die Kunstfertigkeit von Stadt und Umland im Verlauf der Jahrhunderte dokumentiert. Das Museum zeigt bedeutende Kunstwerke, die von der Gotik bis in den Klassizismus reichen. Die Exponate werden in noblen Räumen ansprechend präsentiert.

Durch die Puppenstubensammlung von Johanna Kunz aus Stuttgart ist dem Überlinger Museum eine besondere Attraktion zugewachsen. Das Überlinger Museum schätzt sich glücklich, fünfzig Puppenstuben aus vier Jahrhunderten und darüber hinaus einige einzelne kostbare Puppen aus dieser Sammlung ausstellen zu können, Magnet des Museums für groß und klein.

Die Puppenstuben sind überdies wesentlicher Bestandteil einer der größten und bedeutendsten Puppenstubenkollektionen Deutschlands. Johanna Kunz hat sie in den Jahren nach dem Zweiten Weltkrieg gesammelt. Sie tat es mit Sachkunde und großem Stilgefühl. Alle Stuben, Salons, auch die Küchen spiegeln die Wohnkultur vergangener Zeiten wider. Sie zeigen kostbaren Hausrat im Kleinstformat, handwerkliche Kunstwerke en miniature. Sie gewähren uns

Einblick in häuslichen Lebensraum aus verschiedenen Epochen. Sie vermitteln uns einen anschaulichen Einblick in die Wohnwelt vergangener Jahrhunderte.

Durch die kriegsbedingten Zerstörungen und Verluste erwachte in Johanna Kunz der Wunsch, Puppenstuben zu retten, sie vor weiterem Verfall zu bewahren. Mit vielfach unbeachtetem und gering geschätztem Spielzeug, wollte sie Ausschnitte aus einer vergangenen Wohnkultur hinüberretten in eine Zeit, die zunächst notgedrungen und später vielfach leichtfertig auf das Erbe der Vergangenheit verzichten zu können glaubte.

Den Grundstock der Sammlung bildeten die sorgsam gehüteten Puppenstuben aus Familienbesitz. Es bedurfte dann vieler Geduld, stets wachen Spürsinns, um in jahrzehntelanger Sammlertätigkeit alte Puppenstuben und Puppenstubenhausrat aufzustöbern. Später, als in der wiedererwachten Zuneigung zur Antiquität auch Puppenhausrat wieder begehrt war, mußte Johanna Kunz vieles bei Händlern erwerben. Es war ein glücklicher Umstand, daß sich Hinwendung mit subtiler kunsthandwerklicher Begabung paarte, daß zu ihrem Stilgefühl sich die Sachkenntnis fügte. Ihrem Mann, Prof. Dr. O.L. Kunz, selbst Maler und Architekt, verdankt sie Anregung, Rat und Unterstützung. Viele Wintermonate hat sie im Verlauf der Jahrzehnte beim Ordnen, Reparieren und Restaurieren verbracht.

Seit 1968 wurde die Sammlung im Überlinger Städtischen Museum der Öffentlichkeit zugänglich gemacht. Es ist Traumland im Liliputformat. Es wird Wohnkultur von der Renaissance bis zum Jugendstil vor Augen geführt. Die Stuben vermitteln uns etwas vom Flair der guten alten Zeit. Sie strahlen Behaglichkeit und Geborgenheit aus. Ist es ein Wunder, daß sie weit über örtliche, deutsche, europäische Grenzen hinaus Bewunderung finden?

Obwohl heute mancherorts Puppenstuben gezeigt werden, sind Sammlungen selten zu finden, die von Qualität, Authentizität und Stiltreue bis ins kleinste Detail geprägt sind. In uns Erwachsenen werden ferne Erinnerungen an Kindertage wach, an im Verlauf der Jahre oft mutwillig zerstörten alten Hausrat, der heute nicht selten als Antiquität zu neuen Ehren gelangt. Kinder und Erwachsene staunen gleichermaßen, daß diese winzigen Kostbarkeiten einst Spielzeug waren. In dieser Form haben allerdings nur begüterte Eltern besondes artige Kinder bedacht. Es schickte sich, daß man stets nur behutsam und meist nur zur Weih-

nachtszeit damit spielen durfte. Manche dieser Stuben, Küchen und Kaufläden mögen auch als didaktische Einweisungen ins Erwachsenenleben gedacht gewesen sein. Das erträumte Reich, dem die kleine Hausfrau gemeinsam mit dem Gesinde, oder der künftige tüchtige Kaufmann mit Erfolg vorstehen sollte. Die Küchen, die Kaufläden, sie hatten so etwas wie Modellcharakter. Spielend durften Kinder hier ihre ersten Erfahrungen für die noch in der Ferne liegende Welt der Großen sammeln.

Im Puppenstubenland hat Armut wenig Raum. Manches mag dem Traum einer besseren Zukunft entsprochen haben. In der Spielwelt lebte man gemäß dem eigenen Standard, weit lieber indessen über die eigenen Verhältnisse. Die in Überlingen gezeigten Stuben reflektieren bürgerliches, zum Teil auch großbürgerliches Wohnmilieu. Hier findet sich kein höfisches Spiegelbild im Puppenstubenformat, wie jenes berühmte Puppenhaus „Mon Plaisir", in dem die Fürstin Auguste Dorothea die ganze Arnstädter Hofhaltung im Kleinstformat in allem Glanz und in ganzer Kostbarkeit arbeiten ließ. Später wurden die Puppenstuben volkstümlicher. Meist konnte und wollte man es sich nicht leisten, höfisches Milieu auf Spielzeugformat zu reduzieren. Man begnügte sich mit Häusern, meist indessen mit Stuben, Küchen und Läden. Sie vermitteln anschauliche Ausschnitte bürgerlicher Wohnkultur.

In den Miniaturküchen mochten sich kleine Mädchenhände für die künftige Haushaltsführung üben. Die Wohnstuben sollten die Behaglichkeit der Bürgerhäuser offenbaren, die Salons die gemessenere Wohlhabenheit großbürgerlichen, manchmal aristokratischen Lebenszuschnitts aufzeigen. Allen Puppenstuben eignet − altmodisch gesagt − Liebreiz. Sie veranschaulichen das hohe Können der Handwerker, deren Auftraggeber selbst beim Spielzeug Detailgenauigkeit und Leistung forderten.

Zum Schönsten gehören die Küchen. Sie künden von Wohlleben, sie wirken behaglich. Da ist unter anderen die Küche einer kleinen Baronesse aus der Zeit um 1870.

Hier hielt moderne Hygiene bereits ihren Einzug. Das ist am gußeisernen Waschbekken, an Utensilien wie Kehrricht- und Abfalleimer abzulesen. Die meisten Küchen scheinen Zeiten der Fülle gekannt zu haben, Zeiten, in denen „man" keine Not zu leiden hatte und Tafelfreuden zugeneigt war. Die Küchen lassen auch Rückschlüsse auf die Gepflogenheiten in den einzelnen Familien zu. In der Familie des kleinen Mädchens, das einst glückliche Besitzerin der Uracher Küche war, scheint man dem Süßen, den Puddings, Charlotten, Aufläufen, Soufflets besonders zugetan gewesen zu sein. In kaum einer Küche ist eine so reichhaltige Sammlung an wohlgeformten Kupfergeschirren wie hier zu finden.

In einer anderen schwäbischen Küche hielt man es eher mit Braten, Ragouts und Fleischgerichten. Während sonst überall der Herd dominiert, nimmt hier der Fleischklotz einen Ehrenplatz ein. Wieder in einer anderen Puppenküche wird uns liebenswürdig gezeigt, daß die Vorratshaltung von Lebendvieh, Hühnern, Enten und Gänsen, direkt neben dem Herd zu Hause sein konnte. Aus der Perspektive des Gatters konnte das Federvieh verdutzt beobachten, wie ein eben noch gackernder Hühnervogel auf dem Herd in einen knusprigen Braten verwandelt wurde.

In dieser Puppenwelt sind die kleinen Kaufläden von besonderem Reiz. Aus kunstsinniger Familie dürfte das Antiquitäten- und Raritätenkabinett stammen, in dem vom getrockneten Seepferdchen bis zur Monstranz, von Ostasiatica bis zu Gipsbüsten alles geboten wurde, was zum guten Geschmack in den überladenen Salons gehörte.

Das Galanteriewarenlädchen um 1910 ist ganz à la mode. Es führt die gleichen Dinge, die Mama begehrlich bei der Modistin bewunderte. Hier gibt es Hutschachteln, die elegante Florentiner bergen, daneben Bänder, Spitzen und Litzen, Hauben, Jabots

Pleureusen und all die Dinge, die Damen um die Jahrhundertwende beglückten.

Im urchigen Seilerwarenlädchen ging es einfacher und praktischer zu. In bewährten Schubfachregalen findet man nicht nur Seilerwaren in reicher Auswahl vom Kälberstrick bis zum Saatgut; eine Fundgrube für den kleinen und großen Landmann.

Der Spielzeugladen aus der Zeit vor dem ersten Weltkrieg muß seinen Besitzer wohl besonders beglückt haben. Denn alle Herrlichkeiten, die Kinder begehren konnten, viel von dem, was zur Weihnachtszeit gehörte, war hier ausgebreitet. Weihnachtsschmuck zählte ebenso dazu wie die zerbrechlichen Puppenkinder in Schächtelchen. Windrädchen und Holztierchen warten noch immer auf das Spiel mit Kinderhändchen. Größte Behutsamkeit verlangte die „Miniatur in der Miniatur": eine Puppenstube, die in einer Streichholzschachtel Platz findet.

Der Schwarzwälder Bäckerladen hat verlockende Schaufenster. Hier türmen sich Torten und Hefegebäck, Napfkuchen und allerlei Brotgebild werden feilgeboten. Brezeln und Brötchen warten in Körben auf kleine Käufer. Die guten alten Gutslegläser

haben in diesem Laden ebenso ihren Platz wie Springerle, Lebkuchennikoläuse mit aufgeklebtem Buntpapier, die auf die Weihnachtszeit verweisen. Registrierkasse und Waage, Gebäckzangen und Tütchen gehören selbstverständlich dazu, damit Kinder mit Geschick und Bedacht mit den kleinen Köstlichkeiten hantieren konnten.

Die Schlafgemächer geben sich sittlich, schlicht, hell und unterkühlt. Auf den Ehebetten prunkten Paradekissen, viel Spitze bauscht sich, der Waschtisch mit dem Waschgeschirr ersetzt das Badezimmer, und der Handtuchständer, Requisit aus alter Zeit, ist mit einem kreuzgestickten „Guten Morgen" auf dem Überwurf verbrämt. Auch der zur Normalausstattung gehörende Nachttopf darf in diesen Räumen nicht fehlen, wie auch die Kinderwiege hier ihren Ehrenplatz hat.

Zu den wertvollsten und einzigartigen Stücken dieser Sammlung gehört eine Renaissance-Bürgerstube um das Jahr 1500, wie geduckt unter einer tonnenförmig gewölbten Holzdecke. Die Fassadenschränke sind reich geschnitzt, und der grüne Kachelofen ruht auf Wappentierfüßen. Ein wuchtiger Tisch beherrscht die Stube und verdeutlicht, daß hier getafelt, gezecht, gebetet und wohl auch gestritten wurde.

Auch in den bürgerlichen Stuben der verschiedenen Epochen beeindruckt die Fülle, in die sich zur lebendigen Darstellung stets kleine Püppchen fügen. Es sind Schaubilder einstigen Lebenszuschnitts. Hier ist vom feingeschwungenen Sesselchen des zweiten Rokoko bis zum Boullemöbelchen im Salon, von in Blei gegossenen und vergoldeten Tischen und Stühlen der Belle-Epoque bis zum wuchtigen Schnitzwerk bei Ausstattungen aus der „teutschen Renaissance" alles im Überfluß vorhanden, was dazu gehörte und damalige Wohnlichkeit ausmachte.

Dies mag von Spitzenvorhängen, die sich bauschen, bis zu schimmernden Atlas- oder Veloursportieren reichen; vom Kronleuch-

ter bis zur Blumenetagère; vom Vogelbauer mit Papagei zu Bildern in schweren Goldrahmen. Gipsbüsten von Beethoven, Schiller und Goethe gehören ebenso dazu wie ein Portrait des Kaisers Friedrich. Es reicht vom Spinett zum Schreibtischchen, vom Jagdzimmer, den Trophäen, bis zu Nippes aus Bisquitporzellan. Das Weihnachtszimmer aus der Zeit vor dem ersten Weltkrieg ist ein Sinnbild für die Umgebung und für den Umgang mit Puppenstuben. Denn hier sitzen artige Kinder an der Kaffeetafel in der Nachbarschaft des Klaviers und des Weihnachtsbaums. Dazu gesellen sich die Püppchen jener Puppen. Diese Stube reflektiert so recht, was früher trautes Familienweihnachten war.

Mit ihren Puppenstuben hat uns Johanna Kunz ein Stück Vergangenheit vor dem Untergang bewahrt. Ein Besuch dieser Miniaturwelt ist eine liebenswürdige Begegnung mit einstiger Wohnkultur, mit bereits Versunkenem, aber auch mit dem erst Gestrigen, das unserer schnellebigen Zeit weicht. Der Sammlerin ist zu danken, daß sie ihre Schätze der Öffentlichkeit zugänglich gemacht hat.   Dorothee Kuczkay

Nobelpreisträger, Künstler, Fußballspieler . . .

Persönlichkeiten aus aller Welt schaffen das „Museumswunder" von Langenargen

Während andere Museen im Land von der öffentlichen Hand finanziert werden, lebt das Museum Langenargen von den helfenden, gebefreudigen Händen der Bürger am Bodensee sowie vieler Privatleute nicht nur aus dem ganzen Bundesgebiet. Sein Förderverein zählt heute schon mehr als tausend Mitglieder, auch aus der benachbarten Schweiz (mit eigenem Spenden-Konto in St. Gallen!, in Österreich, in Liechtenstein, aber auch in anderen europäischen Ländern, zum Beispiel in Schottland sowie in den USA und Kanada. Dort sind es die Deutschamerikaner, die damit ihre Liebe und Treue zur alten Heimat dokumentieren.

Die Mitglieder rekrutieren sich übrigens aus sämtlichen Bevölkerungsschichten und Altersgruppen. Jeder setzt die Höhe seines Beitrags selbst fest – der Mindestsatz ist zwanzig Mark pro Jahr. Hausfrauen und Rentner, Studenten und Pensionäre, natürlich viele Kunsthistoriker aus dem In- und Ausland sowie Künstler, vor allem aus der Bodenseeregion, und auffallend viele Ärzte gehören diesem Förderverein an. Die fünftausendsiebenhundert Einwohner zählende Bodenseegemeinde stellt selbst über dreihundert Mitglieder. Die übrigen traten meist nach dem Besuch des Museums spontan seinem Förderverein bei. Oft sind es Sommergäste, die sich für das Kleinod am Bodensee begeisterten und das so zum Ausdruck bringen.

Das war zum Beispiel bei Mister J.B. Kellagher aus Gullane in Schottland der Fall. Er ist seit fünf Jahren Mitglied und regelmäßiger Besucher der Langenargener Sommerausstellungen. Zwar hat ihn Museumsleiter Eduard Hindelang zu seinem Bedauern noch nie gesehen, denn dieser Gönner tritt mit dem typischen angelsächsischen Understatement auf, versäumt es aber nie, eine großzügige, keineswegs schottische Spende im Museum zu hinterlegen.

Unter den Mitgliedern des Museumsvereins ist auch ein holländischer Nobelpreisträger, der in Zürich lebt. Er gehört dem Orden pour le mérite für Wissenschaften und Künste an, ebenso wie einst Hans Purrmann. Nach dem Tod des Malers wurde sein Nachfolger in diesem illustren Kreis Professor Leopold Reidemeister, der als Direktor der Staatlichen Museen Preußischer Kulturbesitz in Berlin-Dahlem auch das Brücke-Museum aufbaute. Er regte an, daß die Jahrestagung des Ordens wegen Hans Purrmann, der jahrzehntelang die Sommer malend am Bodensee verbracht hatte, 1981 dorthin verlegt wurde, um das Grab des Malers in Langenargen und „sein" Museum zu besuchen. Deshalb legte das Sonderschiff mit den Tagungsteilnehmern aus Bad Schachen an einem schönen Sommertag in Langenargen an. Schließlich beherbergt das dortige Museum neben Kaiserslautern die größte Purrmann-Sammlung. Es sind dort ständig zwanzig Gemälde aus allen Schaf-

Elisabeth Nölle-Neumann und Prof. Heinz Maier-Leibnitz vor der Purrmann-Büste im Langenargener Museum

fensperioden und eine Federzeichnung ausgestellt.

Seither steht auf der Mitgliedsliste des Langenargener Museumsvereins nicht nur ein Nobelpreisträger, sondern zum Beispiel auch Golo Mann gehört zu den „Bewunderern" von Eduard Hindelangs Museum, wie der berühmte Historiker dort schriftlich hinterließ. Seit dem Besuch aus Bad Schachen stehen im dortigen Gästebuch weitere berühmte Namen wie Karl Friedrich von Weizsäcker, der Literaturwissenschaftler Emil Staiger und der Physiker Hans Maier-Leibnitz, Kanzler des Ordens pour le mérite.

Hans Purrmanns gastlicher Sommersitz in Langenargen, das von ihm auf mehreren

Bildern verewigte „Rote Haus", war Treffpunkt befreundeter Künstler und Sammler, denn von 1917 bis 1935 verbrachte der Maler dort alle seine Sommer. Natürlich ist heute auch sein einziger Sohn Dr. Robert Purrmann nicht nur Mitglied des Fördervereins, sondern auch wohlwollender Mäzen des dortigen Museums. Diese kann auch einen prominenten Purrmann-Sammler zu seinen Vereinsmitgliedern zählen: Fritz Walter, den Ehrenspielführer der Deutschen Fußballnationalmannschaft und Kapitän der legendären Weltmeister-Elf von Bern im Jahr 1954. Nach diesem großen Erfolg hatte Fritz Walter, ein gebürtiger Pfälzer aus Kaiserslautern, begonnen, Kunst zu sammeln, vor allem aus seiner pfälzischen

Purrmann-Sammler Fritz Walter neben einem seiner Schätze in seinem Haus in Enkenbach bei Kaiserslautern

Heimat, so auch Gemälde des in Speyer geborenen Malers Hans Purrmann.

Eine nette Anekdote aus dem Kreis der Mitglieder des Langenargener Museumsvereins gibt es aus Kenia zu berichten. Dort waren im Busch zwei deutsche Damen der Gesellschaft auf Safari unterwegs, die eine kam aus Langenargen, die andere aus Bodnegg. Da sich die Urlauberinnen in ihrer Muttersprache unterhielten, wurde ein Deutschamerikaner auf sie aufmerksam und suchte das Gespräch mit den beiden. Auf seine Frage, woher aus Deutschland sie denn kämen, sagte die eine der beiden Damen, aus einem kleinen Ort am Bodensee, den er bestimmt nicht kenne. Das machte den Fremden noch neugieriger, und schließlich fiel der Name Langenargen. Und zur

Verblüffung der beiden Damen sagte der Deutschamerikaner, natürlich kenne er Langenargen, dort sei er auf seiner Europareise im letzten Sommer gewesen, und dort habe ihn Eduard Hindelang durchs Museum geführt. Er komme nämlich aus Santa Barbara in Kalifornien und sei ein Neffe von Hans Purrmanns Ehefrau Mathilde Vollmoeller. Da war das Staunen auf beiden Seiten, und die drei schwärmten im Busch von Kenia noch lange von „ihrem" Museum am Bodensee.

Freilich nicht nur Purrmann wirkt als Magnet für Förderer des Museums Langenargen und für Mitglieder seines Vereins. Auch die Grafen von Montfort, die bis 1780 ihre Sommerresidenz in Langenargen hatten, üben nach wie vor große Anziehungs-

Als Mitglied des Ordens „Pour le mérite" kam auch der Physiker und Philosoph Carl Friedrich von Weizsäcker nach Langenargen; hier mit Museumsleiter Hindelang an der Hafenmole

kraft auf die Besucher aus. Die Montforter galten als ein kunstsinniges Geschlecht, das sich durch seine Bauleidenschaft allerdings ruinierte, vor allem, nachdem das Tettnanger Schloß nach dem Brand von 1753 ein zweites Mal gebaut werden mußte. Im Auftrag der Grafen von Montfort schuf die wichtigsten Fresken in der Schloßkapelle im Bacchussaal und in den Treppenhäusern der Maler Andreas Brugger. Er ist zwar in Kressbronn geboren, lebte aber bis zu seinem Tod 1812 in Langenargen, dem Geburtsort seines großen Lehrers Franz Anton Maulbertsch. Bei ihm war Andreas Brugger, gefördert von dem Haus Montfort, zur Ausbildung zwei Jahre in Wien. Vier Kinderbildnisse von Andreas Brugger, die unbestritten zu seinen liebenswürdigsten Werken zählen, hängen heute im Museum in Langenargen.

Hier hatten die Grafen von Montfort übrigens nicht nur ihren Sommersitz, sondern auch ihre Münzstätte. Eine repräsentative Auswahl der dort geprägten Gold- und Silbermünzen sind kostbarer Besitz des Museums. Es verdankt diesen Schatz dem selbstlosen und großzügigen Stifter Rudolf Kimpfler, einem gebürtigen Langenargener, der 1929 nach Amerika auswanderte. Als er in der Auslage einer Münzhandlung in New York das heimatliche Montfortwappen entdeckte, kaufte er aus Heimweh die Silbermünze. Damit hatte er den Grundstock gelegt zu einer schönen Sammlung, die er in Jahrzehnten vervollständigte. Zur 1200-Jahrfeier des einstigen Montfortstädt-

179

chens Langenargen kam auch Kimpfler mit seiner Frau in die alte Heimat und brachte spontan seinen Münzschatz mit, als Beitrag zu der Jubiläumsausstellung „Berühmte Männer Langenargens". Natürlich besorgte Eduard Hindelang, bekannt für sein Organisationstalent, in letzter Minute eine Vitrine für diese wertvolle Ergänzung seiner schon fertigen Ausstellung im Konzertsaal des Schlosses.

Nun suchte Eduard Hindelang bei diesem Jubiläum erste Förderer für das von ihm geplante Museum. Nicht nur Robert Purrmann versprach Unterstützung, sondern auch Rudolf Kimpfler. Und rechtzeitig zur offiziellen Gründung des Museums, am 30. Mai 1976, kam in Langenargen bei Eduard Hindelang ein kostbares Päckchen an: Es enthielt die komplette Sammlung der Montfortmünzen des Rudolf Kimpfler, zunächst als Dauerleihgabe. Ein Jahr später meldete ein Telegramm aus den USA die Schenkung an das Museum seiner Heimatgemeinde Langenargen. Rudolf Kimpfler ist seit der Gründung Mitglied des Museumsvereins und inzwischen außerdem dessen Ehrenmitglied.

Auch von einem Kanadier gibt's einiges zu erzählen. Bei einem Aufenthalt in seiner alten Heimat, dem Kaiserstuhl, hatte er kurz vor seinem Rückflug per Zufall vom „Purrmann"-Museum in Langenargen er-fahren. So fuhr er, buchstäblich in letzter Minute, noch an den Bodensee und erbat in der Mittagszeit, in der das Museum eigentlich geschlossen ist, Einlaß, nachdem er sich zu Eduard Hindelang durchgefragt hatte. Der hatte natürlich Verständnis für diesen Wunsch und wurde auch belohnt. Denn der Fremde aus Kanada war so begeistert von dem kleinen Museum am Bodensee, daß er seitdem zu seinen Förderern zählt. Sein Purrmann-Gemälde, ein Blumenstilleben mit Anemonen, das im Haus seiner Schwester im Kaiserstuhl hing, gab er als Dauerleihgabe nach Langenargen.

Noch viele Geschichten ließen sich erzählen von der großen Langenargener Museumsfamilie, die sich nun auf den zehnten Geburtstag ihres liebsten „Kindes", freut, das sie hegt und pflegt. Etwa Vergleichbares sucht man weit und breit vergebens. Das ist eben das Museumswunder von Langenargen.

Der 10. Geburtstag 1986 wird wieder mit einer Sommerausstellung gefeiert. Diesmal gilt sie den Aquarellen von Hans Purrmann. Die traditionellen Langenargener Sommerausstellungen sind seit langem ein Publikumsmagnet und erfreuen sich nicht nur als „Regenprogramm" auch bei den Bodenseetouristen großer Beliebtheit.

Gisela Linder

Kunstwerke aus dem Landratsamt Bodenseekreis

Hermann Schenkel: Oft trug er tagelang Anzüge seines älteren Bruders, 1980

Traumwandlerische Sicherheit des Strichs, ein Vertrauen auf die Kraft der Linie, frei und locker ausgeführte Konturen, Figur in plastischer Eindringlichkeit, böse Dichte der linearen Gestaltung, Andeutung und Verfestigung, expressive Kürzel und ornamentaler Linienfluß, Farbiges, das ins zeichnerische Geflecht einbricht, Künstlichkeit, Direktes und Unausgesprochenes – das sind Formulierungen, die bereits für das Werk Hermann Schenkels gefunden worden sind. Von diesen treffen aber nur einige schon für die vorliegende frühe Arbeit zu, weisen aber auf eine kontinuierliche Weiterentwicklung des hier begonnenen Zeichenstils Schenkels; eines Künstlers der jüngeren Generation, der in Schweinhausen bei Biberach lebt, der mit seinen autonomen, großformatigen und zu Bildern ausgearbeiteten Zeichnungen in verschiedenen Techniken und Mischtechniken in Bleistift, Farbstift, Ölkreide, Kohle, Graphit, Tusche und Kunstharz-Spray in den großen Städten zu Ehren gekommen ist und über den schon mehrfach geschrieben wurde.

In der Nähe des Bodensees hat Jahrzehnte, besonders bei der älteren Generation der Maler, vorwiegend die Landschaft interessiert. Mit Schenkel gibt es wieder einen, der sich auf die Suche nach (s)einem Bild vom Menschen begeben hat. Das vorliegende Blatt gehört so ziemlich mit an Schenkels Beginn dieses Weges. Bei „Oft trug er tagelang Anzüge seines älteren Bru-

ders" definieren wenig bewegte Konturen den Anzug und gleichsam den Körper des frontal aufrechtstehenden jungen Mannes, der wenig Körperhaftes zeigt, vielmehr bildet die Umrißzeichnung ein Gerüst, um Kopf und das besonders ausgearbeitete Gesicht zu tragen. Beide Arme sind unbewegt senkrecht am Körper herabgeführt. Mit der rechten Hand berührt der Dargestellte eine Tischplatte, ohne sich in irgendeiner Weise aufzustützen. Dieser Handbewegung folgt er durch eine geringfügige Wendung des Körpers nach rechts. In Höhe der Oberschenkel endet die Zeichnung. Beine sind hier, wie auf den meisten Bildern Schenkels, uninteressant. Ohne Bedeutung bleibt auch die Beziehung des Menschen zum Raum, zur Umgebung. Lediglich durch eine senkrechte und zwei waagerechte Linien wird Hintergrund angedeutet. Und das ist nicht nur bei dieser frühen Zeichnung so. Bei den meisten Arbeiten Schenkels sagen Andeutungen zu einer etwaigen Raumsituation nichts aus, sie sind gestalterische Mittel.

Menschen bei Schenkel sind immer wie Akteure auf der Bühne, die wie in „Momentaufnahmenposen" (Ohff) festgehalten sind. Schon in unserer frühen Zeichnung bedeutet die Heraushebung des Kopfes und der Kontakt der Augen des jungen Mannes zum Betrachter Einstiege ins Bild und Fesselung an den Dargestellten. Und es scheint hier schon „vorgezeichnet" im wahr-

sten Sinne des Wortes, daß es bei Schenkel großformatige Kopfbilder geben könnte – und diese existieren in gewaltigem Zeichenstrich und immenser Farbigkeit seit 1985 nun tatsächlich.

An unserer Zeichnung beeindruckt am meisten die Sicherheit des Strichs, die mit dem Bleistift gezeichnete Linie, denn sie ist das eigentliche Gestaltungselement. Es ist genau das, was den Künstler Schenkel motiviert, solche Blätter zu machen. Er formuliert das so: „Es ist die Linie, begann ich das Denken über das Zeichnen – oder vielmehr die Absolutheit der Linie – . . . die mich reizt – . . . , die Ausschließlichkeit eines gemachten Striches, der, nicht durch Radieren entschuldbar, durch Löschen verleugbar, die Zeichnung trägt oder vernichtet, was mich erregt, stimuliert, mich treibt, aufwärts in Höhen und abwärts in Tiefen, mich stundenlang ans Blatt fesselt, und mich tagelang nicht mehr hat zeichnen lassen . . .“

Daß Schenkel dabei seine Vorbilder – große Zeichner der Kunstgeschichte, denen es um die bildliche Fixierung des Menschen geht – studiert hat, wie er sie gesehen hat und welche es sind, mag denen, die sich auskennen, sichtbar werden. Ganz am Anfang war es die heimische Mentorin Holderried-Kaesdorf, und dann denkt man an die frühen Expressionisten, den jungen Kokoschka, Kirchner, Schiele, an den Amerikaner Hockney und auch vielleicht etwas an Beck-

mann. Solche Anregungen – wenn man davon überhaupt sprechen soll – setzt Schenkel aber ganz um in eigene Bildvorstellungen und Zeichenkunst.

So wie jedes Jahrhundert, jede Epoche sich ihr eigenes Bild vom Menschen gemacht hat, so hat auch jeder Künstler seine eigene Sicht vom Menschen. Schenkels Menschen sind in ihren Haltungen, Bewegungen, Posen immer auf ein Gegenüber, auf einen Partner ausgerichtet. Die Beziehung der Menschen untereinander ist gemeint und gleichzeitig zum Betrachter als Partner. In unserem Bild zum Beispiel sind wir die Angesprochenen. Immer geht es ihm beim Dargestellten um körperlich-erotische Beziehungen, es geht um die Darstellung der Sinnlichkeit, ihre bildliche Deutung ist sein Anliegen. Etwas davon spricht auch aus unserem Bild.

Aber das alles sind Anregungen, Hinweise. Ein anderer wird noch anderes sehen und mehr entdecken in Schenkels Zeichnungen. Walter Koschatzky sagt in: „Ist das Kunst was Künstler machen?“ (Internationale Senefelderstiftung Offenbach/Main, 1985, S. 12,13) zur Kunst: „Sie ist eigentlich der Prozeß einer Beziehung . . . Kunst also ist kein statisches Produkt, das an der Wand hängt oder im Raum steht, sondern Kunst ist ein Vorgang des Wahrnemens, Aufnehmens, Erlebens, etwas, das sich in einem Betrachter vollzieht.“

Annette Pfaff-Stöhr

Hermann Schenkel, „Oft trug er tagelang Anzüge seines älteren Bruders“, 1980, Bleistift, 99 × 77 cm, Galerie des Bodenseekreises, Friedrichshafen

Ich spiele nach dem Gehör…

Aus dem Atelier-Tagebuch des Malers Bruno Epple

Er ist in vielen Sätteln künstlerischen Ausdrucks gerecht, der Maler, Schriftsteller, Dichter Bruno Epple, 1931 in Rielasingen geboren, aufgewachsen in Radolfzell (wo er heute auch am Gymnasium unterrichtet) und längst seßhaft auf der Höri oberhalb Wangen. Ob er wirklich ein naiver Maler ist – als was er internationale Anerkennung, Preise und Würdigung in mehreren Veröffentlichungen fand – darf man in Zweifel ziehen; seine Bilder greifen tiefer, wie auch die ausdrucksvollen, nur scheinbar kindhaften Terrakotten. Bekannt geworden ist Bruno Epple auch als alemannischer Mundartdichter. Die hier folgenden – erstmals veröffentlichten – Texte sind eine kleine Auswahl aus seinem Atelier-Tagebuch. Was andere Maler als Entwurf mit Stift oder Pinsel skizzieren, schreibt Bruno Epple auf. Dabei fließen ihm auch andere Gedanken in die Feder: über die Kunst, über das Leben…

26. Oktober 1983

Ich war in Konstanz Farben kaufen: Chromgelb mittel, Echt-Hochrot, das teure Kadmiumrot hell und, auf Vorrat, eine dicke Tube Titanweiß. Nun male ich seit fast dreißig Jahren und muß sagen, daß mir die Farbnamen immer noch fremd sind: aufgeklebt auf der Tube, aber nicht deckungsgleich mit der Farbe, mit Ausnahme meines geliebten Kobaltblau, wo mir Farbe und Name gleichbedeutend sind, oder Echtgrün oliv, das ich mit dem Namen sogleich vor Augen habe. Ich weiß auch, daß ich Zinnobergrün dunkel mit Rubinlack dunkel und Titanweiß mischen muß, um das schönste Violett zu erhalten, aber beim Rubinlack muß ich doch zuerst den Deckel von der Tube schrauben, um gewiß zu sein, die richtige Farbe zu haben und nicht etwa Alizarin-Krapplack dunkel. Alles andere erkenne ich erst, wenn ich die Farben im weißen Porzellanteller habe, sie vornehmlich mit Titanweiß mischend.

Kurz, die Namen sagen mir so gut wie nichts; ich muß die Farbe sehen, und ich komme mir vor wie ein Musiker, der mehr (oder fast ausschließlich) nach dem Gehör spielt, weil er die Noten nicht mit den Tönen in Einklang bringen kann. Selbst so einfache Unterscheidungen, nämlich die zwischen Preußischblau und Pariserblau, wie sie jeder Schüler im Kopf haben muß, sind mir unvertraut geblieben; also daß ich beide Farben erst auf den Teller drücke und dann mich entscheide.

Vielfach hängt meine Palette von den Farben ab, die ich gerade zur Verfügung habe. Titanweiß brauche ich immer, gern habe ich Lampenschwarz – irgendein Rot, ein Grün, ein Blau, ein Gelb dazu, das könnte für mich ausreichen, ein Bild zu malen.

Vom Mischen verstehe ich, theoretisch, so gut wie nichts; und doch mische ich beständig, und da ergibt sich fast immer, was ich brauchen kann. Unmöglich wäre mir, bei einem Bild auf Anhieb zu bestimmen,

Bruno Epple, „Flurprozession", 1982, 21 x 21 cm, Öl auf Preßplatte

aus welchen Mischungen die Farben zusammengesetzt sind. Müßte ich eine Stelle aus-
bessern, so gäb's ein peinliches Ausprobie-
ren, mehr nach dem Instinkt als aus der
Kenntnis heraus. Völlig hilflos bin ich, sollte ich in der Landschaft draußen die Farben
bestimmen. Das Gras – ist es Kadmiumgrün
oder mehr Zinnobergrün oder Chromoxyd-
grün oder Kobaltgrün, ich wüßte es nicht;
wüßte von allem nichts, weder vom Blau des

Himmels noch vom Braun eines Holzhages
noch von der Farbe eines Hauses. Dabei
fällt mir ein, daß auch Kunsthistoriker und
-kritiker bei ihren Bildbeschreibungen so
gut wie nie exakte Farbnamen nennen; vielmehr nur den Aufbau erklären und sich
über Inhalt und Aussage eines Bildes ver-
breiten, als habe die Qualität einer Farbe
nicht auch ihre Bedeutung. Das muß meinen Verdacht verstärken, daß ihnen grund-

Bruno Epple, „Christbaummarkt", 1981, 31 x 22 cm, Öl auf Preßplatte

legende Kenntnisse, über die jeder Restaurator verfügen muß, fehlen.

Auch wenn ich Farben nicht namentlich bestimmen kann, sind sie mir doch wichtig: Ich höre ihren Klang. Vielleicht sollte ich darangehen, ihren Wert, den sie für mich haben, gelegentlich zu notieren.

1. November 1983

Es versucht mich – das Kadmiumgrün versucht mich, eine grobe Leinwand damit vollzumalen, einen Berg voll Grün, einen elefantösen Berg voll von diesem Grün, das hell wird auf Kuppen und Kämmen, hell auf Erhebungen, die wie Weichteile daliegen; und dunkel an Schattenseiten, langsam in Grüfte und Gründe hineinmodelliert, bis es wieder, in sanftem Bogen, in Helligkeit erwacht. Grünhaut, grüner Pelz auf einem Urwelthügel – ein sattes, samtenes, ein aus Tiefen heraufgrünendes Grün; ein aus grünem Schoß sich entladendes Grün; ein schwangeres Grün und zugleich ein Grün wie Geburtsfreudenschrei. Berg voll Grün, besoffen und torkelnd, im Grün stapfend, Grün umarmend, Grün gurgelnd, Grün lachend und schreiend.

Ein großes, ein riesiges Bild mit einem riesigen grünen Berg, der den Rahmen zu sprengen droht, und nur ein bißchen Himmel, ein schmaler Spalt, der dem Ungetüm gerade noch Luft läßt. Atemberaubendes Bild – gerade an der Grenze, daß der Betrachter nicht in Ohnmacht fällt.

10. Dezember 1983

Einige Tage nicht gemalt – mir kommt vor, es seien Wochen. Die halbfertigen Bilder im Atelier schauen mich beleidigt an, als wollten sie¹ sagen: Was willst du noch, wir haben uns mit dem, was wir sind, längst abgefunden. Nach außen hin haben wir unser Versprechen noch nicht erfüllt – wir sind unter einer großen Idee geboren, und diese tragen wir in uns, auch wenn du es selber nicht mehr merkst. Wir zweifeln, ob du noch Zuneigung genug hast, uns zu dem

Ansehen zu verhelfen, das uns zustünde. Viel zu lange hast du uns hängen lassen. Es tut uns nicht gut, uns so zu vernachlässigen – auch dir nicht. Die Ratlosigkeit steht dir im Gesicht geschrieben, du weißt selber nicht mehr, wie du uns haben möchtest, so fremd sind wir dir geworden, du uns.

Die Pinsel haben alle Geschmeidigkeit verloren; ausgetrocknet oder terpentinölverschmiert liegen sie im Teller. Die Farbtuben in den Schachteln wie eine veruntreute Verheißung.

19. Dezember 1983

Über die Zeitung gebeugt, starre ich, längst von den Zeilen abgekommen, vor mich hin: Das Bild ist aufgetaucht, das mich gestern auf der Heimfahrt von der Schule beschäftigt hat. Wieder sehe ich einen Knaben, der vom Steg ins Wasser springt – sehe die Beine gerade noch herausragen, umgeben vom Weiß aufspritzender Gischt, und ich male mir das gründunkle Wasser unterm Steg aus und setze, noch unsicher, den einen und anderen Jungen mal hierhin, mal dorthin, wie er auf dem Steg steht und hinabblickt, oder wie er unter dem Steg schwimmt. Klar sind mir nur die hellen Beine, die schräg aus dem Wasser herausstehen, und drumherum ein Kranz von Perlen, einer Explosion gleich: eine Wasserperlenexplosion, eine Blüte von Gischt, eine einzige starre Erregung – herausragend die beiden Beine wie Blütenstengel.

8. Januar 1984

Der Sprung ins Wasser – das ließ sich gut an. Der Steg mit den beiden Knaben, das sitzt. Auch das grüne Gegenüber paßt. Für das Wasser habe ich Zinnobergrün dunkel genommen, und das ist gewagt, aber klingt gut in der Farbe. Nur die Wellen machen mir jetzt Schwierigkeiten; so linear, wie sie anfangs gezogen habe, lassen sie sich nicht weiterführen. Das wäre zu schematisch. Aber wie das Gewell malen, das sich

Bruno Epple, „Ophelia", 1980, 60 x 50 cm, Öl auf Leinwand

um den, der ins Wasser eintaucht, ergibt? Ich weiß noch nicht. Also muß ich es riskieren, weiterzumalen, bis es sich von selber als richtig herausstellt.

9. Januar 1984

Es wird mir nichts erspart bleiben, dachte ich, als ich an irgendeiner Ecke mit dem Wasser begann. Leichter als schwer ist es

Bruno Epple, „Rabenkrächzen", 1982, 60 x 50 cm, Öl auf Leinwand

nicht zu haben, mit einfachen Wellenstrichen ist nichts zu gewinnen, nur verlorene Zeit, also weiter, brav Welle um Welle, schön abgestuft vom Hellen ins Dunkle, vom Dunklen ins Helle. Die ersten Partien sind gelungen, ich werde nicht darumkommen, alles, aber auch alles Wasser zu übermalen, eine Schinderei – aber auch schön.

Bruno Epple, „Mit dem Schnee kommt der Briefträger“, 1983, 21 x 21 cm, Öl auf Preßplatte

Und ich malte stundenlang, fast bis zur Genickstarre. Die ersten flüchtigen Stellen wuchsen zu, und morgen oder übermorgen, sobald alles trocken ist, geht's weiter, der Einsatz ist nur gültig, wenn er das Ziel erreicht, dem guten Anfang bin ich ein geglücktes Ende schuldig. Jetzt ja nichts verpfuschen, ja sich nicht mit dem billigen Anschein zufrieden geben.

Auch die Knaben habe ich übermalt, schon ist ihr Körper herausmodelliert, die Haut weich und samten.

Das Bild wächst mir entgegen, es ist bald nur noch Geduldsache, in seiner Gesetzmäßigkeit fortzufahren. Das Zinnobergrün als Wasser erweist sich als glücklich: es schenkt mir seine Gunst. Kräftig und kühl ist die Farbe und macht den Sommer noch heißer.

Bruno Epple, „Weiße Tulpen auf Stuhl", 1979, 60 x 50 cm, Öl auf Leinwand

12. Januar 1984

Der Sprung ins Wasser – ja, jetzt spritzt es richtig, jetzt blüht die Wasserspritzblume auf. Die vielen weißen Pünktchen sind in eine Ordnung gekommen, haben sich zu Strahlenbogen versammelt. Das macht Eindruck. In den nächsten Tagen sorgfältig weitermalen, hier die Farbe leicht ändern, dort die Kleinigkeit beifügen. Und immer gut trocknen lassen, daß ja nichts verschmiert. Jede Unachtsamkeit ruft einen dreifachen Aufwand hervor. An den Pfahl habe ich einen Schwimmer gesetzt, er schaut aus dem Wasser gerade dem Sprung zu.

25. Januar 1984

Zwei kleinere Mädchen kommen den verschneiten Weg herab und ziehen einen Schlitten hinter sich her. Das eine Mädchen in rosa Strümpfen und einer Kniebundhose in einem leicht violetten Rosa – ich hätte schreien können vor Entzücken: Dieses Rosa im Schnee, welch herausfordernde Munterkeit!

9. April 1984

Wieviel Zärtlichkeit und Melancholie male ich in ein Bild – wer mag's erwägen.

Ein Pinsel ist an sich schon eine Zärtlichkeit: zart und einfühlsam, kaum spürbar und doch sich einschmiegend in jede Feinheit. Er hat etwas von einer Katze, so samthaarig schnurrt er, und ist in seiner Hingabe ganz eigen. Er hat, wenn er gut ist, Charakter.

Des Pinsels Eleganz ist seine Geschmeidigkeit. Er ist vom Marder oder Dachs, hat Füchsisches an sich, von der Rute des Iltis, der durch Gehege schlüpft, vorsichtig und flugs. Ein Pinsel ist erotisch, wie Wimpernschlag über liebendem Auge. Der Maler, der seine Geliebte mit feinsten Pinseln bemalte – höchste Kunst und Lust des Streichelns, die ausdenkbar ist.

Und es ist nicht allein der Pinsel. Er lebt erst mit der Farbe, die er aufnimmt, mit der er eins wird. Er vermittelt Farbe, mehr: Farbe wird durch ihn lebendig, glatt oder weich oder stumpf oder sämig oder samten oder rauh. Er mischt und vermengt, verbindet und vereint: Er vermählt verschiedene, ja gegensätzliche Farben zu einem höheren Glück. Nein, er ist kein Lappen, der nur verwischt. Keine Bürste, die ruppig beherrscht. Er ist feinfühlig, feinsinnig, er schmiegt sich ein, aber vergißt sich nicht.

Der Pinsel ist ein Liebhaber der Farbe. Wie er sie sich zu eigen macht – in wunderschöner Hingabe. Und wie er, in der Hand des Malers, zum zärtlichsten Instrument wird. Wie er streichelt und strichelt, wie er küssend verweilt, hüpft und tupft, wie er versonnen sich verausgabt, wie er zupackt, deckt, wühlt und sich einfühlt, wie er über die Leinwand wildert, huscht, wie er kitzelt und spitzelt, wie er breit und ausladend lacht und flugs dahinfegt.

Welche Geliebte erfährt leibhaftig an Zärtlichkeiten, so voll träumerischer und wilder Hingabe, wie sie der Maler seinem Bild tausendfach schenkt? Der Pinsel, verwachsen mit der Hand, wird zum Glied, wird mir, was dem Vogel sein Flügel ist. Macht sich selbständig, malt wie von selber fort – mir ist, als brauch' ich nur noch zuzuschauen.

Wie abhängig ich von ihm bin, von seinem Charakter und seiner Güte. Mit der Zeit nimmt er ab, er wird dünner und spitzer; da kann ich noch das Feinste leisten. Aber dann wird er schwach, die Haare lahmen, das eine und andere steht ab, macht nicht mehr mit. Das ist sein Ende. Er hat keine Kraft mehr, und mit der Kraft verliert er allen Glanz. Er hat sich ausgelebt.

21. September 1984

Ich lese in der Neuen Zürcher Zeitung Notizen von Christoph Geiser unter dem Titel „Im Freigehege – Eindrücke von Ber-

Bruno Epple, Tonfiguren „Vertreibung aus dem Paradies"

lin". Darunter der Satz: „Grün leuchtet im Hintergrund, unter dem Lichtzelt, der Billardtisch".

Wie mich das anmutet. Da steht mir das Bild vor Augen, erweckt durch diese Formel, als wär's ein Zauberwort. Ich sehe den Raum voll Dämmer, Spieler in ihn eingetaucht, sehe das Grün des Billardtisches. Der steht auf schweren, kurzen und gedrechselten Beinen, ein mächtiger, schwarzer Tisch. Die Lampe darüber ein Lichtzelt. In früheren Jahren hatte ich das ähnlich gemalt, ein kleinformatiges Bild. Aber jetzt steht mir alles größer und näher vor Augen, herangerückt, fast bedrückend: der wuchtige Tisch, die Spieler an den Rand des Bildes gedrückt, dem Tisch zugewandt, sich über das leuchtende Grün beugend, dunkel gekleidet, nur weiß das Gesicht mit dem zielenden Auge, weiß die Hemdärmel oder Manschetten, die Hände weiß und weiß die Kugeln. Branddunkel und Schwarz und Weiß und das beherrschende Grün.

Ob ich das (noch einmal und neu) male? So, daß es den Rahmen zu sprengen droht, so wuchtig.

9. Dezember 1984

Nach dem Malen, ich hatte das Licht gelöscht, die Ateliertüre abgeschlossen, schaute ich in die Schwärze draußen, wo die Schafe stehen mußten, die mir mit kurzem Blöken Zeichen gaben. Langsam paßte sich mein Auge der Nacht an. Die beiden Schafe unterm Zwetschgenbaum, wo der Hang zur Mauer kommt, an der ich wie an einer Brüstung stand, erblühten langsam, nahmen Konturen an, das Vlies wurde heller, die Köpfe kalkig: Wie Urtiere hoben sie sich ab vom schwarzen Gitter der Bäume, und der

Himmel wurde heller, der Nebelhimmel errötete mehr und mehr zum Dorf hin, das im Grunde liegt und dessen Lichter nicht sichtbar waren und nur den Nebel mit einem zarten Graurosa erfüllten – eine Sanftmut an Helle, die mich bezauberte und deren Schönheit verstärkt wurde durch die mächtigen Birnbäume mit ihrem vielfachen Geäst: lebendige Zeichnung, die mir entgegentrat, eindringlicher und näher als am Tage. Die Schafe standen wie Statuen, voll in der Wolle, und ihre Konturen so kompakt und wesentlich.

Ich schaute verwundert.

2. März 1985

Nacht voller Träume. Auf Holztüren hatte ich zu malen, nicht Kunst, sondern so etwas wie die Jahreszeiten. Während des Traumes wiederholte ich mir meine Aufgabe, um sie nicht beim Erwachen zu vergessen. Aber ich habe sie vergessen, mit Ausnahme eines Bildes, das merkwürdig genug war, mich sehr zu beeindrucken.

Eine Landschaft mit Himmel, blaugrünem Bergzug jenseits des Sees und diesseits eine Wiese – sehr zart alles und harmonisch. Im Vordergrund stand auf der Wiese eine Konzertharfe mit golden braunem Rahmen, so groß, daß sie das Bild einnahm. Hinter den Saiten lag die Landschaft – fast unwirklich; die Saiten machten sie tiefer und sanfter und fingen sie zugleich ein.

In den Saiten aber, gleichsam von ihnen durchzogen, hing, die Flügel leicht gespreizt, tot eine Krähe. Bruno Epple

André Ficus: Bildnis Robert Neumann, Öl auf Leinwand, 100 x 76 cm, 1971.

André Ficus: Profile des Geistes

In Friedrichshafen entstanden zwanzig Porträts bedeutender Zeitgenossen

„Eines Tages schrieb er, er wolle kommen und mich malen – dann kam er und malte mich. Er umschlich mich wohl eine Woche und machte viele Skizzen, die er vor mir verschloß. Bevor er abreiste, umschlich er mich noch mit seiner Kamera und machte ungezählte Fotografien, auf der Jagd nach diesem und jenem Zug in dieser und jener Stimmung in diesem und jenem Licht. Das hefte er alles an die vier Wände seines Ateliers, bevor er zu malen beginne, sagte er. Mein Porträt bekam ich erst drei Monate später zu sehen. Ich kam mir vor wie der Direktor einer korrupten südamerikanischen Republik, aber meine Frau sagte, gerade das stimme. Ich schaute lange hin. Es stimmte in der Tat." Robert Neumann, der bekannte Autor und Parodist, schildert so, wie André Ficus ihn 1971 malte. In seinem leicht satirischen Ton macht er dabei zwei Feststellungen: Ficus' Arbeitsweise unterscheidet sich gänzlich von den bei Porträts üblichen Sitzungen, aber das Ergebnis „stimmt". Und Neumann fügt hinzu: „. . . das ist große Kunst".

André Ficus, in Berlin geboren, geprägt auch von Frankreich und vor allem Paris, seit 1946 am Bodensee, ist als Porträtist wenig bekannt. Dabei hat er etwa zwischen 1961 und 1973 eine ganze Reihe – insgesamt sind es einundzwanzig – bedeutende Zeitgenossen, Schriftsteller, Philosophen gezeichnet und gemalt. Die Gemälde hängen, soweit sie nicht in Privatbesitz sind, in Museen und Galerien, die meisten Zeichnungen sind im Zusammenhang mit Aufsätzen der betreffenden Autoren oder über deren Werk oft veröffentlicht worden, man hat sie gesehen und als eine Art Stenogramme dieser oder jener Persönlichkeit im Gedächtnis behalten.

Die Routine des erfahrenen Porträtisten erwarb André Ficus sich zwangsweise in amerikanischer Kriegsgefangenschaft in Frankreich. Man baute ihm dort ein Atelier, und er mußte eineinhalb Jahre lang fast jeden Tag einen Amerikaner malen; Honorar: zwei Stangen Zigaretten, die sicherste Währung jener Zeit. In den Nachkriegsjahren hat er, wenn es sich anbot, immer wieder Porträts gemalt. Daß sie für mehr als ein Jahrzehnt in den Mittelpunkt seines Schaffens rückten, hatte einen für Ficus und sein Werk sehr typischen Anfang.

Um 1961 las Uwe Johnson in Friedrichshafen aus seinem kurz zuvor erschienenen, ersten großen Roman „Mutmaßungen über Jakob". Man saß danach noch eine Weile zusammen, auch Martin Walser war dabei, und Ficus, fasziniert von Johnsons wie aus Holz geschnitztem Kopf und der so greifbaren Beziehung von Persönlichkeit und Werk, fragte den Autor, ob er ihn nicht anderntags im Atelier besuchen wolle, er würde gern eine Zeichnung von ihm machen. Johnson kam – und die Zeichnung gelang trotz aller Mühe nicht. Aber noch am selben Abend – Johnson war schon wieder abge-

André Ficus: Uwe Johnson, Holzschnitt, 38 x 19 cm, 1963.

reist – versuchte Ficus, diesen Kopf, wie er sagt, aus der Erinnerung aufzubauen und zu gestalten, und plötzlich sah er, daß er ihn wirklich getroffen hatte, daß er lebendig vor ihm stand, wie es vor der Natur nie hätte gelingen können. Es war ein Schlüsselerlebnis für André Ficus, und es bestimmte als Leitfaden die späteren Porträts: „Mehr aus dem Gefühl, aus dem Sicheinsehen in den Kopf zu gestalten, als aus der Verfolgung des Details", erinnert er sich.

Nach der Bleistiftzeichnung jenes Abends entstand dann ein Porträt Uwe Johnsons in Öl, das André Ficus den Weg zu einem ungewöhnlichen Auftrag öffnen sollte. Bei einem Atelierbesuch in Begleitung einiger Autoren sah Siegfried Unseld, der Leiter des Suhrkamp-Verlages und also auch Johnsons Verleger, das Bild, kaufte es auf der Stelle und schickte Ficus kurz danach einen Vertrag für eine Anzahl weiterer Autoren-Porträts. In diesem Rahmen entstanden in den folgenden Jahren Bilder von Martin Walser und Max Frisch, von Siegfried Unseld selbst, von Hans Magnus Enzensberger und Ernst Bloch. Manchmal standen für die Begegnung mit den Autoren an zwei oder drei Tagen ein paar Stunden zur Verfügung, manchmal mußten knappe Sitzungen einem hektischen Reiseprogramm des zu Porträtierenden abgerungen werden. So stand der Faszination der Aufgabe fast immer die Last einer ungeheuren Anspannung gegenüber, der Zwang, die betreffende Persönlichkeit auch unter ungünstigsten Umständen und in viel zu knapper Zeit wirklich zu erfassen.

Im Wesen des Malers André Ficus liegt auch eine enge Beziehung zur Literatur. Als ihm Max Frisch in einem Hotel in Zürich gegenübersaß, konnte Ficus im Gespräch über dessen Werk ebenso aus dem vollen schöpfen wie etwa in Tübingen bei Ernst Bloch. Darin nur eine nützliche Anknüpfungsmöglichkeit für ein lockeres, dem gemeinsamen Vorhaben günstiges Geplauder zu sehen, wäre eine oberflächliche Schlußfolgerung. In Wirklichkeit liegt in Ficus' geläufigem Umgang mit europäischer Geistigkeit aus Vergangenheit und Gegenwart der Schlüssel für seine ganz spezielle Arbeitsweise beim Porträtieren. Er brachte zu den sogenannten Sitzungen bereits eine lebendige Vorstellung von Person und Denken seines Gegenüber mit und suchte jetzt, in der Gegenwart des Gesichts, diese Grundlinien zu Papier zu bringen, ebenso rasch wie präzise hingeworfene Skizzen von großer Eindringlichkeit.

Martin Walser, den Ficus zwischen 1962 und 1972 mehrfach porträtierte, hat anläßlich der Eröffnung einer Ficus-Ausstellung 1969 im Friedrichshafener Bodenseemuseum die besondere Arbeitsweise des Malers amüsant beschrieben: „Normalerweise scheint es so zu sein, daß der porträtierende Künstler so von seiner Arbeit beansprucht wird, daß der Porträtierende ganz von selbst bemerkt, er hat während dieser Sitzung nicht nur nichts zu melden, er hat sich vielmehr peinlichst zu bemühen, den Künstler nicht in seiner Schaffensstimmung zu stören. Daß es dem menschlichen Gegenstand peinlich sein könnte, überhaupt gemalt zu werden, daß seine Gesichtszüge einzufrieren beginnen, wenn an ihnen so scharf Maß genommen wird, darauf kann der Künstler offenbar keine Rücksicht nehmen. Nicht so Ficus. Er entwickelt während der Arbeit einen Teil jener Cäsar-Virtuosität, die es ermöglicht, mehreres zugleich zu tun. Ficus sprach mit mir, während seine Hand mit seinen Augen zusammenarbeitete. Er sprach so erfindungsreich und auf das Gelingen jedes Satzes bedacht, wie sonst auch. Die Hand aber mußte, während er konzentrierte Sätze formulierte und auf meine Antworten hörte und mit- und weiterdachte, die Hand mußte dabei ganz leicht bleiben, mußte den Feinstanweisungen der Augen gehorchen, keinen Zug zu früh festlegen, möglichst lange freibleibend auf den Gesamtausdruck zusteuern und dann im günstigen Augenblick durch einen riskanten Zugriff riskant und endgültig entscheiden. Und dabei Konversation machen.

Mund und Ohren und Hand und Augen arbeiten da unabhängig voneinander. Wenn er's dann hat, dann atmet er ziemlich laut auf, der Bleistift springt dann geradezu aus der Hand, die Hand ist froh, erlöst zu sein. Ich glaube, man sieht den Porträts diese Fähigkeit an. Vorwiegend sind es Literaten,

André Ficus: Bildnis Ernst Bloch, Öl auf Leinwand, 71 x 50 cm, 1965; Museum Goslar.

die er so aufnimmt. Leute des Worts: Enzensberger, Johnson, Unseld, Frisch, Bloch, Heidegger. Ich will nicht behaupten, er könne keinen Staatsanwalt malen, aber bei Literaten ist er kühner, denen fügt er mehr zu, da malt er sein ganzes Literaturverständnis mit.

Mir fällt das am meisten bei seinem Uwe-Johnson-Bild auf, das so eindrucksvoll gemalt ist, daß es mir, obwohl ich es höchstens zehnmal gesehen habe, in der Erinnerung oft den natürlichen Uwe Johnson, den ich mindestens zweihundertfünfzigmal gesehen habe, verdrängt. Obwohl der wirkliche Uwe Johnson seinen Büchern wahrhaftig gleichsieht, der gemalte sieht ihnen noch gleicher."

Bei Porträts, die so stark von der inneren Vorstellung des Malers leben, kann es nicht

André Ficus: Martin Walser, Rohrfeder,
10 x 7 cm, 1972; Privatbesitz.

André Ficus: Rudolf Hagelstange,
Filzschreiber, 20 x 16 cm, 1972.

ausbleiben, daß der Auftraggeber seine eigene Idee von der betreffenden Persönlichkeit einmal nicht verwirklicht sieht. Das war zum Beispiel bei dem ersten Porträt von Bloch der Fall, das der Verleger Unseld nicht annahm. „So sieht jemand nicht aus, der die großen Gedanken der Zeit denkt", sagte er bei einem Telefongespräch; das Bild wurde später von der Universität Tübingen erworben. Ficus vertiefte sich anhand seiner vielen Skizzen noch einmal in den Philosophen Bloch, es entstanden zwei weitere Porträts, von denen das eine nach einer Ausstellung vom Museum Goslar gekauft wurde, während die dritte Fassung die Zustimmung Unselds fand und beim Suhrkamp-Verlag blieb.

Daß Unseld die erste Fassung abgelehnt hatte, ändert nichts an der – wie Ficus auch heute noch urteilt – ungewöhnlichen Freiheit, die der Suhrkamp-Vertrag ihm einräumte, indem er ihm ausdrücklich völlige Unabhängigkeit in der Auffassung zusicherte. Ficus hatte bei seinen Porträts immer eine Leitidee, bei Johnson war es die Brecht-Aura, die sein Frühwerk – wie das vieler junger Autoren damals – umgab, und so war er ganz sicher, das Ölbild von Johnson müsse im „Brecht-Grau" verbleiben. Hinzu kam, daß in den „Mutmaßungen über Jakob", deren Lesung damals den Anstoß zum Johnson-Porträt gab, viel von Nebel und Dunst die Rede ist, eine Stimmung von Unentschiedenheit waltet. Das nahm André Ficus in die Idee des Bildes auf, und darin liegt dessen besondere Qualität; aber das gelang, wie er einräumt, nicht bei allen Bildern; vielleicht noch in der einen Fassung des Frisch-Porträts, „wo ich wirklich die Nüchternheit, die schweizerische Grundnote von Max Frisch eingefangen habe, auch im Kolorit, in der rostroten Jacke vor dem grauen Hintergrund, wie er seine Pfeife stopft und anzündet, die ihm immer wieder ausging . . ." Daß dies so gelang, lag auch an dem anregenden Gespräch, das beide während des Zeichnens über Frischs Werke führten, über „Gantenbein", über „Biedermann und die Brandstifter": „Ich habe immer versucht, die Autoren auf das zu bringen, was sie interessiert, und das ist eben ihre eigene Arbeit."

Diese genaue Werkkenntnis fehlte Ficus bei Heidegger. Der Meßkircher Philosoph, der es bis dahin strikt abgelehnt hatte, sich malen zu lassen, sah eines Tages zufällig das Bloch-Bild und erklärte, „der" könne ihn ja auch einmal porträtieren. Der Kontakt kam zustande, und Ficus fuhr 1969 zu Heidegger, ohne etwas von ihm gelesen zu haben. Zur Brücke wurde Sartre, in dessen Gedankenwelt André Ficus um so mehr zu Hause war, der sich als Schüler Heideggers bezeichnete und den Meister auch einmal besucht hatte. Heidegger erinnerte sich, und schon bahnte sich mit dem zunächst so wenig mitteilsamen Partner ein lebhaftes Gespräch an, es entstanden Skizzen und Bilder, die dann im Zusammenhang mit Würdigungen Heideggers zu dessen 80. Geburtstag im gleichen Jahr mehrfach veröffentlicht wurden.

André Ficus: Hans Magnus Enzensberger, Filzschreiber, 29,5 x 21 cm, 1964.

Daß ein Bild nicht nur das einfach Sichtbare darstellt, sondern eine Idee anschaulich macht, das beziehe sich, meint André Ficus, nicht nur auf die Porträts, sondern auf seine gesamte Malerei. Mit dem blitzartigen Erfassen der Idee beginnt der schöpferische Prozeß auch bei Bildern aus einer französischen oder amerikanischen Stadt, bei Stilleben, bei Landschaften. Und weil er die Gabe hat, diese Grundstimmung des Dargestellten so unmittelbar und unverwechselbar zu erfassen und sichtbar zu machen, kann er auch formalen Prinzipien folgen wie etwa der geometrischen Ordnung der Fläche, die für eine Anzahl Porträts kennzeichnend ist. Um den schnellen Ein-

André Ficus: Max Frisch, Filzschreiber, 29,5 x 21 cm, 1964; Schiller-Nationalmuseum, Deutsches Literaturarchiv, Marbach.

André Ficus: Bildnis Otto Dix, Öl auf Leinwand 92 x 60 cm, 1967; Staatsgalerie, Stuttgart.

André Ficus: Martin Heidegger,
Kreide, 70 x 50 cm, 1969; Privatbesitz.

Georg Muche, Kreide, 60 x 50 cm, 1971;
Ostdeutsche Galerie, Regensburg.

druck festzuhalten, arbeitet Ficus nicht nur mit dem Zeichenstift, sondern auch mit dem Fotoapparat. Skizzen oder Fotos mögen Vordergründiges wiedergeben, sie dienen aber dazu, nachher das Hintergründige lebendig zu machen, auf das der Maler abzielt, das sein eigentlicher Gegenstand ist.

Malen ist im Verständnis von André Ficus auch eine intellektuelle Aufgabe; in diesem Sinne grenzt er sich gern von den sogenannten „Gegenstandslosen" ab. Aber in dieser Grundauffassung liegt, was die Porträts angeht, auch eine Abgrenzung gegenüber der gängigen Auftragsmalerei, mit der Ficus sich nicht befassen will: „Ich habe inzwischen gelernt, daß man ankommt bei den meisten Menschen, wenn man sie so malt, wie sie sich selbst sehen wollen. Und wenn einem das nicht gelingt oder man hat eine andere Sicht, dann gerät man in Konflikte, oder man muß Kompromisse schließen, und das ist für die künstlerische Aussage immer schlecht."

Wenn André Ficus auf seine Porträtarbeit zurückblickt, die er – für den Augenblick jedenfalls – als abgeschlossen betrachtet, dann stehen für sie die Namen von zwanzig bedeutenden Persönlichkeiten aus Literatur, Philosophie, Kunst. Den bereits erwähnten ist Ernst Jünger hinzuzufügen, dann Georg Muche, Rudolf Hagelstange, Fritz Kortner, Josef W. Janker, Otto Dix – dessen Bild die Staatsgalerie Stuttgart erwarb –, Sepp Mahler, Peter Härtling. Vier Namen faßt Ficus unter dem Begriff „Portraits imaginaires" zusammen, nämlich Marcel Proust, Thomas Mann, Edith Piaf und Juliette Gréco. Sie sind ihm nie „gesessen", er hat ihre Bilder nur aus der Vorstellung geschaffen. Zieht man aber seine Werkkenntnis und seine typische Arbeitsweise in Betracht, dann ist klar, daß sie sich der lebendigen Reihe seiner Profile des Geistes nahtlos einfügen.   Erika Dillmann

Leopold Ziegler, aufgenommen von einem unbekannten Fotografen, etwa 1956

Leopold Ziegler

Das Werk des „Weisen vom Bodensee" ist heute von größter Aktualität

Nachdem er sieben Jahre in Achberg, im Hügelland oberhalb Lindau verbracht hatte, kam Leopold Ziegler 1925 nach Überlingen. Es ist wohl der Blick in die Weite der Seelandschaft gewesen, der ihn nicht mehr losgelassen hat. In seinem „Efeuhäusle", am Goldbacher Weg hatte er sie täglich vor Augen, die „beinahe einzigartige Übereinstimmung von Natur und Kultur". Hier, wie er an anderer Stelle sagt, „setzt sich jeder Fußbreit der sichtbaren Landschaft draußen um in ein Stück Seelandschaft drinnen, und wie es den leiblichen Blick unwiderstehlich in die Ferne des Raumes zieht und lockt, so zieht und lockt es den geistigen unwiderstehlich in die Ferne der Zeiten." Dreiunddreißig Jahre lebte Ziegler in Überlingen. Dieser und jener mag sich noch an den immer sehr sorgfältig gekleideten Herren mit dem geistvollen Gesicht erinnern. Er hinkte ein wenig. 1956, als er den Bodensee-Literaturpreis der Stadt Überlingen erhielt, wurde er von Stadt und Bürgerschaft groß gefeiert, aber in Wirklichkeit war er einsam. Wenige wußten von ihm oder suchten seine Nähe. Das war der Preis, den er für die ungeheure Dimension seiner Gedankenwelt zu zahlen hatte.

Wer heute von Leopold Ziegler spricht, muß damit rechnen, daß dieser Autor nur mehr wenigen präsent ist. Viele kennen nicht einmal den Namen des am 30. April 1881 in Karlsruhe geborenen Philosophen, der in der Zeit zwischen den beiden Weltkriegen vielfach in einem Atemzug mit Oswald Spengler, Ludwig Klages und Hermann Graf Keyserling genannt wurde. Die Stadt Frankfurt am Main hat ihm 1929, als drittem nach Stefan George und Albert Schweitzer, den Goethe-Preis verliehen; neun Jahre zuvor war Ziegler für sein erstes großes Buch „Gestaltwandel der Götter", zuerst bei S. Fischer erschienen, mit dem Nietzsche-Preis ausgezeichnet worden. Von dem frühen Ruhm dieses Mannes, zu dessen Freunden der Großindustrielle und Staatsmann Walther Rathenau, der Maler Karl Hofer sowie der Dichter Reinhold Schnei-

der gehörten, ist kaum ein Halm stehen geblieben. Keines der Werke Leopold Zieglers ist zur Zeit im Buchhandel erhältlich; nur in Antiquariatskatalogen tauchen noch manchmal seine großen, ja magistralen Bücher auf: „Das Heilige Reich der Deutschen" (1925), „Überlieferung" (1936, 2. verbesserte Aufl. 1949), „Apollons letzte Epiphanie" (1937), „Menschwerdung" (1948), „Von Platons Staatheit zum christlichen Staat" (1948) und „Das Lehrgespräch vom Allgemeinen Menschen" (1956). Der Bogen von Zieglers Schaffen umspannt mehr als ein halbes Jahrhundert, anfangend mit seinen Erstlingsschriften „Zur Metaphysik des Tragischen" (1902) und „Das Wesen der Kultur" (1903), endend mit dem Entwurf zu einem apokalyptischen Mysterienspiel und dem Gottfried Keller, Pestalozzi sowie Stifter gewidmeten „Dreiflügelbild", beide erst postum erschienen. Es umfaßt Ästhetik und Kunstgeschichte, Symbolik und Mythologie, Gesellschaftslehre und Wirtschaftspolitik, Anthropologie und Pädagogik, Biologie und Theologie.

Ziegler wurde eingangs als „Philosoph" vorgestellt, und daran wäre auch nichts auszusetzen, sofern man den vormodernen, ja antiken Sinn des Wortes im Auge behält. Wenn allerdings Russell, Carnap und Popper den Typus des Philosophen am reinsten verkörpern, dann ist Ziegler kein Philosoph. Er ist es dann ebensowenig wie Plotin, Eckhart, Jakob Böhme und Schelling. Sein Denken kann man nicht diskursiv widerlegen, sondern nur kontemplativ nachvollziehen oder links liegen lassen. Insofern hat Zieglers Philosophie etwas gemeinsam mit großer Kunst, und dem aufklärerisch-positivistischen Vorwurf, sie sei „Gedankendichtung", bietet sie sich vielleicht ungeschützter dar als die meisten anderen metaphysischen Entwürfe der ersten Hälfte unseres Jahrhunderts. Wahrscheinlich hätte Ziegler diesen Einwand nicht einmal abgewehrt, sondern nur wiederholt, daß er „dem verlorenen Mysterium auf der Spur" gewesen sei, um das von der Neuzeit „gleichsam verlernte Alphabet des Weltgeistes mit seinen vielerlei Zeichen, Bildern und Runen" zu entziffern.

Nicht daß Ziegler deshalb ein wissenschaftsfeindlicher Irrationalist gewesen wäre! Er verfügte durchaus über das Rüstzeug der modernen Wissenschaft und berücksichtigte immer wieder die Ergebnisse der Archäologie, Völkerkunde, Religionsgeschichte und Tiefenpsychologie. Doch das, was er anzielte, war selber nicht Wissenschaft, sondern „Gnosis", „Theosophie" oder „Esoterik" − im ursprünglichen, nicht sektiererischen Sinne dieser Benennungen. In bezug darauf ist Ziegler ein Geistesverwandter von Männern wie Wladimir Solowjew, Julius Evola, René Guénon, Otfried Eberz, Edgar Dacqué, Rudolf Kassner oder

Frithjof Schuon; von älteren Denkern und Forschern wären insbesondere Franz von Baader, Schelling und Görres zu nennen.

Es gibt keinen „Zieglerismus", der sich in einer kurzen Formel zusammenfassen ließe. Dazu ist das Werk des „Weisen vom Bodensee" − Ziegler hat den größten Teil seines Lebens in der ehemaligen Freien Reichsstadt Überlingen verbracht und ist dort auch am 25. November 1958 gestorben − viel zu reich an Wendungen, Kehren und Vielschichtigkeiten. Der Weg führte den zeitlebens ohne akademisches Amt gebliebenen Privatgelehrten und Schriftsteller von Eduard von Hartmann (1842-1906) und Artur Drews (1865-1935), diesen beiden letzten Nachzüglern des Deutschen Idealismus, über die „Mysterien der Gottlosen" − eine atheistische Religiosität nach dem Vorbild Buddhas − zu einer christlichen Esoterik in der Nachfolge Jakob Böhmes. Diese strebte über alle bestehenden Kirchen und Bekenntnisse hinaus und trachtete, auch Laotse, Zarathustra und Gilgamesch, dem Veda, der Kabbala und der Edda unter der Kuppel einer evangelischen Katholizität Heimatrecht zu verschaffen.

Der in zwei umfangreichen Bänden aus den sieben Bitten des „Vaterunsers" eine tiefsinnig grüblerische Geschichts-, Sozial- und Religionsphilosophie entfaltende Ziegler hat das Wort des Johannes-Evangeliums auf seine Weise ernst genommen: „In meines Vaters Haus sind viele Wohnungen." Zugleich knüpft er, ein letzter Nachkomme der großen alexandrinischen Kirchenväter Clemens und Origenes, an die Lehre vom „logos spermatikos" an, derzufolge der Logos − das schließlich in Jesus Christus Mensch gewordene Wort Gottes − durch die gesamte Weltgeschichte hindurch sich in den verschiedensten religiösen und philosophischen Formen immer wieder keimhaft kundgegeben hat. Als wahrhaft „katholische", als Universal-Religion sei das Christentum so alt wie die Menscheit und schon

Zieglers „Efeuhäusle" nach der Sprengung der darunterliegenden KZ-Stollen durch die Franzosen

„die Religion Adams", verflochten in das Drama der Weltgeschichte zwischen Sündenfall und Jüngstem Gericht.

Diese Gedanken fortspinnend, hat Leopold Ziegler eine Lehre von der *„integralen Tradition"* entwickelt. „Integral" bedeutet erstens: daß die mythischen, religiösen und philosophischen Lebensäußerungen aller Völker und Kulturen, so sehr sie einander widerstreitend auch scheinen mögen, gleichsam Fragmente, Facetten oder Aspekte ein und desselben Ganzen bilden. Und zweitens: daß diese in sich vielgliedrige Ganzheit, da in einer „Uroffenbarung" gründend, eine heile, unverletzte, letzthin unzerstörbare Tradition sei: „Es werden die Seelentümer sämtlicher Völker von demselben unterirdischen Strom derselben Überlieferung genährt und gespeist, und das ist

es, was alle wirklich ‚Eingeweihten' immer wieder als die Einheit aller Überlieferungen unwiderruflich erfahren."

Die zunehmende Entzauberung und Profanierung der Welt durch die moderne Wissenschaft und Technik europäischer Herkunft war für Ziegler eine Tatsache. Die Entwicklung vom homerischen Olymp zum gnadenlosen „Mythos atheos" der mechanistischen Naturforschung und der damit verbundene Transzendenzschwund erschienen ihm nicht nur als „Sündenfall" oder als absurdes Verhängnis, sondern als geschichtliche Notwendigkeit, die es anzunehmen und auszuhalten gilt. Doch zugleich vertraute er darauf, daß die in den Hieroglyphen der Symbole, Mythen und Mysterien der Menschheit hinterlegte Tradition nur in tiefere Bewußtseinsschichten absinken, jedoch nicht versiegen könne. Jeder von uns besitze, obschon oft nur spurenhaft, ein Organ für deren zeitlos-übergeschichtliche Botschaft.

Erinnerung und *Versöhnung* sind die beiden Pole, zwischen denen sich Zieglers polyphones Lebenswerk spannt. Er selbst sprach einmal von der merkwürdigen Pendelbewegung in seinem Schaffen: stets folge auf eine christliche Arbeit eine dem Heidentum gewidmete.

Synoptische Erinnerungskraft, in entfernteste Weltalter sich zurücktastend, mag das „heidnische", Leidenschaft zur Versöhnung der Gegensätze das „christliche" Element in Zieglers philosophischem Eros repräsentieren.

Es mehren sich die Zeichen, daß dieser Außenseiter, der schon lange vor seinem Tode im Jahre 1958 ein Abgeschiedener in des Wortes doppelter Bedeutung zu sein schien, heute mehr Aufmerksamkeit finden könnte als in der unmittelbaren Nachkriegszeit − sofern nur ein Verlag sich dazu aufraffte, wenigstens die großen Bücher Zieglers wie „Der ewige Buddho", „Überlieferung", „Menschwerdung" und „Das Lehrgespräch vom Allgemeinen Menschen" neu herauszubringen. Es seien deshalb abschließend einige Momente erwähnt, die für Zieglers Aktualität sprechen.

Einmal verdient er angesichts der in Europa wie in den Vereinigten Staaten von Amerika beschworenen Wende zum Konservatismus als Denker der Überlieferung besonderes Interesse. Ziegler könnte dem Konservatismus eine metaphysische Tiefendimension verleihen, von der diejenigen nichts ahnen, die diese geistespolitische Haltung mit altliberaler Reaktion, steriler Nostalgie oder theorielosem „Pragmatismus" verwechseln.

Ziegler vermag überdies, nicht nur mit seinem monumentalen Werk „Das Heilige Reich der Deutschen" (1925), viel Nachdenkenswürdiges zur derzeit aufbrechenden Debatte über nationale Identität beizusteuern. Wer sich fragt, was es bedeutet, Deutscher zu sein, sollte auch den Weisen vom Bodensee befragen.

Ein weiterer Umstand verleiht seinem Werk eine zusätzliche Aktualität: seine ökumenische Spiritualität, die freilich über alle bestehenden „Mauerkirchen" (wie Böhme sie nannte) hinausweist und sich der heilsgeschichtlichen Bedeutung der außerchristlichen Religionen, dem Problem der Vielfalt göttlicher Offenbarung in dieser Welt zu stellen wagt.

Schließlich hat Ziegler sich bereits in den dreißiger Jahren gegen eine „patriarchalische" Deutung des Christentums gewandt, auf die von der herrschenden Theologie verdrängten weiblich-mütterlichen Erscheinugsweisen des Göttlichen hingewiesen und die einzig mögliche Rettung des Abendlandes in einer Anerkennung der Heilkraft des Weiblichen erblickt. Einer seiner spätesten Aufsätze (1951 im „Merkur" erschienen) trägt die Überschrift „Von der Muttergottheit"; von ihr spricht er auch in seinem erst 1961 veröffentlichten „Dreiflügelbild". Im Mittelpunkt seiner Goethe-Rede von 1949 steht Makarie, die geheimnisvolle Frauengestalt aus „Wilhelm Meisters Wanderjahren", „die ihre Mitte ein für allemal nicht nur hat, vielmehr diese Mitte geradezu verleibt." „In einem Außerhalb der geschichtlichen Kirchen und Bekenntnisse" stehend, lauschte der einer katholisch-protestantischen „Mischehe" entstammende Ziegler einer „dritten Stimme", die „weder die des Vaters, noch die des Sohnes ist": der Stimme des „Ewig-Weiblichen", wie es in der orthodoxen Kirche, aber auch in der deutschen Theosophie Böhmes und Baaders als *„Sophia"* verehrt wird. Es kennzeichnet die geschichtsvergessene Seichtigkeit eines gewissen deutschen „Feminismus", der sich ja inzwischen auch theologisch zu artikulieren versucht, daß ihm diese Gedankengänge unbekannt geblieben sind, daß er den Na-

Dampferfahrt mit Freunden 1948: Leopold Ziegler im Gespräch mit dem späteren Minister und Bundesverwaltungsrichter Prof.Dr.jur. Erwin Stein (links) und dem Fabrikanten Dr. Ing. Wolfgang Rathscheck

men Leopold Ziegler bislang nicht ein einziges Mal erwähnt hat.

Ähnliches gilt für den neuerdings wieder in Gang gekommenen Streit über den biologischen Evolutionismus, insbesondere die Grenzen der Darwinschen Abstammungslehre. Welcher Biologe, Naturphilosoph oder sich zur Frage „Schöpfung oder Entwicklung?" äußernde Theologe kennt „Das Lehrgespräch vom Allgemeinen Menschen", in dem Ziegler – unabhängig von dem nur einen Tag nach ihm geborenen Teilhard de Chardin, jedoch erheblich unbefangener als der französische Priester-Gelehrte – den zur Freiheit hindurchdringenden Menschen als Leitidee und „Hoch-

gestalt" der gesamten Evolution bestimmt? Seit dem einzelligen Urtier, so lehrt Leopold Ziegler, geht die Schöpfung mit dem Menschen schwanger. Das Tier sei nicht die wahre Gestalt des Lebens. Vielmehr strebt es durch alle Arten, Gattungen, Klassen und Stämme einem „Nichtmehrtier und Übertier" zu.

Auch wer Ziegler auf diesem hyperbiologischen Gang nicht zu folgen vermag und seine Deutung der Evolution als romantische Naturphilosophie ablehnt, wird das „Lehrgespräch", dessen Partner die beiden Hauptgestalten von Stifters Roman „Der Nachsommer" sind, literarisch für ein Meisterstück deutscher Prosa halten.

209

Nicht zufällig waren es einige Dichter, die schon früh den Rang dieses Außenseiters der deutschen Philosophiegeschichte anerkannt haben. Hermann Hesse hob hervor, daß Ziegler „ein wirklicher Seher, nicht nur ein Gelehrter und Sammler" sei. In Otto Flakes Roman „Der gute Weg" (1924) erscheint der von allen Schulen unabhängige Selbstdenker unter dem Namen Reynal: „Er war von jener vollkommenen Höflichkeit, die nur dem Grandseigneur des alten Stils oder dem geistigen Menschen von Rang zu eigen ist. Ein Mann, der diese Art von Höflichkeit besaß, mußte sehr selbständig sein; er war nicht scheu, er hatte sich zurückgezogen. Suche jeder den Punkt, wo er sich behauptet, sagte seine Ruhe". Und Reinhold Schneider schrieb dem Philosophen zum siebzigsten Geburtstag: „Ihr Werk hat sich aus dieser Zeit herausgehoben, unbeirrbar wie ein aufsteigendes Gebirge. Ein Leiden, das nicht behoben werden kann und soll, ist darin beschlossen. Aber die Gipfel ruhen im Licht."

Gerd-Klaus Kaltenbrunner

Gerd-Klaus Kaltenbrunner, geboren 1939 in Wien, lebt als freier Schriftsteller im Schwarzwald. Seit 1974 Herausgeber des Taschenbuch-Magazins Herderbücherei Initiative. 1985 erhielt er den Baltasar Gracián-Preis für seine essayistischen Werke.

Wichtigste Veröffentlichungen: Hegel und die Folgen (Hrsg., 1970), Rekonstruktion des Konservatismus (Hrsg., 1972, 3 1978), Konservatismus international (Hrsg., 1973), Europa. Seine geistigen Quellen in Porträts (Verlag Glock & und Lutz, Heroldsberg bei Nürnberg, 3 Bde, 1981-1985), Elite: Erziehung für den Ernstfall (Mut Verlag, Asendorf 1984), Wege der Weltbewahrung. Sieben konservative Gedanken-Gänge (Mut Verlag, Asendorf 1985).

Architektur für einen Zweckbau

Das Graf-Zeppelin-Haus in Friedrichshafen hat das Selbstverständnis der Stadt verändert

Im Oktober 1985 wurde das Haus seiner Bestimmung übergeben, nach mindestens zwei Jahrzehnten wechselvoller Vorüberlegungen und einem weiteren, das Planung und Bau in Anspruch nahmen. Es sollte ein Ärgernis beseitigen, über das es keine Meinungsverschiedenheiten gab: Der Wirtschaftsmetropole am nördlichen Bodenseeufer, die in der Nachfolge Zeppelins mit ihren Erzeugnissen Weltruf hat, stand für kulturelle Veranstaltungen noch immer – wie in der unmittelbaren Nachkriegszeit – nur die sogenannte Festhalle zur Verfügung, eine Art Riesenbaracke, die auch noch als Schulturnhalle diente. In der zerstörten Stadt war anderes vordringlicher gewesen: Straßen, Wohnungen, Arbeitsstätten, Schulen, das Krankenhaus. Daß die große Aufgabe eines kulturellen Zentrums so spät in Angriff genommen wurde, war schließlich auch ein Vorteil. So konnte der neue Bau den mit den Jahren gewachsenen Ansprüchen gerecht werden und die moderne Technik in vielfältiger Weise nutzen.

Kein Bauvorhaben hat die Friedrichshafener Bürgerschaft so bewegt, keines hat sie so zerrissen wie dieses. War man sich auch einig über die Notwendigkeit, so doch keineswegs über den Standort, über die Größe, über den Aufwand. Eine Bürgerinitiative gegen den Bau unterlag nur knapp. Die schließlich auf an die 100 Millionen DM angewachsenen Baukosten wurden im wesentlichen aus den Erträgen der Zeppelin-Stiftung bestritten, die Friedrichshafen anvertraut ist und die den Rat der Stadt auch dem auf ein bis zwei Millionen DM geschätzten jährlichen Aufwand für das „Superding" in Ruhe entgegensehen läßt.

Die Stiftung geht zurück auf die „Spende des deutschen Volkes", die es 1908 dem Grafen Zeppelin ermöglichte, weiter Luftschiffe zu bauen. Sollte der Stiftungszweck, nämlich die Förderung der Luftschiffahrt, einmal gegenstandslos werden – was nach Kriegsende eingetreten ist –, ging die Verwaltung der Stiftung nach dem Willen des Gründers auf die Stadt Friedrichshafen über, die deren Erträgnisse zu „wohltätigen" Zwecken zu verwenden hat.

Was ist Wohltätigkeit? Auch Ferdinand von Zeppelin hätte sich vermutlich darauf verstehen können, den Begriff nicht nur auf milde Gaben für in Not geratene Mitbürger – wie es einst die vornehme Gesellschaft auslegte – zu beschränken. Es gibt auch den kulturellen Notstand. Wie sehr die 50000 Einwohner-Stadt ihr neues Haus brauchte, zeigt die Bewußtseinsveränderung, die es hervorgerufen hat. Plötzlich war jede Kritik verstummt (und wo sie später wieder geäußert wurde, bezog sie sich auf organisatorische Details, nicht auf das Ganze); sie wich einer geradezu euphorischen Begeisterung, man war auf einmal stolz auf etwas, das nichts mit Produktion und geschäftlichem Erfolg zu tun hatte, man fing wieder an, Ästhetik zu genießen.

Graf-Zeppelin-Haus Friedrichshafen, großes Foyer

Die 40 Teilnehmer am Architektenwettbewerb 1978 standen vor einer schwierigen Aufgabe. Sie sollten ein äußerst umfangreiches Raumprogramm, das ein Bühnenhaus für alle Erfordernisse des Theaters mit einschloß, in einem Gebäude verwirklichen, das sich so unauffällig wie möglich in die Uferlandschaft einfügt und jede extreme Höhenentwicklung vermeidet. Der nach sieben Jahren realisierte Entwurf der Stuttgarter Architekten Hartmut Breuning, Hildegard Breuning-Aldinger und Klaus Büchin ist diesen Vorgaben nicht nur gerecht geworden, er hat sie in eine architektonisch überzeugende Form gebracht. Nach langer Zeit ist in dieser Landschaft wieder ein Bauwerk entstanden, das seine Besucher beschwingt. Das Zusammenspiel von Raum und Weite, von Linien und Licht schafft eine Atmosphäre, in der die geballte Summe

Südfassade mit dem Blick zur Schloßkirche

raffinierter Technik als schiere Selbstverständlichkeit in den Hintergrund tritt. Die Architekten zum Bau:

„Zwei Leitgedanken bestimmten unsere Arbeit am Graf-Zeppelin-Haus: die Vorstellung von einem harmonisch in die Bodensee-Landschaft eingefügten Gebäude und die Idee eines weiten, heiteren und lichten Hauses. Ein Gebäude für vielerlei Zwecke also sollte es werden, jedoch mit einem unverwechselbaren Aussehen.

Es sollte alle geforderten räumlichen und technischen Funktionen erfüllen – und doch mehr sein: ein festliches Haus, erbaut mit den eher kargen architektonischen Mitteln, die uns heute zur Verfügung stehen. Seinen räumlichen Ausdruck sollte das Haus weniger durch die Verwendung aufwendiger Materialien erhalten, als durch die Bewegtheit

der Formen und die differenzierte Führung des Tages- und Kunstlichtes.

Das Baugelände des Graf-Zeppelin-Hauses liegt nahe den Türmen der Schloßkirche, die für das Stadtbild Friedrichshafens so bedeutend sind. Wir versuchten, zu diesen die Senkrechte betonenden Türmen – in Ergänzung und als Gegensatz – einen waagrecht gegliederten, liegenden Baukörper zu planen. Sein höchster Punkt, der Bühnenturm, sollte so niedrig liegen, daß die zwischen Schloß und Altstadt sich hinziehende Baumkulisse des Uferparks nicht unterbrochen wird.

Wir legten deshalb einen großen Teil des Bauvolumens unter die Erde und betonten die Horizontalen durch waagrechte, gestufte Dächer. Durch einen häufigen Richtungswechsel der Fassaden erhielt das Gebäude

214

Schwungvolle Gestaltung mit Treppen, Stegen und Dächern

Einbuchtungen und Vorsprünge, die zusammen mit den großen Parkbäumen gärtnerisch gestaltete, intime Plätze und Terrassen entstehen lassen.

Das Graf-Zeppelin-Haus ist also auch Ausdruck des allgemein gewandelten Bewußtseins dafür, daß Natur und Landschaft in ihrer gewachsenen Struktur unversehrt bleiben müssen, wenn neues Gebautes hinzukommt.

Weit auskragende Dächer verschatten die Glasfassaden und lassen diese transparent erscheinen. Umlaufende Stege sowie dem Gelände angepaßte Außentreppen verbinden Haus und Garten. Pergolen und Rankgerüste werden in einigen Jahren bewachsen sein; so werden Natur und Architektur noch unmittelbarer als jetzt erkennbar ineinander übergehen".

Das Raumprogramm des neuen Hauses machte Friedrichshafen über Nacht vom Habenichts zum Herrn fast unbegrenzter Möglichkeiten. Da ist der große Hugo-Ekkener-Saal, in dem sich die Zuschauer in einem Viertelkreis, ähnlich einer Arena, um die Bühne versammeln; er hat 1000 Plätze, kann aber bei Bedarf bis auf 1420 erweitert werden. Die beiden kleineren Säle, nach Ludwig Dürr und Alfred Colsmann benannt, fassen 450 bzw. 300 Besucher. Je zwei weitere Räume für 90 bzw. 60 Personen und einer für 30 ergänzen das Angebot, ganz abgesehen davon, daß die als Umkleideräume, Künstlergarderoben usw. vorgesehenen Räumlichkeiten in ihrer Anlage und Ausstattung auch für Seminare, Kurse, kleinere Tagungen bestens geeignet sind. Die Gastronomie mit Restaurant, Café und

Das Foyer bezieht den See und sein Licht mit ein

Bürgerstube kann bei Bedarf auch alle anderen Räume des Hauses bedienen, nicht zuletzt natürlich die Bar im großen Foyer.

„Das Raumprogramm führte zu einem Entwurf, dessen Eigenart es ist, daß das Gebäude im Gegensatz zu vielen anderen Stadthallen von oben betreten wird. Man gelangt also von Nord-Osten her in die große und kleine Eingangshalle und schreitet dann über großzügige Treppen hinab ins Foyer, von dem aus sich der Blick öffnet auf den See, auf die Seeterrasse und das Alpen-Panorama.

Im hinteren Teil des Gebäudes, also unter die Eingangsebene, schieben sich alle dienenden Räume in den Hang hinein: die Küche, die Küchennebenräume, der Wirtschaftshof, die Stuhllager und ein Teil der Technikräume. Diese Konzeption ermög- *lichte es, fast die Hälfte des umbauten Raumes für den Besucher unsichtbar im Boden zu verstecken.*

Infolge des schrägwinkligen, organischen Grundrisses hat der Besucher, wenn er das Gebäude durchschreitet, überraschend sich ändernde Raumeindrücke, er erlebt den Wechsel des verschieden geführten Tageslichts und hat stets neue Ausblicke auf See und Landschaft. So ist schon von der großen Eingangshalle aus das helle Licht des Sees wahrzunehmen . . . Im Foyer stehend, erlebt man einen bewegten, hohen Raum, in dem sich das Tageslicht in vielfältiger Weise darstellt: als direktes Licht über die voll verglaste Südfassade, in gedämpfter Reflexion über die Lamellen der Dachoberlichter oder indirekt über den begrünten Lichthof.

216

Der Hugo-Eckener-Saal im Graf-Zeppelin-Haus

Doch sollen die Innenräume nicht nur am Tage durch das differenziert einfallende Licht leicht und transparent wirken – sie sollen auch in den Abendstunden festlich und heiter stimmen. So hat die Gestaltung des Kunstlichtes (durch das Büro Lichtdesign, Köln) einen wesentlichen Anteil an der Architektur der Innenräume. Halogenlampen, die einen kleinen brillanten Lichtpunkt bilden, wurden im Foyer in Verbindung mit Glaslamellen zu einem Lichtsee angeordnet. Aus diesem Lichtsee entwickelt sich eine Lichtspirale, die das Thema Glas und Licht zu einer räumlichen Struktur formt und die den strahlenden Mittelpunkt des Foyers bildet. Die Halogen-Lichtpunkte werden durch eine zarte Lichtstruktur, die gleichzeitig der Stromzuführung dient, verbunden. Ihr Licht

spiegelt sich vielfach in den Glaslamellen und wird an den Lichtleitern entlanggeführt. So entsteht ein wohlüberlegter Zusammenklang des Lichtes und der Architektur".

Der Besucher des Graf-Zeppelin-Hauses erlebt also nicht nur Veranstaltungen, er erlebt auch Architektur. Das Haus zeigt sich ihm nicht nur als eine Summe zweckgerichteter Funktionen: Es macht Stimmung, es scheint uns vom Alltäglichen zu lösen, es öffnet uns im voraus für die Welt des Schönen, in die Theater, Konzert, Geselligkeit uns führen werden. Wir kennen ähnliche Wirkungen von Architektur aus den Bauten des Barock. Warum sind sie heute so selten geworden? Welche gestalterischen Möglichkeiten hat die Architektur heute? Dazu Hartmut Breuning:

Zum ersten Mal trafen sich die Bürger der Kreisstadt zum Jahresempfang am 19. Januar 1986 im neuen Haus.

„In der Architektur kommt stets das in einer Epoche vorherrschende Lebensgefühl zum Ausdruck. So hat die Zeit des Barock eine Architektur hervorgebracht, deren Formenkanon Ausdruck ihres Weltbildes ist. Am Beispiel der Klosterkirche in Weingarten wird deutlich, daß man sich Irdisches und Himmlisches in einen großen, hierarchisch geordneten Sinnzusammenhang eingebunden vorgestellt hat.

In dieser Kirche sind die Architekturelemente also so angeordnet, daß jedes einzelne Bauteil als dienendes Glied innerhalb des Ganzen seinen unverrückbaren Platz hat und in der Proportion des Goldenen Schnitts zu den anderen Bauteilen und zum Gesamtraum in einer dynamischen Beziehung steht. Die Raumbegrenzung erscheint aufgelöst,

als setze sich der Raum transzendierend ins Unendliche fort.

Die Architekten des Bauhauses haben den seit der Renaissance gültigen Formenkanon zerschlagen, um dem gewandelten Selbstverständnis der „modernen" Zeit Rechnung zu tragen. Nicht eine auf Symmetrie und Hierarchie, sondern eine auf das freie Spiel von Formen, Räumen und Farben bezogene Ordnung wurde angestrebt. Neue Formen sollen stets frei erfunden werden können – eine Verheißung und große Herausforderung an die Architekten!

Doch der weite zur Verfügung stehende gestalterische Spielraum, das vielfältige Angebot an Architekturformen und Konstruktionsmöglichkeiten allein macht ja noch keine Architektur. Vielmehr bedarf es dazu auch einer Idee und der Vorstellung unserer geistigen und sozialen Bedürfnisse.

In einer Zeit, die von vielen als krisenhaft und voller innerer Spannungen empfunden wird, müssen wir uns auch mit dem Verfall und dem schnellen Wandel kultureller und gesellschaftlicher Inhalte auseinandersetzen.

Begreifen wir dies nicht als Mangel, sondern als Chance, uns wieder auf unsere ur-
sprüngliche Erlebnisfähigkeit sinnlicher, seelischer und geistiger Art zu besinnen. Sehen wir diesen Wandel als Überwindung überholter Strukturen an, so mag es gelingen, eine lebendige und phantasievolle Architektur hervorzubringen".

Erika Dillmann
Hartmut Breuning

Jedem das Seine

„... und übernehme ich für das Bürgerzentrum die politische Verantwortung!"
(OB Herzog in der Gemeinderatssitzung am 15. Januar).

Schwäbische Zeitung, Lokalausgabe Friedrichshafen, 29.1.1982

Schola und Instrumentalkreis Tettnang beim Konzert in St. Gallus am 6. Mai 1984

Preisgekrönt: Die Tettnanger Schola

Ein Jugendchor, der nicht nur musikalisch ein Beispiel gibt

Im Wettbewerb zur Auszeichnung kommunaler Bürgeraktionen 1985 des Innenministeriums Baden-Württemberg war u. a. auch die Schola der St. Gallus-Gemeinde in Tettnang erfolgreich. Nicht wegen ihrer musikalischen Leistungen hat sie diesen Preis errungen – es war ja keine Chor-Konkurrenz –, sondern als Gemeinschaftsaktion der Tettnanger Jugend. Ihr engagierter Leiter Konrad Vögele, die Seele des Ganzen, hat sie 1968 als Knabenschola gegründet. Seit 1973 ist die Schola ein gemischter Chor. Mit heute 85 Mitgliedern hat sich der Chor seit den Anfangsjahren nahezu verdoppelt. Das Alter der Sänger und Sängerinnen reicht von neun bis etwa 22 Jahre. Wer eintritt, erhält Stimmbildung und wird in einer „Vorschola" auf das mehrstimmige Singen vorbereitet.

Hauptaufgabe ist die musikalische Gestaltung der Gottesdienste in St. Gallus, aber die Schola tritt im Lauf des Jahres auch im kulturellen Leben der Stadt hervor. Durch intensive Pflege der Stimmen und durch die Zusammenarbeit mit dem Kirchenchor und dem Tettnanger Instrumentalkreis gelang bald die Aufführung auch größerer Werke. Mehrere Bach-Kantaten wurden im Lauf der Jahre erarbeitet. 1977 wurde zum ersten Mal das „Weihnachtsoratorium" von Johann Sebastian Bach aufgeführt. Es folgte 1979 „Die Schöpfung" von Joseph Haydn (die 1985 wiederholt werden konnte) und 1983 „Der Messias" von Georg Friedrich Händel. Für 1987 ist die „Johannespassion" von Bach in Vorbereitung. Der Chor als Gemeinschaft spiegelt sich in den folgenden Berichten von drei Schola-Mitgliedern.

Als Knirps fängt der Scholaner an

Sonntagabend, kurz nach 18 Uhr. Wieder ist ein Konzert der Schola der St. Gallus-Gemeinde vorbei! Während das Orchester noch mit dem Schlußakkord beschäftigt ist, nutze ich die Zeit, um einmal in aller Ruhe einen Blick auf die Schola zu werfen: Was begeistert diese Scholaner zwischen neun und weit über 20 Jahren? Warum bieten die Jüngsten, diese Knirpse in der ersten Reihe, ihre ganze Konzentration für ein solches Konzert auf, geben ihr Bestes und stehen eine Stunde lang so ruhig da? Ja, und warum stehen wir Älteren auch noch dabei und musizieren mit diesen Kleinen? Mir fällt wieder ein, daß ich nicht immer in der letzten Reihe der Schola gestanden habe, sondern auch einmal einer von denen da vorne war.

Ich war neun Jahre alt, als ich mich entschloß, oder besser, als mich meine Eltern und Geschwister für die Schola begeistern konnten. Bei uns zu Hause wurde viel gesungen, mein älterer Bruder war von Anfang an dabei, und ich hatte die Schola schon im Gottesdienst und bei anderen kleinen Auftritten gehört und war von ihr begeistert. Also alles Gründe, selber in die Schola zu gehen und mitzusingen. Als eines Tages verkündet wurde, daß eine neue Vorschola anfängt, ging ich einfach mal hin. Irgendwie hatte ich da schon ein komisches Gefühl, denn was Vorschola- oder Scholaprobe eigentlich war, davon hatte ich keine Ahnung. Zum Glück waren noch einige aus meiner Klasse dabei, und die Arbeit in der Vorschola begann.

Wir lernten die einfachsten Grundkenntnisse fürs Singen, wie Noten, Mundstellung, Atemtechnik und – à propos Atemtechnik! Ein guter Sänger atmet mit dem Zwerchfell. Diesen Grundsatz, unter anderen, versuchte uns Herr Vögele in der Vorschola zu vermitteln. Für uns war damals schon die Tatsache interessant, daß jeder ein Zwerchfell besitzt und daß sich die Bauchdecke bei einer Zwerchfellatmung bewegen muß, das glaubten wir eben. Herr Vögele beließ es nicht bei einer trockenen Erklärung, sondern sagte plötzlich kurz entschlossen: „Jetzt wird jemand geschlachtet!" Komischer Einfall! Weil er mich durch meinen Bruder schon besser kannte, mußte ich mich auf einen Tisch lege und er stellte mir einen Stapel Gesangbücher auf den Bauch. Auf die Aufforderung hin, ganz normal zu atmen, bewegten sich die Gesangbücher auf und nieder, zur allgemeinen Erheiterung. Seither weiß ich, daß man beim Einatmen nicht die Schultern hochzieht, sondern mit dem Zwerchfell atmet! Nach einem halben Jahr Vorschola, in dem wir genug gelernt hatten, um auch selbst Gottesdienste gestalten zu können, natürlich mit einfachen Liedern, mußte jeder zum Abschluß noch eine Strophe eines Liedes einzeln vorsingen, um in die Schola aufgenommen zu werden!

Von jetzt an hieß es doppelte Arbeit: Zweimal pro Woche Probe, am Dienstag Einzelstimme, für mich Sopran, und am Freitag Gesamtprobe für alle Stimmen. Ich kam kurz vor Weihnachten in die Schola und erlebte gleich eine Art Hauptsaison. Nach einer Viertelstunde Stimmübungen wurden Noten ausgeteilt, und es wurde locker drauflos gesungen. Welch ein Unterschied zwischen Vorschola und Schola! Natürlich kannten die Älteren die Lieder vom letzten Weihnachten und hatten es daher leichter, aber auch wir lernten sie nach mehrmaligem Durchsingen.

Schon im Frühjahr darauf wurde mit den Proben für das Weihnachtsoratorium begonnen, für mich mein erstes großes Konzert. Neben dem Erlernen der Noten, lag die Schwierigkeit bei diesem Werk in der extremen Höhe (im Sopran wird das „hohe a" verlangt), die wir aber durch gutes „Trai-

ning" auch bezwangen. Für die erwachsenen Zuhörer war die Aufführung dann eine einmalige Leistung, für mich die Genugtuung, als 10-jähriger ein Konzert mitgesungen zu haben, das man auch auf Schallplatten hätte pressen können.

Nach diesem musikalischen Höhepunkt erlebte ich bald darauf mein erstes Schola-Lager, das im Kanton Schwyz stattfand. Da ein vorhergegangenes Zeltlager der Schola beinahe im Wasser unterzugehen gedroht hatte, bestand dieses Lager aus einigen wasserdichten Hütten. Am Ende dieser Schola-Ferien war ich eigentlich schon in die Schola hineingewachsen, wie man in einen Schuh hineinwächst, der einem anfangs noch zu groß ist und plötzlich paßt: Ich kannte nun die meisten Scholaner, und mir machte es richtig Spaß, dabei zu sein.

Nachdem ich nun einige Jahre in der Schola und in den Ferienlagern dabei war, zähle ich inzwischen auch zu den Älteren. Langweilig wurde mir die Arbeit in der Schola nie, vielleicht wegen der Herausforderung, die doch jeder Auftritt an jeden einzelnen Scholaner stellt und wegen der großen Abwechslung. Neben der alltäglichen Arbeit kommt immer wieder ein Lekkerbissen, wie zum Beispiel ein Videofilm über Tettnang, an dem die Schola mitmachte und der dann der Partnerstadt Omagari in Japan geschenkt wurde, oder der Auftritt bei der 1100-Jahrfeier der Stadt Tettnang, oder die Romfahrt zum 15-jährigen Jubiläum der Schola.

Auch wenn es während der Schule und den anderen Verpflichtungen manchmal recht viel wird, man in der Scholaprobe oft viel Geduld braucht, bis jeder, auch der Kleinste alles kann (bei solchen Situationen fällt einem ein, daß man auch mal als Kleiner angefangen hat!), macht mir die Schola doch sehr Spaß. Interessant sind für mich in den Proben auch die Erklärungen zum Inhaltlichen der einzelnen Werke. Herr Vögele versucht, uns jedes Werk nicht nur musi-

Die Seele des Ganzen: Konrad Vögele, hier bei der Arbeit mit dem Instrumentalkreis

kalisch beizubringen, sondern vermittelt uns auch religiöse Inhalte und Aussagen, die im Werk enthalten sind, zum Beispiel kann man ein Weihnachtskonzert nur überzeugt vortragen, wenn jeder einzelne Sänger selbst die frohe Botschaft von Weihnachten mit innerer Überzeugung weitergeben will!

Während ich den Beifall der Zuhörer höre, wünsche ich mir eigentlich nur, daß ich noch längere Zeit in der Schola mitsingen kann. Und, um noch einmal auf das Bild vom Schuh zurückzukommen, daß mir der Schuh, in den ich hineingewachsen bin, nicht zu schnell zu klein wird!

Bernhard Rude

Scholaferien

Noch ein halbes Jahr oder auch einen Monat länger, und ich bin mit der Schule fertig und werde wahrscheinlich von Tettnang weggehen, was natürlich bedingt, daß meine Zeit in der Schola damit auch zu Ende ist. Wenn ich jetzt zurückdenke, habe ich viel in der Schola und mit ihr erlebt und auch gelernt in den letzten siebeneinhalb Jahren. Ich werde nicht nur die Probenarbeit und die Konzerte vermissen, sondern vor allem auch die Ferienlager.

Ferien mit der Schola: Ich denke an die Schweiz oder an Hohenegg, an eine große Familie und Gemeinschaft, Spannung, Spiel und Arbeit, Gemütlichkeit beim Essen, Organisation, Kreativität und Fantasie oder einfach an einen Ferienaufenthalt, in den aus allen Lebensbereichen ein Stückchen integriert ist. Schon wenn es jedes Jahr darum geht, wohin man fährt und in welchen Ferien, ist die Spannung groß. Wenn Ziel und Zeitpunkt der Fahrt bestimmt sind, treffen sich die älteren, erfahrenen Scholaner immer an einem Nachmittag zum Kaffee bei Vögeles, um dort in gemütlicher Runde einen groben Rahmen für die sieben Tage aufzustellen. Es muß ein Motto für jeden einzelnen Tag gefunden werden, so z. B. Sporttag, Tag der Wanderung, großes Stadtspiel – Urnäsch in der Schweiz ist da sehr beliebt –, große Staffette, Ruhetag usw. Wenn so der äußere Rahmen feststeht, ist Fantasie gefragt, denn der Höhepunkt der Woche ist immer ein Spiel, das den ganzen Tag in Anspruch nimmt; dafür muß nun ein Thema gefunden werden. Da waren schon eine Olympiade, eine Erfindermesse, Ritterspiele, oder eine Zurückversetzung in die Steinzeit Überschriften für den großen Tag. Bald rauchen die Köpfe, jeder versucht etwas Neues und Spannendes auszutüfteln, es wird viel gelacht und gescherzt. Hat man sich dann auf ein Motto geeinigt, muß nur noch überlegt werden was für Utensilien gebraucht werden, und wie diese zu beschaffen sind.

Was die Menüs für die einzelnen Tage angeht, so werden meist die typischen „Scholagerichte" wie „Kratzete" mit Kompott oder Bratkartoffeln mit Kassler gewünscht. Alle Wünsche können bei einem Essen für 70 Personen ohnehin nicht berücksichtigt werden. Morgens gibt es Marmeladebrote und Haferflocken mit Milch und abends Wurst und Käsbrote; aber egal, was es ist, es schmeckt fast immer allen, und so werden Riesenportionen verdrückt. Die Einkaufsliste vor der Abreise ist entsprechend lang.

In den letzten Jahren fanden die Lager der Schola immer in den Pfingstferien statt. Am Anreisetag sind auf den Straßen Richtung Ferienziel Kollonnen von Autos aus Tettnang unterwegs, lauter Eltern, die ihre Sprößlinge abliefern; für ihre Dienste werden sie am Ferienort mit Kaffee und Zopfbrot bewirtet, damit sie auch die Heimfahrt gut überstehen. Sind dann alle Eltern wieder abgefahren, kann der Spaß losgehen. Die Kleinen, meistens das erste Mal allein von daheim weg, genießen ihre Freiheit und erkunden zunächst die neue Umgebung. Die Zimmer werden eingeteilt, Mädchen und Jungen natürlich streng getrennt, die

Für den Ferienspaß – hier 1981 in Urnäsch – gibt es keine Altersgrenze.

Koffer ausgepackt, und bald fühlt man sich schon wieder richtig wohl.

Auf einmal sieht man die Scholaner sich vor dem schwarzen Brett sammeln und eifrig den ersten Anschlag lesen: Heute: 18.30 Uhr Abendessen, 19.30 Uhr Versammlung im großen Saal, Großer Eröffnungsabend. Die Organisatoren waren also schon wieder am Werk, die Planungen für den Abend laufen. Noch einmal werden zu Hause eingeübte Reden und Sketsche geprobt, und die Spannung ist groß, was wohl geboten wird. Inzwischen hat sich auch jeder informiert, an welchen Tagen er Küchen- bzw. Putzdienst hat, denn der ganze Haushalt wird von den Scholanern selbst mit vereinten Kräften bewältigt. Da kann sich niemand drücken, der Küchen- wie der Putzdienstchef (natürlich Scholaner) sehen auf Ordnung.

Wenn der große Eröffnungsabend vorbei ist, gehen die Kleinen zu Bett und werden von den Älteren mit Gute-Nacht-Geschichten in den Schlaf gelesen. Schon ist der erste Tag vorbei, alles hat sich wieder eingelebt und freut sich auf die kommenden Tage. In den Zimmern hört man noch lange Stimmengeflüster, das nicht enden will.

Um Mitternacht ist die Zeit der Gespenster jeden Alters, die nichtsahnende Schlafende schaudern lassen und noch am nächsten Morgen für Aufregung sorgen, wenn entdeckt wird, wie sie gehaust haben. Manchmal sind alle Schuhe verschwunden, oder eine Kleiderkette spannt sich auf einmal durch den Flur; zwar gibt es dann auch immer ein paar verärgerte Gesichter, doch bei den meisten setzt sich das Lachen durch. Bald hört man Wasser fließen und Zahnbürsten kreisen, und dann wird auch schon zum Frühstück gerufen. Klein und groß stehen in der Schlange um frische Milch und Brote und warten, bis sie an der Reihe sind.

Was für den Tag auf dem Plan steht,

hängt auch vom Wetter ab: eine Wanderung in die Umgebung, ein Erkundungsspiel, ein Sporttag oder einfach nur gemütliches Beisammensitzen, Kartenspielen, Tischspiele, an einem Abend findet die traditionelle Tanzveranstaltung statt mit Ballett der Männer, Sandmännchentanz, Tanz der Kleinen und vielen Volkstänzen, was immer alle auf Hochtouren bringt. Die Gemeinschaft trägt uns die ganzen Tage hindurch; läuft etwas schief, bemühen sich alle, es in Ordnung zu bringen. Ist jemand traurig oder hat eines von den Kleinen Heimweh, sind von den Großen gleich ein paar zur Stelle, die trösten und in die Elternrolle schlüpfen. Natürlich gibt es auch Meinungsunterschiede, Streitereien und Eifersüchteleien, aber meistens werden sie ohne großes Aufsehen behoben. In der Schola ist es wie in einer großen Familie, in der man sich Entscheidungen der Mehrheit fügen muß, auch wenn man selber keine so große Lust hat, diese oder jene Unternehmung mitzumachen. Letzte Instanz ist Herr Vögele, dessen Wort alle respektieren.

Jeden Tag werden neue Dinge unternommen, und nur selten kommt es vor, daß jemand nichts mit sich anzufangen weiß. Fantasie und Kreativität sind besonders bei den „Fragespielen" gefragt. Alle werden in Gruppen eingeteilt und müssen dann unter vorher festgelegtem Motto – z. B. Ritterspiele –, verschiedenen Anforderungen gerecht werden. Sie müssen sich z. B. einen Namen, eine Flagge, einen Tanz, eine Hymne und vielleicht ein Schild ausdenken, müssen richtige Ritterspiele wie Speerwurf, Steinschleudern, Bogenschießen mit Bewertung absolvieren, und das in der Gruppe Erarbeitete dann allen anderen präsentieren. So ein Tag verbindet. Jede Gruppe versucht, ihr Bestes zu geben, den ausgefallensten Namen zu finden und am schönsten zu singen. Wahre Meisterwerke werden da vollbracht, und es fällt der Jury schwer, das Geleistete zu bewerten. Aber auch wenn

man am Abend nicht als Sieger ins Bett geht, hat man einen spannenden und schönen Tag hinter sich. Krönender Abschluß der Woche ist ein Gottesdienst, ein Gottesdienst ganz für uns allein, mit Flöten und Gitarrenmusik und Gesang, nur zu unserer eigenen Freude und als Dank für die erlebnisreiche Woche.   Annette Waibel

Wir schaffen die „Schöpfung"!

Wir Scholaner sind eine Gemeinschaft, die sich regelmäßig trifft und gemeinsame Ziele angeht. Gegenseitig verstehen wir uns und sind für einander verantwortlich. Wenn wir gemeinsame Unternehmen vom Gottesdienstgesang, Konzert über Chorfest und Ferienfreizeit bis hin zur Reise nach Rom vorhaben, so planen wir dies alles selbst und sind verantwortlich für den Ablauf. Wir Scholaner wachsen mit. So ist es toll, wenn man nach längerem Mitwirken in der Schola nicht mehr der kleinste Scholaner in der ersten Reihe und manchmal auf die Hilfe der Großen angewiesen ist, sondern nun selbst einem Nachwuchs-Scholaner mal den Schuh bindet oder ihm zeigt, in welcher Zeile er nun singen muß. Anfangs ist es für die kleinen Sänger nämlich sehr schwierig, mit anderen Stimmen gleichzeitig zu singen und dabei seine Melodie zu behalten. Selbstverständlich ist neben dem Gesang, der die Schola schon beinahe ein wenig berühmt gemacht hat, auch eine Menge anderer Dinge wichtig, um Gemeinsamkeit zu schaffen. Da müssen Plakate für die Konzerte entworfen und gedruckt werden. Sie müssen im ganzen Kreis aufgehängt werden. Podeste müssen zu den Proben und Konzerten in der Kirche aufgebaut werden, so daß jeder Sänger freien Blick zum Dirigenten hat. Die Kirchenbänke müssen numeriert werden, und was dergleichen Vorbereitungen mehr sind.

Wir waren stolz, als Haydn's Schöpfung auf unserem Programm stand, denn, wenn sich ein Dirigent an die Aufführung eines

Ihren 15. Geburtstag feierte die Schola 1983 in Rom.

solchen Oratoriums herantraut, bescheinigt er damit dem Chor das entsprechende Niveau. Schon im Spätsommer 1984 war klar, daß wir das Werk am 6. Oktober 1985 um 17 Uhr in der Tettnanger St. Galluskirche aufführen würden, gemeinsam mit dem Kirchenchor, mit der Württembergischen Philharmonie Reutlingen und mit den Solisten Gudrun Schmid (Sopran), Peter Besch (Tenor und Traugott Schmohl (Baß). Im Januar begannen die Proben, natürlich neben der regulären Arbeit für die Gottesdienste, für die Ostermotette und andere kleinere Aufgaben. Es war recht mühsam, sich in Haydns Werk einzustimmen. Dienstags probten die einzelnen Stimmgruppen, freitags alle zusammen. Neun, zum Teil sehr anspruchsvolle Chöre mußten einstudiert werden. Konzentration und Durchhaltevermögen waren gefordert. Die ersten Proben

schienen öde und ohne Ende, und manch einer konnte sich längst noch nicht vorstellen, daß aus diesen Stücken einmal ein wunderschönes Ganzes werden würde, an dem sich das Publikum begeistert.

Die Proben wurden immer lebhafter, und bald war es so weit, daß wir einige Stücke nicht nur notenmäßig zu singen verstanden, sondern auch musikalisch etwas mit ihnen anfangen konnten. Wir begannen, die Stücke gemeinsam mit unserem Dirigenten zu gestalten, und hätte Herr Vögele uns nicht immer so gut und scholagerecht in die Handlungen und in die Hintergründe des Werkes eingeführt, dann wäre es nicht möglich, daß 80 Kinder und junge Leute gemeinsam etwas so Lebhaftes und Aussagekräftiges zustande bringen. Im Frühjahr wurden 25 neue Scholaner aufgenommen. Wie man sich vorstellen kann, hatten sie einige Schwierigkeiten, in die schon einstudierten Stücke der „Schöpfung" sofort einzusteigen. Sie bekamen während der Dienstagsproben von einer der älteren Scholanerinnen gesonderten „Unterricht", und es dauerte nicht lange, da hatten sie alles aufgeholt und konnten mit den anderen weiterproben.

Ostern kam und damit auch die Motette für den Abend des Ostersamstag. Niemals dürfte dabei die Schola fehlen. Wir mußten unsere Proben für das Oratorium unterbrechen und noch eine Sonderprobe einschieben. Doch wer einmal in der Tettnanger St. Galluskirche die Ostermotette mitfeierte, der wird gespürt und aus den strahlenden Augen der großen und kleinen Sänger gelesen haben, daß alle Mühen, die so ein „Auftritt" mit sich bringt, für solch ein Erlebnis immer gern in Kauf genommen werden.

Nach den Osterferien wurde die Probenarbeit an der Schöpfung wieder aufgenommen. Sechs Wochen waren nun noch Zeit bis zu den Pfingstferien. Wir hatten noch einige Chöre vor uns, und am Muttertag sangen wir im Gottesdienst. Immer mehr Spaß machte es, an Haydns Schöpfungs-Chören zu proben, die immer mehr Farbe, Ausdruck und Klang bekamen. Die Freude auf Pfingsten war sehr groß, denn die Schola hatte wieder einen Ferienaufenthalt in Hohenegg im Allgäu geplant. Da hatte man endlich Gelegenheit, einmal die vielen neuen „kleinen" Scholaner, die im Frühjahr in die Schola gekommen waren, richtig kennenzulernen, wofür bei den Proben sehr wenig Zeit bleibt.

Nach Pfingsten hieß es schon beinahe „auf zum Endspurt", obwohl doch der Oktober noch so weit entfernt war. Aber Herrn Vögeles Überlegungen waren berechtigt: Nur sieben Wochen blieben noch bis zu den großen Sommerferien Ende Juli, und danach waren es bis 6. Oktober noch genau vier. Aber was sind schon ein paar Wochen, wenn man gerade einmal in der Woche gemeinsam probt und man das Konzert zusammen mit dem Kirchenchor und einem fremden Orchester aufführen möchte. Auch das Zusammenspiel mit beinahe doppelt so vielen Mitwirkenden wie sonst muß man lernen. Bis zu den Sommerferien mußten aber die neun Chöre so sitzen, daß wir Scholaner sie ohne weiteres gemeinsam singen und vortragen konnten.

Wir wußten das alle. Dennoch standen wir keineswegs unter Leistungsdruck. So ist das nicht bei uns. Es wußte eben jeder, wie es steht, und es war sich jeder bewußt, daß er jetzt, wo die Zeit ein wenig knapp war, nicht ohne wichtigen Grund fehlen konnte. Denn fehlen einige in der Probe, so muß Organisatorisches oder auch Gesangliches wiederholt werden, und solche „Umstände" hat Herr Vögele in solchen Zeiten nicht sehr gern. Wiederholen muß man manches freilich, auch wenn in der letzten Probe alle da waren. Wir sind schließlich keine Profis, sondern nur junge Leute, die in ihrer Freizeit gern singen.

Im Nu waren die Sommerferien da, und wir hatten in der Zwischenzeit auch im Gottesdienst gesungen. Die Vorbereitungen für die „Schöpfung" waren prächtig gediehen, und wir konnten uns auf die Aufführung freuen. In den Sommerferien erholte sich jeder auf seine Weise, aber wir freuten uns auch wieder auf die Schola, denn die Proben kurz vor einem Konzert sind meist die reizvollsten und interessantesten. Jetzt wird vom Dirigenten der „letzte Schliff" angebracht, die Proben werden immer aufregender und spannender, ob auch alles gut klappt.

Am 3. Oktober war es dann so weit. Zu einem Konzert gehört nämlich das ganze Wochenende drum herum. Am Donnerstag gegen Abend probten wir in der Kirche gemeinsam mit dem Kirchenchor. Das war ein Klang! Auch hier muß sich der Chor umstellen. Der akustische Unterschied zwischen Probenraum und Kirche ist sehr groß, was

Weihnachtskonzert 1984 mit Instrumentalkreis und Solisten

noch mehr in Erscheinung tritt, wenn sich die Sängerzahl beinahe verdoppelt. Am Freitag hatten die beiden Chöre Ruhepause. Am Samstag stieg die Spannung. Die Hauptprobe, unsere erste Probe mit einem Profi-Orchester, stand auf dem Programm. Wir mußten gut sein, um diesem Orchester zu entsprechen. Wenn wir gut waren und das Orchester begeisterten, dann spielten die gut und gaben sich Mühe, um auch uns zu entsprechen. Sie waren begeistert. Man sah es ihnen geradezu an, daß es ihnen Spaß machte, mit uns zu musizieren.

Generalprobe war am Sonntagnachmittag, die letzte Probe vor dem Konzert. Alles wurde noch einmal durchgeprobt, Anschlüsse, Einsätze und schwierige Stellen wurden immer wieder betont und hervorgehoben. Es durfte ja nichts schiefgehen! Die Attraktion der Generalprobe waren selbstverständlich die Solisten. Auch ihnen sah man an, daß sie gerne mit den Tettnanger Sängern von Kirchenchor und Schola auftreten. Sie wurden bewundert und bestaunt, und mancher junge Scholaner konnte es nicht fassen, daß es Sänger und Sängerinnen mit solch einem Stimmvolumen gibt. Die Generalprobe war anstrengend, von jedem wurde höchste Konzentration gefordert.

Nach einer knappen Stunde Pause trafen wir uns alle wieder in weißen Blusen oder Hemden. Warten bis zum Auftritt hieß es nun. Endlich kam er, unser Einmarsch in die Kirche. Jeder an seinen Platz, kein Geschubse . . . . . . dann der erste Blick ins Publikum. Sind da viele Leute! Wo sind denn meine Eltern? Eine unbeschreibliche Stimmung kommt auf; jeder möchte sein Bestes geben . . . und tut es bestimmt auch, wenn man das begeisterte Publikum betrachtet. Konzerte solcher Art sind sicherlich unvergeßliche Erlebnisse für alle Beteiligten, aber doch wohl besonders für uns junge Scholaner.   Alexandra Schäffler

Bürger tragen Sommertheater Meersburg

Ein neuer kultureller Mittelpunkt nicht nur für den Fremdenverkehr

Irgendwann im letzten Winter hörten wir zum ersten Mal von der Idee, in Meersburg ein Sommertheater einzurichten. Die Aussicht auf eine derartige Erweiterung des kulturellen Angebotes begeisterte uns sofort. Aber wir waren auch skeptisch, ob der Plan zu verwirklichen wäre, da die Kosten für unsere Stadt sehr hoch werden würden. Das war dann auch der Grund, warum einige von uns spontan dachten: „Wenn dieses Theater hier in Meersburg durch Verwaltung und Gemeinderat finanziell ermöglicht wird, dann wollen wir unseren Teil zum Gelingen beitragen!"

Ein paar Wochen später, als der „Virus Sommertheater" bereits mehr Leute angesteckt hatte, fand ein erster Informationsabend der Initiatoren statt. Diese waren der Autor Martin Walser, der Intendant des Konstanzer Stadttheaters, Hans J. Ammann, und der Konstanzer Dramaturg Ulrich Khuon. Das Interesse in der Bevölkerung war groß, das Veranstaltungslokal überfüllt. Martin Walser berichtete vom Ursprung der Sommertheater-Idee. Er erzählte von einer gemeinsamen Bahnfahrt mit Rolf Hochhuth durch den Hegau zum Bodensee. Der Anblick von alten Scheunen und Gebäuden in dieser Landschaft begeisterte Hochhuth: „Hier müßte man überall Theater machen!" Später, beim Spaziergang von Meersburg zur Haltnau, erinnerte sich Walser wieder an diese Idee, als er die leerstehende Halle der ehemaligen Häm-

merle-Fabrik sah. Sie schien ihm der geeignete Platz für ein Theater, nicht im üblichen, ehrwürdigen Rahmen, sondern hautnahes Theater an einem gänzlich ungewohnten Ort.

Die offensichtliche Begeisterung Martin Walsers steckte wohl auch diejenigen an, die der Sache noch eher abwartend gegenüberstanden. Hans J. Ammann und Ulrich Khuon brachten ihre bereits konkreten Vorschläge zur Verwirklichung des Sommertheaters vor. Am Ende des Abends war man sich über die Gründung eines Fördervereines einig – wir wollten mithelfen, dieses Theater zu etablieren.

Bei der nächsten Stadtratssitzung wurde die Finanzierung des Projektes genehmigt. Nun konnte der Förderverein gegründet und ein Vorstand gewählt werden. Wir einigten uns auf das Grundmotiv des Vereines: das Meersburger Sommertheater ideell, personell und finanziell zu unterstützen. Dies bedeutete Werbung für das Theater bei jeder sich ergebenden Gelegenheit und personellen Einsatz beim Verkaufen der Programme, beim Kontrollieren der Karten, Garderobendienst usw., um Personalkosten zu sparen. Vor allem aber wollten wir für die Bewirtung des Theaters zuständig sein. Denn hiervon versprachen wir uns die Möglichkeit, auch finanziell den größtmöglichen Beitrag zu leisten, indem das hier verdiente Geld der Förderung des Theaters zugute kam. So haben wir im ersten Jahr

Vor der ersten Aufführung im Meersburger Sommertheater stellten sich Martin Walser (rechts) und der Dramaturg und Regisseur Ulrich Khuon (links) als Autoren der Dramatisierung von Walsers Novelle „Ein fliehendes Pferd" dem Fotografen; zwischen ihnen die Schauspieler Ursula Cantieni, Manfred Tümmler, Petra Maria Grün, Markwart Müller-Elmau sowie der Konstanzer Intendant Hans J. Amann. Im Hintergrund die Hämmerle-Fabrik.

durch Mitgliedsbeiträge, Spenden und Bewirtung über 10000 DM aufgebracht.

Im Sommer 1985 sollten zwei Stücke gespielt werden: Im Juni *Der tollste Tag* von Peter Turrini und im Juli *Ein fliehendes Pferd* von Martin Walser.

Am 22. Juni wurde die Meersburger Theatersaison eröffnet mit der Premiere von Turrinis *Der tollste Tag oder Figaros Hochzeit findet nicht statt*, einem Stück, das sich an den Beaumarchais-Stoff *Figaros Hochzeit* anlehnt. Wußten wir in den Wochen zuvor nicht, ob unser Theater genügend Besucher anlocken würde, waren mit Beginn der Vorstellungen alle diesbezüglichen Befürchtungen in den Wind geschlagen – es war von der ersten bis zur letzten Aufführung ausverkauft!

In unserem Städtchen gab es nun reichlich Gesprächsstoff; man diskutierte an allen Ecken über das Theater in der Hämmerle-Halle. Ob der Turrini für gut befunden wurde oder nicht (es gab Leute, denen das Stück zu frivol war), wir sprachen über unser Sommertheater.

Unser persönlicher Einsatz hat uns viel mehr Spaß gemacht, als wir erwartet hatten. Die Möglichkeit, Theater vor und hinter

Sommertheater in Meersburg

Stadttheater Konstanz und Stadt Meersburg

*Ausschnittmontage
aus dem farbigen,
querformatigen
Plakat von Peter
Horlacher*

den Kulissen zu erleben, gefiel uns. Der Kontakt zum Publikum auf der einen Seite und zu den Theaterleuten auf der anderen, hat unsere Arbeit belohnt.

Der Höhepunkt des Meersburger Theatersommers war die Uraufführung von Martin Walsers *Ein fliehendes Pferd*. Diese als Meisterwerk Walsers gerühmte Novelle wurde von ihm und Ulrich Khuon dramatisiert und sollte zum ersten Mal als Theaterstück aufgeführt werden. Der Ansturm auf Karten war immens – das *Fliehende Pferd* war bereits vor der Premiere nicht nur Stadtgespräch, sondern ein überregionales Theaterereignis. Bei herrlichem Sommerwetter, direkt am See, mit der mittelalterlichen Stadt als Kulisse, fand vor der Premiere eine Pressekonferenz statt, zu der Journalisten aus Deutschland, der Schweiz und Österreich angereist waren. So wurde in allen großen deutschsprachigen Zeitungen über Meersburg einmal anders berichtet, nicht als weinfrohe Burgenstadt, sondern als Ort mit Geschichte, der auch heute noch kulturell etwas Besonderes zu bieten hat.

Übrigens, daß ein Meersburger Sommertheater nur für die hier ach so zahlreichen Touristen eingerichtet wurde, stimmt nicht.

Vom ersten Tag an beobachteten wir, daß das Publikum vor allem aus Meersburgern und Bürgern der Umgebung bestand. Und das fanden wir auch gut. Man hört in unserer Stadt sehr oft, daß kulturelle bzw. Freizeiteinrichtungen hauptsächlich für Sommergäste angeboten würden – hier war sichtbar alles anders. Das Interesse der Meersburger Bevölkerung war groß und sicherlich die wichtigste Voraussetzung für den Fortbestand des Sommertheaters.

Meersburgs Theatersommer dauerte bis Ende August. Natürlich gab es zu den beiden aufgeführten Stücken auch kritische Stimmen. Aber der unkonventionelle Rahmen, der enge Kontakt zu den Schauspielern auf der Bühne, die Nähe zum See, und nicht zuletzt das schöne Wetter haben doch allen Besuchern sehr gefallen und eine einmalige Theateratmosphäre geschaffen.

Unser Förderverein Sommertheater Meersburg hat inzwischen fast 100 Mitglieder, und wir hoffen, daß wir dazu beitragen können, daß das Meersburger Sommertheater in den nächsten Jahren weiterbestehen wird.

Christa Benz-Bader
Sabine Wälischmiller

Liebhaber-Theater Jmmenstaad
im Gasthof Pension „Adler"

Am **Freitag, den 6. Januar** (Dreikönigstag) und **Sonntag den 8. Januar 1922** bringt die hiesige Liebh.-Theater-Gesellschaft zur Ehrung des 60-jährigen Jubiläums unseres allverehrten früheren Direktors Herr **Joh. Bapt. Berger** folgendes zur Aufführung:

Die Z'wiederwurz'n

Volksstück in 5 Akten
Personen:

Der Bauer vom Kurzenhof	Karl Langenstein
Stasi, seine Tochter	Hilda Heger
Creszens, seine Schwester	Berta Meichle
Der Wirt	Xaver Vittel
Flosser Martel, ein Holzknecht	Edwin Gleichauf
Forstgehilfe der Jachenau	Ferdinand Heger
Hans, der Kohlenbrenner	Severin Berger
Hies, ein Wildschütz	Bernh. Dickreuter
Resel, eine Sennerin	Mathilde Deutsch
Der Bader	Ferdinand Heger
Ein Hausierer	Xaver Vittel
Ein Bergschütz	Severin Berger
Bergschützen und Bauern	

Ort der Handlung: In den ersten vier Akten in der Jachenau, im 5. Akt in München auf der Teresenwiese.

Zum Schluss:

Das Telefon od. der Wurstredner
Personen:

Stefan Schlaumeier, Schuster	Bernh. Dickreuter
Stinchen seine Frau	Mathilde Deutsch
Michael Hartohr, sein Nachbar	Xaver Vittel
Briefbote	Ans. Langenstein

Ort der Handlung: Im Hause Schlaumeiers.

1. Platz (einschliesslich Lustbarkeitssteuer) 6.— Mk.
2. Platz ,, ,, 5.— Mk.

Eintrittskarten sind bei Herrn Adlerwirt **Gleichauf**, und wenn noch vorrätig, jeweils abends an der Kasse zu haben.

Kasseneröffnung 6 Uhr. -- Anfang präzis 7 Uhr.

Das Rauchen ist strengstens untersagt. Kinder haben keinen Zutritt, Zu zahlreichem Besuch ladet ergebenst ein.

Die Gesellschaft.

Der Spaß am Theater

Laienbühnen haben im Bodenseekreis eine lange Tradition

Es ist noch kein Meister vom Himmel gefallen. Auch Freizeitschauspieler arbeiten nicht aus dem Stegreif. Vor jeder Aufführung steht das Proben. Und vielleicht ist es gerade diese Zeit der Vorbereitung, des Versuchens, des Spielens mit Sprache und Gebärden, was Laiengruppen zusammenhält, was die Darsteller am meisten fasziniert. Wie eine Probe ablaufen kann, dazu ein Beispiel vom „Teuringer Provinztheater". Die Frauen und Männer der Gruppe verstehen sich gut miteinander, zum Probenabend kommt man, auch wenn der eigene Auftritt nicht angesetzt ist. Denn das Stück, die Aufführung, das Spielen ist nicht alles. Laienbühnen brauchen auch den privaten Zusammenhalt, die Geselligkeit.

Sechs Monate treffen sich die Teuringer Spieler einmal in der Woche abends im Schulhaus. Ein großes Klassenzimmer steht als Probenraum zur Verfügung. Die kleinen Bänke der Grundschüler werden beiseite geschoben, dienen zum Teil als Kulissen- und Bühnenbildersatz. Regisseur und Souffleuse nehmen auf den Schülerstühlchen Platz. Molière auf Schwäbisch ist heute dran. Die Mundart ist Trumpf auf hiesigen Volksbühnen. Wenn man reden darf, wie einem der Schnabel gewachsen ist, ist ein Auftritt allemal leichter, ist die Wirkung echter, als wenn man sich in fremder Aussprache versuchen muß. Heute in Oberteuringen ist Tumult angesagt. Krankenschwestern werden den eingebildeten Kranken, den Gotthilf Wimmerle,

jagen. Mit Spritze, Einlauf, Wadenwickeln und erhöhten Honorarforderungen sorgen sie dafür, daß den Wimmerle seine Krankenrolle teuer und bitter zu stehen kommt. Der Teuringer Darsteller des eingebildeten Kranken aber fühlt sich sichtlich wohl als Hahn im Korb. Die drei Frauen spielen ihre Schwesternrolle mit Eifer. Was sie sagen sollen, passen sie ihrer Alltagssprache an. „Jetzt haben Sie sich nicht so" (wer spricht denn so?) wird selbstverständlich zu „Jetzt stelle Se sich doch net so a". Bis alles wirklich sitzt, bis das Reden zu den Bewegungen paßt, wird manche Szene an einem Abend mehrmals wiederholt. Doch das bringt keinen um's Amüsement. Denn der Spaß am Theater ist das Salz in der Suppe, nicht nur für die Zuschauer bei der Aufführung, sondern auch für die Spieler bei der Probe.

Dem Spieltrieb läßt man/frau aber nicht nur in Oberteuringen freien Lauf. Liebhaberbühnen, Bauerntheater, Laiengruppen oder wie immer sie sich nennen, finden sich fast allerorten im Bodenseekreis zwischen Neukirch und Sipplingen, vom Höchsten bis Uhldingen. Theater von Leuten, die eigens zum Bühnentreiben zusammenkommen, wie in der Laienspielgruppe Meckenbeuren, oder solches Feuerwehr-, Gesangs- und Turnvereinen wie das der Homberg-Limpacher Heimatbühne im Deggenhausertal. Die Palette wird noch farbiger durch Schul- und Kindertheater, durch Aufführungen im Rahmen von Volkshochschulkursen.

Zugunsten des Turnvereins spielte die Theatergesellschaft Immenstaad 1920 „Die Heldin von Tirol". Hier zeigen sich die 16 Schauspieler im Kostüm.

Und keiner müht sich vor leeren Rängen. Im Publikum mischen sich Arbeits- und Vereinskollegen, Nachbarn, Bekannte und Verwandte der Darsteller mit Theaterfreunden, die das Laienspiel hier dankbar annehmen. Gespannt wartet alles, bis der Vorhang sich öffnet, neugierig auf den in Szene gesetzten Stoff, auf die liebevoll eingerichtete Ausstattung. Vor allem aber will man die aus dem Alltag Bekannten in ganz neuen Rollen erleben.

Das Liebhaberspiel in Vereinen kann auf eine lange Tradition zurückblicken. Natürlich bestehen nicht alle Ensembles so lange wie die Meckenbeurer Gruppe, die seit 1946 (allerdings mit Unterbrechungen) in ihrer Gemeinde und in Nachbarorten für Abwechslung sorgt. Das „Teuringer Provinztheater" etwa hat sich erst 1982 gegründet. Aber Vorläufer hatten sie alle. In andere Rollen schlüpfen, sich verkleiden, mit anderen und für andere spielen, Feste und Feiern bereichern, das wünschten sich Menschen seit ältester Zeit. In Mittelalter und Barock erfüllte sich dieser Wunsch bei brauchtümlich gebundenen Weihnachts-, Fasnachts- und Osterspielen (1). Seit dem 18. Jahrhundert stellten städtische Liebhaberbühnen hohe literarische Ansprüche und setzten Werke in Szene, die heute als Klassiker seit langem anerkannt, damals aber nicht allenthalben geschätzt wurden (2). Die ersten Vereinstheater, in deren Folge die heutigen volkstümlichen Bühnen stehen, entstanden zu Anfang des 19. Jahrhunderts (3).

Vielleicht die abwechslungsreichste Geschichte haben die Immenstaader Theatergesellschaften. Der Männergesangverein will seit 1982 wieder alle zwei Jahre eine Vorstellung auf die Bühne bringen. Die Leute um

In großer Gala gab die Laienspielgruppe Meckenbeuren 1956 ihre Jubiläumsaufführung mit Lustspiel und Operette.

Brigitte Kohler und Bruno Lindner knüpfen damit ganz bewußt an Immenstaads reiche Spieltradition an. Schließlich werden hier seit 1805 von Liebhabern Stücke inszeniert (4). Die Immenstaader konnten damals auf die farbigste Gestalt des regionalen Theaterlebens zählen. Johann Baptist Berger, der Sonnenwirt, war ein geborener Komödiant. Von Kindheit an hing er mit Leib und Seele an den Brettern, die für ihn viel mehr als nur die Feierabendwelt bedeuteten. 1844 wurde er in Immenstaad geboren (5). In seinem Elternhaus konnte er sich nicht allzu wohl fühlen. Es trieb ihn so oft wie möglich außer Haus. So machte er bei seinem Onkel die Bekanntschaft der örtlichen Theaterliebhaber. Für das Spielen, das Rollenlesen und das ganze andere Drum und Dran war er sofort Feuer und Flamme. Die anderen, die älteren Spieler haben ihn damals noch nicht ganz ernst ge-

nommen. Zum Jahreswechsel 1861/62 kam eine kleine Truppe von Wanderkomödianten ins Dorf. Es waren nur drei Leute, und für eine anständige Aufführung brauchten sie Verstärkung von den Immenstaadern selbst. Der Baptist sah seine große Chance und hatte seinen ersten, wenn auch kleinen Auftritt. An die Wirkung kann sich der später erfolgreiche Spieler noch erinnern: „Ganz vortrefflich muß es nicht gewesen sein, denn ich konnte es an den Mienen der Schauspieler ablesen, daß meine Kunst nicht weit her sein mußte." Die Mitglieder der örtlichen Theatergesellschaft jedenfalls waren sich einig: „Der Baptist da, der wird auch in seinem Leben nichts für's Theater." (6).

Doch der Baptist war weiter begeistert von der Bühne. Zwar bekam er kurz nach seinem mißglückten Debut nur eine winzige komische Rolle, die aber verkörperte er mit Bra-

vour. Von solchem Erfolg bestärkt, scharte er zu Fasching 1863 schon eine eigene Theatergruppe aus jungen Leuten um sich. Die Theatergesellschaften wechselten, die Spielorte auch, der Baptist blieb. Bis zum Jahreswechsel 1911/12 war er Direktor und erster Komiker, er wählte die Stücke aus, setzte sich in Szene und trieb selbst seine Possen auf der Bühne; das alles neben hartem Broterwerb als Wirt und Bauer. Von Kindheit an war Berger oft krank. Doch den ärztlichen Rat, das Spielen sein zu lassen, schlug er stets in den Wind: „Als der Winter kam und der Flur das Leben nahm, da kam auch das Theaterfieber und der Baptist spielte wieder" (7). Es kann ihn auch nicht gereut haben, 80 Jahre hat er trotzdem gelebt.

Auch nachdem sich Berger Anfang 1912 vom Theater zurückzog, ist das Immenstaader Bühnentreiben weitergegangen (8). Fast jedes Jahr versammelte sich zum Stefanstag das halbe Dorf im Gasthof Adler. Die Aufführungen um die Weihnachtszeit waren sehnlichst erwartetes Ereignis im dörflichen Jahresverlauf. Nahezu die ganze Theatergesellschaft stand auf der Bühne. Die Vorstellung begann mit einem Prolog, der das Hauptstück erläuterte. Stets, so erinnert sich Hans Meichle, ein Stück voll von Problematik, Alltagssorgen oder schwerwiegenden Vorfällen. Es muß des öfteren die Zuschauer zu Tränen gerührt haben. Im zweiten Teil des Abends konnte das Publikum entspannen: Ein Lustspiel erlaubte ungetrübtes, unbändiges Vergnügen auf und vor der Bühne.

Heute klagen Literaturwissenschaftler und zum Teil auch die Betreiber von Laienbühnen selbst über die Publikumsvorliebe für geistlose Lachschlager und über der Zuschauer Abneigung, sich mit Problemstücken auseinanderzusetzen. War das in den zwanziger Jahren anders, als die Hauptstücke aufwühlend waren? Mir scheint das nicht der Fall. Die Bühnenplakate der damaligen Zeit zeigen, daß auch diese Schauspiele eine Welt vorführten, die nicht mehr unbedingt die des Publikums war. Es waren meist kleine Sorgen in einem bäuerlichen, abgeschlossenen Lebensraum. So ungebrochen bäuerlich aber war die Bodenseeregion vor sechzig Jahren nicht mehr. Die Stücke kamen auch damals schon meist aus dem bayrischen Raum. Für das Vereinstheater, das sich im 19. Jahrhundert herausgebildet hat und im Bodenseekreis bis heute lebendig geblieben ist, ist solcher Transport von Stücken typisch (9). Überregionale Bühnenverlage bieten die Spielvorlagen an, landschaftlich Überliefertes wird, so es vorhanden war, verschüttet.

Zu Immenstaad florierte das Theaterspielen bis 1934. Die Nationalsozialisten haben das ungebundene Bühnentreiben verboten, obwohl die Laienspieler sich mit ihren Stücken nie politisch einmischen wollten (10). Ab 1948 fanden wieder Aufführungen statt. Sie wurden jeweils von dem Verein getragen, der die Weihnachtsfeier mit dem Versteigern des Christbaums abhielt. Auch jetzt war der Adlersaal stets überfüllt. Stimmen nach einer größeren Halle wurden laut. Doch als diese schließlich gebaut war, erwies sich darin das intime Spiel, das nicht von professioneller Fertigkeit, sondern von dörflicher Gemeinschaft und Geselligkeit lebt, als nicht mehr tragfähig (11). Das kleine Dorf Immenstaad war wohl auch zu schnell gewachsen, der alte Zusammenhalt gestört, neue Verbindungen noch nicht kräftig genug. Erst jetzt wieder will man das Bühnenspiel am Ort neu beleben.

Unterbrechungen gehörten stets zur Tradition der Vereinstheater. Nicht immer waren obrigkeitliche Eingriffe schuld, die waren selten, auch nicht erforderlich, man enthielt und enthält sich schließlich meist kritischer politischer Einmischung. Wenn in einem Dorf oder in einer Stadt die Kette jährlicher Aufführungen unterbrochen wurde, lag es am Ausscheiden tragender Mitglieder, lag es sehr oft an mangelnder Spielmöglichkeit: Die erfolgreiche Meckenbeurer Spielgruppe mußte von 1963 bis 1970 ihr Wirken einstellen, da ihr kein geeigneter Bühnenraum zur Verfügung

Szenenbilder aus der Oberteuringer Aufführung 1984: „Der Streik des Heiligen Antonius".

stand. Häufig waren es aber auch Änderungen im Freizeitverhalten, die den zeitweisen Niedergang des volkstümlichen Theaters bedingten. An vielen Orten in Deutschland verschwanden die Vereinstheater, als das Kino aufkam (12). Immenstaads Gruppe hielt sich länger, doch die internationale Konkurrenz, die die Linzgauhalle gebracht hat, drängte die örtlichen Liebhaberkomödianten von der Bühne in den Zuschauerraum. Vielleicht war das auch ein notwendiger Schritt von der Provinz in die Moderne (13).

Doch heute, am Beginn einer neuen Stufe der Massenmedien, mit bundesweiter Verkabelung, überkommt den Betrachter dieser Entwicklung Trauer. Die Gegenströmung allerdings zeigt sich schon. Allenthalben und von allen Seiten entdeckt man wieder neu den Sinn des Landschaftsbezogenen, die Eigenart und Geselligkeit kleiner kultureller Räume.

Daß man sich in Immenstaad und Oberteuringen gerade in den letzten Jahren wieder auf ein Dorftheater besonnen hat, ist deshalb sicher kein Zufall.

Der Schritt in die Moderne, weg von einer bäuerlichen Bühnenwelt, die auch in ländlicher Region kein Pendant mehr außerhalb des Theaters hat, läßt sich auch innerhalb des Laientheaters vollziehen. Die Meckenbeurer Gruppe, die in diesem Jahr ihr 40jähriges Bestehen mit einer Aufführung von Kusz's „S'Konfirmandefeschd" feiern wird, beweist das mit genauso gewagten wie gelungenen Inszenierungen. Man verläßt sich nicht auf die Vorschläge der Laientheaterverlage. Die Meckenbeurer beziehen ihre Spielvorlagen meist vom renommierten Verlag der Autoren. In den letzten Jahren hat man etwa Wilders „Unsere kleine Stadt", Frischs „Biedermann und die Brandstifter", Essigs „Glücks-

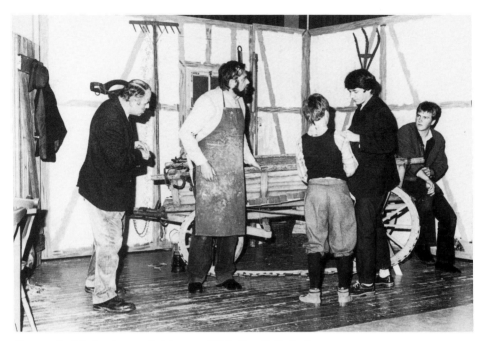

Renner der Meckenbeurer Spieler war 1984 „Der Erfinder"

kuh" und Kotzebues „Die Kleinstädter" aufgeführt. Regisseur Gerd Frank und Vorstand
Karl-Heinz Fischer haben Dario Fo, den bekannten italienischen Schreiber genauso
spritziger wie kritischer Volksstücke, in die
Bodenseeregion eingeführt und sich auch an
ein Avantgardestück des nur wenig bekannten Schweizer Schriftstellers Hansjörg
Schneider getraut: „Der Erfinder", Ende
1984 in Meckenbeuren aufgeführt, spielt in
einem Schweizer Dorf im November 1917.
Ein Bauer konstruiert ein Raupenfahrzeug,
auf weichem Boden soll es den Landwirten
das Vorwärtskommen erleichtern. Doch im
Dorf gilt er als Sonderling, wird verspottet.
Als der Erfinder erfährt, daß ähnliche Fahrzeuge, Panzer, im Krieg schon verwendet
wurden, erhängt er sich.

Das Stück voller trauriger und doch voller
skurriler Szenen ist auch Gleichnis von Furcht

und Hoffnung der Moderne. Die Meckenbeurer aber haben auch für dieses Stück ihr
Publikum gefunden. Daß dörfliches und
kleinstädtisches Laientheater nicht nur etwas
für Leute von gestern ist, beweisen auch die
vielen jugendlichen Mitspieler in den Thea-
tergruppen. Die Meckenbeurer Laienspieler
haben eine eigene Jugendgruppe, in der Kinder und Jugendliche Märchenspiele und modernes Kindertheater in Szene setzen. Das
volkstümliche Theater und sein Publikum
sind also sicher besser als sein Ruf!

Von den vielen Laiengruppen im Bodenseekreis konnten hier nur wenige erwähnt
werden. Die Auswahl bedeutet keinerlei
Wertung. Besuchenswert sind die Vorstellungen aller Gruppen (14). Theater muß man erleben, Aufführungsberichte wollen und können den unmittelbaren Eindruck des Bühn-
entreibens nicht ersetzen.   Eva Kormann

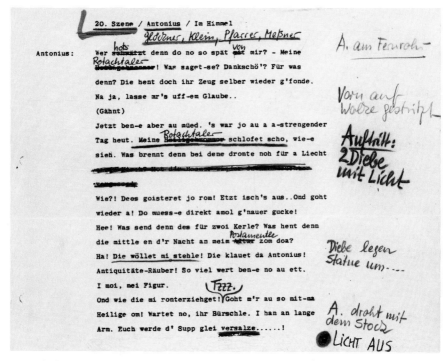

Ein Blick ins Regie-Buch: Vieles muß beachtet werden, damit die Aufführung klappt.

Anmerkungen

1 Leopold Schmidt: Das deutsche Volksschauspiel. Berlin 1962.
2 Ewald Gruber: Theater in Saulgau. In: Saulgauer Hefte zur Stadtgeschichte und Heimatkunde 3, 1982
3 Herrmann Bausinger: Oberschwäbisches Theaterleben jetzt und einst. In: Jahrbuch für Volkskunde 1957/58, S. 49-70.
4 Hans Meichle: Die Theatergesellschaft zu Immenstaad. In: Immenstaader Heimatblätter, Heft 2, Dezember 1978.
5 Johann Baptist Berger: Erinnerungen eines alten Dorfkomödianten. Bergers Selbstbiographie ist leider nicht veröffentlicht. Sie befindet sich als Kopie im Archiv des Bodenseekreises. Die Erinnerungen sind ausgesprochen lesenswert: Berger vermittelt ein lebendiges, ganz und gar nicht beschönigend-idyllisches Bild vom Alltag der damaligen Zeit.
6 Berger, Erinnerungen eines alten Dorfkomödianten, S. 18.
7 Berger, Erinnerungen, S. 74.
Heinrich Hansjakob: Schneeballen. Erzählungen vom Bodensee. Dritte Reihe / 3. Auflage. Freiburg, 1969, S. 280.
8 Hans Meichle: Die Theatergesellschaft zu Immenstaad. In: Immenstaader Heimatblätter, Heft 2, Dezember 1978.
9 Gerlinde Volz: Historische Stoffe im volkstümlichen Theater Württembergs seit 1800. Stuttgart 1964.
10 Hans Meichle: Die Theatergesellschaft zu Immenstaad. In: Immenstaader Heimatblätter, Heft 2, Dezember 1978.
11 Hans Meichle, s. Anm. 10
12 Gerlinde Volz: Historische Stoffe im volkstümlichen Theater Württembergs seit 1800. Stuttgart 1964.
13 Hans Meichle: Die Theatergesellschaft zu Immenstaad. In: Immenstaader Heimatblätter, Heft 2, Dezember 1978.
14 Eine Adressenliste der Amateurtheater findet sich im Anhang des Buches.

Die neue Lust am Schnupfen

In Frickingen wurde ein alter Verein wieder entdeckt

Dieser Verein steht in keinem Amtsgerichtsregister und nimmt dennoch von seiner Mitgliederzahl her im ganzen Bodenseekreis eine Spitzenstellung ein: 3598 Namen finden sich mittlerweile in den Mitgliederbüchern des „Schnupfvereins Löwen Frickingen" wieder – eine Vereinigung, die in ihrer eigentümlichen Ausgestaltung und in ihrer kuriosen Tradition wohl nicht zu übertreffen ist. Im Jahre 1890 gegründet, erfreut sich der Schnupfverein nach über einem halben Jahrhundert ruhender Clubaktivitäten nunmehr wieder steigender Beliebtheit, was auf das tatkräftige Engagement einer besonderen Persönlichkeit zurückzuführen ist: Emma Ganter, Alt-Löwenwirtin aus Frickingen, hat es sich zur Aufgabe gemacht, die verstaubten Statuten des Schnupfvereins wieder mit Leben zu erfüllen.

Jahrelang hatte Emma Ganter bereits nach den alten Mitgliedsbüchern des Schnupfvereins gesucht, den ihr Großvater Xaver Lattner zusammen mit einer Reihe weiterer geselliger Frickinger gegen Ende des vergangenen Jahrhunderts gegründet hatte. Im November 1985 geschah es dann: Mehrere Kegelbrüder waren im Frickinger „Löwen" eingekehrt; man saß am späten Sonntagabend zusammen, und irgendwann erzählte ein Gast vom Verlust eines Kegelbuches. Emma Ganter hörte aufmerksam zu und stand den Gästen auch gleich mit dem passenden Rat zur Seite: „Betet zum Heiligen Antonius", meinte sie zu den Kegelbrüdern. Ob diese sich an den Rat gehalten und damit Erfolg gehabt haben, ist zwar nicht bekannt, wohl aber ein denkwürdiges Ereignis, das Emma Ganter noch am gleichen Abend widerfuhr: Als sie in den Schubladen eines alten Schrankes herumstöberte, stieß sie auf drei alte Bücher mit handschriftlichen Eintragungen. Schon der erste Blick ins Innere bestätigte Emma Ganter das, was sie sofort vermutet hatte: Die alten, über 50 Jahre verschollenen Mitgliederverzeichnisse des „Schnupfvereins Löwen Frickingen" waren wieder da! Da gab es für die Alt-Löwenwirtin nur eines: Sogleich Seite für Seite der Bücher genau unter die Lupe nehmen.

Erstaunliches konnte Emma Ganter hierbei über den Verein erfahren. So ist im ersten Teil des ersten Mitgliederbuches einiges über Sinn und Zweck des Vereins enthalten: „Der Wirt verpflichtet sich, die Beiträge einzuziehen, die Dosen wenn nötig mit bestimmtem Material zu füllen und den anwesenden Schnupfern zur Verfügung zu stellen. Im Falle einer möglichen Auflösung des Vereins fallen die Inventarobjekte dem Wirt für seine unentgeltliche Mühewaltung als unbestreitbares Eigentum anheim. Jeder anständige Gast, sei er Einheimischer oder fremd,' zählt durch den einmaligen Gebrauch der Dosen zu den Mitgliedern, zahlt seinen Beitrag von mindestens 20 Pfennigen, trägt seinen Namen in die Liste ein und

1892	6			M
Oktober 920	Otto Maier aus Ueberlingen	—	—	30
" 921 "	Karl Stützle " "	—	—	20
922	Johann Schwarz " "			20
923	Eusebius Waldenspul ~ Kolb			20
924	Gottfried Mayer v. Frickingen			20
November 925.17	Heinz Sozenthal Uhrmacher Überlingen	—		20
926 4	B. Beuren Überlingen		—	20
927	Karl Dreher Oberdorfel		—	20
928	Otto Müller u. Sohn Rorschach			
929	Brandlin Ludwig Ehingen			20
930	Edmund Weil Herrau			50
931	Weikhi Kuib z. Mühlhofen			20
932	Friedrich Herbst Schloshof Grossschöne 9/12.92			20
933	Johann Haag Schwenningen			
934	R. A. Witz Ren. 9.18.92			20
935	Mathias Mötsle Oberretzweil			20
936	Georg Alois Schäfer Ehingen			20
937	Dismas Schober, Frickingen	—		20
938	Reutlingen Mathias Knuiz ?			20
939	Emilie Asprich Liebherrweiler			20
940	Matthias Vailer Leustetten			20
941	Anton Lattner Spittingen			20
			O	4.40

Eine Seite aus dem Mitgliedsbuch des Frickinger Schnupfvereins aus dem vorigen Jahrhundert. Inzwischen gibt es über 3600 Mitglieder.

verbleibt ständiges Mitglied. Er kann weder austreten noch ausgeschlossen werden. Das heißt: Es wird ihm weder rückvergütet noch sein Name von der Liste gestrichen."

Als Gründungsdatum wird der 16. November 1890 ausgewiesen, wobei der Anlaß zur Vereinsgründung offenbar recht profaner Natur war: „Anläßlich eines heiteren Abends" habe die im Wirtshaus versammelte Gesellschaft „den Wunsch geäußert, einen Schnupfverein zu gründen." Xaver Lattner, damaliger Inhaber des Gasthauses, steht obenan auf der mittlerweile über 3500 Namen umfassenden Mitgliederliste; als zweiter Name wird der Frickinger Landwirt Engelbert Hina genannt.

In den Jahren nach der Gründung erfreute sich der Schnupfverein zunehmender Beliebtheit: Nicht nur begeisterte Schnupfer aus dem Linzgau, sondern auch zahlreiche Reisende aus Stuttgart, Frankfurt, Straßburg und Köln verewigten sich in den Mitgliederbüchern; so gut wie alle traditionellen Berufe fanden im Frickinger Löwen Gefallen am Schnupftabak. Doch nicht nur eine Prise Schnupftabak, sondern auch eine deftige Prise Humor war in jenen Jahren allen gemeinsam. Ein Beispiel: Auch in Frickingen herrschte an jenem denkwürdigen 19. Mai 1910, als der Halley'sche Komet erschien, allgemeine Weltuntergangsstimmung. Der damalige Pfarrer Knebel nahm dies zum Anlaß, es den Pessimisten und falschen Sterndeutern zu zeigen. Nachdem der Komet vorbeigezogen und die erwartete apokalyptische Katastrophe ausgeblieben war, schrieb Knebel folgendes ins Mitgliederbuch des Schnupfvereins: „Nachdem die Welt nicht unterging / ich nun das Schnupfen neu anfing. / Es lebe 'drum der Schnupfverein, / er nimmt aufs Neue Gelder ein. / Und stürzt die Welt dann wieder ein, / die Gliederzahl muß doppelt sein." gezeichnet: „Knebel, erstes Mitglied nach dem Weltuntergang."

Bis zum Jahr 1914 hatten sich immerhin 3391 begeisterte Schnupfer im Mitgliederverzeichnis eingetragen, wobei der Vereinserlös stets sozialen Zwecken zugute kam: Der ärmste Erstkommunikant im Dorf wurde über Jahrzehnte hinweg jeweils mit angemessener Bekleidung ausgestattet; daneben kam auch den ärmsten Wöchnerinnen im Ort die Schnupffreudigkeit der Gäste im Löwen zugute. Mit dem Beginn des Ersten Weltkrieges ruhten jedoch auch die Geschäfte des Schnupfvereins.

Erst im Mai 1930 ging es mit der vereinsmäßigen Schnupferei in Frickingen wieder bergauf. Doch bereits am 25. Oktober 1931 kamen die Vereinsgeschäfte erneut zum Erliegen; über die Gründe hierüber ist wenig bekannt: „Die Leute hatten wohl keine Lust mehr", vermutet Emma Ganter. Immerhin kamen die Mitgliederbücher im Oktober 1931 auf 3573 Eintragungen – eine Zahl, die erst über ein halbes Jahrhundert später erneut anwachsen sollte.

Denn für Emma Ganter war nach dem Fund der Vereinsverzeichnisse von vornherein klar: Der Schnupfverein soll wieder mit Leben erfüllt werden. Jeder, der in den Löwen kommt und an einer Mitgliedschaft interessiert ist, kann sich eintragen; die alten Statuten von 1890 gelten immer noch mit einer Ausnahme: Der Mindestbeitrag wurde von 20 Pfennig auf zwei Mark erhöht. Und sowohl arme Erstkommunikanten als auch verelendete Wöchnerinnen werden keinen direkten finanziellen Nutzen mehr aus der Schnupffreudigkeit ihrer Zeitgenossen ziehen können: Der Erlös kommt fortan der Sozialstation Salem zugute.

Im übrigen hat Emma Ganter auch für die Zukunft vorgesorgt: Nachdem die beiden alten Mitgliederbücher für die Fülle der Mitglieder nicht mehr ausreichen, hat sie ein neues Buch anfertigen lassen – auf daß es mit dem Frickinger Schnupfverein auch weiterhin bergauf gehe!   Thomas Wagner

Das Biedermeierhaus zum Aufklappen und – ein Bastlertraum – der „Adler", Deutschlands erste Eisenbahn

Baumeister einer Traumwelt aus Karton

Für den Spaß am Modellbau gibt es keine Altersgrenze

Hoch oben am Hang, mit dem Blick auf den Bodensee, wohnt ein Mann, dessen kreatives Lebenswerk in den letzten Jahren über die Landesgrenzen hinaus Beachtung und Anerkennung gefunden hat: Hubert Siegmund in Überlingen-Hödingen konstruiert seit 30 Jahren Modellbaubogen aus Karton, mit einer Leidenschaft und Hingabe, der die Jahre keinen Abbruch taten. Kaum ist ein Bogen gedruckt, macht sich Hubert Siegmund mit vollem Elan, wissend um die Einmaligkeit und Faszination seiner Lebensaufgabe, an eine neue Konstruktion.

Mal sind es Burgen, mal Fachwerkhäuser und historische Gebäude, dann wieder Flugzeuge, Schiffe und Luftschiffe und auch Lehrreiches und Lustiges als Beilage für Kinderzeitschriften; auch Asterix und Obelix sind dabei. Dann gibt es Bogen nach Maß für große Firmen, für Städte und Gemeinden, die den Bastelbogen und seine Möglichkeiten für die Werbung entdeckten. So sind im Laufe der Jahre fast 500 Modelle entstanden.

Die Modellbogen haben eine lange Geschichte. Schon Goethe erinnerte sich aus seiner Jugendzeit: „Ich hatte früh gelernt, mit Zirkel und Lineal umzugehen, indem ich den ganzen Unterricht, den man uns in der Geometrie erteilte, sogleich in das Tätige verwandte, und Papparbeiten konnten mich höchlich beschäftigen. Doch blieb ich nicht bei geometrischen Körpern, bei Kästchen und solchen Dingen stehen, sondern ersann mir artige Lusthäuser, welche mit Pilastern, Freitreppen und flachen Dächern ausgeschmückt wurden, wovon jedoch wenig zustande kam." Was Goethe damals – freilich resignierend, was seinen persönlichen Erfolg angeht – berichtete, sollte bald eines der beliebtesten Spielmittel des 19. Jahrhunderts werden.

Begonnen hatte alles, wie so oft, im militärischen Bereich. Schon 1547 erschienen Holzschnitte, die schnittmusterartig ein militärisches Zeltlager darstellten. Diese Holzschnitte konnten herausgelöst und zu kleinen Zelten zusammengesetzt werden, um den Auf- und Abbau eines Lagers schon anhand der Modelle zu üben. Das verstärkte Interesse, mit Papier plastisch zu gestalten, setzte zu Beginn des 19. Jahrhunderts ein. Papiermodelle wurden in erster Linie als Lehrmaterial für den mathematischen Unterricht benutzt. 1802 wurde von einem Lehrer aus Weimar die erste Anleitung zum Bau von Papiermodellen veröffentlicht. 60 Jahre später entstanden die ersten gedruckten „Modellierbögen" in Frankreich. Gegen 1880 erreichte der Modellierbogen schließlich jene Bedeutung und Verbreitung, die bis heute, mit einigen Unterbrechungen, anhielt.

Waren es anfangs einfache Konstruktionen, so wurden die Modelle in den 80er Jahren des vorigen Jahrhunderts immer komplizierter. Manche Objekte, wie das Ulmer Münster, umfaßten bis zu zwölf Einzelbo-

Burg Lichtenstein

Der Räuber Hotzenplotz

gen mit einer Unzahl von Schmuckformen, Fialen und Stützbögen. Doch dies alles war den fortgeschrittenen Modellbauern von einst noch zu wenig. Sie entwickelten Modelle, die durch Wärme oder Sand betrieben wurden und brachten sie erfolgreich auf den Markt. Jetzt gab es die sogenannten „Ofenbilder", die durch über dem Ofen aufsteigende Wärme in Bewegung gesetzt wurden. Die durch die Warmluft angetriebene Mittelachse erweckte mit Hilfe leichtgängiger Übersetzungen die beweglichen Teile des Modells, z. B. Figuren, zum Leben.

Mit dem Einzug der Technik und dem damit verbundenen Verkehrswesen waren die technischen Modelle an der Tagesordnung. Die allerneuesten Schienen-, Straßen-, Wasser- und Luftfahrzeuge wurden in Karton nachgebaut. Diese Modelle haben

nichts von ihrer Wichtigkeit eingebüßt: Sie sind für die heutige Geschichte der Technik von großem Interesse, da ihre wirklichen Vorbilder schon längst aus dem Verkehr gezogen, verrostet und verschrottet sind.

Hubert Siegmund sorgte seit den 50er Jahren dafür, dem damaligen „Modellierbogen" als Modellbaubogen neue Attraktivität für unsere Zeit zu verleihen. Seine Schöpfungen halten nicht nur in Kinderzimmern Einzug. Meist sind es Erwachsene, die damit ihre Freizeit gestalten, und das nicht nur in Deutschland; auch in Nord- und Südamerika und vielen westlichen Ländern erfreuen sie sich steigender Beliebtheit. Briefe von begeisterten Bastlern aus aller Welt kommen nach Hödingen und halten den

Oldtimer aus dem Bastelbogen

Modellbogen-Baumeister mit seinen „Fans" in Verbindung.

Zwischen einem weißen Blatt Papier und dem fertigen, dreidimensionalen Modell liegen viele Entwürfe, die Ausbreitung der Reinzeichnung als Druckunterlage, Kontrollklebungen, Korrekturen und schließlich die Farbgebung. Daß es auf dem Modellbogen schön bunt zugeht, dafür sorgt Terese Siegmund. Vor allem bei historischen Vorlagen muß sie sich bis auf den letzten Pinselstrich an das Original halten. Daß sie die künstlerische und technische Arbeit ihres Mannes ergänzen und vollenden kann, ist ein Glücksfall und macht die beiden Siegmunds zum idealen Team.

Viel technisches Verständnis und unermüdliche Tüftelei gehören dazu, alles maßstabsgerecht auf den Karton zu bringen. Es ist aber die unerläßliche Voraussetzung, daß ein Modell wie der „Luxusliner MS Europa" mit stolzen 1,12 Metern Länge schließlich originalgetreu vor dem Betrachter stehen kann. Hubert Siegmund hat ihn zuvor bis ins kleinste Detail erarbeitet.

Dem erfahrenen Tüftler in Hödingen verdanken heutige Karton-Modellbauer auch, daß sie – im Gegensatz zu ihren Kollegen aus früherer Zeit – ihres Erfolges sicher sein können. Siegmund nimmt den Bastler sozusagen an der Hand, indem er schon den Bogen als leicht verständlichen und übersichtlichen Plan aufbaut und mit einer reich bebilderten Anleitung ergänzt. Manches technische Problem von einst ist heute verblüffend einfach gelöst.

Siegmunds große Liebe gilt den freien Entwürfen – seiner Fantasie und Kreativität

**Luftschiff
LZ 127
»GRAF
ZEPPELIN«**

Maßstab 1:200

sind keine Grenzen gesetzt. Neuestes „Kind" seines Ideenreichtums ist ein Biedermeier-Spielzeughaus zum Aufklappen. Zwei Stockwerke hoch enthält es alles, was die Herzen von Puppenstubenfans höher schlagen läßt: Wohnzimmer, Küche, Werkstatt und Laden; zusammengeklappt sieht es einfach aus wie ein Bilderbuch.

Dieses Buch birgt eine Geschichte ohne Ende. Bei jedem Entfalten entzündet es die Fantasie aufs neue. Es läßt eine längst versunkene Welt erstehen, in der es weder Telefon noch Fernsehen gab, und läßt uns erahnen, wie die Menschen damals gelebt haben. Waren sie nicht glücklich?

Eva-Maria Henkel

Alle von Hubert Siegmund gestalteten Modellbaubogen und das Biedermeier-Buch sind im Verlag J. F. Schreiber, Esslingen, für den er seit 1956 als freier Mitarbeiter tätig ist, erschienen.

250

Mit Kindern auf Mineraliensuche

Eine „AG" als Brückenschlag in die Natur

Mit Arbeitsgemeinschaften wird seit einiger Zeit das allgemeine Schulleben der Kinder verschönert und bereichert. Da wird Fachwissen auf persönliche Art vermittelt, und der übliche Stundenzwang samt Notendruck bleibt weitgehend weg. Kinder, die sich für eine Arbeitsgemeinschaft freiwillig entschieden haben, zumeist während eines Wochennachmittages, sind dann auch mit „Herz und Seele" dabei. Die Palette der AG-Angebote reicht von Kochen bis Volleyball, von Pflanzenbeobachtung bis Segelflugzeugbau. Da war es selbstverständlich, das Angebot an der Hauptschule noch zu ergänzen durch die Naturbeobachtung in der Gesteinswelt. Nach fast fünfundzwanzig Jahren Sammelpraxis war es mir den Versuch wert, das Mineraliensammeln zu erklären und mit den Kindern praktisch durchzuführen. Bald war auch in der Grundschule der Wunsch laut geworden, daß das Steinesammeln nicht ein Privileg der Hauptschüler bleiben möge, und so „läuft" die Mineralien-AG schon seit drei Jahren auch dort. Zulauf hat diese Arbeitsgemeinschaft mehr als zu verkraften wäre. Wer letztlich bleibt, ist interessiert dabei. Und die Arbeit mit Kindern hat mir selbst einen ganz neuen Zugang zu dieser Materie ermöglicht.

Schon immer beschäftigten sich Wissenschaftler mit Gesteinen, Kristallformen und deren chemischen Zusammensetzungen, analysierten nach klar rationell erdachten Schemata. Heutzutage ist das Interesse breiter. „Man sammelt Mineralien". Das ist Mode geworden, wie so vieles in der modernen Freizeitwelt. Steine zu sammeln, bedeutet aber noch lange nicht, daß man die Steine auch verstehen will. Vorderhand wirken sie auf einen faszinierend, der Form, der Farbe und vielleicht auch der Leuchtkraft wegen. Und an diesem Phänomen verdienen mittlerweile Verlage, Zulieferbetriebe für Sammelutensilien, Mineralienhändler und Börsenveranstalter. Unversehens wird der ästhetische und edle Wert eines Kristalls herabgemindert zur nüchtern kalkulierten Ware. Kein Wort mehr vom Naturphänomen, nichts mehr über die große Lust und Qual beim Sammeln in schwierigem Fels . . .

Da wundert's nicht, daß die Kinder schon mit so stereotypen Fragen wie: „Ich hab da einen Stein geschenkt bekommen, was krieg ich dafür?", oder : „ Was Sie da hingestellt haben, wieviel ist der wert?" das rechtschaffene Sammlergemüt geißeln. Die Kinder tun's ja nicht aus böser Absicht. Sie haben es in unserer barbezahlten Freizeit nicht anders gelernt. Da dachte ich mir, hier mußt du einen Gegenwert setzen. Da gilt es, den Kindern wieder neue (oder ganz alte!) Naturwerte zu vermitteln. Also veranstaltest du Mineralien-AG's, wo's nicht um Preise geht, sondern um die Umstände des Sammelns, – du erklärst wenig über Börsen, viel aber über klassische Alpensammler.

*Die Mineralien-AG in der Praxis: Am Pitz Tuff in Graubünden klopfen die Kinder im Kalk-
und Schiefergestein, um Bergkristalle zu finden.*

In den allgemeinbildenden Schulen sieht
es mit den Naturaliensammlungen meistens
nicht (mehr) gut aus! Was einst zum guten
Ton einer größeren Schule gehört hat, „Das
kleine Naturalienkabinett", ist meist ver-
kommen zum verstaubten Probenkästchen.
Und gar die praktische Gesteins- und Mine-
ralienanalyse kommt kaum mehr im Unter-
richtsplan vor. Wer braucht das schon später? (Und die Mädchen brauchen's schon
gar nicht!) Der Spaß am Umgang mit Steinen ist leider allein heute kein Maßstab.
Nur Spaß machen darf ein Unterricht nicht,
er muß vor allem, klar abschätzbar, was
„bringen", später. Obwohl doch die gemeinsame Arbeit mit Gesteinen auch den
Menschen bildet, Kinder in ihrem Bewußtsein fühlbar weiterbringt und also im Kopf
tüchtiger macht für später!

Immer wieder schauen wir aus den Fen-
stern der Hauptschule hinaus in die Berge.
Da steht im Südosten der Pfänder, der sich
als Massiv nach Südosten weiterzieht, als
sogenannte Nagelfluhkette − und direkt im
Süden der Einschnitt des Rheintales, flußaufwärts betrachtet und bei Föhn ein kuli-
narisches Ereignis für's Auge! Die gewaltigen Gebirgsmassive im südlichen Hintergrund gehören zum Montafon, daran anschließend im Südwesten der Alpstein, besser bekannt durch den Gipfel des Säntis,
und weiter westlich dahinter, schimmernd
im gleißenden Eispanzer, die Granitmassi-
ve des Oberalp- und Zingenstockes.

Wir betrachten die grandiose Alpenkulis-
se, die natürlich für's Thema motiviert: bei
Föhn und wenn's dunstig ist, daß man von
der mächtigen Pracht kaum mehr etwas

sieht. Da Tettnangs Schulen alle über dem Schussental „thronen", ist unser Blick auf die Weite gerichtet. Das Alpenpanorama ist somit auch unser erstes Thema. Ich versuche zunächst einmal, die Landschaft bewußt zu machen: den Bodensee als großes ostwestgerichtetes Gewässer, die milderen Hügel im Norden (Gehrenberg), die bizarren Felsformationen im Süden, den ewig währenden Kreislauf der Aufschichtung und Abtragung des Gesteinstransportes vom Berg herunter in die Ebenen; das Ablagern und Sich-verfeinern zur fruchtbaren Erde – ein ungeheures Ereignis über Jahrmillionen – ich erzähl's, so gut es mir möglich ist, vom Hauptschulfenster aus...

Wir dürfen nicht vergessen, daß die Kinder mit neun oder zehn Jahren zwar durchaus in der Lage sind, größere, bildhafte Zusammenhänge zu erfassen, nicht aber abstrakte physikalische Vorgänge zu begreifen. Wenn ihnen langsam bewußt wird, daß Gesteine aus den östlich gelegenen Vorarlberger Alpen von der Geographie her in Schottern südlich der Argen, die Gesteine der Graubündener Alpen aber westlich der Schussen zu finden sind, weil die großen Eisströme die Richtung aus dem Rheintal heraus bestimmt haben, ist das schon sehr sehr viel!

Alsbald machen wir uns auf die Suche nach Gesteinen. Unsere erste Exkursion führt uns zum sogenannten Argenrutsch, in der Karte als Wiesacher Rutsch eingetragen, Ausflugsziel vor allem im Sommer. Gegenüber von diesem bemerkenswerten Aufschluß zeltet und grillt man, feiern Klassen während des Schulausfluges, prosten sich Schulkollegien zum Abschluß des Schuljahres zu. Uns interessiert das Gestein. Wir brauchen in diesem Falle einen normalen Haushaltshammer (der im Wasser gelegen haben muß, damit er nicht wakkelt!), einen kleinen Spitzmeißel, Rucksack, Vesper und an heißen Sommertagen eine Kopfbedeckung. Zeitungen zum Einwickeln darf man auch nicht vergessen. Eine Erste-Hilfe-Tasche wird auch mitgenommen, denn die Euphorie vor Ort ist groß. In den rundgewaschenen größeren Schottern aus Tiefengestein könnte es ja Kristalle geben! Theoretisch durchaus möglich! Und das beflügelt ungemein, da wird mancher Daumen flachgeklopft. Eine vorübergehende Wehklage muß also mit einkalkuliert werden.

Als AG-Leiter kommt es mir darauf an, daß die Kinder bald hart von weich unterscheiden können. Welches Gestein hat Widerstand leisten können? Kälte und Wind, Wasser und Eis haben am Gestein gearbeitet, haben es gerollt und mannigfaltig drangsaliert. Kalk wird rascher klein, zu Sand, zu feinsten Schichten, Granit und Gneis aber sind zäher, haben eine uralte Geschichte hinter sich, nur der Glimmerschiefer zerbröselt rasch, wird von den Kindern fasziniert zerlegt. Da glänzt es golden oder silbern. Erste Verwechslungen werden rasch beseitigt. Als Katzengold bezeichnen die Leute das Gestein in manchen Gegenden. In den Alpen meint man damit meist den gelblich schimmernden Glimmerschiefer, auf der Insel Elba ist es der Pyrit (Schwefelkies). Eine erste Härteskala haben die Kinder nun selbst aufgestellt. Wieder im AG-Zimmer lassen sich erste Rückschlüsse auf die Entstehung der Gesteine ziehen.

Wir befassen uns dann mit dem rund um den Erdball mächtigsten Tiefengestein, dem Granit. Produkt des Magma, der heißen, zähflüssigen Masse aus dem Erdinneren, – aber vergleichsweise friedlich schlummernd in herrlicher Formation in unseren Zentralalpen zu erforschen! Was vom Stromboli, der süditalienischen Vulkaninsel, alle 20 Minuten ausgespuckt wird und beim viel wuchtigeren Ätna alle paar Jahre als großer Lavafluß die Hänge hinabkriecht, wird später schwarzer Basalt, ist rasch abgekühlt, hat wohl manchen Blasen-

Mineralien: kommt aus dem Lateinischen, von minare = Bergbau treiben; also Gesteinsprodukte, die mehr oder weniger nützlich waren.

Kristall: kommt aus dem Griechischen, von krystallos = das Eis, ist die äußere Form des Minerals, man sagt auch „die Tracht".

Nagelfluh: rundgewaschene Steinchen vielerlei Art, die mit kalkigem oder kieseligem Bindemittel zusammengehalten werden, – also kein gewachsenes Gestein, sondern eine neu entstandene Zusammensetzung jüngster Erdgeschichte.

Moräne: Hügel aus Eiszeitschottern.

Aufschluß: Wo Ablagerungsschichten oder Tiefengesteinsschichten durch Natur zutage treten, gewöhnlich in Steinbrüchen nach längerer Zeit, durch Abtragung (Erosion) oder durch Auswaschung von Gewässern – Nachrutschen.

Granit, Gneis, Glimmerschiefer: Tiefengesteine, wobei Granit das Ausgangsgestein ist, Gneis ist bereits ein Umwandlungsgestein von Granit, Glimmerschiefer schließlich das extreme Umwandlungsprodukt aus Gneisen.

Sedimentgesteine: Ablagerungsgesteine, die durch Verwitterung von Urgestein entstanden – und im Laufe der Jahrmillionen wieder neue Schichten bildeten. Meeresablagerungen haben die gleichmäßigsten Schichtgesteine gebildet – samt den typischen Versteinerungen.

Magma: Glutflußmasse tief im Erdinnern; bis 3000 Grad heiß; wo die Erdrinde dünn ist, will das Magma durch Druck vulkanischer Gase durch die Erdrinde hindurch.

Lava: Magma-Endprodukt, das durch Gasdruck nach außen dringt, immer noch rund 1100 Grad heiß, und als Lavastrom zuerst rasch (bis 60 km schnell!), später zäh und langsam die Vulkanhänge hinabfließt.

hohlraum mitbekommen, von Gas geschaffen – ist aber nur von kleinsten Mineralien durchsetzt. Der Granit aber, der über Jahrmillionen abgekühlt wurde, sich ganz langsam verfestigte, hat schon während der tektonischen Folgeverschiebungen durch Druck und Hitze so viele Veränderungen im Gefüge erfahren, daß manche großen Risse und Hohlräume schon ein für allemal tief im Erdinnern geblieben sind. Als dann die Alpen entstanden, also das Tiefengestein durch mächtige Magmakraft angehoben wurde, kamen diese Hohlräume als Klüfte mit nach oben, gelangten nach außen, dorthin, wo wir in unserer Zeit so großartige Kristalle finden können. Die Klüfte des Granits sind somit auch die beständigsten und kostbarsten, die wir kennen. Und gerade das zentrale Gebirge der Ost- und West-

alpen vereint zufällig die kluftreichsten Gebirgsstöcke der Erde. Es lassen sich Gesteine dieser Zonen auch in unseren Eiszeitschottern finden; zumindest vom Zentralmassiv des Engadin. Da kommen schöne Granite und Gneise her, und manchmal findet sich in einem Findling auch eine feine Quarzader mit Kriställchen drin!

Unversehens sind wir bereits ins Reich der Kristalle eingedrungen, und nun erkläre ich die Varianten der Granitmineralien näher: was im Granit vorkommt, wie eine Kluft auskristallisiert wird, welche Anzeichen wir im Gebirge sehen können. Es ist für Kinder faszinierend, was da die sogenannten Strahler aus den Kristallklüften herausholen. Da gibt es vor allem die Bergkristalle und die Rauchquarze. Immer noch das schönste, was einem Kristallsammler

Basalt: Schwarzes, manchmal glasglänzendes Gestein aus rasch abgekühlter Lava. Je nach Beschaffenheit haben sich darin Gasblasen gebildet, die manchmal schön auskristallisiert sind: die Geoden.

Geode: Am begehrtesten sind Geoden mit Ametystkristallen.

Kluft: Hohlräume in Tiefengesteinen, die schon vor langer Zeit durch Verschiebung, Druck und Hitze in der Schichtung des Erdmantels entstanden sind und bei der Hebung der Gebirge nach oben kamen.

Quarz: Oxid von Härte 7 und dem spezifischen Gewicht 2,65. Der Quarz kann vielfältige Kristalle bilden:

Bergkristall: farblos; großartige Funde wurden in den Ostalpen gemacht: Groß-Venediger, Hohe Riffel, Rauris, – bis 600 kg schwer!

Rauchquarz: Braune Farbe durch Ultraviolettstrahlung, die schon im Tiefengestein vorhanden war, vor allem im Granit des Schweizer Zentralmassives zu finden, Rarität für Sammler!

Ametyst: Violette Varietät des Quarzes, ebenfalls durch Ultraviolettstrahlung hervorgerufen, in den Alpen sehr selten und äußerst begehrt! So wurde im Oberen Wallis vor einigen Jahren ein Fund mit mehreren Zentnern Kristallen gemacht; ansonsten häufig in Vulkaniten. In Brasilien werden Ametystgeoden mit über einem Meter Durchmesser geborgen!

Achat, Carneol, Jaspis, Calcedon u. a: feinstkristallisierte Quarze, deren Kristallstruktur mit dem bloßen Auge kaum wahrnehmbar ist. Vor allem in Vulkangesteinen vorkommend.

Paragenese: Die für einen bestimmten Fundort typische Mineralzusammensetzung.

Feldspat: Die Feldspäte sind in der Erdkruste stark vertreten, sie bauen viele Tiefengesteine mit auf. Wichtige Arten, die auch schöne Kristalle bilden: (Am St. Gotthard) Adular, Alpbit, Periklin und Orthoklas – in alpinen Klüften häufig! Härte 6, spez. Gewicht 2,62, Farbe: gelblich, weiß, grünlich.

Turmalin: Der Turmalin gehört zu den Silikaten. Er hat lange säulige Kristalle. In den Alpen finden wir hauptsächlich die schwarze Varietät, den Schörl.

Granat: Auch der Granat gehört zu den Silikaten, hat Kristalle mit 12, 24 oder 36 Flächen.

Lagerstätte: Das sind die Teile der Erdkruste, in denen sich durch chemische Prozesse Minerale angereichert haben.

Flußspat: Der Flußspat gehört zu den Halogeniden und hat große, würfelförmige und vielfältige Kristalle. Härte: 4, spez. Gewicht 3,2 und Farbe blau und grün, aber auch in allen anderen Farben vorkommend.

Calcit: Der Kalkspat ist ein Carbonat. Es ist am weitesten verbreitet, Härte 3, spez. Gewicht 2,7, in fast allen Farben. Schöne Kristalle sind auch im Bregenzer Wald zu finden.

Stufe: Ansammlung von Kristallen eines Minerals oder mehrerer Mineralien auf Muttergestein.

Strahler: Mineraliensucher.

widerfahren kann: eine große Kluft voller Bergkristalle! Natürlich bringe ich welche mit in die AG-Stunde. Und die Kristallformen sind auch von Kindern bald auseinander zu halten. Daß man die Mineralienansammlung in einer Kluft eine alpine Paragenese nennt, schreiben sich die Kinder auf. Gezeichnet wird mit Eifer. Die Härte der Kristalle wird überprüft. Die Farbe der Kristalle wird bestaunt. Und daß der Weltenlauf noch längst nicht abgeschlossen ist, sollen die Kinder in solch farbiger Vorstellung bewahren. Sie lernen auch Vulkanmineralien kennen, oft auskristallisiert in Geoden, blasenförmigen Hohlräumen im Vulkangestein.

Die gesteinsbildenden Mineralien stehen als nächstes auf dem Programm, voran der Feldspat. Feldspäte prägen den Granit, machen ihn hell oder dunkel, neben den Glimmern. Manchmal sind schöne Feldspatkristalle im Granit eingewachsen, haben die Form behalten, als sehr hartes Mineral ist das oft möglich. Manches Mineral wird in Graniten dann zur Rarität. Wenn der Granit zum Pegmatit umgewandelt wurde (und dieses Gestein ist kluftreich!), wachsen mitunter prächtige Turmaline empor. Wir betrachen Dias der Münchner Turmalin-Ausstellung; die Kinder sind begeistert. Dort wurden vor allem brasilianische Turmaline gezeigt, armdick, kirschrot und bis in den kleinsten Kristallbereich schleifwürdig!

Der Granat hat als Schmuckstein eine lange, aber auch zwiespältige Geschichte. Im Tiroler Zillertal wurde vor zweihundert Jahren der Granat zu Schleifzwecken abgebaut. Auftraggeber war die österreichische Kaiserin Maria Theresia. Weil's aber in der Menge nicht langte, wurde noch der viel mindere Toneisengranat von Radenthein in Kärnten beigemischt, natürlich zum gleichen Preis. Was wir finden, läßt sich rasch unterscheiden: die kleinen durchsichtigen Magnesiumgranate und die großen (bis zehn Zentimeter im Durchmesser!) Tonei-

sengranate vom Südtiroler Granatkogel. Bald haben wir unsere gesteinsbildenden Mineralien beieinander; jedes Kind hat eine kleine Probe mit nach Hause bekommen, natürlich mit Zettelchen dazu. Eine private Sammlung wollen alle anlegen, und die Eltern werden um Güte und Nachsicht gebeten!

Wir gehen weiter zu den Lagerstätten - Mineralien, hauptsächlich zu den Erzen. An Gold denken die Kinder sofort! Gold aus den Alpen? Unmöglich! rufen sie. Aber es stimmt doch, und gleich muß ich die Geschichte vom Ignaz Rojacher erzählen, der im letzten Jahrhundert versucht hat, die Talgemeinde Rauris im Salzburger Land wieder zu Arbeit und Brot zu bringen. Dort hatte der Goldbergbau im Mittelalter geblüht. Aber Ende des 16. Jahrhunderts wurde das von den Spaniern in Südamerika zusammengeraffte Gold viel billiger angeboten. Die Talgemeinde Rauris verelendete sichtbar, und der Ignaz wollte sie noch einmal aufblühen lassen, richtete alte Bergwerksanlagen her, lernte in Schweden modernes Bergwerkswesen, doch letztlich vergebens, denn mit modernen Fördermethoden in Südafrika und Australien konnte Rauris nicht mithalten.

Wenn wir eine gewisse Übersicht über die Hauptmineralien gewonnen haben, naht unsere Hirschbergexkursion in dem Bregenzer Wald. Da fahren viele Eltern mit. Erwartungsvoll wird Vesper für mindestens drei Tage eingepackt, und dann geht es von Bizau aus hinauf. An der schmucklosen Bergstation sehen die Kinder selbst, was die Skifahrer hier im Winter anrichten, es tritt im Sommer peinlich auffällig zutage: abgeschabte Wiesenhänge, durchgescheuerte Grasflächen, durch Erosion freigelegte Schutthalden, wie überall in den Alpen, wo der Skitourismus in Massen auftritt und die Lifte auf Teufel komm raus hochgezogen wurden. Nach einer knappen Stunde friedlichen Fußmarsches entlang des Hirschbergrückens, kommen wir bei der Hirschbergalm an. Da rasten wir, Zeit bleibt genug zum Klopfen. Alles in allem sind wir gut drei Stunden nahe der kleinen Flußspatfundstelle. Hier können die kleinen graugrünen Würfel dieses Minerals aufgesammelt werden. Auch schöner Calcit kann da herausgeklopft werden. Und dann die „Diamanten"! Freilich keine echten, sondern Kriställchen aus Quarz. Weil sie rundlich ausgebildet sind und oft glasklar im Sonnenlicht aufblitzen, nennt man sie auch Marmaroscha-Diamanten. Maramures in Rumänien ist der Ort, wo man diese Quarzvarietät zuerst gefunden hat. Meist sind diese Kriställchen winzig! Aber für die Kinder zählt nicht die Größe, sondern das Fundereignis.

Um uns herum, weil von der Bergstation abgelegen, ist noch ein prächtiges Blumenrevier. Wir haben einen Alpenblumenführer dabei, eine geologische Karte auch. Gegenüber ragt aus dem Tal mächtig die Kanisfluh empor, und bei glücklichen Windverhältnissen schweben Drachenflieger vom Didamskopf herab. Es herrscht eine tiefe Stille um uns. Aber was wir als Stille hier bezeichnen, ist für den Lauschenden dennoch reich an feinsten Tönen der Natur – einer Natur im Gebirge, die uns schon fast verlorengegangen ist!   Joachim Hoßfeld

Literaturhinweise

(Eine Auswahl für das alpine Minieraliensammeln!)

R. Exel – Die Mineralien Tirols (in 2 Bänden) 1980 und 1982 – Athesia-Verlag.
C. M. Grammaccioli – Die Mineralien der Alpen (in 2 Bänden).
L. Parker – Die Mineralien der Schweiz, 1973.
G. Gasser – Die Mineralien Tirols, Vorarlbergs und der Hohen Tauern, 1913.
J. Hoßfeld – Die Mineralienfundorte im Sterzinger Raum, 1977, Athesia.
J. Hoßfeld – Wir entdecken Mineralien, Otto Maier Verlag, 1984.
K. Folie – Die Mineralien Südtirols und des Trentino, Tappeiner, 1984 (sehr anschaulicher Bildband!).
Rudolf Rykart – Der Quarz (ausgezeichnetes Fachbuch!), 1976.
Weninger – Die alpinen Kluftmineralien der Österreichischen Ostalpen, 1972.
sowie etliche Fach- und spezielle Fundortbücher beim Christian Weise-Verlag, Oberanger, 8000 München.
Mineralienfundorte:
GEO-Kassetten von Hasso Lutz Gehrmann.

Erster Versuch auf dem Großpedalo aus der Werkstatt des Spielehauses

Wenn der Spielbus kommt

Vielfältige Aktivitäten rund ums Friedrichshafener Spielehaus

Obwohl Schulferien sind, hat sich die zehnjährige Miriam schon um 9 Uhr auf ihr Fahrrad gesetzt. Sie ist jetzt auf dem Weg zum Dorfspielplatz, denn dort soll heute der „Spielbus" ankommen. Ihr Fahrrad stellt sie schnell ab, läuft geschwind zum Eingang des Platzes und wartet ungeduldig. Mit Miriam sind es schon fünfzehn Augenpaare, die die Verbindungsstraße nach Friedrichshafen beobachten. Plötzlich ruft Miriam: „Der Spielbus kommt". Und tatsächlich, in der Ferne – man hört ihn mehr, als man ihn sieht – tuckert ein roter Traktor mit einem buntbemalten Bauwagen im Schlepp. Als das Gespann den Spielplatz erreicht hat, kommt Leben in die Traube von Kindern, die sich am Eingang gebildet hat. Zwei ganz vorwitzige Buben halten sich am Wagen fest und laufen mit. Der Großteil der Kinder beobachtet das Geschehen. Der Traktorfahrer plaziert den Spielwagen, der einem Zirkuswagen alten Stils sehr ähnelt, am Rande der Spielfläche und macht sich sofort wieder auf den Weg, um den zweiten Wagen zu holen.

Kaum ist der Traktor in der Ferne verschwunden, taucht am Horizont ein in den Regenbogenfarben schillernder Kleintransporter auf. In großen Lettern prangt die Aufschrift Spielbus auf den Seitenflächen und auf dem Dach. Mit einem großen Hallo begrüßen die Kinder die Betreuer, die sie vom letzten Jahr her kennen, und bombardieren sie mit Fragen. Miriam möchte wissen, ob es in diesem Jahr auch wieder eine Zirkusaufführung gibt. Im letzten Sommer hatte sie nämlich während einer Kinderzirkusvorführung als Zauberin ihren großen Auftritt. Enttäuschung steht auf ihrem Gesicht, als ihr Margret verkündet, daß in diesem Jahr keine Zirkusvorstellung geplant sei. Dafür werde aber ein historischer Jahrmarkt aufgebaut, wird Miriam ermuntert. Ihre Enttäuschung hält denn auch nicht lange an.

Beim Ausladen der beiden Spielwagen verstummen die Fragen. Was da alles ausgeladen wird. Eine eigens für die Spielaktion gebaute Schiffschaukel wird sofort ausprobiert. Nachdem die Wagen ausgeräumt sind, gleicht der Spielplatz schon bald wirklich einem bunten Jahrmarkt, mit seinen Sonnenschirmen, der Alchimistenwerkstatt und den bunten schattenspendenden Tüchern für die Jahrmarktsbibliothek. Nachdem der Vormittag mit Aufbauen ausgefüllt war, können es die Kinder nach der Mittagspause kaum erwarten, bis die einzelnen Werkstätten geöffnet werden. Sechs Kinder sitzen schon um den Arbeitstisch der Holzwerkstatt. Als Karl, der zuständige Betreuer, nicht sofort nach der Mittagspause zur Stelle ist, rufen ihn die Kinder im Chor. Bei Karl stellen die Kinder, unter ihnen Miriam, Tigerenten her. Der Bau der Tigerente, einer gestreiften Holzente auf Rädern, gehört genauso zum Programm der Spielaktion „Historischer Jahrmarkt" wie der Bau einer Geisterbahn oder das Forscherspiel. Bei allen Angeboten sind die Kinder die Hauptakteure. Die Betreuer und Betreuerinnen, die von den Kindern mit Vornamen angeredet werden, verstehen sich als gleichberechtigte Spielpartner.

Bei der Planung einer Spielaktion steht immer die Überlegung im Vordergrund, den Kindern neue Erfahrungsfelder zu eröffnen. Auf dem Spielplatz soll ihnen ein nicht alltägliches Erleben ermöglicht werden; ein trockener, theoretischer Satz. Bei der oben geschilderten Spielaktion hatten die Kinder die Chance, sich als Konstrukteure einer Geisterbahn, als Fliegende Händler oder als Alchemist zu erproben. Miriam macht sich, nachdem sie ihre Tigerente fertig hat, daran, beim Bau der Geisterbahn mitzuhelfen. Der spannendste Moment war für sie die Einweihung der Bahn. Als sie dann durch die Bahn ging, gruselte ihr wie in einer richtigen Geisterbahn, sie zuckte zusammen, als ihr plötzlich ein lebendiger „Geist" durch die Haare fuhr. Dagegen machen ihr die leuchtenden Masken kaum etwas aus – sie hatte sie ja auch selbst gebaut.

War am Montag große Freude, gab es am Freitag bedrückte Gesichter – es heißt Abschied nehmen. Die Spielewagen werden wieder beladen. Der Traktor fährt vor und schleppt einen nach dem anderen fort – der normale Alltag hält auf Miriams Spielplatz wieder Einzug. Leere macht sich breit. Für die 60 bis 90 Kinder, die täglich da waren, bleibt einzig als Trost, daß der Spielbus im nächsten Jahr wiederkommt.

*

Die Idee, mit sogenannten Spielmobilen auf den ansonsten recht tristen Spielplätzen für die Kinder eine neue Erlebniswelt zu schaffen, entstand 1968/69. In Köln, Berlin und München entwickelten Pädagogen unabhängig voneinander neue Erlebnisformen für Kinder. Anfangs noch recht simpel, mit Kartons und Altreifen, wurden bis heute immer kompliziertere Spielsysteme entwickelt. In München erreichten die Spielarrangements 1985 gigantische Ausmaße. In einer alten Halle konnten bis zu 1000 Kinder täglich den Alltag einer Stadt nachspielen. Mit allen Spielaktionen soll für die Kinder auch eine Art eigener Kultur geschaffen werden. Unter dem Titel „Internationale Spielmobiltreffen" finden zweimal jährlich Austauschtreffen mit Spielmobilen aus der Bundesrepublik, Österreich, der Schweiz, Italien und Luxemburg statt.

Der Spielbus der Stadt Friedrichshafen macht in den Sommermonaten auf zehn bis zwölf Spielplätzen Station. Die Einsatzorte liegen über das ganze Stadtgebiet verstreut, um möglichst allen Kindern der Stadt das Angebot im wahrsten Sinne des Wortes näher zu bringen. So unterschiedlich die Plätze, so verschieden sind auch die Themen der einzelnen Spielaktionen. Der Bogen der Themen reicht etwa von den „Sieben Schwaben" bis zum „Leben im Mittelalter", und jedes Jahr werden neue Ideen geboren. Auch bleiben die guten Ideen des Vorjahres weiter im Programm, schlechte werden ausgemustert. Zwischen der Idee des „Historischen Jahrmarktes" und dem Zeitpunkt, als Miriam ihre Geisterbahn erprobte, liegt freilich ein langer und oft mühsamer Weg.

Die Idee, zu Papier gebracht, muß erst einmal den „Härtetest" im Team überstehen. Wurde sie für tauglich befunden, geht es an die konkrete Gestaltung. Da müssen Requisiten gebaut, Plakate gestaltet, Fragebogen gedruckt und nicht zuletzt die Fahrzeuge beladen werden. Für die praktische Umsetzung stehen im Spielehaus eine große Garage mit Holzwerkstatt und eine Druckerei zur Verfügung. Verantwortlich für die einzelnen Spielaktionen sind immer Zweier- oder Dreiergruppen des sechs Köpfe zählenden Teams. Die Vorbereitungsarbeiten werden aber von allen getragen.

Erschwert werden die Vorhaben des Spielehausteams durch den häufigen Personalwechsel. Nur eine Erzieherin und ein Erzieher sind fest angestellt. Hinzu kommen Vorpraktikanten und Praktikanten, durch ein Sonderprogramm zur Beseitigung der Jugendarbeitslosigkeit bezahlte Kräfte und ein Zivildienstleistender. Was die Arbeit auf den Spielplätzen und im Spielehaus anbelangt, müssen alle gleichermaßen ihren Mann oder ihre Frau stehen.

Für die Instandhaltung des Fuhrparkes sind die Techniker zuständig. Zu warten sind zwei liebevoll hergerichtete ehemalige Bauwagen, ein Kleintransporter und ein Traktor. Aus den Anfängen der Häfler Spielmobilarbeit 1979, als nur ein Kleinsttransporter zur Verfügung stand, ist inzwischen ein „Großunternehmen" der offenen Kinderarbeit geworden.

Schaltzentrale für die Kinderkulturarbeit ist das Spielehaus am IBO-Messegelände. Eröffnet wurde das Gebäude neben dem Jugendzentrum „Molke" im Jahre 1979. Eingerichtet wurde es, nachdem der damalige Stadtjugendreferent beobachtet hatte, daß außer den Jugendlichen auch Kinder nach einem Ort suchen, an dem sie sich austoben können.

Zunächst wurde 1979 eine Erzieherstelle für das Spielehaus geschaffen. Der Schwerpunkt lag und liegt im Betrieb dieses Hauses. Daneben fuhr der Spielbus „Muffele" im täglichen Turnus die Spielplätze der Kernstadt an. In der Öffentlichkeit wurde von der Existenz des Spielehauses und des Spielbusses kaum Kenntnis genommen. Die städtische Einrichtung fristete eher das Dasein eines Mauerblümchens. Mit der neuen Leiterin, Margret Rücker, die schon Erfahrungen aus der Spielmobilarbeit in Kempten mitbrachte, kam neuer Wind und frische Farbe in das Haus. 1983 wurden die Räume neu eingerichtet, frisch gestrichen und ein neues Konzept für die Arbeit erstellt. Ist das Team im Sommer mit Spielwagen und Trak-

tor auf Spielplatztournee, so findet der Betrieb im Winter, Frühjahr und Herbst im Haus statt. Dann verbringt der zwölfjährige Markus fast jeden freien Nachmittag im Spielehaus. Möglichkeiten, seine Freizeit zu gestalten, findet er in Hülle und Fülle.

Heute allerdings steht ihm der Sinn nach etwas Handwerklichem, also schaut er erst einmal, was im Werkraum und im Malraum „geboten" wird. Nachdem er noch einen Blick in Küche, Leseraum und Spielraum geworfen hat, entscheidet er sich, im Werkraum einen Nistkasten zu bauen. Holz findet er in einer Kiste und Werkzeug an einem Brett an der Wand. Als er Schwierigkeiten beim Bohren hat, ruft er einen Betreuer zu Hilfe, der ebenfalls im Werkraum ist und mit den anderen Kindern Seifenkisten baut.

Neben Markus sind es meist etwa 20 bis 25 Kinder, die jeden Nachmittag nach der Schule ins Spielehaus pilgern. Von Montag bis Freitag können die Sechs- bis Vierzehnjährigen tun und lassen, was ihnen Spaß macht. Die Betreuer und Betreuerinnen richten sich nach den Entscheidungen der Kinder.

Bis im Sommer 1985 war dies noch anders. Jede Woche wurde unter ein Thema gestellt. Markus, der zwar das Wunschprogramm besser findet, erinnert sich noch gut an die Woche der Winde im letzten Herbst. Stolz berichtet er, daß er sich damals einen Drachen gebaut und ihn dann daheim seinem Vater präsentiert habe. Mit siebzehn anderen Kindern sei er auf den Flughafen gefahren, erzählte Markus. Dort habe er den Tower und die Flugzeuge besichtigt. Und am Freitag habe er mit seinen Freunden Windbeutel gebacken. Als Grund für die Umstellung auf eine offene Planung nennt die Leiterin des Spielehauses die Kinderzahl. Im Durchschnitt seien nur rund zwei Dutzend Kinder täglich zwischen 13.30 und 17 Uhr ins Spielhaus gekommen, wenn normaler Betrieb war. Angesichts dieser Zahlen habe sich der Aufwand für die Pla-

nung und Durchführung einer Themenwoche nicht rentiert.

Um aber für die Kinder auch jetzt einmal im Monat einen Höhepunkt zu schaffen, werden nun Projektwochen gestaltet. So wurde im November 1985 eine Woche unter dem Titel „Kinder werden Künstler" durchgeführt. Markus verarbeitete dabei seine Muscheln und Seeschnecken, die er in den letzten Sommerferien gefunden hatte, zu einer Art Strand-Relief. Sein Werk wurde dann in der Galerie im Spieleraum ausgestellt, wo es einige Beachtung fand.

Im Gegensatz zu Markus ist Michaela keine Stammbesucherin. Immer montags ist sie im Spielehaus zu finden, denn dann findet der Kinderkurs für Fotografie statt. Nachdem sie beim letzten Besuch das erste Mal auf den Auslöser gedrückt hat, versucht sie das nächste Mal schon eines ihrer Negative abzuziehen. Markus hat sich auch in einen Kinderkurs eingetragen. Er hämmert donnerstags im Werkraum an seiner Seifenkiste, mit der er demnächst die Straßen unsicher machen wird.

Von Zeit zu Zeit gibt es Sonderveranstaltungen wie die Kinder- und Jugendbuchausstellung, die Kinderkinotage, oder eine Aktion „Großmutter's Waschtag".

Bei der Kinder- und Jugendbuchausstellung verändert sich das Gesicht des Spielehauses. Eintreten kann der Besucher nur, wenn er den Deckel eines überlebensgroßen Buches öffnet. Durch eine Buchseite hindurch tritt er ins Spielhaus ein. Die Schmökerecke ist mit Matratzen weich ausgelegt und mit großen Tüchern verhangen. In einer Ecke gibt es ein Buchstabenspiel, Bücher zum Schmökern sind aufgebaut. Im Keller, im Werk- und im Malraum geht es praktischer zu. Da kann man Stempel herstellen, Papier schöpfen, Bücher binden oder in der Buchstabenwerkstatt spielen.

Auch die Kinderfilmtage sorgen für Besucherrekorde im Spielhaus. Das Kinderkino hat inzwischen auch einen mobilen Ausleger. Der Traktor „Emma" zieht einen zum Kinoraum hergerichteten Spielwagen durch die Stadt und gastiert als Wanderkino.   Manfred Dieterle

Erinnerung an eine Dorfschule

Von Schiefertafeln, Waldgängen und integriertem Unterricht anno dazumal

Wie schnell und gründlich verändert sich in unserer Zeit das Gesicht und die Struktur eines Dorfes? Heute wird Obereisenbach durch die Straße von Tettnang nach Bodnegg in zwei Teile zerschnitten. 1954 wurde diese Straße als Ortsumgehung gebaut, aber 15 Jahre später entstand an dem Hang jenseits der Straße ein Neubaugebiet. Um diese Zeit wurde auch neben der alten eine neue Schule gebaut, ein Betonblock mit Flachdach. Und nach der Eingliederung in die Stadt Tettnang kam ein schmuckes, beheiztes Freibad dazu. Der alte Ortsteil wird nochmals durch eine breite Straße, die nach Siggenweiler, durchschnitten. In einer groß angelegten Kreuzung mündet sie in die Straße Tettnang-Bodnegg.

Als mir im Frühjahr 1952 der Schulrat sagte, ich solle mir einmal Obereisenbach ansehen, diese Stelle sei frei, war die erste Frage: Wo ist Obereisenbach? Ein Kollege aus Aulendorf erzählte, daß er dort schon Lehrer gewesen sei. Man fahre mit dem Zug bis Tettnang und dann mit dem Milchauto über Siggenweiler nach Obereisenbach. So machte ich mich mit meinem „Quick" auf den Weg nach Tettnang und dann auf die Suche nach Obereisenbach. Die Straße war unbeschreiblich schlecht, ein Kiesweg mit Schlaglöchern. Erst als wir unterhalb Biggenmoos einen Kirchturm erblickten, waren wir überzeugt, auf dem rechten Weg zu sein. Unter Zitterells Hocheinfahrt hindurch gelangten wir dann in das Dorf.

Was für ein Dorf! Wir wollten uns orientieren. Nach Jägers Hof kam nichts mehr. Nach der Schule kam nichts mehr. So suchten wir den Weg zur Kirche. Mit schlechtem Gewissen fuhren wir auf einem Fußweg vor den Friedhof, um wenigstens etwas von dem Dorf gesehen zu haben. Um den Ort zu erkunden, brauchte man wirklich kein Fahrzeug. Wir fragten uns: Wieso ist hier eine Schule? Wo kommen denn die Kinder her? Ist das der ganze Ort? Wir schauten uns um: Eine Wirtschaft mit Bauernhof, zwei weitere Bauernhöfe, eine Kirche, ein Pfarrhaus mit Pfarrscheuer, eine Schule mit angebautem Lehrerwohnhaus und noch ein Haus mit Schaufenster — wir vermuteten einen kleinen Laden, was aber nicht der Fall war —, das war alles, was wir vorfanden. Das Lehrerwohnhaus machte keinen sonderlich gepflegten Eindruck, die Läden waren ungestrichen und fehlten teilweise, andere hingen schief da. Schweren Herzens entschlossen wir uns, hier einzuziehen, und zwar nur deshalb, weil der Schulrat in Ravensburg versichert hatte: Obereisenbach hat keinen Pfarrer, da wohnt ein Polizist im Pfarrhaus. Für einen Lehrer, der nicht Orgel spielen und nicht den Kirchenchor übernehmen konnte, fand sich damals nur sehr schwer eine ständige Stelle.

Bald stellte sich aber heraus, daß Krumbach-Obereisenbach eine der ersten Doppelpfarreien war und daß Pfarrer Weber aus Krumbach auch für Obereisenbach zuständig war. Jetzt hatte man keinen eigenen Pfarrer mehr und einen Lehrer, der den Kirchendienst nicht übernehmen konnte. Schlimmer konnte es nicht mehr kommen. So durfte man es dem Kirchenpfleger nicht übelnehmen, als er sagte, ich solle lieber gleich fortbleiben. Dies wollte ich auch, aber hier machte das Schulamt nicht mit. So wartete ich am Montag gespannt auf die Schüler. Die Lehrerin der Unterklasse war eingetroffen und gab die erste Beschreibung der örtlichen Verhältnisse. Sehr hilfreich und ortskundig war auch der „Landjäger", Herr Landthaler, der im Pfarrhaus wohnte.

Gleich am ersten Tag wurde dem jungen Lehrer seine Unzulänglichkeit vor Augen geführt, denn der heutige Ortsvorsteher Ludwig Bohner hatte Hochzeit, eine Staatshochzeit. Die Landjugend von Kressbronn stand in schmucker Tracht Spalier, Rektor Öchsle von Kressbronn, früher Lehrer in Obereisenbach, spielte die Orgel und leitete den Chor. Alle Schüler waren in der Kirche. So war es übrigens noch viele Jahre bei allen kirchlichen Anlässen, bei Beerdigungen, Hochzeiten und kirchlichen Festen waren die Schüler mit den Lehrern geschlossen dabei, sie waren ein wichtiger Teil der Dorfgemeinschaft, waren mit ihr verbunden und wuchsen in sie hinein. – An diesem ersten Schultag war dann am Abend die Hochzeitsfeier in Prestenberg, da Frau Zitterell, die Wirtin von Obereisenbach, im Krankenhaus lag. Es wurde eine unruhige Nacht, denn die alte Straße führte damals noch direkt vor der Schultüre vorbei. Da sie nicht geteert war, zog jedes Auto eine Staubwolke hinter sich her.

Nun, wo kamen die Schüler her? Es galt, die Teilorte, Weiler und Einzelhöfe kennenzulernen und die Kinder zuzuordnen. Wenn die Kinder morgens in kleinen Gruppen auf die Schule zukamen, zusprangen oder schon müde daherzottelten, mußte sich der Lehrer überlegen: Wann sind sie aufgestanden? Was haben sie schon ge-

schafft? Wie lange waren sie unterwegs? Das Leben war damals härter, doch diese Härte war etwas Alltägliches und wurde nicht als solche empfunden. Ich kann mir sogar vorstellen, daß sich die Kinder oft mehr auf den Schulweg freuten als auf die Schule, denn in den großen Klassen ging es meist recht streng zu, Ruhe und Ordnung waren selbstverständlich, ein Unterrichtserfolg wäre sonst bei den kombinierten Klassen nicht möglich gewesen.

Rückblickend empfinde ich es als besonders wohltuend, daß der Unterricht nicht durch Klingelzeichen zerhackt wurde. Wenn eine Unterrichtseinheit abgeschlossen war, durften die Kinder zum Austreten, und dann ging es weiter. Ein Lehrerzimmer gab es nicht und deshalb auch keine „Fünfminutenpause". Dafür dauerte die große Pause länger. Die beiden Lehrer führten gemeinsam Aufsicht, oft war der Pfarrer auch noch dabei, und wir besprachen die anstehenden Probleme und die Neuigkeiten im Dorf.

Die Kinder waren sehr erfinderisch in ihren Spielen, die jahreszeitlich abwechselten. Sie fanden oft fast nicht Zeit, ihr Pausenbrot zu essen, ein Bäcker kam damals noch nicht in die Schule. Der Pausenapfel oder die Birne wurden meistens auf dem Schulweg selbst ausgesucht. Während der großen Pause wurden die Kinder dann endgültig wach, viele kamen sogar ins Schwitzen. Herzstück auf dem kleinen Schulhof war der alte Brunnen, an dem schon die Väter und Großväter ihren Durst löschten. Er war die einzige Wasserquelle für die Schule, in den Klassenzimmern gab es kein Wasser. Eine emaillierte Schüssel auf einem Eisengestell zierte die Ecke. Der Tafeldienst holte das Wasser in einem Krug am Brunnen, er sorgte auch dafür, daß der Tafelschwamm naß war.

Damals durften die Kinder ihre Schulranzen noch nicht so herumwerfen, wie man dies heute manchmal sieht, denn sie mußten

auf die zerbrechliche Schiefertafel aufpassen. Aus dem Ranzen baumelten an zwei Schnüren ein nasses Schwämmchen und ein Lappen zum Trocknen. Am Montag wurde meistens kontrolliert, ob die Tafel, besonders der Rahmen, gewaschen und ob die Griffel gespitzt waren. Es gab oft Tränen, wenn wieder eine Tafel zerbrach, und manches Kind mußte die Tafel trotz der Risse weiter benützen.

Im Klassenzimmer standen drei Reihen Zweisitzerbänke mit Tintenfäßchen. Der ganze Raum roch nach der Tinte. Ja, diese Tinte war ein Kapitel für sich. Sie mußte immer nachgefüllt werden, sonst wurde sie zu dick. Wenn das Gläschen zu voll war, lief sie beim Hochklappen der Bänke über. Die Tinte eignete sich so recht dazu, den Mitschülern eins auszuwischen. Was kam doch alles an der Feder aufgespießt zum Vorschein! So manche „Sau" wurde produziert, was oft den Unwillen des Lehrers hervorrief.

Im Sommer lag ein Berg Holz im Schulhof. Die „Troler" dienten den Kindern zum Spielen und Bauen. Später mußte manche Turnstunde herhalten, um das gespaltene Holz arm- oder korbweise auf die Schulbühne zu tragen. Im Winter räumte die Putzfrau am Morgen die Öfen aus und heizte an. Für das weitere Heizen waren Lehrer und Schüler zuständig. Die Kohlen mußten im Keller geholt werden. Wenn der Lehrer nicht aufpaßte, kam der große Eisenofen zum Glühen. Die Kinder vorne mußten schwitzen, wenn die hinten angenehm warm haben wollten. Die Füße standen nicht auf dem Boden, damit die Luft zirkulieren konnte, damit es keine Eisbeine gab.

Die Schule hatte keinen Aufenthaltsraum. Dies spielte bei gutem Wetter keine Rolle, doch wenn die Erst- und Zweitkläßler nach langem Fußmarsch naß und durchgefroren in die Schule kamen, konnte man sie nicht einfach draußen stehen lassen. Sie durften ganz still an den Platz und sich selbst beschäftigen. Viele folgten interessiert dem Unterricht der größeren Schüler. Für die Guten war dies ein Förderunterricht, den Schwächeren hatte der Lehrer oft eine Sonderaufgabe vorbereitet. Die älteren Schüler hatten meist früher aus, nur die „Sünder" mußten dableiben und nachsitzen. Besonders schlechte Leser wurden zusammen mit den Kleinen gefördert. Da sich dies oft herumsprach, war so gleichzeitig für die häusliche Nachhilfe gesorgt.

In der Ein- und Zweiklassenschule war die genaue Planung des Tagesablaufes von großer Bedeutung. Arbeitsaufgaben für die einzelnen Stunden wurden oft schon am Tage zuvor an die Tafel geschrieben, um wenig Zeit zu versäumen. Die Arbeiten auf den Schiefertafeln mußten auch kontrolliert werden. Da dies der Lehrer selbst nur bei wenigen Schülern konnte, machte man es gemeinsam, indem man die Tafeln austauschte. Im ganzen Tagesablauf unterstützten Schüler die Arbeit des Lehrers. Manche Kinder waren tüchtige Hilfslehrer, die gelegentlich auch für den Lehrer einspringen konnten. Wenn ein Lehrer krank wurde, war man auf sie angewiesen.

Da die Schüler meist nach Niveaugruppen unterrichtet wurden, konnten jüngere Kinder gefördert werden, die schwächeren verloren nicht den Mut, wenn sie leichtere Arbeiten bekamen. Damals standen Übung und Wiederholung ganz hoch im Kurs, der Stoff war allerdings noch nicht so umfangreich wie heute. Die Schüler bekamen ein sicheres Grundwissen, dazu wurde ihnen vermittelt, wie man das Lernen lernt. Es wurden auch noch nicht so viele Zeugnisse geschrieben. Sonderschulen gab es im weiten Umkreis nicht. So fiel es kaum auf, wenn ein Schüler aus der sechsten oder siebten Klasse entlassen wurde, waren doch immer alle vier Klassen zusammen. Jedes Kind hat auch Stärken, sie wurden von den Mitschülern anerkannt. Ich kann mich nicht erinnern, daß Kinder wegen ihrer Schwächen ausgelacht wurden.

Da nur zwei Klassenzimmer und keine Nebenräume vorhanden waren, mußte eine Gruppe während des Religionsunterrichtes immer turnen. Bei jedem Wetter ging es hinaus, bei Regen unters Vordach, doch sonst auf den Schulplatz oder in den Wald. Der Lehrer mußte sich da manches einfallen lassen, denn Sportgeräte waren so gut wie nicht vorhanden. Es gab einen Ball, ein Seil und selbstgeschnittene Haselnußstäbe. Später kam ein Grundschul-Turngerät dazu, zwei Medizinbälle, Weitwurfbälle und nach Einführung der Bundesjugendspiele eine Stoppuhr. Zwei Schüler waren darauf spezialisiert, den Fußball zu nähen. Der Schuletat ließ keine großen Sprünge zu, er stieg nur ganz langsam von 250, 400, 600, 800 auf 1000 DM. Der winzige Sportplatz wurde auch erst nach langen Kämpfen erweitert, zeitweise wollte man sogar ein Haus darauf bauen lassen. Damals war noch jeder Wisch Gras wichtig, kein Fleckchen und kein Graben blieben ungemäht. Schön war das Turnen im Winter, wenn es geschneit hatte. Die Kinder brachten dann ihre Schlitten mit in die Schule. Von Sauters Buckel konnte man bis vor die Schultüre fahren, wenn die Bahn einmal lief. Sauters Buckel ist das heutige Neubaugebiet. Später ging die Fahrt nur bis zur Straße. Als die Zahl der Skifahrer zunahm, wurde dann das „Hölzele" als Wintersportgebiet entdeckt. Lag Schnee oder Eis auf dem Sportplatz, spielten die Buben und Mädchen gemeinsam Fußball auf ein vergrößertes Tor. Viele Mädchen standen den Buben nicht nach an Eifer und Geschicklichkeit. Hier wurde der Grund für den späteren Sportverein gelegt. Schlimm war es, wenn Tauwetter einsetzte und Schuhe nebst Kleidern mühsam gereinigt werden mußten. Aber diese Kämpfe sind heute noch unvergessen.

Der Biologieunterricht wurde damals möglichst naturnah betrieben. Wann immer es möglich war, wurde eine Stunde als Lern-gang gestaltet, der Jahresablauf, die Arbeit der Bauern, die Sonderkulturen, besonders auch Wiese und Wald waren das Ziel. Die ständige Begegnung mit Pflanzen und Tieren führte zu einem großen biologischen Wissen, und die Kinder kannten viele Namen. Der Unterricht in der freien Natur lockerte die Schulatmosphäre auf, denn die Schulstube war für die großen Klassen doch sehr beengend. Die Lerngänge waren nur möglich, weil im Stundenplan noch mehr Luft war als heute. Kein Fachlehrer schaute auf die Uhr und wartete auf seinen Einsatz. Der Allroundlehrer konnte seinen Liebhabereien noch ein bißchen frönen. Durch seine eigenen Schwächen hatte er auch Verständnis für die Schwächen der Kinder. Ich möchte behaupten, daß viele Lehrer gerade in ihren Schwachfächern Besonderes leisteten, weil sie im Bewußtsein dieser Schwäche hier mehr Zeit und Fleiß einbrachten, als dies sonst nötig war.

Da die Kinder vier Jahre in einem Klassenverband waren, lohnte es sich, eine Flötengruppe auszubilden, die den Gesang und die Feiern mitgestalten konnte. Drei Feiern im Ablauf des Schuljahres führten Schule und Eltern zusammen, und zwar in der Wirtschaft, weil ja kein anderer Saal zur Verfügung stand. Das ganze Jahr hindurch wurden auf diese Feiern Lieder, Gedichte und Spiele eingeübt. Die Adventsfeier hatte besinnlichen Charakter. Bei der Fasnetsfeier ging es entsprechend lustig und närrisch zu. Die Schulentlaßfeier war, wie heute auch, ein Abschied von der Schule mit den Wünschen ins Leben hinein.

Ja, so war das damals in einer kleinen Dorfschule. Vieles hat sich seither geändert. Wird sie nicht manchmal doch vermißt, die ganz im Dorf integrierte Gemeinschaft, die zusammen mit der Kirche Mittelpunkt der stark parzellierten Pfarrgemeinde war?

Rudolf Mandel

Liebe im KZ

Aktenspuren der Unmenschlichkeit

Ich will die Geschichte zweier Arbeiter erzählen, deren Erlebnisse in Friedrichshafen im Jahr 1943 durch Zufall aktenkundig geworden sind. Otto J., geboren am 21. 3. 1920 im Saarland, war gelernter Bäcker, verdiente aber dann seinen Lebensunterhalt als Fabrikarbeiter. Er meldete sich als Freiwilliger nach Spanien, wo er die republikanischen Spanier im Bürgerkrieg gegen die faschistischen Putschisten unterstützte. Als die Republikaner 1939 den Krieg verloren, wurden die meisten ausländischen Mitkämpfer in Lagern in Südfrankreich interniert, von wo die deutschen Spanienkämpfer zum größten Teil an deutsche Behörden ausgeliefert wurden. Otto wurde, als er Deutschland wieder betrat, am 27. 10. 1941 von der Gestapo verhaftet und ins Konzentrationslager Dachau eingeliefert – Kategorie „Schutzhaft, Politisch", Haftgrund „R.-Spanier-Kämpfer", Häftlingsnummer 43585. Im Frühjahr 1943 wurde er ins Revier des KL eingeliefert, im April wurde eine Laboruntersuchung durchgeführt – ob er eines der Opfer der medizinischen Versuche in Dachau wurde, geht aus den Akten nicht hervor. Am 30. 6. 1943 wurde er mit einer größeren Gruppe von Häftlingen ins Außenkommando Friedrichshafen des KL Dachau „verschubt" (so der Begriff der KL-Bürokraten).

Zu dem Kommando in Friedrichshafen gehörte auch Karl Friedrich S., geboren am 29. 3. 1912 in Mannheim. Karl war gelernter Schreiner und arbeitete als Kraftfahrer. Im übrigen war er glaubenslos und Kommunist und wurde schon 1933 wegen politischer Aktivitäten eingesperrt. Vom 12. 8. 1933 bis 12. 8. 1934 verbüßte er eine Gefängnisstrafe wegen „Vorbereitung zum Hochverrat". Im März 1937 wurde er wieder von der Gestapo verhaftet, verschiedentlich „verschubt" und kam schließlich auch ins KL Dachau. Nach Zwischenstationen im KL Flossenbürg (1939) und wieder in Dachau, wurde Karl ebenfalls ins Außenkommando Friedrichshafen verlegt.

Am 3. 11. 1943 wurden Otto und Karl gemeinsam vor den Lagerführer des Friedrichshafener Lagers, SS-Unterstumführer Georg G., zitiert. Beide hatten versucht, Kontakt mit Frauen aus einem benachbarten Zwangsarbeiterinnenlager aufzunehmen. Otto stellte über einen französischen Zwangsarbeiter, der mit ihm beim Bau von Baracken beschäftigt war, einen Kontakt zu einem Mädchen her, das er nur vom Sehen kannte. Karl lernte eine Ukrainerin „kennen". Als sie am 1. 11. 1943 zwei Briefe an ihre Freundinnen in einem ausgehöhlten Apfel über den Zaun warfen, wurden sie erwischt.

Beide wurden vom Lagerkommandanten verhört. Über Karls Verhör wurde eine Vernehmungsniederschrift angefertigt, die noch erhalten ist. Karl wurde gezwungen, diese Niederschrift zu unterzeichnen.

Konzentrationslager Dachau   Friedrichshafen, den 3. 11. 43
Arbeitslager Friedrichshafen

                        Vernehmungsniederschrift

Vorgeführt und mit den (sic) Gegenstand der Vernehmung bekannt gemacht, gibt der
Schutzhäftling Karl Schuler geb. 29. 3. 12 Gefg Nr 932 folgendes an:

Ich habe seit ca. 8 Wochen unerlaubterweise Briefwechsel mit einer Ukrainerin, die in einem Lager oberhalb des unsrigen Lagers untergebracht ist, getrieben. Um die Briefe zu
befördern band ich sie an einen Stein oder Stück Holz und warf sie dann über den Zaun.
Bevor es zum Briefwechsel kam, verständigten wir uns durch Zeichen. Nachdem SS-
Ustaf. Grünberg vor ca. 4 Wochen einen Zaun ziehen ließ und an diese Strohmatten befe-
stigte, war mir dieser Weg so gut wie versperrt. Vor 2 Tagen nahm ich einen Apfel, höhlte
ihn aus und steckte in diesem die Briefe. Den Apfel warf ich dann auf den Weg an der West-
seite unseres Lagers. Der Apfel wurde von einem Ostarbeiter gefunden und an seinen Lagerführer abgegeben. So wurde mein Briefwechsel entdeckt. Der von mir geschriebene
Brief liegt im Original bei. Text wie folgt:
   Mein liebes Kind! Bleibe mein Sternchen, mein Goldkind, bleibe mir treu. Sei nicht so
traurig, es wird alles gut werden. Ich denke Tag und Nacht nur an Dich, ich habe dich so
unendlich lieb, ich sehne mich auf den Tag wo ich Dich in den Armen halten kann. Kind
der Tag ist nicht mehr weit, vertraue mir und warte auf mich, ich werde Dir Deine Treue
durch meine Liebe zu Dir belohnen, ich werde Dich zur glücklichsten Frau der Welt machen. Kind, Du hast ein schönes Gesichtchen, ich sehne mich Deinen Mund zu küssen,
Deine Augen und Deine Haare. Kind ich muß Dir noch etwas dringendes mitteilen, der
Wachmann dem Du gestern den Apfel gegeben hast, hüte Dich vor dem. Dieser Schweine-
hund will ja doch nur Deinen Körper besitzen. Der hat in meiner Gegenwart etwas gesagt,
daß ich Dir lieber nicht sagen möchte. Ich würde mich auf jeden Fall schämen mich über
eine Frau so zu äußern. Wenn es draußen in Freiheit gewesen wäre, würde ich den Schwei-
nehund über die Klinge springen lassen. Kind mein liebes Kind verlasse mich nicht, ich
vergesse Dich nie, nie, niemals, Dein H . . .
v.u.f.r.b.
(Karl Schuler)   (Grünberg)
                                                SS-Untersturmführer
                                                u. Lagerführer

(aus den Ermittlungsakten der
Staatsanwaltschaft beim LG. München II, Ermittlungssache gegen Grünberg Georg wegen Verdachts von NS-Gewalttaten, Az. 1 Js 7/65, S. 76)

(Original schreibmaschinenschriftlich, buchstabengetreue Abschrift)

Zwangsarbeiterinnenlager in Fischbach: Hier waren Ukrainerinnen, Polinnen und Russinnen untergebracht, die bei Dornier arbeiteten.

Der Lagerkommandant verhängte über beide als Strafe je 20 Stockhiebe. In der Strafverfügung steht als Grund nur, daß sie ein „Liebesverhältnis unterhielten" und Briefe über den Zaun schmuggelten. Strafverschärfend wurde noch angemerkt: „In diesen Briefen waren über die SS-Wachposten gemeine Ausdrücke wie ‚Schweinehunde' enthalten". Ein paar Tage darauf, am 12. 11. 1943, wurden beide ins KL Buchenwald verlegt.

Otto wanderte weiter in die Lager Majdanek-Lublin, Auschwitz, Mauthausen und zwei Außenkommandos von Mauthausen in Melk und Ebensee. In Ebensee wurde er beim Einmarsch der Amerikaner befreit.

Karl kam von Buchenwald aus in verschiedene Außenkommandos ins Rheinland und am 1. 11. 1944 in das Lager Dora, wo die V2 nach dem Abzug aus Friedrichshafen gebaut wurde. Danach gibt es keine Spuren mehr von ihm.   Oswald Burger

Helfen als Lebensaufgabe

Eine Fürsorgerin und Sozialarbeiterin erinnert sich

Schon als Kind wollte ich anderen Menschen helfen. Mein sehnlichster Wunsch war, Missionsärztin zu werden. Der zweite Weltkrieg machte einen dicken Strich durch diese Rechnung. So arbeitete ich in den letzten Kriegsjahren als Schwesternhelferin in verschiedenen Lazaretten. Nach der Flucht aus meiner schlesischen Heimat im Jahre 1945 bekam ich eine Stelle als Sprechstundenhilfe beim damaligen Chefarzt des Kreiskrankenhauses Tegernsee. Diese Tätigkeit füllte mich auf die Dauer nicht aus. Es wurde mir immer mehr bewußt, daß es viele Menschen gibt, die auf Rat und Hilfe einer neutralen Stelle angewiesen sind. So faßte ich den Entschluß zur Ausbildung als Fürsorgerin.

Meine Freude war groß, als ich nach meiner Ausbildung in München und dem Jahrespraktikum bei einer Zeche in Dortmund beim Landkreis Tettnang eine Stelle als Fürsorgerin bekam. So traf ich Ende Oktober 1954 in Tettnang ein, wo mir der schlesische Schriftsteller Arnold Ulitz, der ein ehemaliger Kollege meines Vaters war, ein Zimmer besorgt hatte.

Anfangs hatte ich als Nicht-Schwäbin besonders bei der Landbevölkerung Verständigungsschwierigkeiten, was sich aber durch gutes Zuhören von Tag zu Tag besserte. Hinzu kam, daß ich ein protestantischer Flüchtling war; unter dieser Aversion hatte ich jahrelang zu leiden. Paradoxerweise kam dazu, daß die fürsorgerische Tätigkeit

als solche von Amts wegen sehr wenig Anerkennung fand. Die nächsten Mitarbeiter hielten sie für einen angenehmen erholsamen Job, besonders im Sommer und bei gutem Wetter, da man ja durch den Außendienst sehr viel unterwegs sein mußte. Keiner dachte daran, daß für die Hausbesuche oft weite Strecken mit dem Fahrrad zurückgelegt werden mußten, und dies bei jedem Wetter, im Sommer wie im Winter. Mein Bezirk reichte damals von Tettnang bis Ettenkirch, Neukirch und Kressbronn. Erst ab Ende 1957 durften die Hausbesuche mit dem Dienstwagen gemacht werden.

Meine Arbeit war zwischen Jugendamt und Sozialamt aufgeteilt. Anfangs stand für das Jugendamt die Mündelbetreuung im Vordergrund. Zur damaligen Zeit endete die Vormundschaft für ein nichteheliches Kind erst mit der Volljährigkeit, also mit dem 21. Lebensjahr. Regelmäßige Hausbesuche mußten gemacht werden, um die Versorgung und Entwicklung der Kinder zu beobachten und mit den Müttern oder Großeltern zu sprechen; Lehrverträge mußten unterschrieben und die Ausbildungsbeihilfen beim Arbeitsamt beantragt werden. Das galt auch für die zahlreichen Pflegekinder, die unter Aufsicht des Jugendamtes standen. Da ging es zum Beispiel darum, Pflegegeld beim Sozialamt zu beantragen und für Bekleidungsbeihilfen zu sorgen. Es war gar nicht so leicht, mit den Mündelmüttern, den Großeltern, den Pflegeeltern in guten Kon-

273

takt zu kommen und ein Vertrauensverhältnis aufzubauen, damit sie auch den Mut bekamen, bei den Hausbesuchen ihre Probleme auszusprechen. Nur so konnte man ihnen ja mit Rat und Tat helfen und in wirklichen Notsituationen Abhilfe schaffen. So mancher Vater versuchte damals wie heute, seinen Unterhaltsverpflichtungen nicht oder nur sehr zögernd nachzukommen, und die Mutter hatte oft kein eigenes Einkommen.

Die Angst vor der Behörde und ganz besonders vor einem Gang dorthin war damals sehr groß, sie besteht zum Teil noch heute. Die Schwierigkeit mit den Formularen führte immer wieder dazu, daß notwendige Anträge einfach liegenblieben. Oft mußte am Ende eines Hausbesuches noch ein solches „Sorgenformular" gemeinsam ausgefüllt werden, das ich dann mitnahm, um den Betreffenden den gefürchteten Behördengang abzunehmen.

Lebhaft in Erinnerung ist mir ein sog. nichtseßhaftes Pärchen, das uns beim Sozialamt und später auch beim Jugendamt lange Zeit in Atem hielt. Zunächst erschienen die beiden in Abständen beim Sozialamt und baten um Geld. Der wesentlich ältere Mann war schwer asthmaleidend, die junge Frau wirkte wenig lebenstüchtig. Eines Tages erwartete sie ein Kind. Mit dem Gedanken einer Adoption wollten sich die beiden nicht befassen, sie wollten das Kind unbedingt behalten. Also mußte zunächst eine Wohnung gefunden werden, unter Nachbarn, die das Paar auch annahmen. Dann organisierten wir alles mögliche zusammen, um die Wohnung auszustatten. Die Zeit drängte. Täglich pendelte ich zwischen dem Amt und dieser Wohnung an der östlichen Kreisgrenze hin und her. Der Mann konnte durch seine dauernden Asthmaanfälle kaum helfen. Als die junge Frau mit dem Kind aus dem Krankenhaus entlassen wurde, war alles eingerichtet, Kind und Eltern hatten ein Zuhause. Natürlich war

eine sehr intensive Weiterbetreuung notwendig. Die Mutter hatte keinerlei Erfahrung in Haushalt und Kindererziehung. Aber es ging alles gut, und als ein zweites Kind erwartet wurde, heirateten die beiden.

Schlimm war es – damals mehr noch als heute – wenn ein junges Mädchen ein Kind erwartete und von den Eltern aus Furcht vor der Schande in seiner Hilflosigkeit allein gelassen wurde. Da mußte in langen Gesprächen versucht werden, die Eltern umzustimmen und ihnen klarzumachen, daß sie später vielleicht viel Freude an dem nicht erwünschten Kind haben würden; in vielen Fällen gelang das auch, und das Kind wurde liebevollst aufgezogen. So manches Mal freilich mußte so ein Säugling nach der Geburt in ein Kinderheim gebracht werden, bis eine Familie gefunden war, die bereit war, das Kind zu adoptieren. Im Gegensatz zu heute konnte die Mutter damals ihr Kind sofort nach der Geburt zur Adoption abtreten. Oft wurden Kinder an amerikanische Adoptiveltern vermittelt. Bei deutschen Ehepaaren dagegen war die Risikoangst in der Nachkriegszeit sehr groß. Sie wollten möglichst viel über die Herkunft des Kindes wissen, und wenn es nicht genügend Auskünfte gab, was bei diesen Kindern oftmals recht schwierig war, nahmen sie lieber Abstand von einer Adoption.

Es gab auch nichteheliche Mütter, die sich zunächst nicht von ihren Kindern trennen wollten, es aber nicht versorgen konnten, so daß es dann doch für Jahre in einem Heim untergebracht werden mußte. In dieser Zeit ging der Kontakt zu Mutter und Großeltern immer mehr verloren, und wenn die Mutter eine neue Bindung einging, wurde das Kind dann oft plötzlich eine Last; eine Adoption wurde angestrebt. Durch den langen Heimaufenthalt waren die Kinder aber sehr einseitig geprägt, und die Vermittlung in eine Adoptionsfamilie mußte sehr vorsichtig vorbereitet werden. Der Adoptionsvertrag konnte erst nach ei-

274

nem Probejahr abgeschlossen werden, und es kam vor, daß zwischen den Adoptionseltern und dem Kind so große persönliche Schwierigkeiten auftraten, daß vor Ablauf der Wartezeit von der Adoption Abstand genommen wurde. Für das Kind bedeutete dies entweder die Rückkehr in das Kinderheim oder das Einleben in eine neue Familie. In solch einem Falle war der seelische Schaden für das Kind kaum wiedergutzumachen, und jeder Beteiligte im Amt hatte Schuldgefühle.

Und dann waren da die Ehescheidungen, bei denen ich dem Familiengericht einen ausführlichen Bericht zur Regelung der elterlichen Sorge für die Kinder machen mußte. Konnten sich die Eltern nicht einigen, wer die Sorge für Kinder nach der Ehescheidung übernehmen sollte, mußte ich ausführlich mit Eltern und Kindern sprechen, um einen Vorschlag machen zu können, der auch wirklich Kindern und Eltern gerecht wurde. Erhebungen im gesamten Lebens-

bereich der Kinder waren erforderlich. Ehestreitigkeiten, die letztlich zur Scheidung führen, werden, besonders bei der Regelung der elterlichen Sorge, oft auf dem Rücken der Kinder ausgetragen, die so zum Spielball zwischen den streitenden Parteien werden. Jeder besteht auf seinem Recht am Kind, versucht, es für sich zu beeinflussen, um seinen Vorteil so durchzusetzen.

Viel Mühe und Sorge galt den straffälligen Kindern und Jugendlichen, um weitere Straftaten zu verhindern. Für Jugendliche, die vor das Jugendgericht kamen, mußte ein möglichst umfassender Bericht über die familiären Verältnisse und das sonstige Umfeld vorgelegt werden, der dem Gericht als Unterlage für die Urteilsfindung dienen konnte. Es ging ja darum, daß der junge Mensch nicht mehr straffällig wurde. Oft ließ sich, wenn das Elternhaus versagte oder das Umfeld des Jugendlichen eine zu große Gefahr bedeutete, die Unterbringung in einem Heim nicht vermeiden.

Zu Anfang meiner Tätigkeit lief noch die Kindererholungsverschickung in großem Rahmen. Der Landkreis hatte mit ca. 80 Kindern im Jahr vier Kinderheime belegt, und über die Hauptfürsorgestelle Tübingen für die Kinder der Kriegsbeschädigten und Kriegshinterbliebenen waren ca. 60 Kinder zur Erholung zu verschicken. Das Gesundheitsamt, aber auch Kindergärten und Schulen machten auf schwächliche und anfällige Kinder aufmerksam, und bei den vielen Hausbesuchen hatte man ebenfalls die Augen offen. Manche Kindertransporte – es waren an die hundert im Jahr – nahmen zwei Tage in Anspruch, weil die Rückfahrt für die Begleiterin mit der Bahn an einem Tag nicht möglich war. Der Abschied von den Eltern bei den Transporten mit der Bahn war meist sehr tränenreich. Der Abschiedsschmerz war in der Regel jedoch in Ravensburg bereits vergessen, und es erwachte die Entdeckerfreude. Manche Kinder waren dann kaum noch zu bändigen und ihre Lautstärke für die Mitreisenden nicht immer erfreulich. Natürlich dauerte es auch gar nicht lange, bis die Marschverpflegung ausgepackt und gegenseitig begutachtet wurde. Das größte Interesse fanden die Süßigkeiten, was bei der vorangegangenen Aufregung gelegentlich dazu führte, daß einem Kind schlecht wurde und alles Vertilgte sich ins Abteil ergoß.

Ein großes Erlebnis war für die Kinder auch das Umsteigen. Mit sechs Kindern und sechs Koffern auf einen anderen Bahnsteig zu kommen, war nicht so einfach, und ich war jedesmal heilfroh, wenn alle im nächsten Zug wieder beieinander und unversehrt waren. Die Rolltreppen in den Bahnhöfen waren für die Kinder ein sehr beliebtes Spielobjekt. Mit Hallo ging es rauf und runter, und man mußte höllisch aufpassen, daß keinem etwas passierte. Hatte man die Kinder im Heim oder zum Schluß wieder bei den Eltern glücklich abgeliefert, war man sehr froh. Für die Kinder waren diese Kuren fast ausnahmslos eine sehr schöne und erlebnisreiche Zeit. Noch heute werde ich ab und zu von Erwachsenen, die ich auf Anhieb gar nicht mehr erkenne, mit Dankbarkeit an ihre Kur während der Schulzeit erinnert.

Im Laufe der Zeit füllte die Betreuung alter und kranker Menschen einen Großteil meiner Tätigkeit aus. Im Kontakt mit den Angehörigen versuchten wir, diesen Hilfsbedürftigen ihre gewohnte Umgebung zu erhalten, und oft gelang es, eine Heimunterbringung abzuwenden.

Wenn nicht, mußten viele Vorbereitungen getroffen werden. Nach Möglichkeit zeigte man den alten Menschen erst einmal das in Frage kommende Heim, das ihre letzte Heimat werden sollte, sprach mit ihnen über alles, was sie in einem Heim so erwartete, half bei den vielen Formularen und bei der finanziellen Regelung mit, brachte sie auch selbst in das Heim, wenn keine Angehörigen da waren. Mann versuchte eben alles zu tun, um den alten Menschen diesen schweren Schritt zu erleichtern, denn sie sollten sich nicht abgeschoben fühlen. Aber manchmal konnte einem ihr Leid schon fast das Herz brechen.

Bald wurde die Heimunterbringung viel schwieriger, weil die nahegelegenen Heime schnell überbelegt waren und lange Vormerklisten bestanden. Angehörigen war es immer seltener möglich, Pflegebedürftige aufzunehmen, weil die eigene Wohnung zu klein war, weil beide Ehepartner berufstätig waren und die gewohnte Arbeitsstelle nicht gern aufgeben wollten. In Heimen, in entfernteren Orten fühlten sich die alten Leute noch einsamer, weil sie durch die lange Anfahrt kaum noch Besuche bekamen.

Solange noch Familienangehörige da waren, die Entscheidungen für einen kranken oder pflegebedürftigen Angehörigen treffen konnten, war es wesentlich leichter, die von der Familie gewünschte Form der Betreuung oder Unterbringung zu unterstützen oder einzuleiten. War dies aber nicht der Fall, mußte man von Amts wegen tätig werden. Da fühlte man sich oftmals doch recht unzulänglich in seinen Entscheidungen, besonders wenn der Hilfsbedürftige einer solchen Maßnahme nicht mehr selbst zustimmen konnte. Dieser Fall konnte z.b. nach einer Behandlung im Krankenhaus eintreten, und dann war die Vorbereitungszeit für die Verlegung in ein Heim entsprechend kurz. Unbefriedigend war auch, daß man sich um diese vereinsamten alten, kranken Menschen anschließend viel zu wenig kümmern konnte, weil der allgemeine Arbeitsanfall dies einfach nicht zuließ. Es gab noch keine Sozialstationen, die vielen kranken und hilfsbedürftigen Menschen das Los der Heimunterbringung heute ersparen können.

In den letzten Jahren meiner Tätigkeit wurde mir als weitere Aufgabe die Krankenhausfürsorge im Kreiskrankenhaus Tettnang zugewiesen. Leider war meine Zeit für diese Arbeit sehr begrenzt, und gerade dieser Personenkreis bedürfte ganz besonderer Hilfe. Sehr vielen menschlichen Sorgen und Nöten bin ich dabei begegnet, und wenn ich auch nicht immer mit der nötigen Hilfe parat sein konnte, so hatte man dem einzelnen doch zugehört, und diese Zuwendung brachte oft schon eine gewisse Erleichterung.

Kann eine Fürsorgerin, ein Sozialarbeiter jedes Problem aus dem Handgelenk lösen? Leider ist das nicht so einfach. Man muß erst die ganze Problematik eines Falles und die dazugehörige Familiensituation überse-

hen, um sich ein Urteil zu bilden und eine Hilfe anbieten zu können. Schuld wird immer gern beim anderen gesucht, eigenes Fehlverhalten zu erkennen fällt jedem schwer. Es ist ein weiter und mühseliger Weg, eine in Unordnung geratene Familiensituation zu bessern, es braucht Geduld und viele zeitraubende Gespräche mit allen Betroffenen.

Es ist auch nicht leicht, ständig von einem Problemfall zum anderen zu springen. Jeder Gesprächspartner nimmt natürlich an, daß seine Probleme die wichtigsten sind und daß es ihm am schlechtesten geht. Scheitert man trotz allem guten Willen einmal am Unverständnis des Klienten und muß gar Beschimpfungen einstecken, dann fällt es ganz besonders schwer, sich gleich danach auf eine echte Notsituation umzustellen. Leider gab es in all den vielen Jahren immer wieder Zeiten, in denen man auch im Kollegenkreis wenig oder gar keine Hilfe zu erwarten hatte. Da fühlte man sich dann sehr einsam und hilflos bei den unumgänglichen Entscheidungen. Führten diese dann zu einem positiven Ergebnis, fühlte man sich auf dem rechten Weg und konnte eine neue Aufgabe mit gutem Mut anpacken. Mißerfolge dagegen lagen einem noch lange auf der Seele. Der Fürsorgeberuf bringt es mit sich, in der Hauptsache unerfreulichen Situationen begegnen zu müssen. Gelegentliche Erfolgserlebnisse gaben mir aber immer wieder die Kraft, weiterzumachen und den Mut nicht sinken zu lassen. Und wurde mir gar ab und zu ein „Dankeschön" gesagt, dann war ich glücklich.   Hildegard Steinhäuser

Jeder lebt von der Leistung anderer

Die Camphill-Einrichtungen sind Lebensgemeinschaften von Menschen
mit verschiedenen Fähigkeiten und Behinderungen.

Zum Bild der Bodenseelandschaft gehören die verstreut liegenden Weiler. In sanfte Hügellinien eingebettet – oft am Waldrand – manchmal nur Gehöfte – geben sie dem Hinterland des Sees einen besonderen Zauber. Seit nun schon über zwei Jahrzehnten gibt es einige solcher Plätze, die auffallen, weil sie sich in diese Landschaft geradezu einschmiegen. Die Silhouetten der Häuser nehmen die Landschaftsform auf, ergänzen sie und geben ein Bild der Geborgenheit. Es sind Camphill-Einrichtungen, kleine Dörfer, in denen Menschen mit vielfältigen Behinderungen leben.

Wenige Kilometer außerhalb Überlingens liegt die Heimsonderschule Brachenreuthe, in Heiligenberg-Steigen die Heimsonderschule Föhrenbühl, zu der auch noch ein Wohnbereich in Frickingen-Bruckfelden gehört. Erwachsene Menschen mit verschiedenen Behinderungen leben in den Dorfgemeinschaften Hermannsberg in Heiligenberg-Hattenweiler und auf dem Lehenhof im Deggenhauser Tal. Diese fünf Plätze, in denen insgesamt etwa 440 dieser Menschen Aufnahme gefunden haben, bilden durch ihre Aufgliederung in überschaubare Größen zusammen sozusagen ein „dezentralisiertes Zentrum". Gerade diese Überschaubarkeit wird von vielen betroffenen Menschen im Vergleich zu größeren Einrichtungen als sehr wohltuend empfunden. Aber nicht nur die Überschaubarkeit und die besondere Architektur, die in ihrer

plastisch-bewegten Form (die übrigens nachweislich nicht teurer kommt als konventionelle Bauten) eine heilpädagogisch-therapeutische Wirkung erzielt, wird von den Bewohnern als etwas Besonderes empfunden, es ist auch die Tatsache, daß sich in diesen kleinen Dörfern Lebensgemeinschaften zusammengefunden haben, in denen versucht wird, die Entwicklung sozialer Lebensformen, wie sie von Rudolf Steiner vorgeschlagen wurden, zu realisieren.

Hier steht an erster Stelle, daß fast alle Mitarbeiter in den Camphill-Einrichtungen mit den von ihnen Betreuten familienähnlich zusammenwohnen. Rudolf Steiners soziales Hauptgesetz lautet: „Das Heil einer Gesamtheit von zusammenarbeitenden Menschen ist umso größer, je weniger der einzelne die Erträgnisse seiner Leistungen für sich beansprucht, das heißt, je mehr er von diesen Erträgnissen an seine Mitarbeiter abgibt, und je mehr seine eigenen Bedürfnisse nicht aus seinen Leistungen, sondern aus den Leistungen der anderen befriedigt werden." Vor diesem Gesetz werden Begriffe wie „normal" oder „nicht normal", „behindert" und „nicht behindert" unwichtig, ja, sie lösen sich auf. Es entsteht eine soziale Lebensform, in der Menschen mit den verschiedensten Fähigkeiten und Behinderungen gemeinsam zum Wohle der Gesamtheit tätig sind; ein sehr individueller, aber auch wichtiger Beitrag zur viel diskutierten Problematik der Behindertenarbeit.

Camphill-Gründer Karl König

Die Anthroposophie Rudolf Steiners war das Fundament für das Lebenswerk Dr. Karl Königs. Dieser baute bereits in den 20er Jahren in Schlesien eine heilpädagogische Einrichtung auf. Nach seiner Emigration konnte er seine Arbeit in Camphill in Schottland fortsetzen und im Laufe der Jahre innerhalb der anthroposophischen Heilpädagogik durch zahlreiche Neugründungen eine besondere, von ihm geprägte heilpädagogisch-sozialtherapeutische Bewegung ins Leben rufen.

Heute tragen alle von Dr. Karl König gegründeten oder zu dieser Bewegung zählenden Einrichtungen den Namen dieses Platzes in Schottland. Inzwischen gibt es Camphill-Einrichtungen in Großbritannien, in den skandinavischen Ländern, in fast allen westlichen Ländern Mitteleuropas, in den USA, in Brasilien, in Südafrika und Botswana.

Für die praktische Arbeit in den Camphill-Einrichtungen ging es Dr. Karl König von vornherein darum, nicht der allgemeinen Einförmigkeit eines Institutslebens zu verfallen. Um den Tagesablauf in einer Heimsonderschule für jedes einzelne Kind anregend genug zu gestalten, um ihm ein Empfinden für einen steten Wandel und Werdeprozeß des eigenen Lebenslaufes zu vermitteln, wird immer versucht, die drei Bereiche Heim, Schule und Therapie lebendig zu gliedern. In diesem Sinne sind die Bemühungen zu verstehen, das Verhältnis zwischen dem Leben im Heim, d.h. innerhalb der einzelnen, relativ kleinen Hausgemeinschaften, dem schulischen Unterricht im engeren Sinne und den notwendigen Therapien so zu gestalten, daß sich die Erziehungsbemühungen in einem Bereich fruchtbar auf die anderen Bereiche auswirken.

Das gemeinsame Leben der Mitarbeiter mit den Kindern und Jugendlichen in den Hausgemeinschaften gibt diesen das Gefühl

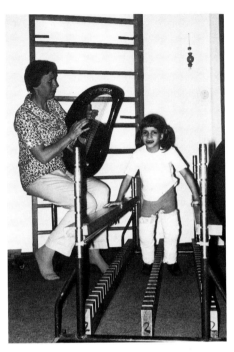

Die Leier spielt in der anthroposophischen Heilpädagogik eine wesentliche Rolle. Sie wird – hier erste Gehübungen im Laufbalken – auch therapeutisch eingesetzt.

eines sozialen Zusammenhanges, der Sicherheit und Vertrauen in das eigene Dasein vermitteln kann. In den Hausgemeinschaften geht ein wesentlicher Teil der heilpädagogischen Arbeit vor sich. Diese reicht von dem Erfassen der Eß- und Schlafgewohnheiten des Kindes – die oft einen wichtigen Einblick in vorliegende Entwicklungsstörungen geben – über das Abspüren seiner seelischen Besonderheiten und die Art der Gestaltung seines Sinneslebens, bis hin zu dem Bemühen, seinen besonden biografischen Gegebenheiten gerecht zu werden. Diese Erziehung in Gruppe und Hausgemeinschaft ist wichtig als Gegenstück zur schulischen Erziehung im Sonderschul-Kindergarten, in den Klassen oder in der Werk-

Die Wohnhäuser und Schulgebäude, die mit ihrer plastisch organischen Architektur wie in die Landschaft eingebettet sind, unterstützen mit ihrer räumlichen und farblichen Gestaltung die heilpädagogischen und schulischen Bemühungen.

stufe. Hier lernt das Kind, Verhaltensstörungen zu überwinden oder doch mindestens zu bessern und durch entwicklungsfördernde Gewohnheiten zu ersetzen.

Eine Atmosphäre menschlichen Vertrauens durchdringt die Hausgemeinschaften und gibt dem Kind die Kraft zur Bewältigung seines oft sehr schweren Schicksals. Oft handelt es sich ja bei den vorliegenden Entwicklungsstörungen um ausgeprägte Mehrfachbehinderungen, was bedeutet, daß eine geistige Behinderung noch mit einer oder mehreren Behinderungsarten verbunden ist; dabei sind Körperbehinderungen, Anfallsleiden, Autismus und Verhaltensstörungen ebenso vertreten wie Sinnesbeeinträchtigungen oder chronische Erkrankungen. Genauso liegt auch im Schul-

bereich der Camphill-Arbeit − wie in der Waldorf-Pädagogik − das Menschenbild der Anthroposophie und damit die bewußte Hinwendung zum Ich-Wesen des Menschen zugrunde.

Die Schule umschließt den Kindergarten, neun Jahrgangsklassen und eine drei- bis vierjährige Werkstufe, die für beide Schulen gemeinsam in Föhrenbühl geführt wird. Die Kinder haben also die Möglichkeit einer dreizehn- bis fünfzehnjährigen Schulzeit. Es ist eine Besonderheit des Kindergartens, daß hier die behinderten Kinder und die gesunden Kinder der Mitarbeiter gemeinsam betreut werden. Dies hat für beide Gruppen besondere Bedeutung und fördert die heilpädagogische und therapeutische Arbeit. Der Schul-Unterricht von der ersten bis neunten Klasse erfolgt auf der Grundlage des entsprechend modifizierten Waldorflehrplanes. Er ist auf ein möglichst ausgewogenes Verhältnis zwischen den Erlebnissen im Klassenzusammenhang und der Einzelförderung in kleinen Gruppen ausgerichtet. Durch künstlerische Gestaltung des Unterrichts wird erreicht, daß die Kinder mit Freude daran teilnehmen und gerne zur Schule gehen. So wird bereits in der Schulzeit der Grund gelegt, aus dem sie später ein Gefühl für den Sinn des Lebens mit all seinen Schwierigkeiten zu entwickeln vermögen.

In der anschließenden drei- bis vierjährigen Werkstufe wird ebenfalls nach dem modifizierten Oberstufenlehrplan der Waldorfschule gearbeitet. Es ist wichtig, daß der Entwicklungsschritt vom Kind zum Jugendlichen möglichst bewußt gestaltet wird. Ganz neue Erlebnisse eröffnen sich im arbeitsmäßigen Umgang mit den verschiedenen Materialien in neun Werkstätten. Dadurch ergeben sich oft weitere Lernschritte in den normalen Unterrichtsbereichen. Durch das vielfältige Angebot der auf die jeweilige Entwicklungsstufe der Jugendlichen bezogenen Materialien von Wolle und Ton über Holz und Metall bis hin zu Papier, und die bewußte Gestaltung des Unterrichtes in den Werkstätten erhalten die Jugendlichen einen Begriff von dem, was sie später in der Arbeitswelt erwartet. In dieser Zeit muß auch geklärt werden, wo für den Jugendlichen ein Lebens- und Arbeitsplatz nach dem Abschluß seiner Schulzeit gefunden werden kann, bzw. ob eventuell eine weitere Ausbildung möglich ist. In vielen Fällen ergibt sich der Weg in eine der Camphill-Dorfgemeinschaften.

Ein sehr breites Therapie-Angebot steht in Zusammenarbeit mit den betreuenden Ärzten zur Verfügung, das dem einzelnen Kind sowohl bei konstitutionellen Schwächen wie auch bei einzelnen behinderungsbedingten Problemen helfen kann. Beson-

ders ist hier vielleicht die Eurythmie zu erwähnen, die entweder als künstlerisch dargebotene Eurythmie in ihrer mit Musik oder Sprache verbundenen Bewegungskunst die Sinneswahrnehmungen des einzelnen Kindes fördert oder in Einzeltherapie als Heileurythmie besonders auf einzelne Störungen eingehen kann.

Die Kinder, die in den Camphill-Schulgemeinschaften aufgenommen werden, kommen aus allen Ländern der Bundesrepublik, aber auch aus Anrainer-Ländern des Bodensees. Die Kinder stammen aus unterschiedlichen sozialen Verhältnissen, wobei die religiöse oder weltanschauliche Einstellung der Eltern unwichtig ist. Viele Kinder leben ohne Eltern bzw. ohne Kontakt zu einem Elternhaus. Gerade bei ihnen kommt es besonders darauf an, ihr Leben so zu gestalten, daß ihnen das mangelnde Zuhause ersetzt wird. In der Regel wird aber besonderer Wert darauf gelegt, daß eine feste und tragfähige Verbindung zu den natürlichen Familien erhalten bleibt. Dies wird besonders durch eine intensive und lebendige Beziehung zwischen Mitarbeitern und Eltern ermöglicht. Es hat sich immer wieder erwiesen, daß dem Dreieck „Kind-Eltern-Mitarbeiter" große Bedeutung zukommt.

All dies gilt natürlich auch − im übertragenen Sinn − für die Camphill-Dorfgemeinschaften mit ihrer Arbeitswelt. Große Bedeutung hat für die Dorfgemeinschaften die landwirtschaftliche Arbeit. Zur Grundlage unseres Daseins gehören nicht nur Nahrung, Kleidung und Wohnung, sondern ebenso die uns umgebende Landschaft. Die Kulturlandschaft des Bodenseeraumes ist gewachsen mit den Impulsen, die von den Mönchen im Mittelalter gegeben wurden. Bäuerliche Tradition hat sie gepflegt und erhalten und strahlt noch heute etwas vom Ursprung und von den Kräften jener längst vergangenen Zeit aus. Diesem Erbe gegenüber verpflichtet, bemühen sich die Mitarbeiter und die erwachsenen Behinderten,

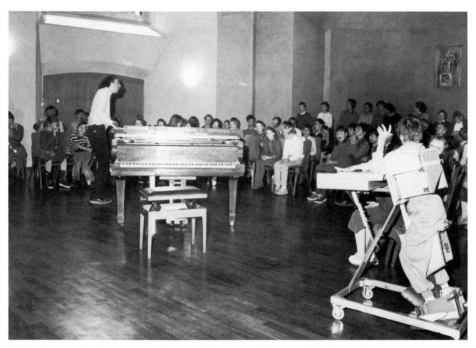

Es ist immer wieder eine Freude zu erleben, wie das musikalisch-rhythmische Element fast hundert, teilweise sehr schwer behinderte Kinder und Jugendliche beim wöchentlichen Chorsingen zu einer homogenen Einheit zusammenführt.

die in den Camphill-Einrichtungen „Dörfler" genannt werden, die Landwirtschaft zu einem Anliegen aller Dorfbewohner zu machen. Sie wollen mithelfen, diese Landschaft in all ihrer Schönheit als Lebensgrundlage für spätere Generationen zu erhalten.

Neben dem Ackerbau, der Milchwirtschaft und den Gärtnereien, deren Erzeugnisse zunächst den Bedarf der Camphill-Einrichtungen am Bodensee decken sollen, gibt es in den beiden Dorfgemeinschaften noch viele Werkstätten, mit einem breiten Spektrum von Arbeitsfeldern. Erstes Ziel ist es für die Dorfbewohner, eigene Produkte herzustellen, für die allgemeiner Bedarf besteht. Brot aus der Lehenhof-Bäckerei

wird aber auch im gesamten Bodenseegebiet verkauft. Auch die Obstkisten aus der modern eingerichteten Kistenfabrik finden ihre Abnehmer außerhalb.

Feine Wollwäsche wird an Interessenten im gesamten Bundesgebiet verschickt. Eine Großwäscherei ist hauptsächlich für die Versorgung der Camphill-Einrichtungen gedacht, bedient aber auch andere Kunden. Neben solchen, sehr produktionsorientierten Werkstätten finden sich natürlich auch mehr therapeutisch ausgerichtete Arbeitsplätze, die den schwer behinderten Dörflern entgegenkommen.

Alle heilpädagogischen bzw. sozialtherapeutischen Bemühungen werden durch ein reges kulturelles Leben unterstützt. Thea-

Die Pflege der Erde ist den Camphill-Mitarbeitern wichtig. Daher ist die biologisch-dynamisch geführte Landwirtschaft ein Mittelpunkt der Dorfgemeinschaften. Für viele hat die Arbeit im Garten, in der Landwirtschaft, mit den Tieren heilsame Wirkung.

teraufführungen, Konzerte, das Feiern der vier christlichen Jahresfeste und andere Veranstaltungen geben den Kindern, Jugendlichen und Erwachsenen manche Anregungen und tragen zu ihrer seelischen Reifung bei. In nicht konfessionell gebundenem christlichen Religionsunterricht und in Sonntagsfeiern wird das religiöse Leben gepflegt. Durch die kulturellen Veranstaltungen ist ein guter Kontakt zu den Bürgern der umliegenden Gemeinden entstanden. Alle Camphill-Einrichtungen haben regelmäßig „Tage der offenen Tür" und sind auch sonst immer offen für interessierte Besucher.

In den Heimsonderschulen werden in einem vierjährigen praxisbegleitenden staat-

lich anerkannten Seminar junge Menschen zu „Heilerziehern für Seelenpflege-bedürftige Kinder und Jugendliche" ausgebildet. Außerdem findet in Brachenreuthe eine einjährige Vollzeitausbildung zum Heilpädagogen in heileurythmischer Tätigkeit statt. Eine praxisbegleitende Ausbildung zum Mitarbeiter in Dorfgemeinschaften wird auf dem Lehenhof und am Hermannsberg angeboten. Die von Meistern geführte biologisch-dynamische Landwirtschaft wie die Gärtnereien nehmen Lehrlinge auf.

Die Camphill-Arbeit wird durch einen Freundeskreis unterstützt, der sie ideell wie materiell fördert. Den Impuls zur Gründung dieses Freundeskreises gab Dr. Karl König anläßlich der Einweihung der Heim-

Das Johanni-Feuer am Sommerhöhepunkt führt mit den Kindern und den Dörflern auch deren Angehörige, Nachbarn und Freunde aus der Umgebung zusammen.

sonderschule Föhrenbühl im Jahre 1964. Er wollte die Impulse der Mitarbeiter und Eltern zugunsten der betreuten Kinder zusammenklingen lassen. Jährlich finden Elternseminare statt und mehrmals im Jahr kleinere Treffen in den einzelnen Einrichtungen. Daß die Eltern an den Feiern zu den großen Jahresfesten teilnehmen, ist inzwischen Tradition.

Für die Zukunft wollen die Camphill-Einrichtungen sicher nicht nur die dringend notwendigen weiteren Dörfler-Plätze schaffen, sondern vor allem die Bildung von Le-bensgemeinschaften mit sehr verschieden befähigten Menschen so vervollkommnen, daß sie übertragbar auf andere Initiativen und Vorbild für die allgemeine Gestaltung sozialer Lebenszusammenhänge sein können. Gerade in einer Zeit der um sich greifenden „Verrechtlichung" aller Lebensbereiche sind Gemeinschaften im Sinne der anthroposophischen Sozialidee vielleicht eine Hilfe auch für Menschen außerhalb, die neue Impulse für das Zusammenleben suchen.

Ernst-Dieter Berthold

Muttergottes in der Pfarrkirche Obereisenbach, um 1490, aus dem Kreis des Meisters des Blaubeurer Hochaltars.

285

Wie man Karikaturist wird

Paul Schmolze erzählt von seiner Arbeit und aus seinem Leben

Karikaturist – das bin ich im „Nebenge-schäft", und es ist kein Geheimnis, daß ich jeden Tag meine acht Stunden als Betriebs-rat bei Dornier tätig bin. Und wenn mich da einer fragt: „Wie wird man Betriebsrat?", dann muß ich sagen, man ist in einem Wahl-amt, und das bedeutet, daß die Mitarbeiter alle drei Jahre beurteilen, ob man seine Ar-beit recht gemacht hat. Zuerst war ich als Grafiker für technische Illustrationen be-schäftigt und hätte mir nicht träumen las-sen, daß ich einmal Betriebsrat würde. Aber es können Ereignisse eintreten, vor al-lem in wirtschaftlich schwierigen Zeiten, daß man sich plötzlich irgendwo für Mitar-beiter engagiert, und daß dann jemand sagt, man könnte doch eigentlich auch einmal kandidieren. Ich hab' mich 1972 zum ersten Mal aufstellen lassen, bin auch gewählt wor-den, und bei den letzten beiden Wahlen hab' ich von den 15 Betriebsräten die höchste Stimmenzahl erreicht. Bei uns ist das keine Listenwahl, sondern eine Persönlichkeits-wahl.

Im letzten Frühjahr in der schwierigen Phase unserer Firma vor der Übernahme durch Daimler, war natürlich unsere Tätig-keit im Betriebsrat von erheblicher Bedeu-tung, und da war es oft nicht einfach, sich auf die jede Woche fälligen Karikaturen zu konzentrieren.

Was man als Betriebsrat jeden Tag so macht? Die Leute kommen mit allen „Weh-wehle"; der eine braucht ein Darlehen, dem

anderen ist es zu kalt in der Halle, ganze Gruppen drängen in der oder jener Frage auf Änderung, da kann es um Arbeitsrecht-liches gehen. Zu unserem Alltagsgeschäft gehören die Stellungnahmen zu Neueinstel-lungen, und da muß man abwägen, ob, wenn da oder dort sehr viel Überstunden gemacht werden, man nicht darauf drängen soll, daß ein paar Leute mehr eingestellt werden. Ich selber bin seit sieben Jahren ein sogenannter Freigestellter, übe also meine Tätigkeit als Grafiker zur Zeit nicht aus, sondern arbeite ganztägig für den Betriebs-rat. Da sitz' ich natürlich nicht nur im Büro, ich geh' immer wieder in den Betrieb, schwätz' mit den Leuten, frag', wo sie der Schuh drückt, und im Betrieb kommen sie auch selber auf einen zu, und dann muß man ihnen mit Rat und Tat zur Seite stehen.

Unser Unternehmen ist ja eigentlich mehr ein Forschungszentrum, wir haben da-durch oft andere Probleme als Betriebe mit einer ausgesprochenen Fertigung, aber so sehr unterscheidet sich das nicht; Arbeits-welt, das heißt eben Streß, heißt Überstun-den, heißt Differenzen am Arbeitsplatz, vielleicht mit unleidlichen Vorgesetzten oder unverträglichen Kollegen. Was wir Be-sonderes bei Dornier machen, das ist eine Betriebsrats-Zeitung. Über 30 Nummern sind schon erschienen, und man kann fast sagen, daß diese Zeitung den offiziellen Werksnachrichten bis zu einem gewissen Grad den Rang abgelaufen hat. Sie wird nur

Zur gleichen Zeit – wie alltäglich – irgendwo in der Welt   (1. 2. 86)   SZ-Zeichnung: Paul Schmolze

„Hochkonjunktur"   SZ-Zeichnung: Paul Schmolze

durch Spenden aus der Belegschaft finanziert. Die Zeitung zu machen macht Spaß, da kann ich auch meine grafischen Möglichkeiten einsetzen.

Wo ich her bin? Nicht aus dem Bodenseeraum, ich bin aus der Gegend von Tübingen. Mein Vater war gar kein Schwabe, sonst müßte ich wohl Schmälzle heißen. Unsere Familie stammt ursprünglich aus der Schweiz, hieß Schmolzi und ist nach dem 30jährigen Krieg zugewandert. Mein Vater ist im Elsaß geboren, hat in Tübingen studiert und hat da meine Mutter gefunden. Er war Landarzt in Ergenzingen. Wir waren neun Kinder. Ich war der letzte und übrigens der sechste Bub, und deswegen war auch der alte Reichspräsident Hindenburg mein Taufpate. Wir haben eine wunderschöne Kindheit gehabt, es gab viele Bücher vom Großvater her, die Großmutter hat in Tübingen gewohnt. Aber dann ist der Vater schon mit 50 gestorben, die Mutter ist so schwer krank geworden, daß sie uns Kleinere nicht mehr hat erziehen können. Die zwei ältesten Brüder haben sich gemeinsam um die jüngeren Geschwister gekümmert. Es war ja Krieg, fünf Brüder waren eingezogen, der Älteste und zwei weitere Brüder sind 1944 gefallen. Ich kam zu einem Onkel, der war Lehrer in Bietigheim, und der war einer von den „Hagebüchenen", der war von Gächingen auf der Alb, der hat's noch mit der Prügelstrafe gehalten, das war nicht immer lustig.

Bei Kriegsende war ich dann wieder daheim in Ergenzingen. Der Zweitälteste hat dann die Praxis vom Vater weitergeführt, und ich durfte in Tübingen wieder aufs Gymnasium. Da hab ich dann bald gemerkt, daß die viel weiter waren als wir in Bietigheim, wo immer Luftangriffe waren und in Tübingen nicht. Das hat mir gestunken, und da hab ich zum ersten Mal mein grafisches Talent ausgespielt. Ich hab mir selber eine Entschuldigung geschrieben, mit einer Erwachsenenschrift, und niemand hat etwas gemerkt, und ich hab' sechs Wochen lang die Schule geschwänzt. Aber damit hat auch meine Liebe zu Oberschwaben angefangen. Eines Tages kam es eben doch heraus, und es hieß: „Der Kerle muß unter Aufsicht!", und man hat mich nach Wilhelmsdorf gesteckt ins Knabeninstitut.

Das war für mich eine gute Sache, ich hab' viel Verständnis gefunden, ich war die ganzen Jahre gut aufgehoben. Und dann war da die oberschwäbische Landschaft. Das Pfrunger Ried ist mir ans Herz gewachsen und ist immer noch mein liebstes Wandergebiet. Wir haben da Torf gestochen, haben Geländespiele gemacht, und ich hab' die Natur erlebt wie nie zuvor. Und dann haben wir Ausflüge an den Bodensee gemacht. Ich glaube, wenn man so ohne Eltern aufwächst, dann ist die Umgebung, das Milieu, wo man hinkommt, von entscheidender Bedeutung.

Nach der Schule, in der Berufsausbildung, war's damals ähnlich wie heute, auch 1950 war es schwer, eine Lehrstelle zu finden. Ich kam schließlich in die Maschinenfabrik Esslingen und lernte Maschinenschlosser, aber dabei rückte dann schon bald die Ausbildung als technischer Zeichner in den Vordergrund, und kurz, nachdem ich als Maschinenschlosser meinen Facharbeiterabschluß hatte, war ich schon wieder im Zeichenbüro.

Eigentlich wollte ich schon immer in einen Sozialberuf. Ich wohnte in einem Lehrlingsheim des CVJM und konnte da Verbindungen anknüpfen, um in die Wohlfahrtspflegerschule zu kommen, was dann aber am fehlenden Geld scheiterte. Ich hatte aber auch dann und wann Karikaturen im Lehrlingsheim gemacht. Wir hatten da eine kleine Lehrlings-Zeitschrift, und außerdem konnte ich an einem Büchle mitarbeiten, das der Süddeutsche Rundfunk herausbrachte. Später sagte ein Grafiker zu mir: „Also, wenn ich so zeichnen könnt wie Du, dann ging' ich doch auf die Kunstschul'."

Olé!

SZ-Zeichnung: Paul Schmolze

Ich hab' mich dann an der Freien Kunstschule in Stuttgart beworben und bin auch angekommen, nur war da eben auch wieder das Finanzierungsproblem. Zuerst hab' ich als Schlosser in der Nachtschicht geschafft, aber das war dann doch einfach zu anstrengend. Da bekam ich einen recht guten Job, nämlich als Schaffner bei der Stuttgarter Straßenbahn. Die ganzen Jahre bin ich morgens vor Schulbeginn meine vier Stunden gefahren und natürlich in den Semesterferien, was das Zeug gehalten hat. So hab' ich das Kunststudium finanziert. Zu meinem Glück hat eine Lehrkraft an der Freien Kunstschule, die Ilse Beate Jäckel, Sinn für Karikaturen gehabt, wie auch, das will ich nicht vergessen, meine Zeichenlehrerin in Wilhelmsdorf, die Irmela Maier aus Ravensburg, der ich besonders viel verdanke in meiner zeichnerischen Ausbildung.

An der Freien Kunstschule war aber mein Schwerpunkt doch die technische Werbung.

Ich war dann eine Zeit bei verschiedenen Unternehmen als technischer Grafiker oder als Werbeleiter tätig, hab' verhältnismäßig oft gewechselt, und irgendwann hab' ich gemeint, jetzt müßte doch das Zeichnerisch-Satirische zu seinem Recht kommen. Meine Zeit als Redakteur bei „Pardon" war aber nur kurz; es waren zwar hervorragende Zeichner dort – Traxler, Halbritter, Wächter –, aber ich war noch viel zu sehr im Technischen daheim, ich fand keinen rechten Kontakt. Schließlich bin ich 1968 als Grafiker bei Dornier gelandet.

Eine Zeitlang hat man uns Grafiker bei Dornier in München beschäftigt. Das war für mich eine interessante Zeit, es gab viel künstlerische Anregung, immer wieder hab' ich mich gefragt, ob ich mit meinem Zeichentalent nicht doch mehr anfangen kann. Ich verfolgte die politischen Karikaturen in den verschiedenen Zeitungen, und es reizte mich, das auch einmal zu probieren. Als

289

Schwieriges Unterfangen

SZ-Zeichnung: Paul Schmolze

dann die Schwäbische Zeitung 1972 keine regelmäßigen eigenen Karikaturen mehr brachte, sondern nur gelegentlich welche von anderen Zeitungen übernahm, hab' ich mich dort bemerkbar gemacht, und bereits meine erste abgelieferte Zeichnung ist dann am Aschermittwoch erschienen.

Wenn man als politischer Karikaturist für eine Tageszeitung arbeitet, muß man einiges berücksichtigen. Man arbeitet immer auf Termin, man muß das politische Geschehen genau verfolgen, aber man entwikkelt im Lauf der Zeit auch einen gewissen Sinn. Anfangs hab ich den noch nicht so gehabt, ich hab' immer sehr viel Zeit für meine Zeichnungen gebraucht, hab' mir viele Dinge durch den Kopf gehen lassen. Heute fällt es mir viel leichter, für politische Vorgänge die entsprechenden Bilder zu finden, aber diese Gelassenheit – selbst unter Termindruck – wächst einem erst mit der Zeit zu.

Natürlich muß die Karikatur auch zeichnerisch stimmen, der politisch Handelnde sollte so dargestellt sein, daß man ihn auf Anhieb erkennt. Und es muß ein Vorgang sein, der den politisch interessierten Lesern im ganzen Verbreitungsgebiet irgendwie geläufig ist. Morgens, wenn ich ins Geschäft fahre, hör' ich die Pressekommentare im Südwestfunk, ich les' ziemlich viele Leitartikel auch in anderen Zeitungen, und dann gehört noch zur politischen Karikatur, daß man den Leuten aufs Maul guckt, daß man in der Wirtschaft zu ihnen an den Tisch sitzt, damit man einfach weiß, was denken die Leute! Da erfährt man dann auch, ob eine Zeichnung ins Schwarze getroffen hat oder ob sie gar nicht begriffen worden ist.

Der politische Karikaturist geht gerne auf das Witzige aus. Jede Woche hat in der Politik ihr beherrschendes Thema. Manchmal kann man dem aber nichts Witziges abge-

Beim Backen kleiner Brötchen

SZ-Zeichnung: Paul Schmolze

winnen, und es soll trotzdem mit dem Stift kommentiert sein. Ich denke da zum Beispiel an Attentate. Man stellt sich dem Thema, und dann entstehen auch bittere Karikaturen. Bei dem RAF-Hungerstreik habe ich zum Beispiel den Gefangenen hungernde äthiopische Kinder gegenübergestellt. Eine gute Karikatur muß, wie der Leitartikel, die Sache verdeutlichen und zugleich die eigene Meinung zum Ausdruck bringen.

Wie gesagt, eigentlich wollte ich mich immer in der Sozialarbeit engagieren. Da haben sich dann wie von selbst durch meine Tätigkeit im Betriebsrat, aber auch dadurch, daß mein Sohn in Wilhelmsdorf seinen Zivildienst gemacht hat, ein paar Dinge ergeben. Wir, meine zwei Söhne und ich, haben seit Jahren Verbindung zum Rotachheim in Wilhelmsdorf. Dort waren ur-

sprünglich jugendliche Lernbehinderte untergebracht, jetzt sind es mehr Erwachsene, geistig behinderte und taubstumme. Zuerst hab' ich mit Kollegen die Patenschaft für einen lernbehinderten Jungen übernommen, der oft hier bei uns war, sich mit meinem Sohn gut versteht und inzwischen seine Berufsausbildung fertig hat. Nach und nach hat sich eine richtige Freundschaft zwischen uns und den erwachsenen Behinderten im Rotachheim ergeben. Wir laden sie immer wieder mal zum Kaffee ein, sie kommen, wenn wir ein Familienfest haben, wir spielen Karten, gehen mit ihnen in die Wirtschaft. Aufwand verlangt das kaum, diese Leute freuen sich über alles, und wenn sie abends heim fahren, weiß man eigentlich nicht, wer nun wem die größere Freude gemacht hat. Das ist schon lange selbstverständlich für uns.

Eine andere Tätigkeit nimmt sich eher et-

Der Prophet em oigene Ländle gilt halt nix

SZ-Zeichnung: Paul Schmolze

was amtlicher aus. Einen Mitarbeiter bei Dornier traf in verhältnismäßig jungen Jahren das Schicksal, daß er an Multipler Sklerose erkrankte. Er war in einer ausweglosen Situation, man mußte ihm helfen. Obwohl man ihm zunächst äußerlich noch nichts ansah, konnte er vieles einfach nicht mehr. Ich habe dann die Vermögenspflegschaft für ihn übernommen, denn damals hab' ich erst erkannt, was MS eigentlich ist. Da sind mir auch die Augen aufgegangen, wie schwer sich ein Kranker beim Umgang mit Behörden tut. Ich konnte zwar durch mein Amt und meinen Namen manche Schwierigkeit aus dem Weg räumen, aber dann und wann bin ich bewußt in die Rolle des kranken Bittstellers geschlüpft, und was ich da für Erfahrungen gemacht habe, zum Beispiel beim Versorgungsamt oder bei der Rentenbeantragung, hat mir ganz klar gezeigt, daß die Leute manchmal wirklich aufgeschmis-

sen sind. Über Wochen habe ich einen aussichtslosen Behördenkrieg geführt, damit mein Schützling zum Beispiel den Behindertenausweis beschleunigt bekam; erst, als ich den Beamten dann durch einen Schulkameraden den Wink geben ließ, daß ich der Schmolze von der Schwäbischen Zeitung sei, dann ging das innerhalb von acht Tagen.

Weil ich mich bemüht habe, diesen Kranken dazu zu bringen, sich der Selbsthilfegruppe der „AMSEL" anzuschließen, habe ich dann selbst Kontakt auch zu anderen MS-Kranken bekommen, habe erlebt, wie tückisch diese Krankheit ist, und was für sympathische und feine Leute von ihr befallen sind. Ich gehe seither regelmäßig zu ihren Treffen, versuche, sie in ihrer Arbeit zu unterstützen, habe auch schon mehrere Veranstaltungen zu ihren Gunsten gemacht. Jedes Jahr machen wir hier auf dem Hof ein Fest mit ihnen, da kommen auch

UND SIE BEWEGT SICH DOCH   20.12.1980

„AMSEL"-Gruppen von Konstanz, Weingarten und Ravensburg. Es ist schon fast eine ständige Einrichtung. Das letztemal, im September, hat die Kressbronner Musik gespielt, mit einer tollen Begeisterung. Daß so etwas gelingt, verdanken wir auch der Familie Rueß in Rammetshofen.

Seit über zehn Jahren wohne ich mit meinen beiden Söhnen im Ausgedinghäusle von einem Bauernhof in Rammetshofen in der Gemeinde Oberteuringen. Ursprünglich war das nur als Arbeitsraum für mich als Grafiker gedacht, aber dann haben wir uns die Wohnung gerichtet, haben ein Bad eingebaut und sind dann ganz hierher gezogen. Das war ein Glücksfall für uns, denn wir sind in einer Dorfgemeinschaft gelandet, wo es noch ein richtiges Zusammengehörigkeitsgefühl gibt und wo immer wieder mal was los ist. Daß was los ist, daran waren wir seither auch manchmal selber schuld, wenn

wir zum Beispiel die Obsthalle vom Helmut Rueß zwischendurch zu einem kleinen Kulturzentrum umfunktioniert haben. Bei so einer Gelegenheit hat dann der damalige Häfler OB Martin Herzog bescheiden erklärt, Friedrichshafen sei doch immerhin der wichtigste Vorort von Rammetshofen. Anfangs haben wir uns natürlich ganz ruhig verhalten, wir versorgen uns in allen Dingen selber, der Vater kocht, alles andere machen wir gemeinsam. Von allem Umtrieb abgesehen, den es in den Jahren gegeben hat – Karikaturistentreffen mit Ministerpräsident Lothar Späth, Achter-Tandem-Fahren, Vorderlader-Scheibenschießen: Es ist schön in Rammetshofen! Vor meinem Fenster dehnt sich die große Wiese bis zur Rotach, ein Blick, den man sich nicht schöner wünschen kann, wenn man schaffen will.

Erzählt von Paul Schmolze,
aufgeschrieben von Erika Dillmann.

Die kleinen Schritte nach Europa

Kressbronn/Maiche – eine lebendige Partnerschaft

Mit einer Zeitungsannonce hatte es angefangen, so ähnlich, wie manche dauerhafte Ehe auch schon zustande gekommen ist. Ein Schulleiter in einer kleinen französischen Stadt, zwei Stunden südwestlich von Basel, wie es in der Anzeige geheißen hatte, suchte für sein Collège eine geeignete deutsche Partnerschule. Die Schulleitung der Parkrealschule in Kressbronn reagierte sofort, denn zur selben Zeit suchte sie entsprechende Verbindungen nach Frankreich. Nach einem ersten Besuch in Maiche/Departement Doubs, nicht weit weg von der Schweizer Grenze, und nach dem Gegenbesuch in Kressbronn war man übereingekommen, eine Schulpartnerschaft einzugehen.

Die Beteiligten fanden die äußeren Voraussetzungen dafür sehr günstig. Die beiden Gemeinden, etwa gleich groß, teilweise noch ländlichen Charakters, liegen nur rund 300 Kilometer voneinander entfernt. Die Besuchsfahrten zum Partner sind, wenn man die schweizerischen Autobahnen benutzt, in knapp fünf Stunden zu bewältigen, sodaß einer engen Kontaktpflege keine allzugroßen Schwierigkeiten entgegenstehen. Schon bei den vorbereitenden Gesprächen hatte man vereinbart, aus der Verbindung der beiden Schulen eine Gemeindepartnerschaft hervorgehen zu lassen, wenn das möglich werden sollte.

Schon wenige Wochen danach, im November 1975, weilten die ersten 33 Austauschschüler aus Kressbronn in Maiche.

Drei Jahre später wurde die private katholische Schule St. Joseph in Maiche in diese Schulpartnerschaft mit einbezogen. Dieser Schüleraustausch hat sich von Anfang an bewährt, und alle Beteiligten, die Schüler, deren Eltern und die Lehrer, empfanden ihn als eine Bereicherung des schulischen Lebens.

Damit war auch der Weg zu einer Gemeindepartnerschaft geebnet. Diese wurde in zwei Festakten, im Mai 1978 in Kressbronn bzw. im folgenden Monat in Maiche, begründet, jeweils unter Beisein mehrerer hundert Gäste aus der befreundeten Gemeinde. Es waren beeindruckende Augenblicke, als Deutsche und Franzosen einander ihren festen Willen bekundeten, zur Verständigung zwischen ihren Völkern nach besten Kräften beizutragen. In der zweisprachigen Gründungsurkunde stehen Sätze wie: „Wir wollen dauernde Verbindungen zwischen den beiden Gemeinden aufrecht erhalten", oder „Mit unseren persönlichen Begegnungen wollen wir auch dazu beitragen, die Freundschaft zwischen unseren beiden Völkern zu festigen."

Diese Verpflichtungen hat man auf beiden Seiten ernst genommen. Monsieur Vincenot, der Bürgermeister von Maiche, hatte in seiner Festansprache nüchtern festgestellt: „Friede – das ist Alltagsarbeit, geduldig muß man daran arbeiten." In der Tat, ohne Geduld und engagierten Einsatz ist auf diesem Felde wenig auszurichten. Für

Kressbronner Realschülerinnen beim Schüleraustausch; im Hintergrund das historische Rathaus in Maiche

die Praxis der Partnerschaft vereinbarten beide Seiten drei Grundsätze:

- Jeder Bürger, der will, soll an dieser Partnerschaft sich direkt beteiligen können, sei es individuell oder als Mitglied einer Vereinigung.
- Die zwei Gemeinden erklären sich bereit, bei allen Aktivitäten praktische Hilfestellung zu geben, soweit das möglich und notwendig ist. Für den finanziellen Aufwand muß jeder Teilnehmer selbst aufkommen.
- Nach dem Vorbild des Schüleraustausches sollen Besucher aus der Partnergemeinde immer als Gäste in einer Familie aufgenommen werden, sofern sie es selbst nicht anders wünschen.

Diese praktischen Spielregeln bewährten sich sehr, denn sie favorisieren vor allem die direkten persönlichen Begegnungen. Darauf kommt es bei einer Partnerschaft in erster Linie wohl an.

Als der Reiz des Neuen etwas verflogen war, begann die erwähnte Alltagsarbeit. Es wurden Partnerschaftsausschüsse gegründet, die sich in losen Zeitabständen treffen und zusammen die gemeinsamen Vorhaben vorbereiten. Weiter geben beide Gremien in ihren Gemeinden Anregungen und organisatorische Hilfestellung, koordinieren und bügeln aus, wo das mal notwendig ist. Dabei ist die Kunst der freien Improvisation unentbehrlich, aber andererseits wäre das ganze Unternehmen ohne ein durchdachtes Handlungskonzept wohl rasch versandet. Unter der Devise „Voneinander erfahren – Gemeinsames unternehmen" faßte man die Ziele dieser Partnerschaft zusammen.

Die Bildhauerin Hilde Broer schuf 1978 anläßlich der Gründung der Partnerschaft diese handgroße Plakette aus Bronze.

Was ist aus den vielen guten Ideen und den Plänen in den vergangenen Jahren eigentlich geworden? – Neben den mehr oder weniger regelmäßigen Besuchen und Gegenbesuchen von Vereinen und Gruppen zu geselligem Beisammensein sind einige besondere Akzente gesetzt worden. Das gilt z.B. für die gemeinsamen Reisen, die seit einigen Jahren jeweils in der Woche vor Ostern stattfinden. Bei der Reise nach Prag etwa, bei der nicht nur die französischen Freunde zum ersten Mal dem realen Sozialismus begegneten und ihn wenigstens in einigen Alltagserscheinungen konkret erlebten, kam es zu recht angeregtem Meinungsaustausch über aktuelle politische Probleme im heutigen Europa. Ähnliches gilt für eine Seminarwoche in Berlin mit einem

eintägigen Besuch in Ostberlin – bei der die Teilnehmer das Besondere der deutschen Problematik erfahren konnten. Eine Reise durch Burgund führte dagegen zurück in die Vergangenheit, zu Wurzeln gemeinsamer europäischer Religions- und Kulturgeschichte. Es ging und wird auch bei künftigen derartigen Reisen darum gehen, gemeinsamen Schicksalslinien nachzuspüren, zu entdecken, daß die europäische Dimension keine geringe Bedeutung für uns hat.

Dazu gehört allerdings nicht nur passives Aufnehmen von Eindrücken. Durch aktives Tun und Gestalten kann das Bewußtsein der Zusammengehörigkeit fast noch besser gefestigt werden. Das gilt für jeden Lebensbereich, für den Sport, die Kultur, die Berufsarbeit oder die Freizeitgestaltung im en-

Maiche liegt ein Stück südwestlich von Basel in der reizvollen Berglandschaft des Fanzösischen Jura.

geren Sinne. In diesem Sinne wurde versucht, gemeinsame Aktivitäten auf die genannten Bereiche auszudehnen. Schon in manchem sportlichen Wettkampf der letzten Jahre sind die Kräfte gemessen und Siege gemeinsam gefeiert worden. In der Adventszeit 1981 weilte eine Gruppe von Sängern und Instrumentalisten aus Kressbronn in Maiche und bereicherte die Gottesdienste mit alter deutscher Weihnachtsmusik. Oder: Bergfreunde jüngerer und mittlerer Jahrgänge trafen sich schon öfters zu gemeinsamen Bergwanderungen irgendwo in den Alpen. Oder: Seit Jahren weilen junge Leute aus Maiche zur Ferienarbeit in Kressbronn. Neben einem ansehnlichen Taschengeld nahmen sie manche Erfahrung über deutsches Alltagsleben mit nach Hause.

So könnte man fortfahren, denn seit 1975 fanden rund 120 Gruppenbegegnungen statt, an denen etwa 1000 Schüler und beinahe 3000 Einwohner beider Gemeinden teilgenommen haben. Daneben gibt es noch zahlreiche familiäre Kontakte. Vergleichbare Aktivitäten könnten bestimmt von den meisten der rund 1500 deutsch-französischen Gemeindepartnerschaften berichtet werden. Sie alle stimmen in ihrer Zielsetzung überein, sie wollen konkret zur Festigung der Freundschaft zwischen den beiden Völkern beitragen, sie eigentlich erst richtig mit Leben erfüllen. Neben Kressbronn haben noch andere Städte und Gemeinden im Bodenseekreis solche Verbindungen ins Nachbarland Frankreich hergestellt. Vielleicht sind es bald noch mehr.   Arno Baur

Treffpunkt Wolfsberg

Das Ausbildungszentrum der Schweizerischen Bankgesellschaft
ist eine internationale Begegnungsstätte

Das Ausbildungszentrum Wolfsberg der Schweizerischen Bankgesellschaft, in der Gemeinde Ermatingen TG am Untersee gelegen, ist seit seiner Eröffnung im Jahre 1975 weit über die eigenen Landesgrenzen hinaus bekannt geworden. Zu einem Gedankenaustausch und Gesprächen treffen sich hier regelmäßig Persönlichkeiten aus dem In- und Ausland, etwa der frühere deutsche Bundeskanzler Helmut Schmidt, Lothar Späth, Graf Lambsdorff, Henry Kissinger oder James Schlesinger. Für die benachbarte Bevölkerung bildet der Wolfsberg mit seinen Hausveranstaltungen, die jeden Dienstagabend durchgeführt werden, einen kulturellen Anziehungspunkt. Neben Konzerten, Theateraufführungen und Kunstausstellungen werden auch politische Diskussionen veranstaltet. So fanden im letzten Jahr in diesem Rahmen Begegnungen etwa mit der Genfer Philosphin Jeanne Hersch, dem Tübinger Theologen Hans Küng und dem Konstanzer Soziologen Ralf Dahrendorf statt.

Ausbildung zum Generalisten

In erster Linie ist das Ausbildungszentrum Wolfsberg aber die Kaderschule der Schweizerischen Bankgesellschaft. Dessen Leiter, Nationalrat Ernst Mühlemann, umschreibt die Zielsetzung wie folgt: „In der Erwachsenenbildung geht es darum, den ‚Schüler' durch historische Reflexion, gegenwartsbezogene Analyse und zukunftsge-

richtetes Denken so zu lenken, daß er fähig wird, sein individuelles Dasein besser zu gestalten und dieses durch einen sinnvollen Einsatz im Rahmen der menschlichen Gemeinschaft zu bereichern".

In der schulischen Konzeption wird deshalb neben fachlicher Ausbildung und Führungsschulung der Persönlichkeitsbildung großes Gewicht beigemessen, so daß Wirtschaftsführer herangebildet werden, die sich durch verstärkte Fach-, Führungs- und Umweltverantwortung auszeichnen. Damit soll ausdrücklich darauf hingewiesen werden, daß Führungskräfte neben dem Erwerb von Fachwissen und der Wahl des richtigen Führungsverhaltens auch die Auseinandersetzung mit der politischen, kulturellen und sozialethischen Umwelt zu suchen haben. Dazu dienen die staatsbürgerlichen Lektionen sowie Exkursionen im Bodenseeraum, die einerseits gute Einblicke in die kultur- und sozialhistorischen Zusammenhänge vermitteln, andererseits aber auch anschauliche Problemkreise der Gegenwart, vor allem aus dem Bereich der Volks- und Betriebswirtschaft, erschließen.

Die Überlinger-Exkursion beispielsweise steht unter dem Thema Spätmittelalter und vermittelt einen geschichtlichen Einblick in die ehemalige freie Reichsstadt. Der Nachmittag schließlich gilt dem Besuch des demoskopischen Instituts von Frau Prof. Noelle-Neumann in Allensbach, wo die Kursteilnehmer über die dortigen wissen-

298

Das alte Schloß Wolfsberg, Ende des 16. Jahrhunderts erbaut, ist in seiner modernen Umgebung stilecht erhalten.

schaftlichen Forschungen diskutieren können. Eine weitere Exkursion führt nach Salem und Birnau und versucht, die Entwicklung des Barock zu verfolgen. Am Nachmittag findet jeweils eine Auseinandersetzung mit der Schule Schloß Salem statt. Bei der Konstanz-Exkursion geht es darum, einerseits die grenzüberschreitende Zusammenarbeit zwischen Konstanz und Kreuzlingen zu studieren, andererseits sowohl die Architektur der Universität als auch deren Lehrbetrieb kennenzulernen.

Begegnungen mit Persönlichkeiten aus allen Lebensbereichen, die wertvolle Anregungen zur eigenen Lebensgestaltung geben, sind im Wolfsberger Programm zudem hervorzuheben. Man will keine hochgezüchteten Fachspezialisten, sondern Generalisten fördern, die in der von Dynamik und Komplexität gekennzeichneten Gegenwart den Überblick bewahren. Zweifellos wird diese Ausbildungsphilosophie auch für die Bewältigung der Zukunft wegweisend sein, die sich nicht weniger als unsere Zeit durch verbreitete Orientierungslosigkeit auszeichnen dürfte.

Prominenten-Pension und Molkenkuranstalt

Der Wolfsberg liegt in einer reizvollen Landschaft, die zu den kulturträchtigsten Regionen Europas gehört. Sein Ursprung reicht bis ins Ende des 16. Jahrhunderts zurück, als der Junker Wolf Walter von Gryffenberg das heutige Schloß erbaute. Im 18. Jahrhundert ging das Gut an die Zollikofer

299

Das Ausbildungszentrum Wolfsberg bei Ermatingen inmitten der Thurgaulandschaft südlich des Untersees

über, eine der angesehensten Patrizierfamilien der Schweiz, und 1795 kam der Wolfsberg in den Besitz des Bankiers Baron Jean Jacques von Högger, zu dessen Gästen Bayerns König Maximilian I. und der Komponist Carl Maria von Weber gehörten.

Einer der nächsten Besitzer dieses Schlosses war Oberst Charles Parquin, der wie viele Bonapartisten nach 1815 in die Gegend des Untersees gelangte. Zu erwähnen sind dabei vor allem die Ex-Königin von Holland, Hortense de Beauharnais, und deren Sohn Prinz Louis Napoleon, der spätere Kaiser Napoleon III., die jeweils die Sommermonate auf dem nahen Schlößchen Arenenberg verbrachten. Parquin ließ das von Baron Högger erbaute „Neue Schloß" umbauen, mit allem Komfort der damaligen Zeit ausstatten und eröffnete 1825 eine

Fremdenpension. Zwischen Arenenberg und Wolfsberg entspann sich ein nahezu behaglich zu nennendes Exilleben. Berühmtheiten der Zeit, wie die Schriftsteller Châteaubriand und Alexandre Dumas der Ältere sowie die Königin der Schönheit und des Geistes, Madame Récamier, spazierten und diskutierten in dieser herrlichen Landschaft.

In der zweiten Hälfte des 19. Jahrhunderts führte die innerschweizerische Hotelierfamilie Bürgi den Betrieb weiter, und zwar als Molkenkuranstalt. Im Gästebuch sind die meisten angesehenen Alt-Zürcher Familien zu finden: Lavater, von Muralt, Abegg, von Schulthess-Rechberg, Schwarzenbach, von Orelli, Pestalozzi, Hirzel, Wunderli, Gessner, von Meiss, Bodmer und Meyer von Konau. Auch Gäste aus

Fast ein Wahrzeichen ist die Bronze-Plastik von Henry Moore, mit Reichenau und Bodanrück im Hintergrund. – Den Eingang zum Schul-, Unterkunfts- und Sporttrakt bildet die Bronze-Tür von E. Burgdorfer.

Berlin, Rom, Wien, Dresden, London, Paris, Budapest, New York und Sao Paulo sind verzeichnet. Nach dem 1. Weltkrieg gelangte der Wolfsberg in privaten Besitz. Zuletzt gehörte er dem Zürcher Rechtsanwalt Dr. jur. P.E. Meyer, der 1966 starb.

Die Schweizerische Bankgesellschaft kaufte 1970 das Schloßgut mit zwölf Hektar Umgelände. Mit Sorgfalt wurden die traditionsreichen Gebäude restauriert, und es wurde darauf geachtet, daß sich die Neubauten unaufdringlich in die bäuerliche Umgebung einfügten. Sie bestehen aus dem Schultrakt mit Aula, Kurs- und Gruppenräumen, einem technischen Schulungsraum mit Personal Computern, einem Informationszentrum mit den modernsten Kommunikationsmitteln sowie den drei Doppelwohnhäusern „Reichenau", „Säntis" und

„Thurgau" und den Sportanlagen. Neben den Seminaren der Schweizerischen Bankgesellschaft finden im Ausbildungszentrum Wolfsberg auch externe Organisationen aus der Schweiz und dem Ausland die Möglichkeit, ihre eigenen Kurse und Tagungen durchzuführen.

Von deutschen Unternehmungen, die davon Gebrauch machen, wäre etwa die Zahnradfabrik Friedrichshafen zu nennen mit ihren jährlich stattfindenden Klausurtagungen; ebenso das Fortbildungsseminar der Deutschen Gesellschaft für Metallkunde. Auch diese Veranstaltungen tragen bei zu einer Mischung, die den Dialog zwischen Vertretern verschiedenster Lebensbereiche ermöglicht – ein Dialog, der am Reichtum der Ausbildungsstätte Wolfsberg wesentlichen Anteil hat.   Toni Schönenberger

Vom Bodensee in den Weltraum

Dornier-Technologie für das Spacelab-Programm

Über den schwülen, sumpfigen Niederungen abseits der betonierten Hauptstraßen von Florida, den Everglades, türmen sich malerische Wolkengebilde. Am Tag zuvor ist eine schwere Gewitterfront über die ganze Halbinsel hergefallen, hat an den Badeständen leere Cola-Dosen, vergessene Handtücher und all den anderen Wohlstandsmüll kräftig mit Sand vermischt und ist dann in Richtung Bahamas abgeschwenkt. Jetzt herrscht Rückenseitenwetter, wie der Meteorologe sagt, und das heißt eine endlose Sicht, eine leichte Brise und viel, viel Sonne, die schon wieder stechend wird. Das ist das richtige für einen „Launch", einen Weltraumstart am Cape Canaveral, dem amerikanischen Raumfahrtzentrum.

Seit Wochen wird in den Labors und Hallen des KSC, wie das dortige Kennedy Space Center allgemein abgekürzt genannt wird, fieberhaft gearbeitet, kaum daß der letzte Start vorbei ist. Jeden Monat mindestens einmal brüllen jetzt die drei Haupttriebwerke und die beiden gewaltigen Zusatz-Booster für einen Start der amerikanischen Weltraumfähre auf, um die insgesamt 2000 Tonnen schwere Last vom Boden zu bringen. Eng gesteckt ist der Terminplan am Cape: Wenn eine Mission in die Umlaufbahn gebracht worden ist, wartet in den Hallen der NASA schon die nächste darauf, an den Start gerollt zu werden. Mit allen Nebenanlagen ist das KSC bald so groß wie der Bodenseekreis, ein imposanter, technischer Moloch, der den Newcomer aus Europa stark beeindruckt. Hier ist Raumfahrtgeschichte geschrieben worden, hier hat der gewaltige Sprung des Menschen ins All im Wettlauf mit Kollegen der UdSSR vor fast 30 Jahren begonnen mit ersten Satellitenstarts, denen dann später bemannte Kapseln und Labors folgten, bis das vergleichsweise bequeme Transportmittel Space Shuttle gebaut wurde, mit dem die Astronauten jetzt wie in einem Airliner ins All starten.

So ist es nicht verwunderlich, wenn man auf einer Rundfahrt durch's KSC-Gelände hört, daß viele der Anlagen schon gar nicht mehr in Betrieb sind, ihre komplizierten technischen Eingeweide bereits veraltet und nutzlos. Die Atlas-, Redstone- und auch die riesigen Saturn-5 Raketen dienen nur noch als Ausstellungsobjekte.

Aber da, wo Space Shuttle startet, spürt man immer noch etwas von dem Pioniergeist der Anfangsjahre im KSC. Vor jedem Start formieren sich Hunderte, die – jeder an seinem Platz – ihre abgesteckte Aufgabe in dieser komplizierten Maschinerie erfüllen, zu einem Team, das gemeinsam nur ein Ziel vor Augen hat: Es muß klappen!

Die vergleichsweise kleine Mannschaft der ab und zu am Programm beteiligten europäischen Organisationen und Firmen, unter ihnen diesmal auch eine Dornier-Mannschaft, ist von diesem Ehrgeiz nicht ausge-

Die Alpen aus 320 Kilometer Höhe, fotografiert aus der Weltraumfähre der deutschen Space-lab-Mission D1 im Oktober/November 1985. Überblick über die nördliche Alpenkette von der Schweiz bis weit nach Bayern hinein. In der Bildmitte ist deutlich das Tal des Alpenrheins zu erkennen und, halb von Wolken abgedeckt, der östliche Teil des Bodensees mit der Insel Lindau.

nommen. Seit Wochen schon sitzen die Ingenieurteams aus der alten Welt in einem der schmucklosen Verwaltungsgebäude der NASA in eigens zur Verfügung gestellten Räumen, pendeln hin und her zwischen den zahllosen anderen Abteilungen der riesigen Organisation und zwischen dem Integrationszentrum, wo alle wissenschaftlichen Nutzlasten für den kommenden Flug in die Raumfähre und die Spacelab-Einrichtungen eingebaut und überprüft werden. Die NASA macht es sich selbst und allen Beteiligten nicht leicht: Ein überaus komplizier-

ter, langwieriger Check-out ist für jedes Gerät erforderlich mit einer Bürokratie, die preußische Gründlichkeit weit in den Schatten stellt, sowohl von der Personal- wie von der Dokumentationsseite her. Rund dreißig dickleibige Bände umfassen allein die schriftlichen Begleit-Unterlagen, die für das unter Führung von Dornier entwickelte Instrumenten Feinausrichtsystem IPS beigebracht werden mußten, das diesmal mitfliegen soll.

„Es ist klar, daß die Amerikaner kein Risiko eingehen können, wenn sie in ihrem

303

Erstflug im Weltraum: Das unter Führung von Dornier entwickelte hochpräzise Feinausricht-system IPS in ausgefahrenem Zustand bei seinem ersten Einsatz im Rahmen der Spacelab-2-Mission im Juli/August 1985. Bei dieser Mission waren auf dem IPS mehrere Experimente für die Sonnenerforschung montiert, darunter ein großes Spezialteleskop. Im März 1986 wird IPS zum zweiten Mal eingesetzt, diesmal für die Erforschung des Kometen Halley.

Shuttle Gerät mitnehmen, das auch noch in fremden Staaten gebaut worden ist", gibt ein Techniker vom Bodensee zu. „Aber manchmal fällt es schwer, zu akzeptieren, was alles an Nachweisen über nebensächli-che Einzelheiten gefordert wird." Nun, das ist das Lehrgeld, ist der Tribut, den man an Gemeinschaftsprogramme zu entrichten hat. Auch innereuropäisch geht es in vielem nicht viel anders zu, ob beim Airbus-Bau, in militärischen und Raumfahrtprogrammen oder schlicht im Agrarmarkt. So kämpfen sich denn die europäischen Ingenieure im KSC ebenso wie ihre US-Kollegen verbissen und wacker durch die Flut von Datenblättern, Teilelisten, Prüfungsberichten und Check-out-Vorschriften hindurch, und jeder von ihnen ist erleichtert, wenn es endlich heißt „Ihr System ist voll integriert und betriebsbereit".

Dennoch ist damit keinesfalls sicher, daß später im All alles funktioniert. Es ist eben ein Unterschied, ob ein Gerät am Boden entwickelt, gebaut und getestet wird oder in der Erdumlaufbahn unter Schwerelosigkeit und – wenn es außerhalb der Shuttle-Kabine oder des Spacelab mitfliegt – auch ohne die atmosphärische Hülle der Erde. Das von Dornier zusammen mit den übrigen Partnern aus europäischen Ländern gebaute IPS (Instrument-Pointing-System = Feinausrichtungssystem für Weltraum-Instrumente) war bei seinem Flug im Juli/August 1985 geradezu ein Paradebeispiel dafür. Am Bodensee ausgiebig getestet, von der europäischen Raumfahrtorganisation ESA und ihrem amerikanischen Pendant NASA nach den üblichen, gründlichen Verfahren überprüft und abgenommen, kam es in den ersten Stunden der Mission im All nicht so zum Einsatz wie geplant. Die Presse aus USA und Europa griff das Thema sofort auf, IPS war manche bissige Schlagzeile wert. Hatten die Leute am Bodensee schlechte Arbeit geleistet?

Für das Dornier-Team am Cape (und auch für ihren Pressemann) begann eine hektische Zeit. Zwar zeigte sich rasch, daß das IPS selber in all seinen Bauteilen und ihren einzelnen Bewegungsabläufen alles tun konnte, für das es konstruiert war, aber die Steuerung des Instruments über den Bordcomputer lief immer wieder aus dem Ruder, IPS richtete sich nicht so genau auf die vorgegebenen Sterne oder die Sonne aus, wie es gewünscht war.

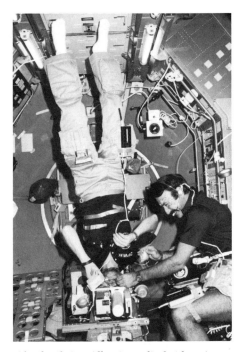

Akrobatik im All zeigen die beiden Astronauten Wubbo Ockels (rechts) und Reinhard Furrer während der Spacelab-Mission D1 bei Versuchen über die Auswirkungen der Schwerelosigkeit auf die verschiedenen Organe des Körpers. Doch der Kopfstand ist nur scheinbar einer, denn im Weltraum gibt es kein oben und unten.

Die wissenschaftlichen Messungen konnten dennoch begonnen werden, indem die Wissenschaftler eine andere, bei IPS vorgesehene Möglichkeit nutzten: Sie steuerten das Gerät über die zusätzlichen, an den Einzelexperimenten angebrachten Sensoren, und – siehe da – mit ihnen ließ sich dann jede gewünschte Position erreichen. Es mußte also nicht am Gerät selbst, sondern am Computer liegen. In einer Sofortaktion wurden am Boden noch einmal alle Möglichkeiten durchgespielt, Probeläufe mit veränderten Daten vorgenommen und ge-

Ein gedrängtes Programm von Versuchen und Auswertungsarbeiten hatten die Astronauten bei der deutschen Spacelab-Mission D1 zu absolvieren. Auf unserem Foto sind Ernst Messerschmid und Guion Bluford (rechts) am Werkstofflabor beschäftigt.

meinsam mit den Astronauten im All andere Verfahren ausprobiert.

Bald zeigte sich deutlich, was Dornier-Fachleute schon vermutet hatten: Im Bordcomputer stimmten die von der NASA gelieferten theoretischen Daten über die Sonnenhelligkeit nicht mit den tatsächlichen Weltraumbedingungen für den Sonnensensor des IPS überein, und außerdem waren die Koordinaten für die Sternensensoren im Computer nicht dem verspäteten Starttermin angepaßt worden. Für den Sonnensensor bewirkte dies, daß er gewissermaßen geblendet wurde, weil sein Filter falsch eingestellt war, für die Sternensensoren, daß

sie die Sterne an der falschen Stelle suchten. Rasch wurden die Computer korrigiert und bei nächster Gelegenheit – auch dafür muß erstmal eine Lücke im Funk- und Datenverkehr zwischen Shuttle und Boden gefunden werden – in den Bordcomputer im Shuttle überspielt. Schon der erste Versuch danach zeigte, daß der Fehler behoben war. IPS erhielt vom Bordcomputer die direkten Befehle und richtete sich um Bruchteile von Bogensekunden genau auf den Punkt, den es anpeilen sollte. Die schon vorher mit IPS gesammelten wissenschaftlichen Daten stiegen nun sprunghaft an, so daß die Wissenschaftler nach der Mission, wie ein NASA-Sprecher bestätigte, „auf Jahre zu tun haben werden, dies alles auszuwerten."

Jetzt herrschte wieder eitel Freude und Sonnenschein bei der Dornier-Mannschaft und auch bei der ESA. IPS hatte gezeigt, daß es kann, wofür es gebaut wurde. Bei dem Pressemann kam Freude erst einige Tage später auf, als Funk, Fernsehen und Zeitungen in Europa endlich die korrigierenden Meldungen aufgriffen, daß das aus Europa gelieferte Instrument doch das hielt, was es versprach. Wer gibt schon gern zu, etwas Falsches geschrieben zu haben . . .

Glückwünsche kamen, von der NASA vom Bundesminister für Technologie, von Industriepartnern – das zweieinhalb Tonnen schwere Superinstrument vom Bodensee war gesellschaftsfähig geworden. Die Kollegen von der NASA und der verschiedenen am Programm beteiligten amerikanischen Firmen klopften den „Germans" auf die Schulter: „You have done a good job" (Ihr habt gute Arbeit geleistet). Wochen später waren dann noch drei der Astronauten am Bodensee zu Gast, die bei dem IPS-Flug mit an Bord waren. Auch sie waren des Lobes voll über die Präzisionsarbeit des von Dornier geführten Teams.

Unerwartete Anerkennung erhielt der Chronist auch von Jim, Inhaber des kleinen

Drugstores und Ladens an einer der Zufahrtstraßen vom Hotel zum KSC. Als man sich mit zwei Kollegen nach dem erfolgreichen Unternehmen noch einmal an seiner kleinen Theke zu einem Bier aus der Dose traf, blieb Jim gelassen wie die Krokodile neben den Starteinrichtungen, die sich unbeeindruckt von den gelegentlichen ohrenbetäubenden Starts friedlich vermehren und vor sich hinleben, wie ihre Freunde, die Wasservögel und das viele seltene Getier, das gerade an den vom allgemeinen Tourismus unberührten Seitenkanälen um das KSC ein fröhliches Dasein führt.

Bescheid wußte er schon, der Jim, aber überschwengliche Freundschaftsbekundungen liegen ihm nicht: „Das erste Bier ist heute umsonst, Gerry (Spitzname für die Deutschen, d. Red.), weil Ihr es so fein hingekriegt habt mit unseren Leuten. Aber die anderen Drinks kosten einen Dollar zehn, wie immer." Wer Jim kennt, weiß, welches Lob das bedeutet.   Horst Voigt

Kino-Burth, der Teller-Vater

Geschenk für den 10jährigen am Anfang einer Erfinderlaufbahn

Ein Besuch im Kino. Im Idealfall sieht das so aus, daß großes Bild und stereophoner Ton den Filmfreund, sofern der Streifen Qualität besitzt, dem Alltag entrücken und in die Traumwelt des Zelluloid versetzen. Es klappt, sofern die Abspieltechnik zeitgemäßen Ansprüchen genügt. Der Wahl-Kressbronner Willi Burth, der vor allem von Ravensburg aus seinen Geschäften nachgeht, hat entscheidenden Anteil an der Schaffung der Grundvoraussetzungen dafür. Denn er tüftelt, forscht und plant, seit er sich mit Kino beschäftigt. Nicht gerade wenige Jahre kommen dabei zusammen. Denn der „Kino-Burth" ist immerhin schon 81. Und das Erfinden läßt ihn nicht los.

Seine kleinen Äuglein strahlen und huschen lebhaft, wenn er aus seinem erfolgreichen Leben erzählt. „Teller-Vater" lautet einer seiner anderen Beinamen, der auf seine wohl wichtigste Erfindung im Dienste der Vorführtechnik anspielt. Es war 1964, als die „Horizontal-Filmtellereinrichtung No Rewind" zur Serienreife gelangte, die bald weltweit Bewegung in die Projektionsräume brachte. Fortan konnten die teuren Kopien viel sanfter und mit weniger Verschleiß abrollen. Und erst vor knapp zwei Jahren stellte Burth eine weitere, entscheidende Verbesserung seines Tellers vor. Filme können jetzt auch endlos laufen, ohne neues Einspulen auf einen zweiten Teller. Voller Stolz lobt sich der Senior, daß „nichts auf der Welt besser ist". Es bereitet ihm sichtlich Genugtuung, daß ein alter Tüftler, dem in der Schule Physik und Chemie mehr bedeutet haben als Sprachen, der Konkurrenz immer noch eine Nasenlänge voraus eilt. Es kommt nur auf die richtige Idee an.

Obwohl Willi Burth ein Mann im Hintergrund des Films ist, weist sein Lebenslauf Parallelen mit den frühen Stars des Zelluloids auf, als Kino und Film noch neu waren und eher argwöhnisch betrachtet wurden. Denn eigentlich sollte er im elterlichen Textilgeschäft in Saulgau mithelfen. Dabei hatte die Kinoleidenschaft bereits den zehnjährigen Willi gepackt. Schuld daran hatte eine Vorführmaschine, die unter dem Weihnachtsbaum lag. Das Geschenk kam bei dem Knaben Burth so an, daß er bald im Freundeskreis für drei, später für fünf Pfennige die ersten Filme an die Wand warf. Noch heute zeigt er Besuchern dieses Relikt aus einer längst überholten Zeit, und natürlich erläutert der Pensionär die von ihm schon im Knabenalter daran vorgenommenen baulichen Veränderungen. Er hat halt schon damals gern getüftelt, und im speziellen Fall mußte die alte Leuchte einer Kohlefaserglühbirne weichen. Ja, Burth bastelte fürs Leben gern, und es passierte schon einmal, daß er mit seinen Versuchen und Erprobungen einem Stadtviertel den Strom nahm, weil im Elektrizitätswerk die Sicherung durchbrannte. Erst Jahre danach verriet er den Saulgauern, warum die Lichter ausgegangen waren.

1924 legte sich der von dem neuen Medium begeisterte Denker für 50 Millionen Reichsmark eine ausgebrannte Kinomaschine zu, die er wieder in Gang brachte. Zusammen mit seinen Kameraden vom Schnellaufverein verwandelte er in der Folge an den Wochenenden die Turnhalle in ein Kino, installierte seinen Projektor auf einem Nähmaschinentisch, und die Saulgauer konnten sich an der „Fuchsjagd im Engadin" oder an den „Nibelungen" erfreuen. Als die Inflation ihren Höchststand erreichte, kostete der Eintritt eine Billion Reichsmark!

Burth wandelte sich bald vom Freizeit- zum Vollzeit-Kinomann. 1929 baute er in Saulgau das erste richtige Filmtheater, 1934 stieg er in Ravensburg in die Branche ein. Weil er gleich viermal am Tag die Vorführmaschinen anwarf, lief das Geschäft prächtig. Und Kino wurde in dieser Zeit bekanntlich ja auch immer wichtiger. 1937 weihte er den Neubau des Burgtheaters ein und zeigte dabei Leni Riefenstahls Olympiafilm. Ravensburg hatte ein gesellschaftliches Ereignis von höchstem Rang. In diesen Gemäuern verfügt Willi Burth auch heute noch über ein Plätzchen, an dem er experimentiert. Freilich, die wichtigen Versuche unternimmt er lieber zu Hause im stillen Kämmerlein. Vor allem aber, er hat's im Kopf.

Zu großer Erfinderform lief er Ende der 50er Jahre auf, nachdem er in Ravensburg die Kinolandschaft durch den Bau des Frauentortheaters noch mehr zu seinen Gunsten umgestaltet hatte. Wie seine Kollegen stand er vor dem Problem, daß zum Abspielen eines Films zwei Projektoren benötigt wurden, weil etwa alle 20 Minuten ein Rollenwechsel anstand. Das brachte nicht nur ab und zu Aussetzer mit sich, es schadete auch dem Material. Ein Abspielen eines Streifens aus der Vertikalen verbot sich; kein Film hätte diese Belastung verkraftet. Film-

riß. Fünf bis sechs Jahre brütete Willi Burth über seinen Plänen, probierte mit einfachsten Vorrichtungen – wie etwa Streichhölzern – und hatte Erfolg. Heraus kam sein Teller, der sowohl das Rückspulen unnötig als auch den zweiten Projektor überflüssig machte. Burth klebte die Filmrollen aneinander, spulte sie auf eine waagrechte Scheibe, begann im Innern mit dem Abwickeln des Films, den er nach dem Abspielen im Projektor auf einem zweiten Teller, wiederum von innen, neu aufrollt.

So einfach das auch klingen mag, zumindest zwei namhafte Firmen trauten der Burth'schen Idee nicht. Sie vergaben eine große Chance. Philips dagegen stieg ein und baute nach seinen Entwürfen die Maschine. Heute existiert zum Bau und Vertrieb eine Tochterfirma, die Geschäftsverbindungen bis nach Südamerika und Fernost unterhält. Die Beschäftigten im Stammwerk Kaufbeuren können sicher sein, daß der Kopf des 81jährigen noch immer für Neuerungen gut ist, die kleine Umbauten erfordern und zu neuen Aufträgen führen.

Die Freude am Tüfteln ist ihm geblieben, sie hat ihn manche Nacht um den Schlaf gebracht. Wenn's gar nicht klappen wollte, warf er den Krempel auch schon mal für längere Zeit in die Ecke, bis ihn ein Gedankenblitz zurück an den Experimentiertisch trieb. In diesen schöpferischen Pausen hat er sich dann mehr vor und in seinen Kinos gezeigt, wo er immer noch aushilft, wenn Not am Mann ist. Da sieht er dann nach dem Rechten und reißt auch mal Eintrittskarten ab. „Bruddler vom Dienst" wird er deswegen auch genannt. Ja, der Willi Burth kann ganz gehörig maulen, wenn bei einer gut besuchten Vorstellung die Kinogänger nicht sauber aufrücken. Doch der Bruddler beruhigt sich spätestens dann, wenn er sich wieder seinen Plänen widmen kann – aus Freud am Zelluloid.

Herbert Beck

Ein Papierkorb erobert die Welt

Der ungewöhnliche Erfolg zweier schwäbischer Tüftler aus Baden

Zeitungsmeldungen, wonach wieder einmal brisante Akten auf einer Müllhalde gefunden, datenträchtige Computerausdrukke von einem Lastwagen geweht wurden, müssen sich für Hans Schleicher und Albert Goldhammer aus Markdorf angenehm lesen. Schließlich sind sie die beste Werbung für ihr Produkt, den aktenfressenden, elektrischen Papierkorb. Zwanzig Jahre ist es her, daß sie ihre Erfindung mit dem sprechenden Namen „Intimus" zum ersten Mal auf der Hannover Messe präsentierten, und es gibt ihn immer noch, inzwischen in vielen Variationen und unbestritten als erfolgreichstes Produkt seiner Art auf dem Markt. Und die Firma Schleicher u. Co. besitzt heute weltweit rund 80 Patente.

Man muß die Geschichte des Markdorfer Papierkorbs schon deshalb erzählen, weil sie typisch ist – und vielleicht auch ermutigend – für eine Vielzahl kleiner Unternehmen im Bodenseekreis. Es gibt den steilen Aufstieg zum großen Erfolg auch heute, wenn ein paar Umstände zusammenkommen: eine geniale Idee, technisches Können, unternehmerischer Wagemut und das „Händchen" für die Möglichkeiten, die der Markt bietet. Das Geld spielt dabei gar nicht die entscheidende Rolle; daß sie es am Anfang nicht hatten, zwang Albert Goldhammer und Hans Schleicher zu einem Produktionssystem, das sich im Laufe der Zeit als besondere Stärke des Unternehmens erwies.

Der aus Schwenningen stammende, in Markdorf aufgewachsene Feinwerktechniker Hans Schleicher gründete mit 22 Jahren seine eigene Firma in kleinstem Rahmen in Bermatingen. Wie andere auch, wollte er sich den Bedarf der nahen großen Industrien an bestimmten Teilen, die dort nicht selbst hergestellt wurden, zunutze machen. Es ging recht und schlecht, aber der große Renner wurde es nicht. Der kam erst mit der Nudelmaschine.

Hans Schleicher hatte, wie viele handwerkliche Unternehmer, kein allzu freundliches Verhältnis zum Papierkram. Diese unproduktiven, wenn auch unumgänglichen Sachen lagen einem nachher noch jahrelang herum, Staubfänger und Platzfresser nicht nur, sondern auch eine Quelle der Indiskretion, wenn sie in die falschen Hände kamen. So etwas setzt bei einem Tüftler das Nachdenken in Gang. Hans Schleicher fiel die Nudelmaschine ein, wie schwäbische Hausfrauen sie für die sonntägliche Suppeneinlage betätigen. Und tatsächlich: Die Walze schnitt auch Papier. Man mußte sie eigentlich nur auf einen Papierkorb montieren. Die Idee des Aktenvernichters war geboren. Jetzt kam es darauf an, sie konstruktiv zu entwickeln.

Schleichers Kompagnon Albert Goldhammer machte sich daran. Der in Cannstatt geborene Diplomingenieur, erst 1950 aus russischer Kriegsgefangenschaft zurückgekehrt, war als selbständiger Kon-

Das Bild oben links zeigt den ersten Markdorfer „Papierkorb", wie er 1965 auf der Hannover Messe vorgestellt wurde und sich immer noch bewährt. Die übrigen Bilder geben einen Eindruck vom heutigen Stand der Verarbeitungstechnik.

strukteur ein versierter Praktiker und besaß als beratender Mitarbeiter amerikanischer Firmen bereits eine Reihe von Patenten. Der Konstrukteur und der Technische Kaufmann gingen mit aller Sorgfalt zu Werke, und 1965 war der „Intimus simplex" marktreif. Als Schleicher und Goldhammer ihn auf die Hannover Messe brachten, waren sie überzeugt, etwas völlig Neues vorzustellen. Daß dem nicht so war, daß auch andere Firmen schon Lösungen für die Aktenvernichtung entwickelt hatten, war dann aber nicht nur eine unerfreuliche Erkenntnis. Es zeigte sich nämlich, wie aktuell das Problem war, und daß es einen Markt gab, um den sich zu bemühen lohnte.

Es ist jenes besagte bißchen Glück, wenn eine Erfindung sozusagen im gleichen Augenblick gemacht wie gebraucht wird. Wenn auch der Bürohandel vor zwanzig Jahren den elektrischen Papierkorb aus Markdorf noch als interessantes Spielzeug ohne große Marktchancen einstufte (und sich deshalb zunächst auch nicht für ihn einsetzen wollte): Die Papierflut des Computerzeitalters war schon im Anrollen. Fasziniert von der Fülle neuer Informationsmöglichkeiten, ließen die EDV-Anwender die Drucker rauschen, und ihre Riesenbogen stapelten sich: sensationelles Wissen heute, aber schon morgen Makulatur. Wohin damit?

Noch immer ist der „Intimus" im Grunde ein Papierkorb mit aufgesetztem Reißwerk. Aber es gibt inzwischen eine ganze Reihe verschiedener Ausführungen. Damit wurde man einmal der Tatsache gerecht, daß nach und nach recht unterschiedliches Material anstand, neben glattem Papier auch zerknülltes, neben herkömmlichen Akten auch Mikrofilme und Mikrofiches, und je nach Arbeitsanfall wurden in den einzelnen Büros und Betrieben auch Aktenvernichter mit sehr unterschiedlicher Leistungsfähigkeit gebraucht. Sogar eine Ballenpresse kann angeschlossen werden, mit deren Hil-

fe auch Unmengen von Abfallpapier nach der Verarbeitung platzsparend gestapelt werden können.

Angeregt wurde die Weiterentwicklung des Markdorfer „Papierkorbs" aber vor allem durch die immer höheren Ansprüche an die tatsächliche Vernichtung aller schriftlichen Informationen. Es mag eine Sisyphusarbeit sein, ein mit einem einfachen Schneidwerk in millimeterschmale Streifen zerlegtes Schriftstück wieder zusammenzusetzen: Wer weiß aber, auf was für Gedanken zum Beispiel ein Spion angesichts von Abfällen kommt, in denen er Staatsgeheimnisse vermutet! Hier stellt inzwischen auch die Gesetzgebung zum Datenschutz klare Forderungen, und deshalb sind die Aktenvernichter heute recht vielseitig. Sie schneiden in Streifen, sie schneiden im Torsionsschnitt, sie zerlegen in kleine und kleinste Abrißpartikel, sie zerkleinern noch stärker im Kreuzschnitt, sie machen bis zu 10 000 Partikel aus einem Blatt, sie mahlen Mikrofilme zu feinem Schrot, sie kapitulieren bei entsprechendem Kaliber auch nicht vor Büroklammern oder gar Aktenordnern.

Die beiden Unternehmer Goldhammer und Schleicher, die an der heutigen Firmengruppe mit je 50 Prozent beteiligt sind, mußten vor zwanzig Jahren klein anfangen, und die stürmische Entwicklung des Marktes ließ ihnen keine Zeit, zuerst einmal Kapital anzusammeln. Sie mußten sich rasch mit einer Vielzahl von Modellen auf den vielseitigen Bedarf einstellen. So entschieden sie sich dafür, die Einzelteile ihrer Maschinen nicht selbst herzustellen, sondern von Zulieferern zu beziehen. Bei Schleicher & Co. wird nur montiert, aber natürlich auch konstruiert, disponiert, geworben und verkauft. Diese Zusammenarbeit mit inzwischen rund 300 Zulieferfirmen hat sich auf die Flexibilität in Fertigung und Verkauf günstig ausgewirkt. Der bedeutendste Konkurrent der Anfangszeit, die Wiesbadener Marke „Taifun", gehört seit 1971 zu Schlei-

cher, und seit 1984 bilden „Intimus Apparatebau", „Dixi Maschinenbau" und „Taifun Reißwerke" die Schleicher & Co. International GmbH.

International ist hier kein schmückendes Beiwort, es beschreibt den weltweiten Markt, den sich der Papierkorb aus Markdorf erobert hat. Das fing damit an, daß Albert Goldhammer von Zeit zu Zeit selbst in einem VW-Variant zwanzig Geräte nach Mühlhausen im Elsaß fuhr, die für französische Abnehmer bestimmt waren. Heute liefert Schleicher in 50 Länder der Welt, wobei die USA den wichtigsten Exportmarkt bilden. Seit 1979 gibt es in Sandford, North Carolina, ein eigenes Werk. Die Niederlassung in Wiesbaden ist u.a. Vertriebs- und Kundendienstzentrum für die Bundesrepublik, Schleicher in Wien erschließt die wichtigen Exportmärkte im europäischen Osten. Ein Kontaktbüro für Fernost arbeitet in Tokyo. Darüber hinaus stehen in 45 Ländern 80 Generalvertretungen zur Verfügung. Sie alle zusammen bilden ein weltumspannendes Netz für Vertrieb und Kundendienst.

Rund 50 000 elektrische Papierkörbe produziert Schleicher zur Zeit im Jahr, das ist ein knappes Drittel des Weltbedarfs. Aber der Markt wächst noch immer, weil der Papierverbrauch ungebrochen ist und die Geheimhaltung an Wichtigkeit zunimmt. Firmen wie Boeing, Texaco, IBM, Ford, Daimler-Benz, Rolex, Shell, große Versandhäuser, viele Banken, Botschaften, Regierungen setzen in diesem Punkt auf die Markdorfer Feinwerktechnik. Auch die Bundeswehr und die US-Army sind Kunden bei Schleicher, und die deutsche DIN-Norm für Aktenvernichter basiert zu einem großen Teil auf der Pionierarbeit der Konstrukteure in Markdorf.   Andreas Libor

Auf dem „sanften Weg" zur Meisterschaft

In Kressbronn gibt es eine „Judo-Familie"

Im Alter von fünf Jahren hatte unsere Tochter Andrea Angst, hinzufallen. Judo, so erfuhr ich, könnte hier helfen, und gleichzeitig sei dieser Sport eine Ertüchtigung des gesamten Körpers; denn Judo ist nicht nur ein Verteidigungssport, sondern schult auch das Reaktionsvermögen. Also suchte ich einen Verein, in dem dieser Sport betrieben werden konnte. Dies war gar nicht so leicht, da Vereine die Kinder erst ab acht bis zehn Jahren aufnahmen. Endlich fanden wir in Friedrichshafen eine Privatsportschule für Judo. Dieser traten wir mit allen drei Kindern bei. Hier sammelten Ive-Michael, Jürgen und Andrea ihre Grundkenntnisse und machten ihre Prüfungen zu den „Gürteln". Nach drei Jahren schlossen wir uns dem VfB Friedrichshafen an. Mit der Zeit kam es dann, daß der Vater und die Mutter auch im Judo tätig waren, allerdings nicht sportlich aktiv, sondern administrativ, das heißt: der Vater als Funktionär für die Jugend und die Mutter als Pressewart.

So fahre ich nun seit zehn Jahren mindestens zweimal in der Woche von Kressbronn nach Friedrichshafen, um meine Kinder zum Judotraining in die Bodenseehalle zu bringen. Vor Wettkämpfen muß das Training intensiviert werden, das heißt: Wir fahren nicht nur zweimal, sondern drei- bis viermal. Nimmt man die Wettkämpfe selbst hinzu, kommen über 10 000 Kilometer in einem Jahr zusammen. Daß diese Fahrten sich lohnen, zeigen zahlreiche Pokale, viele,

viele Meistertitel und Medaillen. Solche Erfolge kommen nicht von allein, sondern nur durch hartes Training und viele Entbehrungen: Verzicht auf Freizeit oder auf Persönliches wie Discobesuche oder langes Ausschlafen am Wochenende.

Den Höhepunkt aber erreichte Andrea 1985 mit der Teilnahme an den Deutschen Jugendmeisterschaften in Ladbergen bei Münster/Westfalen. Mit gemischten Gefühlen packte sie den Judoanzug ein und fuhr in Begleitung der Mutter diese lange Strecke. Am Ende aber hieß die Deutsche Meisterin in der Gewichtsklasse bis 44 Kilogramm Andrea Vossen aus Kressbronn. In die große Freude mischte sich auch ein wenig Wehmut mit ein, denn nun ist die 15jährige Andrea nicht mehr eine Judoka unter vielen, sondern eben eine deutsche Meisterin. Da sie auch noch die jüngste war, bekam sie noch einen Sonderpokal vom Deutschen Judobund. Daß dies wieder Auftrieb unter den Geschwistern gab, ist eigentlich selbstverständlich. Wie schrieb einmal eine Zeitung über sie? „Aus Mangel an geeigneten Trainingspartnern ziehen sich die Geschwister noch selbst von Erfolg zu Erfolg."

Judo, was man eigentlich „Dschudo" aussprechen müßte, kommt aus Japan. Das Wort bedeutet „geschmeidiger, sanfter Weg", womit ursprünglich der Weg zur Geistesbildung gemeint war. Basierend auf dem schon im Mittelalter geübten Jiu-Jitsu, wurde Judo Ende des vorigen Jahrhunderts

Anfängerin 1975: Judo, ein Spiel, das Spaß macht.

als modernes Zweikampfsystem entwickelt, wobei es den Begründern auf das moralische Prinzip „Freundschaft zum gegenseitigen Gedeihen" und auf das technische Prinzip" beste Anwendung von Geist und Körper" ankam. So entstand ein Sport, der Schnelligkeit, Reaktion, Verstand und Kondition schult und der auch ein schützen-

der Sport ist, besonders für Mädchen und Frauen.

Einen großen Aufschwung nahm Judo 1964, als es olympische Disziplin wurde, allerdings nur für Männer. Die Frauen müssen noch bis 1988 oder gar 1992 auf die Olympia-Bewährung im Judo warten. Aus seiner Entstehung heraus ist Judo mit Zeremonien verbunden; man verbeugt sich vor dem Gegner, vor Meister und Trainer, vor dem Übungsraum. Diese Verbeugung ist eigentlich eine Verneigung, denn es verneigt sich der „Edle", er beugt sich nicht.

Den Leistungsstand des Judoka gibt ein farbiger Gürtel wider. Der Schüler – jeder Anfänger, unabhängig von Alter und Geschlecht, ist ein Schüler – beginnt mit dem fünften Kyu-Grad, den der gelbe Gürtel anzeigt. Es folgen Orange für den vierten, Grün für den dritten, Blau für den zweiten, schließlich Braun für den ersten Grad, den man frühestens mit 14 Jahren erreichen kann. Danach folgen die Dan- oder Meistergrade. Hier ist ein Mindestalter von 16 Jahren Bedingung; Kampferfahrung und geistige Reife werden vorausgesetzt. Wer die Dan-Prüfung besteht, darf den schwarzen Gürtel tragen und – mit einer zusätzlichen Prüfung – auch selbst Kyu-Prüfungen abnehmen.

Judo ist alles andere als ein einseitiger Sport. Jedes Training beginnt mit einer Aufwärmgymnastik, bei der jeder Muskel von Kopf bis Fuß betätigt wird. Dann werden die verschiedenen Würfe und Bodentechniken geübt, schließlich folgt „Randori", der Übungskampf: Man wirft sich gegenseitig, ohne den Partner zu verletzen. Wer dann noch genügend Kondition hat, kann einen Judoka zu einem weiteren Kampf auffordern.

Von den rund 11 700 Judokas in Baden-Württemberg, die in 140 Vereinen organisiert sind, leben etwa 500 im Bodenseekreis. Bei diesem reinen Amateursport hängt viel von der Aktivität des einzelnen Vereins ab

Beim Training in der Gruppe; Andrea Vossen in Bildmitte

Deutsche Meisterschaften in Ladbergen 1985: Die Handbewegung des Schiedsrichters weist auf die Siegerin.

und natürlich auch davon, ob fähige und engagierte Übungsleiter zur Verfügung stehen. Nur dann werden sich die Erfolge einstellen, die den Verein tragen und die Mitglieder bei der Stange halten. Es muß ja nicht immer Leistungssport sein, man kann Judo auch einfach als Ausgleichssport treiben. Man kann, wie Andrea, mit fünf Jahren anfangen, aber ebenso gut in fortgeschrittenem Alter. In Japan arbeitet derzeit ein 75jähriger Judolehrer.

Für die Deutsche Meisterin Andrea Vossen bleibt es vorerst beim Leistungssport. Sie und mit ihr der VfB Friedrichshafen hoffen zunächst einmal auf die Europameisterschaften 1986.   Christa Vossen

Zu Pfingsten Nabel der Fußballwelt

Salemer Jugendturnier bringt europäische Spitzenmannschaften in den Linzgau

Jedes Jahr zu Pfingsten dreht sich in Salem alles um den Fußball. Im Schloßsee-Stadion rollt ein Turnier für A-Jugendmannschaften ab, das im Bodenseegebiet einzigartig ist. Selbst Fachleute aus dem internationalen Fußballgeschäft geben Salem den Vorzug vor Turnieren in Düsseldorf oder Frankfurt. Salem, weltbekannt geworden durch seine Kultur, hat mit dem Fußballturnier in einem ganz anderen Bereich ein neues Markenzeichen bekommen; eine Veranstaltung, die während der Pfingstfeiertage mehrere tausend Besucher aus dem Bodenseegebiet, vom Hegau und vom Schwarzwald sowie aus Oberschwaben anzieht. Längst haben die Veranstalter, der SV Neufrach und der FC Rot-Weiß Salem, die Kinderschuhe abgestreift. Eine langjährige Turniererfahrung trägt inzwischen große Früchte. Die Veranstaltung hat internationalen Rang. Nachwuchsmannschaften mit Spielern zwischen 16 und 18 Jahren von europäischen Spitzenclubs kämpfen um den von Max Markgraf von Baden gestifteten Wanderpokal. Eine glitzernde Trophäe, die bisher allerdings nur zweimal ins Ausland ging; ansonsten nämlich konnten sich die bundesdeutschen Mannschaften behaupten. Zum 15. Male wird dieses Turnier im Jahre 1986 durchgeführt.

Fußballturniere im Salemer Tal haben bereits seit 1948 Tradition. Aus dem SV Neufrach sind sie hervorgegangen. Doch der Start zum großen Höhenflug beginnt im Jahre 1972, als das Turnier in Neufrach in einem neuen Rahmen aufgezogen wird. An eine internationale Besetzung ist zwar noch nicht zu denken. Weniger klangvolle Namen, aber im Bereich der engeren Heimat doch „große Fußball-Jugendmannschaften" wie etwa aus Offenburg, Konstanz und Singen kämpfen um den Sieg in Neufrach. Die teilnehmenden Mannschaften kommen in den ersten Jahren zunächst ausschließlich aus dem Bereich des südbadischen und württembergischen Fußballverbandes. Man ist sozusagen noch unter sich. Hinter den Kulissen wird aber bereits darüber nachgedacht, Nachwuchsmannschaften von deutschen Bundesligaclubs zu verpflichten. Einer, und das ist Alois Karrer, läßt nicht locker. Der einstige Jugendtrainer beim SV Neufrach beginnt die Verbindungen zu knüpfen. Er mausert sich zum Turniermanager und zu einem hervorragenden Kenner der Nachwuchsmannschaften im Fußball auf dem europäischen Kontinent.

Karrer ist inzwischen in jedem Jahr als Beobachter auf den wichtigsten Jugendturnieren in der Bundesrepublik und in der Schweiz. Für ihn heißt es wörtlich „am Ball" zu bleiben, die Spreu vom Weizen zu trennen und tatsächlich nur Spitzenmannschaften nach Salem zu holen; ein manchmal schwieriges Unterfangen, wenn man bedenkt, daß gerade bei den Jugendmannschaften die Kontinuität aufgrund eines ständigen Wechsels in der Mannschaft immer in Frage steht. Was im einen Jahr gut war, kann im nächsten bereits in die Mittelmäßigkeit zurückgefallen sein.

Spannendes Spiel und Siegerfreude im Salemer Schloßseestadion; auf dem unteren Bild links Turniermanager Alois Karrer und der Vorsitzende des FC Rot-Weiß Salem, Manfred Nolle.

Der Weg zu den Spitzenbesetzungen wird im Jahre 1975 eingeschlagen, als mit der Nachwuchsmannschaft des FC Schalke 04 der erste Bundesligaverein in Neufrach vertreten ist. Danach geht es schon bald nur noch international zu auf dem Sportplatz inmitten der Obstbäume des Linzgaudorfes. Das Turnier erhält auf diesem Platz eine besondere Note, wenn auch das Fassungsvermögen mehr als erschöpft ist und alles aus den Nähten zu platzen droht. Die Zuschauer drängen sich dicht in mehreren Reihen und direkt an den Seitenauslinien des Fußballfeldes. Eine einmalige Atmosphäre, die später, nach dem Umzug im Jahre 1981 in das Schloßsee-Stadion im inzwischen großzügig von der Gemeinde Salem ausgebauten Sportareal in einer ehemaligen Kiesgrube, vermißt wird. Doch an Ausstrahlung verliert das Turnier nichts. Es gewinnt, und ein Aufwärtstrend ist nicht zu verkennen. Der „Umzug" von Neufrach ins Schloßsee-Stadion hat sich also bewährt.

Fortan treten nur noch Top-Mannschaften aus der Bundesrepublik, aus England, Frankreich, Italien, Jugoslawien und anderen europäischen Ländern an. Der FC Rot-Weiß Salem und der SV Neufrach haben sich damit unversehens selbst in eine Rolle gebracht, aus der man einmal nur sehr schwer herauskommen wird, wenn man das überhaupt je will: Das jährliche Fußballspektakel wird geradezu erwartet. Manfred Nolle, Vorsitzender des FC Rot-Weiß Salem, und zusammen mit Alois Karrer ein weiterer führender Kopf im Organisationsstab, sagt es bereits beim zehnten Turnier: „Tradition verpflichtet." Dafür werden auch Risiken in finanzieller Hinsicht in Kauf genommen, denn inzwischen haben es die Amateurveranstalter mit handfesten Profis aus dem Fußballgeschäft zu tun, wenn die Verpflichtungsverhandlungen aufgenommen werden. Diese sind oft sehr zäh, ehe eine Mannschaft unter Dach und Fach ist. „Eigentlich", so sagt Alois Karrer, „bin ich das ganze Jahr über mit dem Turnier beschäftigt." Wer auch nur einen kleinen Einblick in

die Organisation hat, kann dies nur bestätigen. Acht Mannschaften in jedem Jahr wollen eben erst einmal verpflichtet sein. Ertönt der Schlußpfiff des jeweiligen Endspiels, so beginnen bereits die ersten Vorbereitungen für das Turnier im nächsten Jahr.

Nachwuchsmannschaften erfolgreicher Fußballvereine aus Europa kommen gerne nach Salem. Das wird immer wieder bestätigt. Das Spektrum der bisher vertretenen Mannschaften ist vielfältig. Nur einige Namen seien genannt: VfB Stuttgart, Eintracht Frankfurt, Bayern München, FC Nürnberg, FC Kaiserslautern, Borussia Dortmund, SV Waldhof-Mannheim aus der Bundesrepublik, Roter Stern Belgrad, Partizan Belgrad, FC Sarajevo (alle drei Jugoslawien), Chelsea London, Aston Villa, Birmingham City (alle England), U.S. Avellino, FC Bologna (beide Italien), MTK Budapest, Ujpest Dozsa Budapest (beide Ungarn), Stadtauswahl Izmir (Türkei) und die türkische Jugendnationalmannschaft, RV Den Haag (Niederlande), Villeurbanne Lyon (Frankreich).

1983 greifen die Salemer Turnierveranstalter noch weiter in den Ostblock. Als erste polnische Jugendmannschaft reist GKS Kattowitz zum Turnier nach Salem und damit überhaupt erstmals in den Westen. Auch die tschechoslowakische Mannschaft von Spartak Trnava kommt 1983 in den Linzgau. Beide Mannschaften sollten in dem damaligen Klassefeld des Turniers das Züngein an der Waage spielen. Doch etwas enttäuscht verlassen die Polen und Tschechoslowaken wieder Salem. Sie haben die in sie gesetzten Erwartungen nicht erfüllt. Überhaupt – und das zeichnet eigentlich alle Fußballturniere rund um den Erdball aus – werden immer wieder Prognosen über den Haufen geworfen. Das gilt auch für Salem. Vom Reiz der Überraschungen lebt das Turnier.

Der hohe Rang des Salemer Fußballspektakels kommt also nicht von ungefähr. Dem Zufall wird so gut wie nichts überlassen. Salem läßt sich mit Turnieren in großen Städten

In den Anfangsjahren des Turniers erlebten die Zuschauer auf dem Sportplatz in Neufrach das Turnier noch hautnah.

messen. Manche Veranstalter – auch die in Großstädten – wären froh, sie hätten die Zuschauerzahlen von Salem. Turniermanager Alois Karrer legt bei der Besetzung großen Wert auf eine ausgewogene Spielstärke der Mannschaften. „Teams, die sich als Kanonenfutter hergeben, sind bei uns nicht gefragt", sagt er selbstbewußt mit Blick auf die jährliche Turnierzusammensetzung. Da

nimmt Karrer lieber einmal von einem Spitzenteam Abstand, als um jeden Preis für eine Verpflichtung zu kämpfen. Dafür können dann zwischendurch auch mal der FC Konstanz oder der FC Überlingen mit ihrer Fußball-Jugendmannschaft im Konzert der „Großen" der Nachwuchsspieler mitmischen. Oft fällt eine solche Entscheidung auch im Sinne der heimischen Zuschauer, die sie entspre-

Der Stifter des Wanderpokals, Max Markgraf von Baden, gratuliert.

chend honorieren. Überhaupt wird die Turnierbesetzung immer auch unter dem Blickwinkel des Zuschauerinteresses vorgenommen. Angesichts der zahlreichen Ausländer, die auch im Bodenseegebiet und in Oberschwaben leben, ist bei jedem Turnier mindestens eine Mannschaft aus den klassischen Gastarbeiterländern wie Italien, der Türkei oder Jugoslawien dabei. Teilnehmende

Mannschaften aus diesen Ländern lassen unweigerlich die Zuschauerzahlen ansteigen. Schließlich, und da macht man in Salem keinen Hehl daraus, muß auch der finanzielle Blickwinkel im Auge behalten werden.

Doch mit den Finanzen ist das so eine Sache – wie überall, spricht man auch in Salem nicht gerne darüber. Auch Alois Karrer sagt dazu nicht allzuviel. Für ihn ist jedenfalls der internationale Jugendfußball inzwischen weit mehr als ein Hobby – es ist ein nebenberufliches „Geschäft". Aber um Mißverständnissen vorzubeugen: Den „großen Reibach" machen dabei weder Turniermanager Karrer noch die beiden Vereine SV Neufrach und FC Rot-Weiß Salem. Eines ist jedenfalls klar: Die jugendlichen Spitzenmannschaften kosten eine Stange Geld. Die Ausgaben wiederum müssen größtenteils aus den Eintrittsgeldern bestritten werden. Darum liegt es auch nahe, daß sich zwei oder drei Turnierveranstalter in der Bundesrepublik oder in der Schweiz die eine oder andere Mannschaft teilen. So kann beispielsweise die Erstattung der Reisekosten für den einzelnen Turnierort in einem erträglichen Maß gehalten werden, ohne daß nun die Qualität der Turnierbesetzung darunter leiden müßte.

Auch in Salem gilt die Maxime: nicht um jeden Preis. Jüngstes Beispiel dafür ist das Jahr 1985, als es kurzfristige Schwierigkeiten bei der Verpflichtung der türkischen Jugendnationalmannschaft gab. Es wurde schließlich nicht auf die Spitzenmannschaften von Espanol Barcelona oder Ajax Amsterdam zurückgegriffen, die ebenfalls im Gespräch waren. „Beide Mannschaften hätten wir bekommen können", versicherte damals Turniermanager Karrer, „doch beide hätten unsere Bedingungen nicht erfüllen können." Auch finanzielle Forderungen spielen bei der Entscheidung, eine dieser beiden Mannschaften nicht nach Salem zu holen, eine – wenn nicht gar die entscheidende – Rolle. „Sind die Forderungen zu hoch, dann sagen wir schon mal ab", deutet Karrer an, weil auf der einen Seite zwar die Spielstärke stimmen muß, auf der anderen Seite aber auch der Preis; wobei Karrer natürlich uneingeschränkt zugibt, daß es lukrativ wäre, beispielsweise die Jugendmannschaft von Real Madrid in Salem zu haben. Vielleicht ist dies eines Tages auch der Fall. Für Überraschungen ist Alois Karrer allemal gut, auch wenn er in eigener Autorität nicht alles und eben nicht um jeden Preis entscheiden kann.

Die Durchführung des Turniers muß in einer gemeinschaftlichen Arbeit erfolgen. Der Erfolg oder Mißerfolg ist von einem großen ehrenamtlichen Mitarbeiterstab abhängig. Rund 200 Personen sind es in jedem Jahr, die sich zur Verfügung stellen. Neben den Fußballspielen selbst läuft während der vier Turniertage ein Rahmenprogramm mit Festzeltbetrieb ab, der helfen kann, mögliche finanzielle Löcher bei den Eintrittsgeldern zu stopfen.

Das Salemer Turnier mit seinen jeweils acht teilnehmenden Mannschaften entwickelte sich so im Laufe der Jahre zu einem Zentrum im Jugendfußball. Mehrfach ist der hohe Rang dieser Veranstaltung zum Ausdruck gebracht worden: „Fußball als verbindendes Element" – „Beitrag zur Völkerverständigung" – „Fußball als Europa-Gedanke" sind nur drei aus der 15jährigen Turniergeschichte herausgepickte Leitgedanken für die Empfänge der Mannschafts-Delegationen. Jugendliche der verschiedensten Nationen und unterschiedlicher Gesellschaftsformen treffen sich in Salem nicht nur auf dem grünen Rasen zum sportlichen Wettstreit. Kontakte untereinander während der Turniertage sind selbstverständlich. „Ein Beitrag zu einem Leben in Freundschaft und Frieden", interpretiert der Vorsitzende des FC Rot-Weiß Salem, Manfred Nolle, das Engagement der Salemer Organisatoren. Nicht zuletzt steht hinter diesem Engagement auch die Werbung für den Fußballsport – das natürlich auch im Interesse der, von der Klassifizierung her gesehenen, fußballarmen Region Bodensee-Oberschwaben. Wilhelm Leberer

Sportliche Brise aus Südwest

Segler vom Bodensee nicht nur beim Admiral's Cup an der Spitze

Es war im September 1985. Vor Langenargen wurde die deutsche Segel-Meisterschaft der Drachenboot-Klasse ausgetragen. Herrlicher sonniger Altweibersommer. Ideales Wetter zum ... ja, eigentlich zu allem, nur nicht zum Segeln. Still und starr ruhte der See. Die Meteorologen sprachen von einer „windarmen Hochdruck-Wetterlage". Aber „windarm" war doch eine ziemlich satte Übertreibung.

Ich traf Herbert Forschner, den Präsidenten des Yachtclubs Langenargen, am Tag, als die Drachen den Kampf mit der Flaute endgültig verloren hatten, der Wettbewerb nach sechstägiger Dauer und lediglich drei Regatten ohne Meisterehrung beendet wurde. Der ebenso schwergewichtige wie gemütliche Herbert Forschner war verständlicherweise etwas verstimmt: „Die Pokal, die kann i jetzt herschenka, und saga: Da, saufet draus." Aber das Schlimmste, so fügte er hinzu, sei das schlechte Immage, das das Bodensee-Revier jetzt wieder bei den Seglern von der Küste habe.

Nun, allzu schlecht – falls überhaupt – kann dieses Image nicht sein, denn im Jahr 1985 bewiesen die Segler zwischen Konstanz und Lindau einmal mehr, daß sie ihr Handwerk verstehen. Nicht zuletzt auf hoher See. Daß die drei Wettfahrten der Drachen vor Langenargen (natürlich!) einer der ihren gewann, sei nur am Rande vermerkt: Der aus Lindau stammende und jetzt in Rimsting lebende Vincent Hoesch, mit dem

Starboot 1981 Weltmeister, heuer WM-Fünfter und so nebenbei fünfmal Europa-Meister.

Auf dem Meer machte aber im 85er Jahr ein anderer Segelsportler von sich reden. Einer, der sonst eher im Schatten der in der olympischen Flying-Dutchman-Klasse so erfolgreichen Gebrüder Diesch und Batzill aus Friedrichshafen stand: Rudi Magg, 44 Jahre alt, segelnder Konditor aus Kressbronn und Schiffsausrüster in Langenargen. Zusammen mit seinem 21-jährigen Sohn Eberhard und dem Konstanzer Studenten Christian Rau (24) half Rudi Magg auf der Hochsee-Yacht „Rubin" des Hamburgers Hans-Otto Schümann, den Admiral's Cup zu gewinnen. Die Nationen-Weltmeisterschaft der Hochsee-Segler ging damit zum dritten Mal nach 1973 und 1983 nach Deutschland, diesmal errungen von den Schiffen „Outsider" (Eigner: Tilman Hansen/Kiel), „Diva" (Peter Westphal/Lübeck) und eben der „Rubin". Ein Erfolg, der in der Öffentlichkeit zu Recht hoch eingeschätzt wurde und für den Rudi Magg ebenso wie die übrigen siegreichen Crew-Mitglieder mit dem Silbernen Lorbeerblatt, der höchsten sportlichen Ehrung in der Bundesrepublik, ausgezeichnet wurde.

Den Admiral's Cup zu gewinnen, war kein leichtes Unterfangen. Die Briten haben den seit 1957 alle zwei Jahre ausgetragenen Wettbewerb ersonnen, um ihre Vormachtstellung auf See zu beweisen, ohne

Kressbronn freut sich über seine erfolgreichen Hochseesegler: (v.l.) Eberhard Magg, Christian Rau; ganz rechts Rudi Magg

dabei zu Feuerwaffen greifen zu müssen. Die Rennen finden stets vor der südenglischen Küste statt und sind den Inselbewohnern ein nationales Anliegen. 1973 führte Premierminister Edward Heath eines der englischen Schiffe (die dann von Deutschland auf Platz zwei verwiesen wurden).

Auch beim 85er Cup waren die Anstrengungen wiederum sehr groß: Von den 23 englischen Schiffen, die sich für einen der drei Team-Plätze pro Nation bewarben, waren allein 16 extra für diesen Anlaß konstruierte Neubauten. In den USA waren es sogar 39 Renn-Yachten, die in der nationalen Qualifikation an den Start gingen.

Die besten Boote aus 18 Nationen, insgesamt also 54, gingen am 31. Juli 1985 zur ersten von fünf Wettfahrten vor Southampton

an den Start, und die Besten der Besten waren am 14. August „Outsider", „Diva" und „Rubin". Sieger in einem zweijährigen Projekt, das neben großem Kapital-Einsatz vor allem ideenreiche Konstrukteure und exzellente Segler verlangt.

Die notwendigen Millionen beschaffte im Falle der „Rubin" Hans-Otto Schümann. Der 69jährige ist Inhaber der Vaseline-Werke in Hamburg, seit Herbst 1985 Präsident des Deutschen Seglerverbandes (DSV) und seit seiner Kindheit begeisterter Segler. So wie Rudi Magg, der für ihn der ideale Partner war: Ein Bastler und Tüftler in Sachen Mastbau und Ruderanlagen – die deutsche Admiral's Flotte war zu Teilen mit Magg-Produkten ausgerüstet – der dazuhin noch seit 20 Jahren bei Hochsee-Regatten

Die erfolgreichen Friedrichshafener Vettern an der 99. Kieler Woche 1981: Jörg und Eckart Diesch, Rudolf und Albert Batzill (v.l.)

aktiv ist. Und er strahlte eine sichere Ruhe und Gelassenheit aus, wie man sie selten findet.

Wir sitzen in Maggs Büro im Langenargener Yachthafen. Zwei Tage vor der ersten Wettfahrt in England klingelt das Telefon so etwa im Fünf-Minuten-Abstand. Es ist noch so viel zu erledigen, zu organisieren, und da hock' nun ich als Reporter und will dies wissen und das. Ebenso wie die zahlreichen Anrufer. Mal ist's BMW aus München, einer der Sponsoren des deutschen Teams, mal ist's ein „kleiner" Kunde, der sich für sein Wochenend-Boot irgend ein Teil bestellen möchte oder dringend braucht. Rudi Magg nimmt sich Zeit für jeden, ist nie ungeduldig oder hektisch, gibt klare Anweisungen und Antworten. Wenn

möglich, sind sie auf das Wesentliche konzentriert, wenn nötig auch mal weiter ausholend. Als wir uns voneinander verabschieden, formuliert Rudi Magg die Erfolgsaussichten so: „Wegen Hans-Otto-Schümann gelten wir so ein bißchen als das Rentner-Team. Aber wir haben viel Erfahrung, passen gut zusammen und haben eine Chance."

Na, und ob sie eine hatten. Der Vorsprung der Deutschen war am Ende so groß, daß in der abschließenden Wettfahrt, dem berühmt-berüchtigten „Fasnet-Race" über 605 Seemeilen von Cowes zum Fasnet-Felsen in der irischen See und zurück nach Plymouth sogar eines der drei Schiffe aus der deutschen Armada hätte sinken können, ohne den Gesamtsieg noch zu gefährden.

Und beinahe wäre es ja auch tatsächlich so weit gekommen. Rudi Magg stand am Steuer, als die „Rubin" in den noch dunklen Morgenstunden des 14. August dem Hafen von Plymouth entgegenrauschte. Ein Motorboot mit den Kameras des englischen Fernsehens an Bord fuhr mit grell aufgeblendeten Scheinwerfern entgegen, um die siegreichen „Germans" zu filmen. Rudi Magg versuchte auszuweichen... und lief auf Grund. 50 Meter vor der Ziellinie! „I han denkt, der Dampfer sinkt", erzählt er noch heute, wenn er an jenen dramatischen Augenblick denkt. Die „Rubin" kam aber wieder frei und landete mit Verspätung doch noch im Hafen. Zwar nicht sehr wohlbehalten, aber doch einschließlich des Mannes, der bei Rudis unfreiwilligem „Rumpler" über Bord gegangen war.

Erleichterung und Siegesfreude machten sich im anbrechenden Morgengrauen in einer spontanen Jubelfeier Luft. Stoppelbärtige Männer lagen sich, Schampus-Flaschen schwingend, in den Armen, eine Jazz-Band spielte dazu, und daß es in Strömen regnete, störte keinen. Bis auf die Haut durchnäßt waren sowieso alle, die das rund 80-stündige Starkwind-Segeln um den Fasnet-Felsen überstanden hatten.

Zu ihnen gehörten auch die Brüder Jörg und Eckart Diesch aus Friedrichshafen, die die „Pinta" des Leverkuseners Willi Illbruck als einziges der drei für Österreich gestarteten deutschen Schiffe ins Ziel brachten. Die „Container" von Udo Schütz (Selters) und die „i-Punkt" von Thomas Friese (Hamburg) hatten im Sturm der irischen See mit gebrochenem Großbaum bzw. Masten aufgeben müssen. Den Vertretern Austrias – sie waren in der deutschen Qualifikation nicht unter die ersten Drei gekommen und verdingten sich daher für die Alpenrepublik – erging es da wie vielen anderen. Fast die Hälfte der in der Admiral's-Cup-Wertung geführten Boote (nämlich 24 von 54) mußten im letzten Rennen die Segel

streichen. Von den 236 begleitenden Schiffen waren es 144. Otto Schümann, der sein neuntes Fasnet-Race bestritt: „Es war schlimmer als 1979". Damals waren bekanntlich in einem furchtbaren Unwetter mehrere Yachten gekentert und hatten 15 Segler in den Tod gerissen.

Erleichterung durften Diesch/Diesch da schon empfinden. Das Gefühl des Admiral's Cup-Sieges hatten sie schon zwei Jahre zuvor kennengelernt. Als Crew-Mitglieder auf der „Pinta" von Willi Illbruck erlebten sie den 83er Sieg der deutschen Yachten mit (neben der „Pinta" noch die „Outsider" von Tilmar Hansen und die „Sabina" von Herrmann Noack).

Den beiden Medizinern – Jörg Diesch (34) spezialisiert sich als Assistenzarzt in Kiel auf den orthopädischen Bereich, Ekkart Diesch (32) ist Zahnarzt in Friedrichshafen – stand der sportliche Sinn im vergangenen Jahr mehr nach etwas anderem. Im Flying Dutchman, der schnellsten olympischen Zwei-Mann-Jolle, waren sie 1976 in Montreal Goldmedaillengewinner. Doch nie war es ihnen gelungen, auch den Weltmeister-Titel in ihrem „Paradeboot" zu erringen. Einmal Dritter (1975) und viermal Vize-Weltmeister (1977, 1978, 1981, 1983) lautete die Bilanz. Was lag also näher, als ihrem im „Fliegenden Holländer" nicht minder erfolgreichen Vetter Albert Batzill nachzueifern. Dreimal hatte der „Alba" schon den WM-Titel im FD geholt: 1978 und 1981 zusammen mit seinem Bruder Rudolf und 1984 mit dem Münchner Vorschoter Klaus Wende in einem gelungenen Comeback, nachem er sich schon vom Leistungssport zurückgezogen hatte und seit Jahren mit viel Engagement den Rössler-Hof in Schlier bei Ravensburg bewirtschaftet.

Doch nach Abschluß der Regatten auf dem Gardasee landeten die „Flying Diesch" wiederum „nur" auf dem zweiten Rang. Es war die beste Placierung der bundesdeut-

Albert Batzill mit seinen Trophäen für den Weltmeistertitel im Flying Dutchman 1984 (u.a. ein silberner Sombrero); rechts sein Vorschoter Klaus Wende aus München, in der Mitte Batzills Frau

schen Segler in den olympischen Bootsklassen im Jahr 1985, aber wie knapp hatte das Brüderpaar den ganz großen Coup verpaßt! Noch nach fünf von sieben Wettfahrten klar in Führung, dann mit winzigem Vorsprung besiegt von den Dänen Jörgen Schönherr/ Michael Poulsen. DSV-Sportdirektor Hans Sendes urteilte damals: „Jörg und Eckart werden langsam zu tragischen Figuren. Sie sind die ewigen Zweiten bei der WM. Eine wirklich undankbare Sache."

Ob sie es nicht doch noch einmal versuchen? Hans Sendes sagt: „Die haben schon mindestens fünfmal aufhören wollen. Ich bin fast sicher, daß sie bei der nächsten WM wieder dabei sind."

Damit rechnen muß man bestimmt, denn eines ist sicher: Flauten gibt's am Bodensee – wie eingangs erwähnt – mitunter schon. Aber nur, was den Wind angeht. Sportlich gesehen sorgen seine Segler für beständig kräftige Brisen. Wolfgang Jost

331

Mit Rettungsgerät und Gockelkoffer

Die Wasserschutzpolizei hat ein äußerst vielseitiges Arbeitsgebiet

„Auf dem Bodensee gibt es keine ‚Bullen'". Das sagt einer, der es von Berufs wegen wissen muß: Polizeirat Edwin Baur von der Wasserschutzpolizei Baden-Württemberg Abschnitt Bodensee, wie der genaue Titel für die blauuniformierte Schutzeinheit mit ihren schnellen Booten auf dem Schwäbischen Meer heißt. Das von der Führungsebene der Wasserschutzpolizei im Bodenseekreis so positiv vermerkte Image, von dem die Kollegen zu Land nur träumen können, sei aber genauso richtig wie falsch zugleich. Unrichtig nämlich deshalb, weil das Aufgabengebiet der Wasserschutzpolizei meist viel zu schmal gesehen wird; beschränkt auf die traditionellen Bereiche Seenotrettung, Sturmwarnung und die Überwachung der rund 50 000 Sportboote und mehreren tausend Surfsportlern.

Wer allerdings den Bodensee kennt, der weiß, was die „Wapo" jahraus, jahrein auf dem längst nicht immer so friedlich wirkenden blauen Wasser leistet. Ihre Arbeit werde durchaus honoriert, bescheinigen Polizeirat Baur und dessen Stellvertreter, Polizeihauptkommissar Hans Joachim Piper, die Führungsleute der gesamten Wasserschutzpolizeireviere des baden-württembergischen Bodenseebereiches. Segler, Motorbootfahrer und Surfer verstünden die Wapo als Partner auf dem Wasser. Lediglich eine verschwindend kleine Gruppe Seeunkundiger führe zuweilen das Wort von der „Schönwetter-Polizei" im Munde.

Doch das erschüttert die 65 Beamten der drei Wasserschutzpolizeireviere Friedrichshafen, Überlingen und Konstanz, die auf einer Länge von 150 Kilometern am Bodenseeufer und auf dem See ihren Dienst tun, keineswegs. Bei einem so großen Einsatzbereich, der zusätzlich 13 Kilometer Hochrhein und die Exklaven Gailingen und Büsingen umfaßt, versteht es sich von selbst, daß die Arbeit der Wapo nicht nur bei strahlendem Sonnenschein bewältigt werden kann.

Rund die Hälfte der Dienstzeit verbringen die Wasserschutzbeamten hinter dem Schreibtisch. Bei den Führungskräften gehört der Bootsdienst meist nur im Notfall dazu. Doch nicht nur diese meist verkannte Tatsache rückt das Bild über die Arbeit der Wasserschutzpolizei am Bodensee in ein anderes Licht. Die wohl landläufig als Hauptaufgabe vermutete Präsenz der Wasserschutzpolizei auf den Rettungsbooten ist heute nur noch ein Teilbereich des Arbeitskatalogs. Die Bekämpfung mittlerer Kriminalität – in erster Linie von Diebstählen am und um den Bodensee – und vor allem der Umweltschutz rücken zunehmend in den Mittelpunkt.

Der „Gockelkoffer" – ein chemisches Mini-Labor (benannt nach dessen Erfinder) ist heute Standardausrüstung der Wasserschutzpolizeien. Weit mehr als 120 Wasserproben wurden allein 1985 von den Wapo-Beamten selbst untersucht und je nach Be-

Überaus wichtig auf dem Gebiet der Seerettung wie auch der Bodensee-Überwachung ist heute die Zusammenarbeit mit dem in Stuttgart stationierten Hubschrauber der Landespolizei.

fund in das staatliche Untersuchungsamt Sigmaringen oder in die Chemische Landes-untersuchungsanstalt in Offenburg weiter-geleitet. 1985 wurden allein bis zum Oktober 25 Gewässerverunreinigungen durch Eintrag von Schiffen oder vom Land aus von der Wapo festgestellt und bearbeitet. Unterstützt wird ihre für die Erhaltung des Trinkwasserspeichers Bodensee so wichtige Arbeit neuerdings durch den zweimal im Monat stattfindenden Einsatz des Polizei-hubschraubers aus Stuttgart, von dem aus ein Beobachter der Wapo verstärkt sein Augenmerk auf Einleitungen in den See lenkt. Viele Verunreinigungen sind nur aus der Vogelperspektive schnell erkennbar. Und auf schnelle Abhilfe kommt es den Wasser schützenden Beamten heute an.

Bei 505 Gewässerschutzstreifen von Januar bis November 1985 registrierten die Wapobeamten in ihrem Teil des Bodensees 469 Verstöße. Ein anderes Beispiel veranschaulicht die Bedeutung des Umweltschutzes für die Wasserschutzpolizei: Der Transport gefährlicher Güter über den See wird genau unter die Lupe genommen. So fiel der Wapo ein mit 30 Tonnen esterhaltiger Lösung beladener Lkw auf, der die Fähre-verbindung von Friedrichshafen nach Romanshorn benutzen wollte. Nicht nur, daß der Stoff in der Liste der gefährlichen und damit für den Seetransport verbotenen Stoffe geführt wird, in der Schweiz gilt für seinen Transport gar ein Ladelimit von 3000 Litern pro Tank.

Und nicht nur über Wasser halten die Wasserschutzpolizisten ihre Augen zum Schutze des Sees und seiner Nutznießer offen. 18 Beamte der Wapo sind freiwillig ausgebildete Taucher, die auf Anforderung

Routinekontrollen der erforderlichen Boots- und Bootsführerpapiere gehören zum Alltagsgeschäft der Wapo-Männer. Probleme mit den „Freizeitkapitänen" gibt es dabei so gut wie nie.

der Landespolizei im Bodensee oder in Binnengewässern zum Einsatz kommen. Die Bergung von Kriegsmunition, Diebesgut oder vermißten Personen, zum Teil unter lebensgefährlichen Bedingungen, gehört zum Alltagsgeschäft. Allein 1985 wurden Wapo-Taucher über hundertmal für die verschiedensten Aufgaben angefordert. Als flexible Organisation, die sich an die jeweiligen Bedürfnisse und Veränderungen gesellschaftlicher Art anpaßt, betrachtet sich die Wasserschutzpolizei auch im Bereich der Bekämpfung der Diebstahlskriminalität. Eine eigens dafür eingesetzte Ermittlungsgruppe mit zentraler Datenauswertung konnte die bis 1982 noch sehr geringe Aufklärungsquote der registrierten Diebstähle in den Häfen, auf Schiffen usw. von nur 5,1 Prozent auf jetzt 34 Prozent steigern. Damit habe sich auch dieses Sorgenkind der Wapo-Arbeit „gemausert". Die verstärkte Präsenz der Wasserschutzpolizei in den Häfen konnte sogar die Diebstähle um die Hälfte reduzieren. Die leitenden Wasserschutzbeamten in Friedrichshafen, denen die drei Reviere, sechs Dienststellen und eine Station unterstellt sind, sehen allein schon darin einen Grund, auf ihre Arbeit stolz zu sein, die eben weit mehr umfaßt als Patrouillenfahrten auf dem Schwäbischen Meer.

Gerade die abwechslungsreiche Tätigkeit eines Wasserschutzbeamten macht den Beruf begehrt; begehrt auch für die freiwilligen Helfer. Derzeit sind am Bodensee 24 „Freizeit"-Wasserschutzpolizisten eingesetzt und stehen den 65 Beamten während der Sommermonate jeweils als „Dritter Mann an Bord" zur Seite. Sie leisten immerhin insgesamt rund 3000 Stunden Hilfs-

Drei Wapo-Schiffe waren im Einsatz, als im Sommer vor Manzell der Dornier-Prototyp Seastar nach einer Not-Wasserung geborgen werden mußte.

dienst an den Wochenenden und Feiertagen in der Saison. Das Motiv dieser Männer für den keineswegs immer leichten Einsatz auf dem Bodensee liegt wohl in der Verbindung von Hobby – sprich ihrer Wassersportbegeisterung – und der Einsicht in die notwendige Hilfe für die steigende Zahl von Wassersportlern auf dem Bodensee. Die Freiwilligen kommen aus allen Berufssparten, sind meist Praktiker, Segler, Techniker, Hand-

werker, aber auch der Fischerei zugetane Männer. Einige sitzen seit zwanzig Jahren mit der Wapo in einem Boot. Auch bei den Freiwilligen kennt die Wasserschutzpolizei am Bodensee keinerlei Nachwuchsprobleme. Ihr Einsatz wird bei Profis wie Laien hoch geschätzt. Auf dem Bodensee gibt es eben keine „Bullen".

Angelika Lacher-Föhr

Die letzte Fahrt der „Stadt Überlingen"

Abschied vom Zeitalter der Raddampfer auf dem Bodensee

Die „Stadt Überlingen", erbaut 1928/29 von Christoph Ruthof, Schiffswerft und Maschinenfabrik Mainz-Kastell, war das schnellste und leistungsfähigste Personen-Dampfschiff, das je den Bodensee befuhr. Sein Fassungsvermögen von 1000 Personen wurde nur von der 1910 in Dienst gestellten österreichischen „Stadt Bregenz" erreicht. In den Jahren 1952 und 1954 errang die „Stadt Überlingen" mit einer Spitzengeschwindigkeit von über 30 km/h zweimal das „Blaue Band" als schnellstes deutsches Fahrgastschiff. Schnellstes Schiff der Gesamtflotte bleibt nach wie vor die 1939 erbaute „Austria", der die „Stadt Überlingen" 1951 knapp unterlag. Wirtschaftliche Überlegungen, vor allem zu hohe Personalkosten, führten auch zur Ausmusterung des erst 34 Jahre alten Dampfschiffes „Stadt Überlingen" anno 1963. Daß im Jahre 1929 noch einmal ein Dampfschiff gebaut wurde, ging auf eine Überlegung der Deutschen Reichsbahn-Gesellschaft zurück, Vergleiche zwischen der vermeintlich veralteten Dampfmaschine und dem auf Großfahrgastschiffen noch nicht genügend erprobten Dieselmotor anzustellen. Denn einen Monat vor der „Stadt Überlingen" war in Lindau das bis zum heutigen Tage größte Motorschiff „Allgäu" vom Stapel gelaufen. Die endgültige Entscheidung zugunsten des Dieselantriebes fiel dann 1931 mit der Einführung des Voith-Schneider-Antriebes, der selbst den größten Schiffen eine kaum für möglich gehaltene Manövrierfähigkeit verlieh.

Ein wolkenloser, strahlend blauer Spätsommerhimmel wölbt sich an diesem 15. September 1963 über dem Bodensee. Bis auf die plastischer heraustretenden Konturen der umliegenden Ufer, erinnern erst wenige Anzeichen an den unmittelbar vor der Türe stehenden Herbst. Ausflügler und Touristen strömen immer noch scharenweise auf die im Konstanzer Hafen wartenden Kurs- und Sonderschiffe. Bis zum Saisonende sind es noch gute fünf Wochen. Erst dann werden die schmucken Einheiten der Bodenseeflotte in ihren Winterquartieren einem neuen Feriensommer entgegenträumen.

Für ein Schiff wird es allerdings keinen neuen Frühling mehr geben. Weder eine Rauchfahne, noch das altvertraute Rauschen der Schaufelräder werden die Erinnerung an eine fast 140-jährige Epoche bei der deutschen Bodenseeschiffahrt aufrechterhalten. Zum letzten Mal wird das Dampfschiff „Stadt Überlingen" heute in altgewohnter Weise seinen Heimathafen verlassen. Über das Schicksal dieses prächtigen Schiffes sind die Würfel schon vor Monaten gefallen. Ein neues Motorschiff, das den größten und schnellsten Schaufelraddampfer ersetzen soll, ist bereits auf Kiel gelegt. Modernisierung und Rationalisierung haben in beinahe überstürzendem Tempo die letzten deutschen Dampfschiffe vom See verdrängt. Nun ist auch die „Stadt Überlingen" an der Reihe, trotz eines noch fast ju-

gendlichen Dienstalters von 34 Betriebs-
jahren.

Eindrucksvoll heben sich die mächtigen
Aufbauten des Dampfers über die Kai-
mauer des Landungsplatzes „7". Die langen
Decks sind übervoll von den unzähligen
Passagieren, die sich zur Abschiedsfahrt
eingefunden haben: Einheimische wie langjährige Stammurlauber, denen die „Stadt
Überlingen" während einer Reihe unbe-
schwerter Ferienaufenthalte fest ans Herz
gewachsen ist. Beim alltäglichen „rein
Schiff" ist die Besatzung noch einmal mit
besonderer Sorgfalt ans Werk gegangen.
Liebevoll wurden sämtliche Decks aufge-
waschen, alle Fenster gesäubert und das
Schanzkleid des vorderen Aufbaus mit Girlanden bekränzt. Die bunten Wimpel der
Flaggengala wehen in einer leichten Brise.

Kapitän Schöllers schwielige Rechte hält
fest den Hebel des Maschinentelegraphen
umklammert. Mit unbeweglicher Miene
sieht er hinüber zur „Austria", die soeben
mit mahlenden Propellern zum Wendema-
növer ansetzt. Zum letzten Mal treffen die
beiden über lange Jahre hinweg schnellsten
Fahrgastschiffe aufeinander. Die grüßende
Hand des österreichischen Kapitäns ist eine
letzte, stolze Geste an den deutschen Spit-
zenreiter aus den Tagen der Wettfahrten
um das „Blaue Band"! Dreimal ging diese
Trophäe an die „Austria", zweimal an die
„Stadt Überlingen". Aber diese Zeit liegt
nun schon lange, sehr lange zurück.

Damals, vor mehr als 20 Jahren, hat auch
Walter Schöller sein Kommando als frisch-
gebackener Kapitän auf der „Stadt Überlingen" angetreten. Die Planken seines Schiffes bedeuten ihm mehr als nur tote Materie.
Jeder Seemann, sei es nun draußen auf den
Weltmeeren oder im Binnenland, empfin-
det im Laufe der Zeit sein Schiff als zweite
Heimat und guten Kameraden. Für beide
geht heute die Laufbahn zu Ende, denn
auch der Kapitän wird mit seinem Schiff in
den Ruhestand treten.

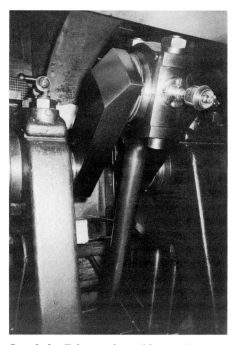

*So sah der Fahrgast das stählerne „Herz" ei-
nes Raddampfers. Es handelt sich um die
Niederdruckkurbel der 1913 erbauten „Hohentwiel", mit 950 PS zweitstärkstes Dampfschiff auf dem Bodensee.*

Bis zur Abfahrt sind es nur noch wenige
Minuten. Noch ruhen die Zeiger des Maschinentelegraphen auf „Achtung". Der
Bugmatrose läutet die Schiffsglocke. Die
letzten Fahrgäste drängen sich über die Ein-
stiegtreppe, die Augenblicke später von
kräftigen Matrosenfäusten an Land geschoben wird. Dann werden die Drahtseile von
Pfählen und Pollern gelöst und klatschen,
mit den Enden aufspritzend, in das trübe
Hafenwasser. Auf ein schrilles Klingelzeichen folgt das Kommando „langsam rück-
wärts". Mit eingespielter Routine nimmt
Obermaschinist Koch drei Stockwerke tiefer seine Befehle von der Brücke entgegen.
Zischend jagt der überhitzte Dampf in den

Hochdruckzylinder. Das tausendpferdige Stahlungetüm reckt seine blanken Glieder. Gleißender Stahl spiegelt im rötlichen Widerschein der Kesselfeuer. Mit vorerst noch kleiner Drehzahl beginnen Treibstangen nen Bürgermeister Gern und der am ganzen See als Original bekannte Hafenmeister Karl Heger, der zu Ehren der „Stadt Überlingen" in Frack und Zylinder erschienen ist. Mit dem Meersburger Publikum steigt

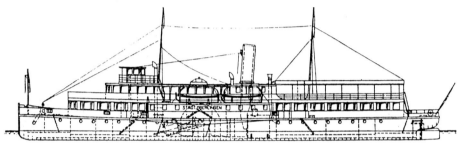

und Kurbeln zu arbeiten. Weiße Gischt aufwühlend, greifen die Schaufelräder in das Wasser. Unter langsamer Fahrt schiebt sich der Dampfer mit dem Heck voraus aus dem Hafen.

Beim Frauenpfahl wird das Schiff von seiner Rückwärtsfahrt gestoppt, dann heißt es „Volle Kraft voraus". Von den Rondellen des Konstanzer Stadtgartens und vom Leuchtturm verfolgen mehrere hundert Augenpaare dieses kraftvolle und dynamische Manöver der „Stadt Überlingen". Die beiden Heizer spucken in die Hände. Schaufel um Schaufel schwarzglänzender Kohle verschwindet in den Feuerlöchern. Zitternd schnellt der Umdrehungszeiger in die Höhe. Rabenschwarzer Qualm wälzt sich aus dem massigen Schornstein und wirbelt als lange, dunkle Schleppe über den breiten Kielwasserstreifen. Auf der Fahrt nach Meersburg kreuzt die „München" den Kurs der „Stadt Überlingen". Dreimal hebt und senkt sich am Heck des derzeit modernsten Bodenseeschiffes die Bundesflagge. Ein dumpfer Sirenenton schwillt herüber, den der Dampfer mit einem röhrenden Signal aus der Mehrklangpfeife beantwortet.

In Meersburg hat sich neben den zahlreichen Schaulustigen auch eine beachtliche Schar weiterer Gäste eingefunden, unter ihnen auch eine Drei-Mann-Kapelle zu, deren beschwingte Melodien im weiteren Fahrtverlauf das machtvolle Stampfen der Maschine begleiten. Als die „Stadt Überlingen" ablegt, läßt auch das Lindauer Motorschiff „Deutschland" sein Typhoon aufheulen. Jahre später wird das imposante Flaggschiff der bayerischen Flotte die baden-württembergische Bugflagge führen und als vierte Trägerin den Namen „Überlingen" erhalten. Aber dies steht in jenen Septembertagen des Jahres 1963 noch in den Sternen.

An der Schiffskasse im Einstiegdeck sind längst alle Ansichtskarten mit dem Bild der „Stadt Überlingen" ausverkauft. Wer trotzdem nicht auf einen Kartengruß mit Sonderstempel verzichten will, muß sich mit einem Motiv der Bodenseelandschaft begnügen. Von der Insel Mainau herüber kommt die „Allgäu" entgegen. Das größte Bodensee-Motorschiff war einst wenige Wochen vor der „Stadt Überlingen" in Dienst gestellt worden. Damit war bereits im Jahre 1929 eine Vorentscheidung gegen die altbewährte Dampfkraft und für das rationellere Wirkungsprinzip des Dieselantriebes gefallen. Das Ende des Dampfzeitalters war langfristig nicht aufzuhalten. Grüße von Brücke zu Brücke, dann rauschen die beiden gleichaltrigen Schiffe aneinander vorbei.

Die bewaldeten Höhenzüge des Bodanrücks und des Linzgaus erheben sich, sanft gewellt, zu beiden Seiten des malerischen Ufersaumes. Aus den Parkanlagen der Insel Mainau leuchtet der hellrote Giebel des Barockschlosses, und gegenüber grüßt die Klosterkirche Birnau zu dem majestätisch dahinziehenden Dampfer herüber. Vorbei an dem alten Pfarrort Dingelsdorf und dem Fischerdörfchen Wallhausen, steuert das Schiff in weitausholendem Bogen Überlingen entgegen. Hoch ragt der schlanke Turm des St. Nikolausmünsters über die Dächer der ehemals freien Reichsstadt.

Schon von weitem ist die unübersehbare Menschenmenge zu erkennen, die sich am Landungsplatz zum letzten Empfang des Patenschiffes eingefunden hat. In vorderster Front hat die Stadtmusik Aufstellung genommen und intoniert zur Begrüßung den Marsch „Alte Kameraden". Für die Gäste aus Konstanz und Meersburg ist in Überlingen ein zweistündiger Landaufenthalt vorgesehen, denn nun hat hier die Bevölkerung das Vorrecht zu einer letzten Abschieds-

rundfahrt. Schwer krängt die „Stadt Überlingen" unter der einseitigen Last von weit mehr als tausend zum Ausstieg drängenden Passagieren nach Steuerbord. Die Menschenschlange, die sich an Land windet, scheint nicht mehr abzureißen. Kaum geringer ist die Zahl der Überlinger, die geraume Zeit später zusteigen. Dabei wird immer wieder zur Eile aufgefordert, denn draußen auf dem See wartet schon das Kursschiff „Kempten" auf seine Abfertigung. Endlich löst sich die „Stadt Überlingen" vom Landungssteg. Schwarz qualmend und mit rauschendem Schaufelschlag wühlt sich das Schiff in den westlichen Seeteil. Bald darauf bleibt in Höhe des Goldbacher Horns nur noch eine sich langsam auflösende Rauchfahne sichtbar. Den Landungsplatz hat inzwischen die „Kempten" eingenommen. Der schnaubende und kraftvolle Atem des Dampfschiffes ist dem brummenden Geräusch der Dieselmotoren gewichen.

Zwei Stunden später hat die endgültige Abschiedsstunde für die „Stadt Überlingen" geschlagen. Vollbesetzt wartet der

Dampfer auf seine letzte Rückfahrt von Überlingen über Meersburg nach Konstanz, jene Strecke, die er in seiner verhältnismäßig kurzen, aber doch so glanzvollen Laufbahn unzählige Male zurückgelegt hat. Das Gedränge am Hafen ist noch größer geworden. In aufrechter Haltung lauscht Kapitän Schöller den bewegten Abschiedsworten von Bürgermeister Schelle: „Es war ebenfalls ein herrlicher Spätsommertag, damals im Jahre 1929, als dieses stolze und unvergleichliche Schiff von zarter Frauenhand auf den Namen unserer geliebten Heimatstadt eingeweiht wurde. Dem Wunsche, zu Ehren Überlingens und seiner Bürger den See zu durchpflügen, ist dieser Dampfer in guten wie in schweren Zeiten stets nachgekommen. Wir verabschieden uns von ihm mit einem Gefühl der Wehmut, aber auch mit einem Gefühl des Stolzes. Das Blaue Band, das er zweimal erkämpfte, und sein Nimbus als schnellster Raddampfer waren für uns Überlinger ein Grund mehr, stolz auf dieses Schiff zu sein. Doch nun verschwindet mit unserer „Stadt Überlingen" nicht nur ein Schiff, sondern ein Zeitalter, das besonders bei uns alten Seehasen stets in lebendiger Erinnerung bleiben wird".

Ohrenbetäubendes Gröhlen erfüllt die Luft. Die Mehrklanganlage brüllt den Abschiedsgruß über den Hafen, mehrfach hallt das Echo von den ehrwürdigen Mauern der alten Stadt zurück. Zwei krachende Donnerschläge rollen über den abendlichen See. Die am Mantelhafen aufgestellten Böllerkanonen schießen den letzten Salut. Vom Turm des St. Nikolausmünsters schwingt der dumpfe Baß der großen Osanna. Die Stadtmusik intoniert das Lied „Muß i' denn, muß i' denn zum Städtele hinaus...". Und während die Sonne langsam auf die dunklen Wälder des Bodanrücks herabsinkt, um mit ihren letzten Strahlen den See in einen goldenen Lichtschimmer zu tauchen, beginnen sich die Schaufelräder der „Stadt Überlingen" ein letztes Mal zu drehen.

Karl F. Fritz

Mit Zügle, Zug und einem Dampfer

Bubenreise in die Ferien anno dazumal

Das Zügle ist ein langer dunkelroter Kasten mit zwei Stromabnehmer-Bügeln. Auf Schmalspurgeleisen verkehrt es zwischen Ravensburg, Weingarten und Baienfurt im Oberland. Das Depot ist in Weingarten. In unserer Straße (Garten-, Hermann-Göring- und wieder Gartenstraße) wollen zwei Drittel der Buben später Straßenbahnschaffner werden. („Noch jemand ohne Fahrschein?"). Ein Drittel hat Berufsträume wie Lokomotivführer, Cowboy, Ritter, aber durchaus auch Züglesfahrer. Der steht an seiner Kurbel und bedient mit dem Fußballen die Klingel. In unseren Spielen muß er die mit Mund und Stimme nachahmen, das langsam vibrierende Quengeln der Elektromotoren, das Heulen und Quietschen des Fahrwerks in den Kurven.

Ein paar Koffer, eine Tante, die Großmutter, der Großvater. Wir treten eine Reise an. An der Post steigen wir ein. Die Koffer bleiben auf der Plattform. Der Mann in Blau und Schwarz mit Schildmütze und umgehängter Geldschacht-Kasse kriegt seine Pfennige, während das Zügle die Abt-Hyller-Straße hinabzuckelt. Nach dem Krankenhaus zu den vierzehn Nothelfern hört Weingarten auf, kommt nichts, fängt Ravensburg an: Station Kraftwerk, die lange Straße zum Frauentor, Station „Frauadôôr" mit der Betonung auf der letzten Silbe.

Im Ravensburger Bahnhof lösen wir Billets zum Hafenbahnhof Friedrichshafen. Der Dampfzug fährt ein, der „Großzug", kommt aus Aulendorf oder gar von Ulm. Die dritte, die Holzklasse, ist gut für uns und die Koffer. Der Mann mit der roten Mütze hält das grüne Täfele hoch. „Wuff wuff!" macht die Lokomotive. Und wir setzen uns in Bewegung. Ja, ich darf das Fenster aufmachen, aber nicht nach vorne gukken wegen der Augen. Ich kriege es auch so mit: den Geruch einer Epoche, Rauch und Dampf, die Rußflocken in der Luft. Sie wirbeln ins Abteil, und trotz der Hitze muß ich das Fenster zumachen. Weißenau („Sag amôl Weißenau!" – „Weißenau!" – „Dräggsau wäsch de au!"), wo die Irren wohnen. Oberzell, da gibt's Obst, und dann kommen die Hopfenanlagen. Ein Name zum jedesmal wieder Lachen: Meckenbeuren. Hier steht auch ein dunkelrotes Zügle. Das fährt nach Tettnang. Schließlich Kehlen und Löwental. Da haben die Franzosen einen Militärflugplatz. Viele Ruinen in Friedrichshafen, aber die weißen Schiffe im Hafen.

Wir fahren mit einem Raddampfer. Die Berge drüben sieht man nicht. „Weil Sommer ist", sagt der Großvater. „Dafür sieht man das Schweizer Ufer. Das da drüben ist Romanshorn, daneben Arbon und Rorschach". Mich interessiert aber bloß der Dampfer mit seinen Schaufelrädern. Dem Rauch aus dem hohen weißen Schornstein sehe ich nach, den Weißbemützten zu, die das große Schiff mit dicken Tauen festmachen und den Steg für die Passagiere heranschieben. Die Fahrgäste, die an Land gehen, sind in Konstanz eingestiegen, in Überlingen, Meersburg, Hagnau oder Immenstaad, wo die Polizisten andere Uniformen anhaben – es sind badische. Und in Lindau haben sie wieder andere Uniformen. Das weiß ich, weil der Onkel Arnold bei der bayerischen Landpolizei ist. Bei uns haben nur die Polizisten, die Postler, die Eisenbahner, die vom Zügle und die Bodenseeleute Uniformen. Wir haben keine Soldaten, weil die Franzosen den Krieg gewonnen haben. Aber wir spielen oft Soldat. Die Guten sind immer die Deutschen. Die Uniformen in Bregenz und in der Schweiz, die kenne ich nicht, bin noch nie drüben gewesen, bloß mal in Überlingen und auf der Insel Mainau. Sonst immer in Enzisweiler bei der Tante Fanny und beim Onkel August. Die haben Geißen und eine Rahmzentrifuge zum Kurbeln, bis es Butter gibt, aber die Milch schmeckt komisch.

Zuerst fahren wir mit dem Dampfer. Wir sind über den Steg marschiert, und der Opa hat die Oma festgehalten. Aber es ist gar nicht gefährlich. Weil der Großvater ein Bier trinken will, gehen die Großen ins Restaurant, und ich darf mir die Maschine anschauen. Ich weiß schon, wo man das kann: auf einer Plattform extra für die Reisenden. Die Maschine hat riesige Pleuelarme aus Messing oder Kupfer, auf jedem ein großes rotes Ventil. Sie sehen aus wie Kasperlesköpfe. Für uns gibt es eiserne Geländer, und man steht auf einem Boden aus Eisen. Jetzt schnauft die Maschine nur, aber wenn der Dampfer losfährt, dann schwenken die Pleuel auf und ab, und sie faucht und dröhnt. Ich erkläre einem Buben in meinem Alter alles, denn er ist zum erstenmal am Bodensee. Er kommt aus München und spricht wie meine Großmutter und meine Großtanten, die ihre Schwestern sind.

Die Schiffsmaschine gerät in Bewegung. Nun fahren wir, und der stählerne Boden zittert. Das Schiffshorn tutet. Ich sage zu dem Münchner, er solle mit aufs Deck kommen und gucken, wie wir aus dem Hafen herauskommen. Vom Schiffsheck aus sieht man, wie die Schaufelräder an den Seiten sich drehen und das Wasser aufwühlen. Dann gehen wir auf die linke Seite, weil man dort das Ufer sieht. Ich bin die Strecke auch schon mit der Eisenbahn gefahren, deshalb weiß ich jedesmal, was als nächstes kommt: Langenargen nach Eriskirch. Da steht im Wasser das Schloß Montfort, und da fließt die Argen in den See. Bei der Mündung sieht man die Baggerlöcher, da sind wir mit dem Ruderboot schon gewesen. Die Argen heißt so, weil sie arg schnell fließt und oft Hochwasser macht. Die Schussen hat ihren Namen davon, daß sie so dahinschießt, hat der Herr Rektor Maier gesagt. Das Heimatlied von Weingarten fängt so an: „Dort wo die Schussen eilt zum Schwäb-'schen Meere und wo die Firmen glänzen von den Alpen her…" Ich habe meinen Großvater gefragt, was das für Firmen sind, die von den Alpen glänzen, vielleicht solche, wie die Maschinenfabrik Weingarten oder Escher Wyss in Ravensburg. Da hat er gesagt es heiße Firnen, und das sei Gletscherschnee.

Nach Langenargen legt der Dampfer in Kreßbronn an und dann in Nonnenhorn. Er macht eine Kurve nach Wasserburg. Das ist unsere vorletzte Station. Ich bin zu den anderen ins Restaurant gegangen, und der Großvater trinkt gerade sein Bier leer. Die Großmutter und die Tante haben Kaffee getrunken und sagen dem Großvater, drei hätten auch gereicht. Sie mögen es nicht, wenn er Bier trinkt, aber er wird immer ganz lustig dabei. Auf der Landungsbrücke in Bad Schachen sehe ich schon von weitem Tante Fanny und die Tante Else, ihre Tochter. Sie winken dem Schiff zu, denn uns können sie in dem Gedränge ja nicht sehen. Der Bub aus München gibt mir die Hand und sagt, er fahre mit seinen Eltern bis Lindau.

In Bad Schachen steigen nicht viele Leute

aus. Diesmal schwankt der Steg stärker als in Friedrichshafen. Die Tante und die Großmutter halten den Großvater fest. Das wäre aber auch nicht nötig gewesen. Die Tanten haben sich natürlich viel zu erzählen. Die jüngeren, das sind Kusinen, und die ältere und meine Großmutter, das sind Schwestern. Der Onkel August, der Mann der Tante Fanny, arbeitet noch bei der Eisenbahn, kommt aber gleich. Und der Onkel Arnold, der mit der Tante Else verheiratet ist, schläft, weil er Spätschicht bei der Polizei hat. Ich sehe das Lindenhofstrandbad drüben und freue mich darauf. Dann müssen wir noch eine Viertelstunde laufen, bis wir in Enzisweiler sind. Das Haus steht an der Bahnstrecke. Ganz unten wohnen die drei Geißen. Denen mache ich gleich meinen ersten Besuch. Vorher pflücke ich noch einen Löwenzahn. Unten wohnen die Tante Else und der Onkel Max, da gehe ich leise vorbei. Und im ersten Stock sitzen sie schon beim Kaffee. Der Onkel August und mein Großvater haben noch kleine Gläser auf dem Tisch stehen und eine Steingutflasche. Der Onkel August nimmt mich auf den Arm und sagt wie schon oft, ich sei „a Handvoll Ärschle". Ich frage nach dem alten Fernrohr, mit dem ich immer spielen darf. Der Onkel holt es mir aus der Schublade. Es ist in einem ledernen Futteral, und man kann es auszuziehen, bis man scharf sieht. Zuerst habe ich die Inselstadt Lindau im Visier. Der See ist ganz dunkelblau. Man sieht weiße und farbige Segel darauf, und von Bregenz kommt ein weißer Dampfer, der so aussieht wie unserer. Ich schwenke hinauf zum Pfänderberg und beobachte, wie die Pfänderbahn hoch- und runterfährt. Morgen gehe ich ins Strandbad zum Schwimmen, vorher vielleicht zwei Häuser weiter. Da wohnt der Siegfried, der ein Jahr älter ist. Seine Eltern haben ein Ruderboot. Vielleicht dürfen wir damit fahren. Oder wir laufen nach Lindau hinein und gucken, was es für Spielsachen in den Schaufenstern gibt. Das werden pfundige Ferien. Das weiß ich jetzt schon.   Michael Spohn

1942 in Weingarten geboren, verbrachte Michael Spohn dort einen Teil seiner Kindheit (wovon auch diese Geschichte erzählt), kam dann nach Reutlingen, begann seinen journalistischen Berufsweg beim Schwarzwälder Boten, wurde nach unsteten Jahren Redakteur in Kornwestheim, studierte politische Wissenschaften in München, arbeitete als Journalist in Reutlingen, Stuttgart und schließlich die letzten fünf Jahre in Konstanz. Er schrieb zumeist Hintergründiges und Heiteres, Prosa und Gedichte, in Hochsprache und Mundart. 1982 erhielt er den Thaddäus-Troll-Preis. Wie Troll, blieb auch ihm das Lachen, das er so vielfach ausgelöst hatte, eines Tages in der Kehle stecken. Er ging 1985 freiwillig aus dem Leben.

Der vorstehende Text ist erschienen in „Bodensee 83, Gegensätze in Wort und Bild", einem Kalender im Verlag Stadler, Konstanz.

Der Roulett-Handwerker

So ähnlich wie Johann Oskar Maria C. könnte er schon ausgesehen haben, der Spieler in Dostojewskijs berühmtem Roman: abgezehrt, im etwas zu weiten, verschossenen Anzug, graubärtig, die tief liegenden Augen in ständiger Bewegung, als folgten sie dem Lauf der Roulettkugel. Das tun diese Augen tatsächlich seit 30 Jahren fast jeden Tag, sofern sie nicht durch diverse Gefängnisaufenthalte daran gehindert werden. Dennoch liegen Welten zwischen der russischen Romanfigur und dem 56jährigen Johann Oskar Maria C. Denn während jener, wie auch sein geistiger Vater Dostojewskij, in verzehrender Leidenschaft um alles oder nichts spielte, rackert sich der gelernte Maschinenbautechniker C. mit selbsterdachtem System am Roulett-Tisch um ein bescheidenes Kleinbürger-Auskommen ab. Doch auf Dauer geht die Wahrscheinlichkeitsrechnung eben nicht auf, und darum heißt es für den Roulett-Handwerker immer wieder einmal vor Gericht: Nichts geht mehr.

Ein von Spielleidenschaft Zerrissener ist der Österreicher Johann Oskar Maria C. wahrlich noch nie gewesen, auch wenn er schon seit drei Jahrzehnten seinem Hobby frönt. Allerdings stets mit dem kleinsten Einsatz und unverbrüchlichem Vertrauen in sein risikofeindliches System. Hat er sich auf diese Weise in mühevoller Kleinarbeit 50 oder 100 Mark erarbeitet, dann reicht das für die Hotelrechnung, eine Brotzeit, viel-leicht noch zwei Schoppen Wein und den Einsatz für den nächsten Tag. Der große Wurf ist auf diese Weise freilich nicht zu machen, und weil auch das risikoärmste System das Verlieren nicht ausschließt, gerät der biedere Roulett-Routinier immer wieder einmal in finanzielle Nöte. Dann verlegt sich der Spieler, wie seine ellenlange Vorstrafenliste dokumentiert, auf ein anderes Spiel: Scheckbetrug. Das bringt zwar fürs erste etwas, hat aber, da kriminell, stets eine Spielpause im Gefängnis zur Folge.

Als C., nachdem er wieder einmal auf diese Weise eine Schilling-Bank ausgetrickst hatte, in seinem Heimatland der Boden unter den Füßen zu heiß wurde, setzte er sich in die Bundesrepublik ab. Am Bodensee, weil es da in Lindau und Konstanz Betriebe seiner Branche gibt, gefiel es ihm am besten. Um nicht unnötig aufzufallen und um ein Spielbank-Verbot zu vermeiden, wies er bei der Anmeldung im Hotel, beim Lösen der Wochenkarten in den Kasinos und konsequenterweise auch bei der Festnahme durch die Polizei seinen gefälschten Paß vor. Auch wenn er einen echten Ausweis im Handgepäck hatte, nannte das bei der Verhandlung der Richter „Urkundenfälschung".

Das war aber noch nicht alles. Weil er schließlich nicht jeden Tag von Wasserburg, wo er wohnte, zu seiner „Arbeitsstelle" im Spielkasino tippeln konnte, kaufte C. für 200 Mark ein längst aus dem Verkehr gezogenes Schrottauto und versah es mit einem österreichischen Nummernschild, das er in weiser Voraussicht vor seiner überstürzten Abreise daheim in Wien von einem Auto abgeschraubt hatte. Auch das fand der Richter strafwürdig, zumal der ausrangierte Rostkübel weder versteuert noch versichert war. Zehn Monate betrug schließlich die vom Gericht verordnete Spielpause, wobei noch hinzukam, daß Johann Oskar Maria C. sich ohne Aufenthaltsgenehmigung über ein halbes Jahr in Deutschland aufgehalten hatte. Er habe geglaubt, versicherte der Spieler treuherzig, so lange einer im Hotel wohnt, gelte er als Tourist und brauche keine Aufenthaltserlaubnis. Aber erstens schützt auch Unwissenheit vor Strafe nicht, und zweitens kaufte ihm der Richter so viel Naivität nicht ab. Denn bei früheren Reisen, die er allerdings nicht inkognito absolviert hatte, wußte er durchaus, was sich in dieser Beziehung gehört.

Warum er nicht versuche, wunderte sich der Richter, das letztendlich berechenbare Unglück beim Roulett gegen das kleine, aber sichere Glück in seinem Technikerberuf einzutauschen? Schließlich erhoffe er sich doch auch, wenngleich vergeblich, von der rollenden Schicksalskugel nichts anderes als bescheidene, aber gesicherte Verhältnisse. „Das", antwortete Johann Oskar Maria C., eher ein Schwejknachfahre am Spieltisch des Lebens denn ein düster umwölkter Dostojewskij-Verschnitt, „habe ich mir auch schon oft überlegt. Aber irgendwie bin ich eben doch ein Spieler."

*

Zu den Unverbesserlichen, die ganz genau wissen, daß sie aufgrund ihrer Vorstrafen bei der geringsten Kleinigkeit postwendend ins Gefängnis wandern, und es dennoch nicht lassen können, gehört auch der Hilfsarbeiter Moritz. Obwohl er, bei seiner Vergangenheit heutzutage gar nicht so einfach, in Lindau einen ordentlichen Job gefunden hatte, brachte er sich wegen geradezu kindischer Straftaten erneut hinter Gitter. Als er eines Tages über die Uferpromenade wandelte, sah er einige Schulkinder, die für das Rote Kreuz sammelten. Kurz entschlossen ging Moritz zum nächsten Kiosk, kaufte sich für ein paar Groschen ein Medaillon mit dem Lindauer Stadtwappen, hielt es den Kindern unter die Nase und sagte forsch: „Kriminalpolizei. Zeigt mir mal eure Sammelausweise. Wenn ihr keine habt, müßt ihr mir die Sammelbüchsen aushändigen." Doch die Kinder ließen sich durch den falschen Sheriffstern überhaupt nicht beeindrucken und forderten den Kommissar von eigenen Gnaden auf, er möge sich doch erst einmal selbst ausweisen. Daraufhin rannte Moritz kopflos davon. Ein anderer Bub, dem er wenig später mit der gleichen Masche seine Sammelbüchse abluchsen wollte, schaffte es durch seine Überredungskünste sogar, daß Moritz 20 Pfennig für das Rote Kreuz spendete. Er habe, beteuerte Moritz vor Gericht, nie und nimmer die Absicht gehabt, den Kindern die Büchsen wegzunehmen. Nur „aus Jux und Tollerei" habe er sich als Kriminaler aufgespielt, denn nach insgesamt sechs Jahren hinter schwedischen Gardinen habe er doch längst kapiert, daß es sich nicht lohne, dauernd gegen das Gesetz zu verstoßen. Aber was hilft letztlich alle Vernunft: „Ich begehe", gestand Moritz kleinlaut, „die Straftaten nicht bewußt, sondern aus irgendeinem idiotischen Wahn heraus."

Recht zielstrebig allerdings war er einige Zeit später vorgegangen, nachdem er per Zufall die Witwe Babette kennengelernt hatte. Schon am nächsten Tag stand er als Rosenkavalier vor ihrer Tür. Die alte Dame vor Gericht: „Obwohl ich ihn für einen Aufschneider hielt (der Hilfsarbeiter hatte inzwischen vom Kripobeamten auf Ingenieur ‚umgeschult'), habe ich mich doch sehr gefreut, denn ich bekomme das ganze Jahr keine Blumen geschenkt." Außerdem sei

Moritz ein so fröhlicher Mensch gewesen, der sie stets aufgemuntert habe. Das Lachen verging ihr erst, als Moritz mit 50 Mark, die sie ihm geliehen hatte, und mit einer Strickweste ihres verstorbenen Mannes auf Nimmerwiedersehen verschwand. „Der Pudel der Dame", kommentierte der Sonnyboy auf der Anklagebank sein undankbares Verhalten, „war mir auf die Nerven gegangen."

Das hohe Gericht, bat Moritz in aller Unschuld, möge noch einmal Gnade vor Recht ergehen lassen, denn schließlich sei es in den vergangenen Jahren doch stetig mit ihm aufwärts gegangen. „Als 19jähriger", erläuterte der inzwischen 30 Jahre alte Moritz,

„bin ich wegen schweren Raubes verurteilt worden, später wegen Urkundenfälschung und Diebstahls. Jetzt stehe ich nur noch wegen dieser Bagatellen hier. Das sehe ich als Erfolg an, denn alles ist relativ." Der Richter nannte die Bagatellen Amtsanmaßung, Betrug und Unterschlagung und verurteilte Moritz zu zehn Monaten ohne Bewährung. Aber nach Moritz' eigenwilliger Relativitätstheorie war auch das ein gewisser Fortschritt, denn beim vorigen Mal hatte er noch zwei Jahre bekommen.   Artur Paul

Mit freundlicher Genehmigung des Drumlin Verlages entnommen dem Band von Artur Paul: „Schlitzohren und Arme Sünder", Weingarten, 1983.

Rosemarie Banholzer

Des soll Friede si?

Vum Friede wird vill gschwätzt,
Friede wend alle,
fir de Friede wird gfaschdet, gschwiege,
betet, demonschtriert.
Gege de Krieg sind alle,
wenn se hersch!
Trotzdem werret Rakete
mit Atomkepf baut,
probiert, ufgschtellt.
Des sei wäge de Sicherheit,
wäge de Abschreckung,
wägem Gliichgwicht!
Hosch scho mol so en Krampf g'hert? –
Zwei Mensche schtond sich mitem
offene Messer i de Hand gegeniber.
Do bliebt ene jo nu no
ei Hand zum Schaffe,
vum Hirn ganz z'schweige,
wo vor luuter Angscht
nimme zum Denke kunnt.
Des soll Friede si?

Me sott

Me sott wieder emol schpaziere go
me sott eifach mol uf e Bänkle hocke
me sott sich it abhetze
me sott wieder emol lache
me sott de Dante en Brief schriebe
me sott demjenige aruefe, wo ellei isch
me sott en Krankebsuech mache
me sott de Keller wieder mol ufrumme
me sott 's Auto innedinne butze
me sott seller Schtuehl repariere
me sott meh Optimischt si
me sott it so nochtragend si
me sott friener is Bett go
me sott Gymnaschtik mache
me sott sich selber it ufgäe
me sott nochem Nochber froge
me sott, me sot, me sott...
me sott it nu welle
me sott's au due!

347

Hans Flügel

Brief vu mene Babbe a sin Bue

Liebe Franz, Du bisch amend doch ite krank?
Sit Woche hani nünt meh vu Dr ghört.
Vorusse goht bi uns grad d Sunne unter,
i glaub all, daß i ha kumme welle, hät Dich gstört.

Für Dine Frau, i woß, bini it fürnehm gnueg,
gell luegschd, daß uf Dim Amt au wiiter kunnscht,
und bsuechsch mr fließig Dine Obedkürs,
denn des, wa D lernsch, Bue, isch it umesunscht.

Drü Johr lang isch etz Dine Mamme dot;
i sott au wiedermol zum Brülledokter goh,
suscht bini no im goße ganze zweg,
nu duets mr kleinweng weh bim Wasserloh.

Me sait, Ihr hättet etz en zweite Hund,
will Dine Frau no immer kone Kinder ha?
Des wär e Freud, e Büeble, des min Name trait,
Franz, i woß, des goht mich goß nünt aa.

Wie gsait, lueg jo, daß s fürse mit Dr goht,
e sottig Chance, die häts früehner no it gäe,
Du zellsch nu öbis, Bue, wenn öbber bisch,
und des, wa D wosch, des ka Dr niemer näe.

I dät jo it fuul bi Eu umehocke
und will au it zum Wunderfitzle kumme,
nu wiedermol mit Dr e kleiweng schwätze,
und wosch, e sovil Ziit, die bliibt mr numme.

Des mitem Altersheim, des schla Dr usem Kopf,
do gang Dr ums Verecke ite ane,
einisch bini mitem Josef dra vorbii,
wo D aneluegesch, nünt als alte Manne.

Etz muessi höre, Franz, wosch sind bi mr d Auge,
i denk, des mit mim Bsuech wird scho no klappe,
Drü Dag vilicht, vil länger dät i au it bliibe,
leb wohl, Bue, grüeß Dine Frau, Din Babbe.

Thomas Burth

Dreiezwanzgdausend Iwohner

Dänne iber de Stroß,
dibe iberm See,
dunne im Dorf,
visawi bim Nochber,
dusse ufem Gottsacker,
dobe i de Berg

I de Firma,
i de Kirche,
i de Wirtschaft,
ufem Sportplatz,
im Hochhuus,
i de Sidlung.

Ihr vorem danne –
Kollege hänne und dänne –
d'Verwandtschaft umen rum
und er z'mitte dinne.

Er kennt brüele,
's dät en kon höre,
kennt winke,
's dät en kon säeh,
kennt sterbe,
's dät koner merke.

Ä Lebelang hotter
ä paar Mensche finde welle,
waner atroffe hot,
waret all nu en Huufe Liit.

*Die vorstehenden Gedichte sind entnommen aus: Rosemarie Banholzer: Nämme wie's kunnt,
Konstanz, 1984 – Hans Flügel: Me isch au nu ein Mensch . . ., Konstanz, 1985 – Thomas
Burth: Gedanke uf Reise, Konstanz 1984, die beiden letztgenannten im Verlag des Südkurier.*

349

Hanspeter Wieland

Kunschtstoffspritzer

D'Diir stoht offe,
d'Dirre stoht weit,
mo hot se vergässe,
grad en Ewigkeit ischs her,
seit des s'letschtmol bassiert ischt.

De Meischter sunscht guckt druff,
d'Maschi derf koin Zug hon.
Beim Spritzguss giits Fehler,
wenn d'Tempratur
it gleichmässig ischt.

Nu a de Maschi der,
der aber freit sich:
En schäne Obend
stoht dusse
mit Sunne und Wind.

S'isch Herbscht!
Herbscht scho wider,
er siehts a de Birke
im Hof. Nu guet,
dass es diä dohinne no giit.

Bi sinere Arbet
isch's wichtigscht de Zyklus zu wahre.
It z'langsam si,
ka mer au dezue sage.
„Gleichmässig schnell"
und Zeit sind acht Stunde,
desälbe Trott, acht Stunde lang.

So deilt er sei Zeit ei,
Sekunde fürs Rüschte,
bar Handgriff am Werkstück,
de Rescht schafft d'Maschine allei.

Um d' Uhr a de Wand
machet d'Auge en Booge:
„Nu it dirt na säa!"
So vill wars doch vorher
und ,vorher' des dunkt ihm
scho so lang her.

Und wenn er schnell war
denn langts ihm für d'Zeitung
bar Blick nei,
e Wohltat isch es fürs Hirn
−au wenns no en Scheissdreck isch−

Do liest mer vu zwei,
die hont sich vegrabe lo,
innere Kischte,
d'Luft honste miteme Röhrle g'holt.

Und g'wettet hot mer,
wie lang se des kennet
−Wie lang haltsch des aus−
...do liest mer devu.

Zum Nochber guckt er:
Etzt los mol, etz sag mol,
des kenntet mir au no
in d'Kischte neiliege,
mit bloss zwei Schleichle
zum Schnaufe, was monscht?

Der lacht, s'ischt en Stille
und langt sich an Kopf na
und schittlet de Kopf,
lacht nomol,
denn dreht er sich um
und goht ad Maschine
die grad äbe abgloffe isch.

Später, s'hot gnaachtet,
de Hof liit etzt dunkel,
Schnoke sind kumme
und flitzed ums Licht.

Herschs it, s'isch z'lärmig
s'isch Obed, scho wider
er freit sich ...
Obed, je dunkler je lieber.

Sogar sein Kolleg
findt nu wider Worte
„Zum Schlofe" macht er s'letscht Fläschle auf
und goht nochher naus
an Baum na ge brunze
und guckt wie s'Wetter zum Homfahre isch.

Eva Schmidt
„… gewichtslos …"

Der Weg

Es gibt nur einen Weg, um von hier fort-
zukommen, aber zwei Richtungen stehen
zur Auswahl. Die eine schlägt man ein, um
in die Stadt zu gelangen, in die andere geht
man, um dann wiederzukehren, wenn man
müde geworden ist. Den Weg entlang ver-
läuft die Bahnlinie, manchmal winken Reisende aus einem vorbeifahrenden Zug.
Wenn man stehenbleibt und sich nach Westen dreht, sieht man nur Wasser vor sich.
Man glaubt, am Meer zu sein. Nach einem
Sturm ist der Weg mit Steinen und Holz
übersät, Straßenarbeiter kommen und räumen ihn wieder. Die Betonplatten weisen
ein Rillenmuster auf, man kann die Schritte
so einteilen, daß man jeweils auf die Fuge
zwischen den Platten trifft. Wenn man nur
auf den Weg achtet, entdeckt man Risse
und Absplitterungen, dunkle und helle
Flecken, die durch Wasser, Schnee und
Sonne entstanden sind. Millimetertiefe
Fußspuren führen quer über eine der Platten, sie sind so alt wie der Weg und werden
sichtbar bleiben, solange es ihn gibt. Über
dem Weg ist der Himmel. Man ist versucht,
die Wolkengebilde mit Köpfen oder Gestalten zu vergleichen, doch es ist nicht nötig.
Es genügt, Farben und Formen zu betrachten, genauso wie es genügt, den Weg wieder
zurückzugehen bis nach Hause, um sich
dort an den Tisch zu setzen, die Hand aufzustützen und das Kinn hineinzulegen, ohne
Übertreibung, aber auch ohne den Lauf der
Dinge aufzuhalten.

Sonne in einem leeren Zimmer

Im Grunde möchte ich in einem leeren
Zimmer wohnen, an einem schönen Tag das
Fenster öffnen und mit dem einfallenden
Sonnenlicht mitwandern. So würde ich bis
zum Abend an einer anderen Stelle sitzen,
als hätte ich eine kleine Reise gemacht im
Lauf des Tages. Die dunklen Ecken hätte
ich gemieden, nur manchmal mitleidig zu
ihnen hingeschaut, sie in ihrer Unbeweg-
lichkeit verachtet. Was aber wäre an einem
Regentag oder nachts? Vielleicht sollte ich
mich selbst bemitleiden, da ich doch so viel
zum Leben brauche. Mein Zimmer ist ange-
füllt mit Gegenständen, in die sich meine
Hände manchmal hineingraben wollen, und
oft, wenn ich glaube, das Herz steht mir
still, fühle ich mich durch einen Blick auf etwas, das schon lange da ist, wieder beruhigt.
Man könnte sagen, es wäre natürlicher,
statt dessen nach der Hand eines Menschen
zu greifen, sich unter seinem tröstenden
Blick in Sicherheit zu wiegen. Aber mir gelingt das nie. Nur in guter Verfassung kann
ich jemanden berühren. In guter Verfassung fehlt mir aber auch die Hellhörigkeit
gegenüber der Not der anderen.

Zimmer am Meer

Das Schönste daran ist der Lichteinfall
und der weite, unbegrenzte Blick. Ein Teil
des moosgrünen Fußbodens verwandelt
sich durch die vom Wasser reflektierten,
einfallenden Sonnenstrahlen in ein lindgrü-

nes Bett. Bewohnt wird das Haus aber nicht von einem Liebespaar. Ein Mann, der eingezogen ist, hat es so gelassen, wie er es vorfand. Die Türe zum Meer steht weit offen. Niemand ist da. Vielleicht macht er einen Spaziergang auf den Klippen, oder er ist mit dem Wagen in die nächste Ortschaft gefahren, um Vorräte einzukaufen. Wenn er zurückkommt, muß er das Haus tagelang nicht mehr verlassen, wenn er will. Mit einem Glas Wein setzt er sich abends auf den Fußboden vor die offene Tür, später holt er die Flasche und schenkt immer wieder nach, einmal so viel, daß das Glas randvoll ist und er sich hinunterbeugen muß, bis sein Haar den Boden berührt, während er die Lippen spitzt, um etwas Wein wegzuschlürfen. Er schließt die Augen erst, wenn er sich dem Schlaf gar nicht mehr verweigern kann. Er träumt nicht, am Morgen erwacht er zusammengerollt; da ihn fröstelt, stellt er sich in den Türrahmen und schlägt die Arme gegen den Körper. Am Morgen erwacht auch seine unstillbare Liebe. Er läßt sie dann eine Weile gelten, wie einen Gast, dem man mit kleinen Gesten zeigt, daß man nicht immer so gnädig ist mit seiner Zeit.

Der Nebel

Noch nie konnte ich jenes Grau entdecken, das gemeint ist, wenn man vom Nebel redet. Der Nebel ist schön, gar nicht eintönig, gar nicht traurig. Hierzulande ist er manchmal so dicht, daß man glaubt, ihn mit der Hand auseinanderteilen zu können. Wenn ich an die Sonne denke, wie sie mir an manchen Tagen vorgaukelt, ich wäre MIT den Menschen, wenn ich mit ihnen etwas unternehme. Wenn ich daran denke, wie wir lachen, und insgeheim weiß ich, wir haben es nur der Sonne zuzuschreiben.

Da ziehe ich doch den Nebel vor, denn allzugut weiß ich, daß meine einzige Möglichkeit, wahrhaftig mit den anderen zusammenzusein, die ist, mich in Gedanken mit ihnen zu beschäftigen.

Die Vögel

Die Vögel sammeln sich auf dem Wasser. Es sind Hunderte, in kleine Gruppen unterteilt, von denen manchmal eine auffliegt, aufsteigt und ein paar Kreise über dem Wasser zieht, ähnlich einer Papierschlange, deren Schwanz im Flug jener Wellenlinie folgt, die der Kopf vorgezeichnet hat. Die Vögel sammeln sich den ganzen Tag, immer wieder kommen einzelne hinzu. Gruppenweise üben sie den Aufbruch in den Süden. Still geht alles vor sich. An das Kreischen, die Verständigungslaute zwischen ihnen, habe ich mich nach kurzer Zeit gewöhnt. Anfangs schaue ich immer wieder auf das Wasser, oft minutenlang, doch das Tun scheint sich zu wiederholen. Es ist jedesmal dasselbe Bild, nur einmal ist die ganze Versammlung ein Stückchen weiter draußen, dann wieder scheinen sie eine kleine Strecke nach links oder rechts gezogen zu sein. Ich meine, wahrnehmen zu können, wie sich der ganze Zug auf dem Wasser bewegt. Trotzdem sind sie nach Stunden noch genau an derselben Stelle, in derselben Formation. Silbernen Papierschnipseln gleich, läßt sich einmal eine Gruppe im Sonnenlicht auf das Wasser nieder. Nach vielen Tagen, nachdem ich nur noch hin und wieder einen schnellen Blick hinausgeworfen habe, weil ich glaubte, nichts Neues mehr entdecken zu können, habe ich genau den Zeitpunkt, an dem sie abgeflogen sind, verpaßt. Nur ein paar sind zurückgeblieben, die Alten, Kranken, Ausgestoßenen.

Eva Schmidt ist 1952 in Lustenau in Vorarlberg geboren, lebt als freie Schriftstellerin in Bregenz und erhielt 1981 den „Forum-Stadtpark-Literaturpreis". Die vorstehenden Erzählungen sind ihrer ersten Buchveröffentlichung entnommen, die 1985 unter dem Titel „Ein Vergleich mit dem Leben" im Residenz Verlag, Salzburg und Wien, erschienen ist.

Werner Dürrson

Kleist für Fortgeschrittene
oder Falscher Aufstand der Gefühle

Schon nach den ersten Nummern dachte ich, das reißt keinen vom Stuhl, ich saß wie alle an einem der runden Tischchen im schummrigen Dunkel, starrte wie jeder in den Lichtkegel vorn, sah die Tänzerinnen in ihren Lachmasken flotte Busen/ Beine/ Hintern bewegen, wie gehabt, dann Tusch, großer Tusch mit künstlichem Trommelwirbel: Zögernd wippt, als Attraktion des Abends, die üppig behangene Figur aufs Podium, setzt manieriert einen Schritt vor den andern, steht reglos im Zentrum, wendet ihr starres Lächeln nach vorn/ nach rechts/ nach links ins verdunkelte Publikum, öffnet schubhaft die Arme, Hände, geht in die Knie, macht ein paar steife Verrenkungen, bevor sie sich um sich selbst dreht, langsam, leer, nach Art der Mannequins, verheißungslos jedes Mouvement, man hat das in Nachtclubs schon besser gesehen, ausdrucksvoller; es wird ihr auch weiter nichts einfallen als sich mit hohler Verzögerungstaktik zum Schwellklang des Synthesizers auszuziehen, denke ich, als sie, in leicht komischer Würde, ihrem samtenen Umhang entsteigt, das perlenbestickte Mieder aufdröselt (ohne schmückendes Beiwort ist vorerst nicht auszukommen), dann tänzelnd ihren am Boden schleifenden Tüllrock hinter sich läßt, dem Hocker entgegen, auf den sie sich niedersetzt und, nach den Stöckelschuhen, der immer wieder schwierigen Aufgabe widmet, die langen Netzstrümpfe graziös genug abzustreifen.

Das also soll Marie Jean Crack sein, deren Debüt voraußen so grellbunt verkündet wird, diese langweilig-klassische Kunstfigur, die einen Striptease bietet von bestenfalls üblicher Qualität? Soeben flog, nach den armlangen Handschuhen, auch schon der Samthut mit seinen Straußenfedern ins Weite, weniger weit die Perücke, der die keß anliegende Flitterfrisur prompt nachfolgt; metallisch glitzert die kahlköpfige Eleganz, um die herum es piept und blinkt, als gehe es um einen Countdown. Freunde der Gefühlsbetonung werden gleich mir die Kühle des Vorgangs monieren, mag sie auch auf Erzeugung einer gewissen Wärme angelegt sein, denke ich, als die Figur, in Büstenhalter und Slip, einer Federboa flatternd, ihre so präzisen wie unnatürlichen Bewegungen fortführt, die wohl ein Tanz sein sollen.

Als ob sie an Fäden hinge, sage ich vor mich hin.

Stimmt, bestätigt mein Tischnachbar. Jede Bewegung hat einen Schwerpunkt, und es genügt, diesen im Innern des Körpers zu beherrschen; die Glieder, nichts als Pendel, folgen dann ohne Zutun; jedesmal wenn der Schwerpunkt in einer geraden Linie bewegt wird, beschreiben die Glieder schon Kurven, die Bewegung wird rhythmisch.

Ich nicke, ein wenig verwirrt, sehe im Vordergrund diese annähernd automatische Schönheit alle Gelenke betätigen, als sei es zum ersten Mal, als gelte es, das ABC des Körperbewußtseins noch einmal zu lernen. Sie befremden und faszinieren zugleich, diese Pflichtübungen und augenscheinlich lustverweigernden Etüden. Offengestanden: Dafür war ich nicht hergekommen. STRIPTEASE TOTAL – DIE FRÖHLICHE WISSENSCHAFT – LUST-SPIEL OHNE GRENZEN hatte die Nouvelle Folie Bergère auf Handzetteln ihren Besuchern versprochen. Im konservativen »Figaro« war diese Lightshow à l'américaine als »seltsame Symbiose von Technologie und Lustprinzip« apostrophiert worden.

Wenn eine Sache den Eindruck des Mechanischen oder Automatischen macht, gibt mein Tischnachbar zu bedenken, so heißt das noch nicht, sie werde ohne Empfindung betrieben: Sie vermissen hier nichts als die sogenannte Natürlichkeit.

Mir kommt das Getanze zumindest sehr geistlos vor, erwidere ich. Einst ahmte die Marionette den Menschen nach; inzwischen, so scheint mir, der Mensch die Marionette.

Er: Keineswegs. Diese Ausdrucksformen der Gliederbeherrschung erschienen nur künstlich, weil sie im Kern vollkommen berechnet, anders gesagt, auf den Körper übertragene denkerische Potenz seien. Da ich der schrecklich perfekten Figur da vorne näherkommen will, sage ich nur: Es sei mir bekannt, wieviel Verkrampfung das Bewußtsein dem Körper zufügen könne; aber das sei vermutlich ein anderes Thema.

Inzwischen steht unser Star ganz entblättert, Marie Jean Cracks genormter Charme windet sich umständlich, räkelt sich vollbusig, bietet ihr (sicher an Fernsehansagerinnen geschultes) Dauerlächeln. Ich meine, jetzt könnte das Licht vollends ausgehn, greife zum Whisky, während sie abtritt, zurückkehrt, Tusch, mit nem Ding in der Hand, das sie streichelt, leckt, wie vorstellbar, bevor sie sich rücklings über den Hokker legt, es in den Mund steckt, schließlich zwischen die Schenkel. Seltsames Stöhnen,

Schwellklang, Geblink. Was solls. Die erogenen Zonen sind auch nicht mehr, was sie einmal waren, empfinde ich, und sonst wenig. Törichte Gliederpuppe, knurre ich noch und will gehen, aber da werde ich heftig am Arm gepackt: Moment, das müssen Sie sehen. Der Tod der Macht der Gewohnheit! höre ich und versteh nicht. Ich sage: Olle Kamellen, während Marie Jean Crack sich mit ragendem Penis erhebt, ein Hermaphrodit à la mode, zweifellos, der, sich offenbar selbst genügend, nun allerlei Halbes und Doppeltes vorführt, andeutungsweise und dennoch präzis (der Idealfall menschlicher Beziehungen ist das wohl nicht), bevor sie sich, oder er – ich denke ich sehe nicht richtig – mit sicherem Griff die Brüste abschraubt, und zwar beide zugleich, in jeder Hand eine, sie sodann wie Disken ins Dunkel schleudert (man hört sie nicht fallen), jetzt männlich dasteht, und freilich sehr glatt, auch haarlos, soviel ich sehe, formal ohne Zweifel eine Transvestitin, Jean Marie Crack, das soll scheints der Clou sein, Stripstar mit Doppelreizwert, die ersehnte Vereinigung ältester Antinomien, denke ich, und schicke einen ironischen Blick zu meinem Nachbarn hinüber, der aber die Augen sehr ernst auf den weiteren Vorgang richtet; und da verschlägt es, soweit Zeit bleibt, auch mir, dem Skeptiker und heimlichen Schaulustverächter, den Atem ein wenig

weil Crack, offenbar weder weiblich noch männlich, vielmehr beides zugleich, und anscheinend auch dies nicht, kurz, weil die Schaufensterpuppenschönheit jetzt unheimlich konsequent weitermacht: Teile ihres Körpers, als seien sie wie Kleider entbehrlich geworden, lockert, entblockt, fast wie Stecker aus Dosen, und wegwirft; allen voran natürlich den Penis, den sie, wie erwartet, noch einmal küßt, bevor er hinter die Bühne schnellt; oder in gymnastischen, keineswegs unästhetischen Kreis- und Schleuderbewegungen ausschraubt, so die Füße, danach die von den Kniegelenken freizugebenden Waden, und die Segmente flugs durchs irisierende Licht verschwinden. Das macht ja doch ratlos. Auch spüre ich, wie mein Nachbar mich anblickt, und rühre mich nicht. Ein besonderer Genießer. Ich denke: Film. Aber alles ist Film. Ich sage mir Trick, und lasse ihn mir jetzt einfach gefallen. Allzu oft, finde ich, stehen die Gegenstände der Imagination im Weg; warum sollen nicht auch sie mal die Bildfläche räumen. Übrigens gab es einst, fällt mir ein, hier in Paris eine einbeinige Dirne, die nicht nur von Surrealisten bevorzugt wurde. Dennoch, wieviel Fantasie ist die Libido wohl zu investieren bereit, wo liegt da die Grenze, frage ich mich, soweit Zeit bleibt; und wie kommt es, daß das Publikum sich in der Tat so still wie im Kino verhält? Ob ihm der übliche Fleischverkauf etwa nicht lieber wäre?

Viel zu sehr mit dem radikalen Take off beschäftigt, reagiere ich nicht, als mein cleverer Tischherr beteuert: Vom Reiz des Künstlichen einmal abgesehen, sei der freie Umgang mit Körperteilen entwicklungsgeschichtlich längst fällig gewesen.

Erst jetzt entdecke ich die kleine, fast transparente Schwebevorrichtung im Rükken Cracks, mit der sich − ich weiß nicht mehr − er/ sie/ es in der Luft hält, auf einem Sockel von Luft, nachdem die entkoppelten Schenkel wie gewichtslos ins Dunkel entschwunden sind. So schwebt sie, die dezimierte Figur, der erbärmliche Engel, das verkürzte Wunder, bevor es, mit restlicher Anmut, gleichsam schwingend die Steckmechanik der Hände lockert, uraltes Werkzeug zur Herstellung gestriger Wirklichkeit, sie fortwirft wie Bananenschalen, bevor auch die Unterarme in hohem Bogen wegschwirren, und schließlich, im Wirbel einer mir physikalisch unerklärlichen Pirouette, die Oberarme. Diesmal, auch weil die Musik inzwischen viel leiser quillt, meine ich, war ein kleines Knacken zu hören, und jetzt das sanfte Geräusch der gefächerten, dumpfen Luft. Cracks Gestus bleibt tänzerisch

noch im Schweben; zugegeben, das hat er, samt Bewegung und Zeit, jeder starren Skulptur voraus, dieser Torso, − nebenbei ein Begriff, mit dem sich, wie ich meine, sein jetziger Zustand ästhetisch gesehen gut fassen läßt; durch den die Gestalt, wenn nicht ansehnlich, so doch schier ausdrucksvoll wird. Andersherum aber frage ich mich, soweit Zeit bleibt, wo denn bei ihr die Sensorien sitzen, das Ich, ihr Körpergefühl, von Schmerz/ Freude/ Lust erst gar nicht zu reden; und immer noch, ob das nun Zauber sei, Spielerei, oder unblutiger Ernst. (Absurder Gedanke, auch Stripstars, gar solche, könnten Zuhälter haben.)

Als seien alle Glieder aus Kunststoff, hohl, gefühlsunbeteiligt und also tatsächlich entbehrlich geworden, hat Crack sie verschleudert. Für nichts. Ob aber die Steuerung dieses Spektakels nicht doch von außerhalb kommt? Hängt diese Kreatur nicht halt dennoch an Fäden, von mir aus an unsichtbaren? Sorglos, leidlos, gänzlich intakt, eine menschliche Gliederpuppe und nichts als geheimen Befehlen gehorchend?

Jedoch wie der Torso, wie Brust und Kopf jetzt ziemlich steif um die Hüfte rotieren, sich gleichsam aus dem Unterleib schrauben, der sich bei kurzem Blackout, scheinbar in ein Nichts auflöst; fällt da nicht auch die Ästhetik in sich zusammen? Vollends als der anämische Kahlkopf mit seinem Plastiklächeln, seinen flunkernden Augen, nachdem er, samt Anhang, nochmals ins dunkle Publikum grüßte, sich einem fast wohligen Rollen des Rumpfes hingibt, bis er aus seiner Verankerung springt, Atlas und Dreher, und, nach weiterem Blackout, auch der Oberkörper einfach weg ist. Man stelle sich vor: ein Kopf, weiter nichts, der im Raum hängt, schwebt, oder wie?

Die Zukunft lag schon immer in dem, was zunächst als Ersatz galt, bekomme ich zu hören. Das sei besonders bei der durch Kriege enorm vorangelangten Prothetik der Fall. Davon abgesehen, sei nahezu jede menschliche Erfindung prothetischer Natur, indem sie unsere Unzulänglichkeiten kompensiere.

Jaja, aber Crack! erwidere ich gereizt und ohne Lust, darüber zu diskutieren, während die bis auf den Kopf entkleidete und entkörperte Attraktion wie ein grinsender Luftballon über uns hinschwebt und deutlich »Nennt mich doch Robbie« flüstert, auf englisch, versteht sich. Mißgriffe, sagt mein technologiefroher Nachbar noch, seien in Gottesnamen hie und da unvermeidlich gewesen; aber, fragt er bedeutungsschwer,

haben Sie im Ernst geglaubt, die fortschreitende Invalidität der Menschheit würde sich emanzipieren?

Das warf allerdings einiges Licht auf das höchst sachliche Vergnügen, das diesen Herrn da so heftig bewegte. Daß technisches Ingenium die logische Fortsetzung der Natur beinhalte, schien ihm gewiß. Wie rationalistisch auch immer die Befehls- und Kontrollmechanismen des Körperkomplexes sein mochten, nicht zuletzt diese reversiblen Crackschen Abwerfvorgänge, so seien dieselben, wie jedes Laubblatt belege, doch wiederum nichts als natürlich. Nur eben auf höherer Stufe: Sehen/ Hören/ Fühlen − derlei sei einfach ins Denken der neuen Geschöpfe transformiert, die deshalb überaus empfindlich, reagibel und damit auch äußerst kontaktfähig seien, läßt er mich wissen, und raunt von unbegrenzten Kopplungssystemen.

Und die Seele, frage ich verlegen.

Ins Museum mit ihr, ruft er aus. Das Paradies sei verriegelt, seit wir vom Baum der Erkenntnis gegessen hätten: Man müsse, in welcher Form auch immer, die Reise um die Welt machen, zu sehen, ob es vielleicht von hinten irgendwo wieder offen sei.

Der Zusammenhang war mit nicht klar.

Liegt es an dem, expliziert er, Materie und Erdschwere hinter sich zu lassen, so ist Crack, gerade in seiner reduziertesten Gestalt, uns allen voraus.

Jetzt hatte ich aber genug. Während der blöde, kopplungsbereite Plastikkopf immer verfänglicher durch die stumpfsinnig blinkende Düsterkeit kreist mit seinem synthetischen »Nennt mich doch Robbie«, schrei ich dem Klugscheißer ins Gesicht, daß mir mein Körper, und sei er von gestern, bei aller An- und Hinfälligkeit, allem Kopfweh, Bauchgrimmen, Herzklopfen, ja, trotz Haarausfall, Krampfadern, Gliederreißen und schließlicher Impotenz lieb sei, teuer, verstehen Sie, Mensch, schrei ich ihn an, und traue meinen Sinnen nicht: Robbies Gelispel geht unter im jähen Ausbruch einiger anderer Gäste, sie werfen bei lauten Parolen wie »abschießen!« oder »gib ihm Saures!« mit Gläsern und Flaschen nach der Kopfgeburt, die jedoch rasch reagiert, flugs ausweicht, Haken schlägt, während die Geschosse an Wänden zerschellen, Lampen zerschlagen, und ein Ober gegen die röchelnde Kunstorgel stürzt. Das reißt jeden vom Stuhl, soweit Platz bleibt, Männer schlagen blindlings ein auf Männer, als wärs auf dem Sportplatz, niedergetrampelt der Schiedsrichter, sieht man links vorn in der Ecke die Meute mit Robbie, dem rundlichen Rest, wild Schlagball / Handball / Faustball spielen, auch Kopfball natürlich, bis im Hintergrund Schlagstöcke flitzen, auf Menschenknäuel, die sich nur zögernd und kreischend entknoten. Auch wir, bevor man uns endlich ins Freie hinausdrückt, kriegen was ab, mein Cicerone sogar, wirklich unverdient, eins vor die Stirn.

Archaischer Plebs, sagt er draußen, zupft sich verärgert sein amerikanisches Jackett zurecht und seine Krawatte. Kleiner Versuchsballon unseres humanologischen Instituts, fügt er hinzu.

Wie Sie meinen, antworte ich. Und er, jetzt ziemlich rhetorisch:

Sagen Sie selbst, wie modern, wie aufgeklärt ist ein Publikum, das sich von einer Show, die bekanntlich nicht Reizerfüllung verspricht, − wie fortschrittlich, frage ich, ist ein Publikum, das inmitten eines wissenschaftlich höchst differenzierten Weltzustands, von dem jeder abhängt, sich triebhaft, ich sage bewußt: triebhaft zu solcher Unbeherrschtheit hinreißen läßt? Verstehen Sie mich nicht falsch, es geht mir nicht um Cracks Kopf, der ist schließlich ersetzbar.

Vielleicht haben die andern, sage ich zaghaft, gleich mir erwartet, daß Crack seine Glieder wenigstens wieder herbeizitiert, sich zusammensetzt, wie gehabt, wie am Jüngsten Tag; er hätte sich variieren können, und zweifellos wäre das kombinatorische Zusammenspiel zweier oder weiterer Cracks, wenn nicht vergnüglich, so doch interessanter gewesen als so ein übriggebliebener Walkie-Talkie-Kopf.

Das war durchaus einprogrammiert, ein ganzes Geschwader von Köpfen hatten wir in der Kiste, nur leider −, seufzt er altmodisch.

Und die Ästhetik, die Grazie?

Sache der Perfektion. − Wundert es Sie, daß die Technologie, die vom Rasenmäher übers Automobil bis zum Flugkörper längst das Tier ersetzt hat, − ausgenommen das Schlachtvieh, relativiert er −, dabei ist, auch die Idee des Menschen endlich zu perfektionieren? Der simpelste Roboter wäre ein schlechter Geselle, wenn er seinen Meister nicht mit der Zeit überträfe.

Die Krone der Schöpfung, sage ich.

Nein, nicht Krone, eher Rakete, gewissermaßen. Der Geist ist nicht vom Himmel gefallen, man wird ihn hinaufschießen müssen.

Ob denn die Langsamkeit unserer Evolution nicht auch Vorteile habe, frage ich schüchtern.

Für wen denn? Der alte Adam ist überholt. Man wird, damit die Erde ihren kosmischen Auftrag erfüllt, dieses Bedürfnis jedem andern voranzustellen haben; was menschlich gesehen nichts anderes bedeutet als völlige Selbstüberwindung.

Demnach, sage ich ein wenig zerstreut, müßten wir wieder vom Baum der Erkenntnis essen, um in den Stand einer neuen Unschuld zu fallen?

Zu spät! ruft er mir nach in die flimmernde Nacht. Aber Crack macht das für Sie.

Dr. Werner Dürrson, Träger des Bodensee-Literaturpreises der Stadt Überlingen, 1985, den er für seinen Zyklus „Das Kattenhorner Schweigen" (auszugsweise u. a. erschienen im Heimatjahrbuch „Leben am See" 1985) erhielt, wurde 1932 in Schwenningen geboren. Nach Handwerkslehre und externem Abitur studierte er Musik und Literaturwissenschaft; Lehrtätigkeit an der Universität Poitiers (Frankreich) und in Zürich, ständiger Mitarbeiter beim Süddeutschen Rundfunk; zahlreiche Veröffentlichungen und Auszeichnungen, u. a. Deutscher Kurzgeschichtenpreis 1983. − Der vorstehende Text ist entnommen aus Ekkehart Rudolph (Hrsg.), „Aus gegebenem Anlaß − Eine Anthologie des Förderkreises Deutscher Schriftsteller", Edition Weitprecht, Stuttgart, 1983.

Aufziehendes Gewitter beim Haldenhof

Statistisch dokumentierte Entwicklungen im Jahre 1985

Die Fortschreibung der statistischen Entwicklung in einigen für den Bodenseekreis wichtigen Lebensbereichen konzentriert sich für das Jahr 1985 auf die Themen Bevölkerung, Arbeitsmarkt, Bautätigkeit und Verkehr. Hier lassen sich durch Zahlen belegbare Tendenzen auch in einem so kurzen Beobachtungszeitraum wie einem Jahr dokumentieren. Zusammen mit den statistischen Zusammenstellungen in den vorangegangenen Heimatjahrbüchern ergibt sich so ein lückenloser Überblick über wichtige gesellschaftliche Veränderungen.

Die Bevölkerung des Bodenseekreises hat im Verlauf des Jahres 1985, erstmals nach zwei Jahren rückläufiger Entwicklung, wieder zugenommen. Zwischen dem 30. 9. 1984 und dem 30. 9. 1985 stieg die Gesamtbevölkerung von 170 880 auf 172 461 und damit um 1 581 Einwohner. Die Zunahme betrug somit 0,9 % gegenüber einer Abnahme von 0,3 % während desselben Zeitraums im Vorjahr. Die Zunahme ist damit wesentlich ausgeprägter als im Landesdurchschnitt (0,3 %).

Die prozentual stärkste Zunahme haben dabei die Gemeinden mit einer relativ hohen Siedlungstätigkeit, nämlich Neukirch (4,2 %) und Salem (3,3 %), zu verzeichnen, während andere Gemeinden, wie beispielsweise Stetten (-1,6 %) und Bermatingen (-1,0 %), Einwohner verloren haben.

Die Trendumkehr hin zu einer wieder positiven Bevölkerungsentwicklung wird im wesentlichen durch das Wanderungsverhalten beeinflußt. Danach hat sich die starke Rückwanderung von Ausländern in den letzten Jahren enorm abgeschwächt, mit einem negativen Wanderungssaldo von lediglich noch 162 Personen zwischen 30. 9. 84 und 30. 9. 1985. Im 2. und 3. Quartal 1985 überwog bereits wieder die Zuwanderung bei der ausländischen Bevölkerung. Gleichbleibend hoch war die Zuwanderung bei den Deutschen. Zwischen dem 30.9.1984 und dem 30.9.1985 sind 1497 Deutsche mehr zugezogen als weggezogen. Der zweite Faktor, der die Bevölkerungsentwicklung wesentlich beeinflußt, ist die Geburtenentwicklung. Der Geburtensaldo (Geborene minus Gestorbene) war im angegebenen Zeitraum sowohl bei der deutschen Bevölkerung (109) als auch bei den Ausländern (137) positiv. Insgesamt ergab sich so eine Bevölkerungszunahme durch Geburtenüberschuß um 246 Personen (vgl. Tabellen 1-3).

Die Entwicklung auf dem *Arbeitsmarkt* verlief im Kalenderjahr 1985 wieder etwas ungünstiger als im gesamten Land Baden-Württemberg. Im Bodenseekreis waren durchschnittlich 3 592 Personen arbeitslos gemeldet. Die Arbeitslosenquote nahm damit um 0,1 % zu auf 5,9 % im Jahresdurchschnitt. Dagegen war die Quote im Landesdurchschnitt um 0,2 % geringer (5,4 %) als im Vorjahr. Diese Zahlen dokumentieren die Konzentration des wirtschaftlichen Aufschwungs auf den mittleren Neckarraum. Dort ist die wirtschaftliche Bele-

Tabelle 1: Bevölkerungsentwicklung in den Gemeinden des Bodenseekreises
vom 30. 9. 1984 bis 30. 9. 1985

Gebietseinheit	30. 9. 1984	30. 9. 1985	Veränderung	
			abs.	in %
Bermatingen	3 404	3 370	–34	–1,0
Daisendorf	1 242	1 250	8	0,6
Deggenhausertal	3 083	3 131	48	1,6
Eriskirch	3 608	3 657	49	1,4
Frickingen	2 327	2 353	26	1,1
Friedrichshafen	51 120	51 290	170	0,3
Hagnau	1 366	1 387	21	1,5
Heiligenberg	2 606	2 626	20	0,8
Immenstaad	5 521	5 561	40	0,7
Kressbronn	6 317	6 395	78	1,2
Langenargen	5 535	5 611	76	1,4
Markdorf	10 300	10 373	73	0,7
Meckenbeuren	10 734	10 885	151	1,4
Meersburg	5 148	5 203	55	1,1
Neukirch	1 961	2 044	83	4,2
Oberteuringen	3 100	3 165	65	2,1
Owingen	2 882	2 949	67	2,3
Salem	8 424	8 698	274	3,3
Sipplingen	2 094	2 132	38	1,8
Stetten	826	813	–13	–1,6
Tettnang	14 751	14 801	50	0,3
Überlingen	19 233	19 387	154	0,8
Uhldingen-Mühlhofen	5 298	5 380	82	1,5
Bodenseekreis	170 880	172 461	1 581	0,9
Baden-Württemberg	9 234 770	9 263 985	29 215	0,3

Quelle: Regelmäßige Angaben des Statistischen Landesamtes Baden-Württemberg sowie
eigene Berechnungen

bung, die bereits wieder zu Facharbeitermangel geführt hat, so nachhaltig verlaufen, daß eine Senkung der durchschnittlichen Arbeitslosenquote für das gesamte Land Baden-Württemberg zu verzeichnen ist (vgl. Tabelle 4).

Keine weitere Steigerung, aber auch kein Rückgang war im Jahr 1985 bei der *Jugendarbeitslosigkeit* zu verzeichnen. Mit durchschnittlich 234 arbeitslosen Jugendlichen unter 20

Tabelle 2: Wanderungsentwicklung im Bodenseekreis vom 30. 9. 1984 bis 30. 9. 1985

Quartal Saldo[1]	IV 84	I 85	II 85	III 85	30. 9. 1984 – 30. 9. 1885
Deutsche	334	297	300	566	1 497
Ausländer	–119	–129	14	72	–162
Gesamt	215	168	314	638	1 335

[1] Saldo: Zugezogene abzüglich Fortgezogene
Quelle: Statistisches Landesamt Baden-Württemberg.
Statistische Berichte AI 1 sowie telephonische Angaben.

Tabelle 3: Geburtenentwicklung im Bodenseekreis vom 30. 9. 1984 bis 30. 9. 1985

Quartal Saldo[1]	IV 84	I 85	II 85	III 85	30. 9. 1984 – 30. 9. 1885
Deutsche	46	–19	36	46	109
Ausländer	27	38	34	38	137
Gesamt	73	19	70	84	246

[1] Saldo: Geborene abzüglich Gestorbene
Quelle: Statistisches Landesamt Baden-Württemberg.
Statistische Berichte AI 1 sowie telephonische Angaben.

Jahren im Bodenseekreis lag die Zahl in etwa auf dem Niveau des Vorjahres (237). Der Anteil an der Gesamtzahl der Arbeitslosen ging von 6,8 % 1984 auf 6,5 % im Jahre 1985 zurück und lag damit unter dem Vergleichswert des Landes (7,1 %) (vgl. Tabelle 5).

Weiter entspannt hat sich auch die Situation bei den *Kurzarbeitern*. Der Höhepunkt der Kurzarbeit lag dabei im Monat Februar mit 1 813 betroffenen Menschen in 126 Betrieben.

Tabelle 4: Entwicklung der Arbeitslosigkeit im Jahr 1985

Monat	Bodenseekreis		Baden-Württemberg	
	abs.	in %	abs.	in %
Januar	4 480	7,4	239 528	6,1
Februar	4 239	7,0	235 842	6,0
März	3 888	6,4	222 385	5,7
April	3 491	5,8	208 950	5,4
Mai	3 167	5,2	198 199	5,1
Juni	3 014	5,0	190 420	4,9
Juli	3 274	5,4	199 577	5,1
August	3 398	5,6	206 973	5,3
September	3 115	5,1	199 526	5,1
Oktober	3 331	5,5	199 014	5,1
November	3 755	6,2	203 557	5,2
Dezember	4 061	6,7	213 253	5,5
Durchschnitt: 1985	3 592	5,9	209 832	5,4

Tabelle 5: Jugendarbeitslosigkeit 1985

Monat	Bodenseekreis		Baden-Württemberg	
	arbeitslose Jugendliche	Arbeitslosen-anteil[1] in %	arbeitslose Jugendliche	Arbeitslosen-anteil[1] in %
Januar	238	5,3	16 122	6,7
Februar	258	6,1	15 998	6,8
März	249	6,4	15 210	6,8
April	207	5,9	13 339	6,4
Mai	167	5,3	12 047	6,1
Juni	173	5,7	11 803	6,2
Juli	214	6,5	14 400	7,2
August	290	8,5	17 011	8,2
September	272	8,7	17 117	8,6
Oktober	246	7,4	15 874	8,0
November	233	6,2	15 330	7,5
Dezember	277	6,8	15 812	7,4
Durchschnitt: 1985	234	6,5	14 998	7,1

[1] Anteil der jugendlichen Arbeitslosen (unter 20) an der Gesamtzahl der Arbeitslosen

Tabelle 6: Entwicklung der Kurzarbeit im Jahr 1985

Monat	Bodenseekreis		Baden-Württemberg	
	Kurzarbeiter	in ... Betrieben	Kurzarbeiter	in ... Betrieben
Januar	1 421	88	77 452	4 058
Februar	1 813	126	89 874	5 131
März	1 746	114	81 482	4 961
April	1 347	86	67 115	3 963
Mai	912	64	52 342	3 086
Juni	637	45	38 190	2 415
Juli	369	36	26 682	1 821
August	248	29	11 807	1 142
September	252	31	15 822	1 254
Oktober	535	35	20 103	1 434
November	855	46	25 024	1 768
Dezember	1 072	63	31 436	2 309
Durchschnitt: 1985	934	64	44 777	2 778

Quelle Tabellen 4-6: Angaben des Arbeitsamtes Ravensburg

Tabelle 7: Baugenehmigungen zur Errichtung neuer Wohngebäude
vom 30. 9. 1980 bis 30. 9. 1985

Zeitraum	Anzahl
30. 9. 80 – 30. 9. 81	671
81 – 82	672
82 – 83	652
83 – 84	507
84 – 85	448

Quelle: Statistisches Landesamt Baden-Württemberg.
Statistische Berichte FII 1

Die geringste Zahl ergab sich im Monat August mit 248 Kurzarbeitern in 29 Betrieben. Dabei wird deutlich, daß Kurzarbeit auch stark von saisonalen Einflüssen tangiert wird. Die durchschnittliche Kurzarbeiterzahl ging von 4852 im Jahre 1983 auf 1370 im Jahre 1984 und 934 im letzten Jahr zurück (vgl. Tabelle 6).

Vom konjunkturellen Aufschwung des vergangenen Jahres nicht erfaßt war die Bauindustrie. Die *Bautätigkeit* ist auch im Beobachtungszeitraum zwischen 30. 9. 1984 und 30. 9. 1985 noch weiter zurückgegangen auf nunmehr 448 Baugenehmigungen zur Errichtung neuer Wohngebäude. Damit ist wiederum ein neuer Tiefstand erreicht worden auf einem Niveau, das gerade noch ca. zwei Drittel des Volumens der Periode zwischen dem 30.9.1980 und dem 30.9.1981 ausmacht (vgl. Tabelle 7).

Die *Verkehrsdichte* ist im abgelaufenen Kalenderjahr nochmals merklich angestiegen. Allein die Zahl der Personenkraftwagen nahm bis zum 1.1.1986 um 2973 auf 80835 Einheiten zu. Die prozentuale Steigerung beträgt 3,8 % gegenüber 2,2 % im Vorjahr. Damit ist die Anzahl der Pkw pro 1000 Einwohner (Pkw-Dichte) noch weiter angestiegen und zwar auf 471 gegenüber 454 im Vorjahr. Die Pkw-Dichte in ganz Baden-Württemberg liegt dagegen bei lediglich 445.

Wilfried Franke

Die Zukunft des öffentlichen Personennahverkehrs im Bodenseekreis

1. Einführung

Der öffentliche Personennahverkehr (ÖPNV) als Instrument der Daseinsvorsorge im ländlichen Raum dient in erster Linie den Schülern und Auszubildenden, den Alten, Ausländern und Behinderten. Dabei sind in der Regel alle Angebotsformen des straßengebundenen Personenverkehrs vorhanden. Neben dem allgemeinen Linienverkehr nach § 42 Personenbeförderungsgesetz, auch Sonderlinienverkehre nach § 43 Abs. 1 (Berufsverkehr) und Abs. 2 (Schülerverkehr) sowie nach Abs. 3 (Marktfahrten) und schließlich auch der sogenannte freigestellte Schülerverkehr. Bei letzterem handelt es sich um rein schulbezogene Fahrten.

Neben der Schiene, die im Rahmen von übergeordneten Knotenpunkten auch Nahverkehrsaufgaben wahrnimmt, ist der Bus insbesondere für die flächenhafte Erschließung in weniger stark besiedelten Räumen das dominierende öffentliche Verkehrsmittel. Schwachstellen bestehen vor allem in der Erschließungsqualität, der Bedienungshäufigkeit sowie mitunter auch bei der Organisation. Dabei darf nicht verkannt werden, daß der ÖPNV lediglich eine Restnachfrage von 20 Prozent der Gesamtverkehrsnachfrage befriedigt, während die übrigen 80 Prozent im ländlichen Raum auf den Individualverkehr entfallen. Der Pkw ist in diesen Regionen mit Abstand das am stärksten frequentierte Verkehrsmittel.

2. Entwicklung der Rahmenbedingungen

Bei der Beurteilung der künftigen Situation im Nahverkehr sind sowohl die rückläufige Bevölkerungsentwicklung als auch die verschiedenen strukturellen Veränderungen von entscheidender Bedeutung. Seit 1983 nimmt auch im Bodenseekreis die Bevölkerung ab. Wichtiger jedoch ist, daß sich auch der Altersdurchschnitt kontinuierlich erhöht und damit der Anteil der jüngeren Jahrgänge zurückgeht. Dies macht sich bereits deutlich bei den Schülerzahlen bemerkbar, dem entscheidenden Nachfragepotential für den ÖPNV. Wenn man bedenkt, daß im bundesweiten Vergleich ca. 60 bis 80 Prozent der Fahrgäste im ÖPNV Schüler sind und hinzufügt, daß im Bodenseekreis in den letzten Jahren die Schülerzahlen an den öffentlichen allgemeinbildenden Schulen von 22 967 im Schuljahr 1980/81 auf 18 665[1] im Schuljahr 1984/85 (Abnahme: 18,7 Prozent, mit jährlich steigender Tendenz) zurückgegangen sind, werden die Konsequenzen für das Fahrgastaufkommen der nächsten Jahre offensichtlich. So wurden beispielsweise vom Geschäftsbereich Bahnbus Alb-Bodensee, dem für den gesamten Bodenseekreis zuständigen Busdienst der Deutschen Bundesbahn, im Jahre 1984 8,08 Millionen Personen befördert. Dies waren allerdings 3,9 Prozent weniger als 1983.

Umgekehrt proportional entwickelt sich dagegen seit Jahren die Verfügbarkeit der privaten Kraftfahrzeuge. So hat die Anzahl der Personenkraftwagen auf 1000 Einwohner (Pkw-Dichte) im Bodenseekreis von 409 im Jahr 1980 auf 444 im Jahr 1984 zugenommen. Neben diesen für den Nahverkehr ungünstigen, seit langem absehbaren Entwicklungen hat auch der Gesetzgeber durch die Abschaffung der Gasöl-Betriebsbeihilfe, einer direkten Subvention an die Verkehrsunternehmen, für weiteren Druck auf die Tarife gesorgt. Die finanzwirtschaftliche Situation der Verkehrsgesellschaften ist stark angespannt. Während in den Ballungsräumen lediglich zwischen 40 und 60 Prozent der Gesamtaufwendungen durch Erträge gedeckt werden können, liegt dieser Anteil im ländlichen Raum teilweise allerdings bei über 80 Prozent. Für den Bodenseekreis gilt sogar, daß die Verkehrsunternehmen wohl im großen und ganzen noch kostendeckend arbeiten, wobei allerdings Defizite in einzelnen Nahverkehrsteilräumen durch Überschüsse in anderen ausgeglichen werden müssen. Wenn man den Aussagen der Verkehrsunternehmen Glauben schenken darf – und die Rahmenbedingungen lassen kaum eine andere Schlußfolgerung zu – nähert sich der Kostendeckungsgrad beängstigend schnell der 100 Prozent-Marke, d. h. die Einnahmen würden dann die Kosten gerade noch abdecken, Gewinne wären nicht mehr zu realisieren. Angebotsreduzierungen, wie sie bereits in kleinerem Umfang in der jüngsten Vergangenheit vorgenommen werden mußten, wären die unausweichliche Folge.

3. Ansätze zur Verbesserung des ÖPNV im östlichen Bodenseekreis

Ausgehend von dem Ziel einer möglichst flächendeckenden Grundversorgung mit einem sowohl bedarfsgerechten als auch wirtschaftlichen öffentlichen Nahverkehr, wurde im Jahre 1984 für den östlichen Bodenseekreis mit den Gemeinden Eriskirch, Kressbronn, Langenargen, Meckenbeuren und Tettnang ein Fahrplankonzept auf der Grundlage eines Gutachtens der Kommunalentwicklung Baden-Württemberg/Studiengesellschaft für Nahverkehr umgesetzt, das sich mittlerweile in der Praxis bewährt hat. Dabei sollte das vorhandene Potential an Verkehrsleistungen auf eine Weise neu geordnet werden, daß einerseits der Schülerverkehr besser organisiert werden und andererseits für die Öffentlichkeit ein wesentlich größeres Angebot entstehen konnte. Da sich die Neuordnung im bestehenden Kostenrahmen vollziehen mußte, war es allerdings unmöglich, alle vorhandenen Unzulänglichkeiten, insbesondere in der Schülerbeförderung, zu beseitigen.

Ein grundsätzliches Problem im Nahverkehr ist zunächst darin zu sehen, daß in den Verkehrsspitzenzeiten morgens und abends, wenn Schülerverkehr und Berufsverkehr zusammenfallen, von den Verkehrsträgern eine extrem hohe Fahrzeugkapazität vorgehalten werden muß, die dann tagsüber nur zu einem ganz geringen Teil ausgelastet ist. Daraus ergab sich auch im Bodenseekreis ein wesentlicher Ansatzpunkt für die Neuordnung, nämlich die Staffelung der Schulanfangszeiten und damit eine Entzerrung der Verkehrsspitzen. Hinzu kamen weitere wichtige Maßnahmen wie die Integration des freigestellten Schülerverkehrs sowie die Abstimmung und Koordination der verschiedenen Verkehre (Linienverkehre, Schülerverkehre, Berufsverkehre) untereinander mit dem Ziel, Parallelbedienungen abzubauen.

Konkret ergab sich so ein an den Belangen der Schulen ausgerichtetes Fahrplangrundgerüst mit einer Hinfahrt zur ersten und zweiten Schulstunde, Heimfahrten nach der vierten, fünften und sechsten Stunde, Hinfahrten zur ersten und teilweise zweiten Nachmittagsstunde sowie Heimfahrten nach der dritten, vierten und teilweise fünften Nachmittagsstunde.

Zu den Hauptverkehrszeiten ließ sich so ein Takt von ca. 50 Minuten realisieren. Neben den verbleibenden Verkehren wurden zwei gegenläufige Schleifenpaare neu gebildet: Tettnang – Feurenmoos – Liebenau – Meckenbeuren – Kau – Tettnang und Tettnang – Langenargen – Kressbronn – Tettnang, jeweils mit den entsprechenden Gegenrichtungen. Daneben die Linien Tettnang – Reute – Meckenbeuren – Brochenzell sowie die durchgehende Verbindung Bodnegg – Tettnang – Friedrichshafen. Zusätzlich wurde im Kressbronner Hinterland der sogenannte Nitzenweiler Ring eingerichtet. Mit diesem Angebot, das in Abbildung 1 noch einmal dargestellt ist, werden nun nahezu alle Wohnplätze im östlichen Bodenseekreis im öffentlichen Linienverkehr angefahren. Es besteht ein Mindestangebot von drei Fahrtenpaaren auch an schulfreien Tagen (mit Ausnahme des Nitzenweiler Rings). Dieses Angebot ist im Kreisfahrplan veröffentlicht. Es steht von jeweils Montag bis einschließlich Samstag zur Verfügung.

Die Neuordnung schließt die Berücksichtigung des gesamten erweiterten Bildungsangebots, d. h. zusätzliche Unterrichtseinheiten, die in der Verhandlungsphase in den Schulen bereitgestellt werden mußten und die teilweise Einbeziehung des Berufschulzentrums Friedrichshafen ohne Mehrkosten mit ein. Durch die Neuordnung konnten ca. 120 000 km Jahresfahrleistung zusätzlich für die Öffentlichkeit bereitgestellt werden. Davon stammen ca. 96 000 km aus freigestellten Schülerverkehren, 25 000 km sind Neuleistungen, die sich letztlich aus einer rationelleren Umlaufplanung bzw. einem effektiveren Buseinsatz ergaben. Dies drückt sich im Fahrplan in einem erhöhten Bedienungsstandard aus. So konnte beispielsweise die Bedienungshäufigkeit zwischen Bodnegg und Tettnang von früher zwei Fahrtenpaaren auf nunmehr sechs Fahrtenpaare oder das Angebot von Tettnang über Langenargen nach Kressbronn (und zurück) von ursprünglich neun Fahrtenpaaren auf nunmehr 18 Fahrtenpaare erhöht werden. Weitere Details ergeben sich aus einem Vergleich der jetzt gültigen Fahrpläne mit den Fahrplänen vor der Neuordnung. Neben einem Ausbau des Ortsverkehrs in Meckenbeuren und des Stadtverkehrs in Tettnang konnten insgesamt 56 zusätzliche Haltestellen im öffentlichen Linienverkehr bereitgestellt werden. Die Konzeption basiert in zahlreichen Schnittstellen auf freiwilliger Kooperation der beteiligten Verkehrsunternehmen und erspart somit eine personal- und kostenintensive Verbundlösung.

Nach einzelnen Anfangsschwierigkeiten hat sich das neue Konzept in der Praxis mittlerweile bewährt.

4. Verschiedene Versuche zur langfristigen Sicherung einer ÖPNV-Grundversorgung im ländlichen Raum

Stellvertretend für eine ganze Reihe von Einzelmaßnahmen, Versuchen oder Modellen sollen im folgenden sechs Ansätze zur Verbesserung des ÖPNV in der Bundesrepublik etwas näher beleuchtet werden. Dabei lassen sich zum gegenwärtigen Zeitpunkt meist noch keine abschließenden Wertungen vornehmen. Es geht lediglich darum, einzelne Ergebnisse und Erfahrungen, die im Einzelfall zu mehr oder weniger deutlichen Trendbeurteilungen führen können, darzulegen.

Rufbus

Das seit 1977 in Friedrichshafen und Umgebung erprobte Rufbus-System war ursprünglich der Versuch, dem Bürger in freier Bedarfssteuerung einen taxiähnlichen öffentlichen Nahverkehr mit kurzen Wartezeiten und umsteigefreier Beförderung bei rechnergesteuer-

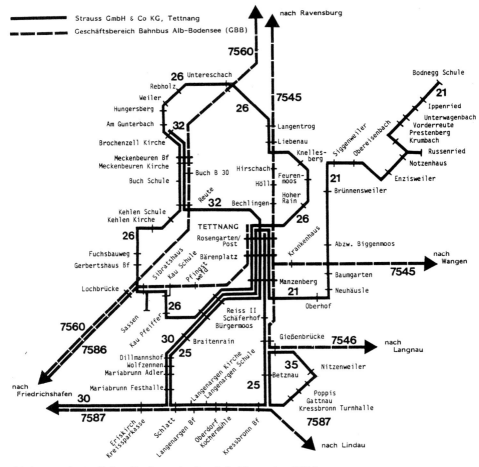

Liniennetz im östlichen Bodenseekreis seit 5. November 1984

ter Fahrtwunschdisposition und Betriebsabwicklung anzubieten[2]. Das Rufbus-System sollte für den ländlichen Raum konzipiert werden. Die betriebswirtschaftliche Rechnung zeigte
jedoch bald, daß die verbesserte Bedienungsqualität in Form der reinen Bedarfssteuerung
nicht durch einen proportionalen Anstieg der Verkehrseinnahmen begleitet war. Die jeder-
zeitige Verfügbarkeit der kleinen grünen Busse führte zu enormen Vorhaltekosten. Deshalb sollte die Weiterentwicklung vom Rufbus zum BFB-System (Betriebsleitsystem Flexible Betriebsweisen) seit 1981 zu einem einheitlichen Bedienungsverbund führen, bei dem in
einem bestimmten abgegrenzten Gebiet neben der reinen Bedarfssteuerung (Zubringerfunktion) auch der Linienbetrieb (Bahn, Linienbus, Schülerbus) und die Bedienungsform
„Richtungsband" – ein fahrplanorientierter Betrieb mit bedarfsgesteuerten Abweichungen
von einer Stammstrecke[3] – über Leittechnik bereitgestellt werden sollten.

371

Mit der Rückübertragung der Betriebsdurchführung für die Bahnbuslinien im Raum Friedrichshafen und Umgebung von der Rufbus GmbH auf den Geschäftsbereich Bahnbus Alb-Bodensee in der Zeit vom 1. 1. bis 30. 9. 1985 sind die Forschungsmittel für den praktischen Fahrbetrieb im Rufbus-Einsatzbereich entfallen. Die Betriebskosten von monatlich rund 180 000 DM bei Einnahmen von monatlich rund 60 000 DM hatten zu einen Defizit von 120 000 DM pro Monat bzw. rund 1,5 Millionen DM pro Jahr geführt. Die Notwendigkeit zur drastischen Reduzierung dieses erheblichen Defizits hatte im Sommerfahrplan 1985 und im Winterfahrplan 1985/86 einschneidende Fahrplankorrekturen zur Folge. Die Fahrleistungen mußten erheblich eingeschränkt werden. Welche Auswirkungen das verringerte Verkehrsangebot auf die Entwicklung der Fahrgastzahlen (Akzeptanz) bzw. Einnahmen haben wird, bleibt abzuwarten.

Mit der neuen BFB-Leittechnik, für deren Weiterentwicklung bis zur vollen Funktionsreife zusätzliche Forschungsmittel bereitstehen, erhofft man sich zukünftig auch bessere wirtschaftliche Ergebnisse. Allerdings ist bereits durch ein Gutachten belegt[4], daß zumindest die Fixkosten für die Leittechnik (731 000 DM pro Jahr) nicht durch Tarifeinnahmen gedeckt werden können, sondern von Dritten getragen werden müßten.

Anmelde-Linienverkehr

Der Anmelde-Linienverkehr ist eine Mischform zwischen dem reinen Bedarfsverkehr und dem Linienverkehr. Bei der Grundvariante handelt es sich um die Erweiterung von bestehenden Linienverkehren in nachfrageschwachen Zeiten (z. B. spät abends oder Sonntag nachmittags) um Anmelde-Fahrten. Die Beförderung erfolgt dabei nur nach dem festgelegten Fahrplan und nur nach vorheriger Anmeldung. Der Anmelde-Linienverkehr wird in der Regel von Taxiunternehmen durchgeführt, die Beförderung erfolgt zu Tarifen, die im öffentlichen Nahverkehr üblich sind. Monatskarten gelten in der Regel nicht. Liegen keine Fahrtwünsche bis zu einem bestimmten Anmeldeschluß vor, entfällt die Fahrt.

Mit dem Anmelde-Linienverkehr hat man in verschiedenen Landkreisen schon nach recht kurzer Zeit beachtliche Erfolge erzielt. So konnte beispielsweise in Reutlingen[5] ein Anmelde-Linienverkehr nach einem Jahr der Erprobung erfolgreich in den Dauerbetrieb überführt werden. Im August 1985 waren elf weitere Probebetriebe eingerichtet, ein Versuch mußte eingestellt werden. Wichtiger als die vorläufigen Umsatzergebnisse auf den einzelnen Linien ist dabei die Größenordnung der Gesamtkosten. Für die zwölf Anmelde-Linienverkehre im Landkreis Reutlingen, die fast das gesamte Kreisgebiet abdecken, wird für das Jahr 1985 mit einem Zuschußbedarf von max. 25 000 DM gerechnet. Diese Kalkulation wird durch ähnliche Angaben im Landkreis Tübingen (10 000 DM für vier Linien) bestätigt.

Hier scheint sich erfolgreich nachweisen zu lassen, daß mit relativ bescheidenen Mitteln eine nahezu kreisweite Versorgung durch eine besondere Form des Bedarfsverkehrs (Anmelde-Linienverkehr) möglich ist.

Hohenlohe-Modell

Nach vierjährigem Probelauf wurde das durch Bürgschaften des Bundes und des Landes bis zum 31. 8. 1983 abgesicherte Nahverkehrsmodell im Hohenlohekreis ab 1. 9. 1983 in eine „Phase der Überleitung" überführt, die offensichtlich auch nach dem 31. 8. 1985 fortgesetzt werden soll. Einen definitiven Beschluß zugunsten einer Dauereinrichtung gibt es bislang jedenfalls nicht. Ausgehend von einem Bedienungsstandard, der sich an der zentralörtlichen Gliederung des Landkreises orientiert, sollte durch die weitestgehende Integration des freigestellten Schülerverkehrs und möglichst auch des Werkverkehrs durch die Anbindung aller Wohnplätze von mehr als 50 Einwohnern ein flächendeckendes Nahverkehrsangebot eingerichtet werden. Dabei sollten alle im Landkreis tätigen Verkehrsträger auf freiwilliger Basis miteinander kooperieren.

Diese Vorgaben konnten weitgehend realisiert werden. Trotzdem blieben die wirtschaftlichen Erwartungen hinter den ursprünglichen Planungen zurück, so daß das vorgesehene Verkehrsangebot im Laufe des Versuchs von über fünf Millionen Wagenkilometer Fahrleistung pro Jahr bis zum Ende des Probelaufs auf 3,8 Millionen Wagenkilometer abgebaut werden mußte. Trotz eines angestiegenen Kostendeckungsgrades blieb für den Hohenlohekreis nach eigener Weiterführung ein jährliches Defizit von ca. 1,2 Millionen DM[6].

Seit 1984 liegen die Fahrleistungen nun bei 3,69 Millionen Wagenkilometer pro Jahr. Der Kostendeckungsgrad konnte bis auf 95,2 Prozent gesteigert werden, was einem jährlichen Defizit von 415 000 DM entspricht[7].

Bürgerbus

Auf der Grundlage niederländischer Konzepte ist am 4. März 1985 im Landkreis Borken in Nordrhein-Westfalen das Modellvorhaben Bürgerbus mit Unterstützung der dortigen Landesregierung angelaufen. Dabei sollen besonders schlecht an das ÖPNV-Netz angeschlossene Gemeinden in Eigenregie der Bewohner mit einem Kleinbus im Zubringer- und Nachbarschaftsverkehr versorgt werden. In freiwilliger Selbstverantwortung legen die in einem Bürgerbus-Verein zusammengeschlossenen Bewohner des Einsatzgebiets selbst fest, wo und zu welchen Zeiten ihr Bürgerbus fahren soll, und fahren diesen Bus auch selbst. Wichtig ist, daß es sich dabei nur um Gelegenheitsfahrten (Einkaufen, Arztbesuche, soziale Kontakte etc.) handelt, durch die der evtl. vorhandene öffentliche Linienverkehr auf keinen Fall konkurrenziert werden darf. Für den Einsatz des Bürgerbusses gelten grundsätzlich folgende Voraussetzungen: Das Einsatzgebiet soll ländlichen Charakter und eine Größe von 25 km^2 haben. Es sollen wenigstens ca. 800 Einwohner, mindestens ca. 1200 m von einer Haltestelle des ÖPNV entfernt wohnen. Der Bürgerbus soll für den ÖPNV eine Zubringerfunktion erfüllen können und soll ihm keine Nachfrage entziehen. Darüber hinaus sollten mindestens 20 ehrenamtliche Fahrer zur Verfügung stehen[8].

In den Niederlanden mußten im Jahre 1983 für die verschiedenen dort laufenden Bürgerbus-Projekte im Durchschnitt ca. 40 000 Hfl pro Jahr als Defizitausgleich vom Staat übernommen werden[9]. Für die Bundesrepublik hat ein Gutachten zur Ermittlung der Bedingungen für eine Übertragung des holländischen Bürgerbus-Konzepts auf hiesige ländliche Gebiete lediglich einen Kostendeckungsgrad von nur etwas mehr als 15 Prozent errechnet[10].

Eine Bestätigung dieser wichtigsten o. a. Variablen im laufenden Modellversuch, der zunächst nicht zeitlich befristet ist, würde der Übertragung auf andere Gebiete innerhalb der Bundesrepublik sicherlich enge Grenzen setzen und für den Bodenseekreis unter diesen Umständen als möglicher Ansatzpunkt wohl nicht in Frage kommen.

Zusteigerverkehr

Im norddeutschen Landkreis Cloppenburg wird derzeit ein Forschungsprojekt „Zusteigerverkehr" für dünn besiedelte Räume mit äußerst lückenhaftem Linienverkehrsangebot eingeführt. Dabei sollen freie Platzkapazitäten in privaten Pkw Mitbürgern, die an besonders markierten Haltestellen zusteigen wollen, angeboten werden. Der Zusteiger erhält einen Lichtbildausweis mit dem eine Unfall- und Haftpflichtversicherung verbunden ist. Die Kraftfahrer sollen ihre Mitnahmebereitschaft durch ein Abzeichen an der Windschutzscheibe bekunden. Der Zusteiger ist bereit, sich in geringer Höhe (etwa 10 Pfennig pro Kilometer) an den Betriebskosten zu beteiligen[11].

Es handelt sich dabei um eine Betriebsform, die in Belgien unter der Bezeichnung „Taxi-Stop" eingeführt ist und sich dort gut bewährt hat. Allerdings geht es bei dieser Bedienungsform, wie die Verantwortlichen selbst sagen, „um das letzte Glied in der Kette einer ‚differenzierten Bedienung' (Linienverkehr, Quasi-Linienverkehr [mit Anruf-Sammeltaxen], liniengebundener Verkehr [Zusteigeverkehr]) für ganz selten vorkommende Verkehrsbedürfnisse"[12]. Wichtig ist auch hier, daß der öffentliche Linienverkehr nicht beeinträchtigt werden darf. Das Projekt wird von der Deutschen Forschungsgemeinschaft für einen Zeitraum von 21 Monaten (ab 1.1.1985) finanziert.

Umweltschutzkarten

Nach dem Baseler Vorbild wurde zum 1. Oktober 1984 für den städtischen Linienverkehr in Freiburg eine Umweltschutz-Monatskarte eingeführt. Nach den Ergebnissen eines Zwischenberichtes vom November 1984 hatten sich bei den Baseler Verkehrsbetrieben zwar Mindereinnahmen durch die Umweltschutzkarte von ca. drei Millionen SFr aus dem reinen Fahrscheinverkauf ergeben, da jedoch die beiden Kantone Stadt Basel und Baselland bereits vor Modellbeginn zugesagt hatten, je Umweltschutzkarte 20 SFr Zuschuß zu bezahlen und diese Zuschußsumme sich zwischenzeitlich auf zehn Millionen SFr belaufen hatte, verblieben den Verkehrsbetrieben rund sieben Millionen SFr Überschuß in der Kasse[13].

Ziel des bundesdeutschen Pilotprojektes in Freiburg war in erster Linie, neue Benutzerschichten aus dem Individualverkehr für den ÖPNV zu gewinnen und damit einen wesentlichen Beitrag zum Umweltschutz zu leisten. So wurde die allgemeine Monatskarte als Umweltschutzkarte I von bislang 51,– auf 38,– DM reduziert. Sie ist frei übertragbar. Die nicht übertragbare Umweltschutzkarte II für Schüler, Lehrlinge und Studenten wurde von 35,– DM (im Mittel) auf 32,– DM gesenkt. Ein Zwischenergebnis für die Monate Oktober 1984 bis Juni 1985 bestätigt, daß ein Großteil der Benutzer der früheren relativ teuren Monatskarten auf die günstigeren Umweltschutzkarten ausgewichen ist. Trotzdem sind im Vergleich zum Vorjahreszeitraum die Fahrgastzahlen so angestiegen, daß nach Angaben der Verkehrsbetriebe ein Plus bei den Fahrscheinerlösen von ca. 88 000 DM entstanden ist[14].

Dies ist sicherlich ein sehr ermutigendes Ergebnis. Allerdings darf dabei nicht übersehen werden, daß bereits vor Einführung der Umweltschutzkarten mit der Eröffnung der Stadtbahn in die westlichen Stadtteile im Dezember 1983 eine starke Zunahme des Fahrscheinverkaufs (rund sechs Prozent in den ersten neun Monaten 1984) eingesetzt hatte. Über die Zukunftschancen des bislang hoffnungsvoll angelaufenen Versuchs soll erst nach Projektende am 30.9.1985 entschieden werden.

5. Fazit und Ausblick

Nach der erfolgreichen Neuordnung des Nahverkehrs im östlichen Bodenseekreis und der Modifizierung des Forschungsauftrages des Bundesministers für Verkehr im Mai 1985 mit der Maßgabe, die Neuordnung im gesamten Bodenseekreis auch ohne bedarfsgesteuerte Elemente vornehmen zu können, sollte es oberstes Ziel sein, durch eine bessere Koordination des vorhandenen Verkehrspotentials flächendeckend einen höheren Bedienungsstandard auch im westlichen Kreisteil herzustellen. Dabei wird sich ein nachfrageorientierter Verkehr, der den Verkehrsunternehmen eine vernünftige wirtschaftliche Basis garantiert, zuallererst am vorhandenen Bestand orientieren müssen. Bewährte Ansatzpunkte ergeben sich zunächst durch die Einbeziehung der Schülerverkehre bei gleichzeitiger Ausrichtung des Konzepts an der zentralörtlichen Gliederung verbunden mit einer Kooperation der Verkehrsunternehmen.

Ausgehend von diesem neu geordneten Grundkonzept könnten anschließend einzelne überschaubare, d. h. räumlich und zeitlich begrenzte sowie finanziell kalkulierbare Angebotsversuche zusätzlich gemacht werden. Dafür kommen in ganz konventionellem Sinne weitere Linien oder Kurse (z. B. Abendverbindungen) in Frage oder aber auch andernorts erprobte Ansätze bzw. Varianten, wie sie teilweise unter Punkt 4 beschrieben wurden, beispielsweise der Anmelde-Linienverkehr oder vielleicht auch bestimmte Formen von Tarifsenkungen, etwa durch eine Umweltschutzkarte. Wichtig dabei ist, daß nur auf fundierten, d. h. sachlich gerechtfertigten und nachgewiesenen bzw. überprüfbaren Ergebnissen aus den verschiedenen Modellversuchen aufgebaut und die Ergebnisse unter Berücksichtigung der besonderen Strukturen und der spezifischen örtlichen Gegebenheiten des Einsatzraumes übertragen werden.

Ein Mindestangebot an öffentlichem Nahverkehr wird auch in Zukunft für die Schüler, die Auszubildenden, die Alten und die Behinderten gebraucht. Unter sich weiter verschlechternden Rahmenbedingungen (Rückgang der Schülerzahlen, steigender Motorisierungsgrad, Abbau von Subventionen etc.) wird daher wahrscheinlich auch eine teilweise Kostenübernahme zur Sicherung einer Grundversorgung schon mittelfristig diskutiert werden müssen. Vielleicht ist es sogar irgendwann möglich, zumindest langfristig den negativen Trend „weg vom ÖPNV, hin zum Individualverkehr" zu brechen. Das wachsende Umweltbewußtsein, der zukünftig höhere Anteil an älteren Menschen sowie die vielleicht wieder steigende Anziehungskraft der Bahn, die dabei ist, sich ein sehr fortschrittliches Image zu geben, das auch auf den Bus abfärben kann, sind evtl. kleine Lichtblicke. Sicherlich gibt es gegenwärtig keine Patentlösungen, schon gar nicht für den ländlichen Raum. Aus diesem Grunde ist übergroße Euphorie ebenso wenig angebracht wie totale Resignation.

August 1985   Wilfried Franke

1) Statistisches Landesamt. Statistische Berichte B I-1, 2-j 80-84 sowie eigene Berechnungen
2) Meyer, H. H.: Einsatz rechnergesteuerter Bedarfsbusse in der Bundesrepublik Deutschland. UITP REVUE, Heft 3, 1982
3) Gerland, H.: BFB-Erprobung im Bodenseekreis. Arbeitspapier vom August 1984
4) Kommunalentwicklung Baden-Württemberg/Studiengesellschaft für Nahverkehr: ÖPNV-Modelluntersuchung Bodenseekreis, Juli 1984
5) Nach verschiedenen Arbeitsunterlagen des Landratsamtes Reutlingen vom 27. 7. 1985
6) Susset, F.: Nachverkehrsmodell Hohenlohekreis: Ergebnisse, Erfahrungen, Wünsche und Chancen. Der Landkreis 3/1984
7) Nach Angaben der Geschäftsstelle und dem Geschäftsbericht 1984 des Nahverkehrsmodells Hohenlohekreis
8) Studiengesellschaft Nahverkehr: Bürgerbus-Leitfaden. Hamburg/Düsseldorf, 1985
9) Nach Arbeitsunterlagen des Ministeriums für Wirtschaft, Mittelstand und Verkehr des Landes Nordrhein-Westfalen, 1984
10) vgl. Rundschreiben des Landkreistages Baden-Württemberg Nr. 30/1985, Seite 6
11) Arbeitspapier der GHS Wuppertal, Fachbereich 11, Prof. Dr. Ing. Fiedler, 18. März 1985
12) Arbeitspapier der GHS Wuppertal, Fachbereich 11, Prof. Dr. Ing. Fiedler, 18. März 1985, Seite 2
13) Nach Unterlagen der Freiburger Verkehrs AG vom 1. 2. 1985
14) Nach Unterlagen der Freiburger Verkehrs AG vom 31. 7. 1985

Der Dorfbrunnen in Billafingen

„Unser Dorf soll schöner werden"

25 Dörfer im Bodenseekreis haben sich bisher – die meisten mehrfach – am Landes- und Bundeswettbewerb beteiligt

Im vergangenen Jahr 1985 fand der 13. Bundes- und Landeswettbewerb „Unser Dorf soll schöner werden" statt, welcher in zweijährigem Turnus vom
– Bundesminister für Ernährung, Landwirtschaft und Forsten bzw. vom
– Ministerium für Ernährung, Landwirtschaft, Umwelt und Forsten, Baden-Württemberg, ausgeschrieben wird. Der Wettbewerb beginnt jeweils mit einer Ausschreibung auf Landkreisebene, deren Erstplazierte über eine Bezirks- und Landesausscheidung auch am Bundeswettbewerb teilnehmen können.

Nicht der 13. Wettbewerb als solcher hat meine Aufmerksamkeit erregt, sondern die Tatsache, daß er seit nunmehr einem Vierteljahrhundert erfolgreich durchgeführt wird und daß der kleine Ort Billafingen 1985 auf Kreisebene wieder einen 1. Platz und auf Landesebene eine Goldmedaille gewonnen hat. Gespräche mit Bürgern aus den an diesem Wettbewerb beteiligten Gemeinden sowie mit Friedrich Frick und Josef Köhne vom Amt für Landschaftspflege, Obst- und Gartenbau in Überlingen und Tettnang lassen erkennen, wie fruchtbar sich die bisherigen Wettbewerbe auf die Gemeinden ausgewirkt haben. Ich konnte feststellen, daß der Wettbewerb vor 1961 regional unterschiedliche Vorgänger hatte.

So wird berichtet, daß schon seit 1952 der Kreis „Herzogtum Lauenburg" (Schleswig-Holstein) den Wettbewerb unter dem Motto „Schönheit des Dorfes" durchführte. Im Kreis „Schleswig" wurde der Wettbewerb „Das schöne Dorf" seit 1957 ausgeschrieben. „Dorfverschönerungswettbewerbe" sind u. a. auch im Kreis „Freiburg" seit 1957 und im Kreis „Überlingen" seit 1959 durchgeführt worden.

Die Idee für einen Wettbewerb auf Bundes- bzw. Landesebene stammt vom langjährigen Präsidenten der Deutschen Gartenbaugesellschaft, Lennart Graf Bernadotte von der Insel Mainau. Ihn inspirierten dazu die armseligen Dorfbilder der Nachkriegsjahre mit ihren grauen, renovierungsbedürftigen Häusern und den wenigen oder gänzlich fehlenden Blumen. Das 5. Mainauer Gespräch und die dabei verabschiedete „Grüne Charta von der Mainau" waren Basis für die erste Auslobung des Bundeswettbewerbes „Unser Dorf soll schöner werden" im Jahre 1961. Die Ausschreibung erfolgt jeweils durch den Bundesminister für Ernährung, Landwirtschaft und Forsten. Mit der Durchführung des Wettbewerbes ist die Deutsche Gartenbaugesellschaft beauftragt.

Diese nun schon ein Vierteljahrhundert bewährte Aktion unterscheidet sich in zwei Punkten wesentlich von anderen Maßnahmen zur Dorfverschönerung. Zum einen liegt die Initiative im Rahmen dieses Wettbewerbes bei den Dörfern und ihren Bewohnern und nicht auf staatlicher Seite. Zum anderen wird dabei nicht mit Gesetzen und Verordnungen gearbeitet, sondern an die Einsicht und Mitarbeit der Bürger appelliert.

Ein Wort zu den Wettbewerbszielen. Von den Vätern des Wettbewerbes war dessen Sinn 1961 wie folgt formuliert worden: „Es ist der Sinn dieses Wettbewerbes, Dörfer und Gemeinden im Bundesgebiet festzustellen, die sich durch ihre hervorragende Dorfgestaltung sowie Grün- und Blumenpflege besonders auszeichnen. Diese Gemeinden sollen als Beispiel herausgestellt werden, um so anderen Gemeinden wertvolle, würdige Vorbilder zum Nacheifern zu geben".

Die Ziele des Wettbewerbes von 1984/1985 lauteten: „Der Wettbewerb soll die notwendige gesellschaftspolitische und strukturelle Neuorientierung des ländlichen Raumes auf breiter Ebene unterstützen und intensivieren. Gemeinden und Gemeindeteile mit dörflichem Charakter sollen angeregt werden, ihren unmittelbaren Lebensraum auf der Grundlage historischer Entwicklung und landschaftlicher Gegebenheiten sowie das Zusammenleben ihrer Bevölkerung auf der Grundlage bürgerschaftlicher Aktivitäten und Selbsthilfeleistungen bewußt zu gestalten und zu pflegen. Dies schließt die Mitwirkung der Bevölkerung ein, die funktionsbestimmte Entwicklung der Orte in die übergeordnete Planung einzufügen und die dabei notwendigen Aufgaben zu wahren und ggfs. auszubauen. Der Wettbewerb will Gemeinden und Gemeindeteile, die auf diesen Gebieten Vorbildliches leisten, herausstellen. Sie sollen mit ihren beispielhaften Leistungen weitere Orte zum Nacheifern anregen."

Die Bewertungskriterien lagen anfangs hauptsächlich im gärtnerischen Bereich und berücksichtigten die
– öffentlichen und gemeinschaftlichen Aufgaben,
– private Aufgaben,
– besondere Leistungen.
Für die Beurteilung der Leistungen galt: „Neben dem Zustand des Dorfes und seiner Anlagen zum Zeitpunkt der Beurteilung werden insbesondere auch die Leistungen bewertet, die seit der Ausschreibung des Landeswettbewerbes durchgeführt worden sind".

Ein Vergleich der Ausschreibungstexte seit 1961 zeigt, daß hinsichtlich der Zielformulierungen mehr oder weniger starke Entwicklungs- und Anpassungsphasen durchlaufen wurden.

- Im Jahre 1961 lag der Schwerpunkt auf einer schönen Dorfgestaltung sowie auf Grün- und Blumenpflege.
- 1963 und 1965 standen die Gemeinschaftsleistungen bei der Gestaltung und Pflege des Ortes und seiner Umgebung im Vordergrund. Der Bezug zur Umwelt und die Selbsthilfeleistungen wurden mit einbezogen.
- 1967 war erstmals die „Entwicklung des Ortes" als ein weiteres Ziel genannt worden.
- Bei den Wettbewerben 1969 bis 1975 kam die „gesellschaftspolitische und strukturelle Neuorientierung des ländlichen Raumes" zur Sprache. Es war auch nicht mehr vom „Dorf", sondern von „ländlichen Gemeinden und Ortsteilen" die Rede, eine Anpassung im Zuge der kommunalen Gebietsreform.
- In den Jahren 1977 und 1979 wurde die Mitwirkung der Bevölkerung bei der „Einfügung der funktionsbestimmten Entwicklung der Orte in die übergeordnete Planung" betont. Ferner erfolgte eine Ausweitung der Aufgaben zum Thema Denkmal- und Landschaftspflege.
Seither sind die Bewertungskriterien nahezu unverändert geblieben, abgesehen von einer im Jahre 1981 erfolgten Verschiebung in den Punktezahlen.

Die Änderungen bei den Wettbewerbszielen haben auch ihren Niederschlag bei den Bewertungskriterien gefunden. Für die erbrachten Leistungen werden je nach Erfüllungsgrad maximal 100 Punkte vergeben. Im Rahmen dieser zu vergebenden Punktzahl werden je nach Wertung und Gewichtung den Bewertungsbereichen verschieden hohe Punktzahlen zugeordnet. Die Zuordnung ist im Laufe des Wettbewerbs mehrfach geändert worden. Einige Grafiken verdeutlichen die Veränderungen in den Zielen und Punkten.

Bewertungsbereiche, Punkteverteilung

Eine Auswertung der 13 bisherigen Ausschreibungen zeigt, daß sich der 1961 fast ausschließlich auf gärtnerische Belange ausgerichtete Wettbewerb allmählich zu einem Instrument der „Strukturverbesserung des ländlichen Raumes" entwickelt hat. Die Zielsetzungen des Wettbewerbs „Unser Dorf soll schöner werden" decken sich weitgehend mit dem in Baden-Württemberg seit 1975 angelaufenen „Dorfentwicklungsprogramm". Letzteres ist nach Aussagen von Staatssekretär Schöttle (15. 10. 1983 in Karlsruhe) auf den Ideen des Dorfverschönerungswettbewerbs begründet.

Die Zahl der am gesamten Wettbewerb bundesweit teilnehmenden Dörfer hat, von vorübergehenden Rückgängen abgesehen, stetig zugenommen. Die Tabelle zeigt die Zahl der Orte, die seit 1961 teilgenommen haben.

Bedingungen entscheiden

Die Zahlen der teilnehmenden Orte sind im Zusammenhang mit den Teilnahmebedingungen zu sehen. Der Kreis der teilnahmeberechtigten Dörfer wird im Ausschreibungstext geregelt. Darin heißt es, daß Dörfer und Gemeinden bis zu 3000 Einwohnern teilnahmeberechtigt sind. Anerkannte Kur- und Badeorte sind von der Teilnahme ausgeschlossen. Nach einer Untersuchung des „Institut für Städtebau, Bodenordnung und Kulturtechnik der Friedrich-Wilhelms-Universität, Bonn", haben sich 76,5 Prozent der Gemeinden für eine weitere Teilnahme an diesem Wettbewerb ausgesprochen. Das gleiche Institut hat auch untersucht, welche Gemeindegrößen (Einwohnerzahl) sich an dem Wettbewerb beteiligen.

Unsere Grafik zeigt die beteiligten Gemeinden der Jahre 1961 und 1978. Sie macht deutlich, daß 1961 Gemeinden mit 200 bis 500 Einwohnern am stärksten vertreten waren. Das Einpendeln auf je rund 25 Prozent im Jahr 1978 bei den Gemeindegrößen von 200 bis 500, 500 bis 1000 und 1000 bis 2000 Einwohner ist mit der Gemeindereform zu erklären.

Um den Gemeinden für ihre Bemühungen einen kleinen Anreiz zu geben, sind auf Bundesebene von Anfang an goldene, silberne und bronzene Plaketten mit Urkunden verliehen worden. Ab 1967 gab es zusätzlich noch Sonderpreise für besondere Leistungen.

Der Wettbewerb „Unser Dorf soll schöner werden" wird auch von der Landesregierung ausgeschrieben. Die ersten sieben Wettbewerbe auf Landesebene sahen Staatspreise mit bescheidenen, zweckgebundenen Geldpreisen vor. Die meisten der seit Ende der fünfziger Jahre von den Landkreisen Baden-Württembergs veranstalteten Verschönerungswettbewerbe wurden jedoch nicht als Bestandteil des Bundes-/Landeswettbewerbs geführt; so auch in den Altkreisen Überlingen und Tettnang, worauf noch eingegangen wird. Daher war die Beteiligung des Landes Baden-Württemberg am Bundeswettbewerb relativ bescheiden. Es gab in diesem Lande sogar regelrecht konkurrierende Aktionen, wie zum Beispiel den vom badischen Landesausschuß „Tag der Heimat" ab 1959 organisierten Wettbewerb „Verschönerung des Ortsbildes".

Seit dem 8. Wettbewerb (1974/75) sind die Dorfverschönerungsaktivitäten auf Kreisebene in den Landeswettbewerb einbezogen worden. Auch der Bodenseekreis beteiligte sich ab dem 8. Wettbewerb am Landeswettbewerb recht erfolgreich. Über die bescheidenen Erfolge am Bundeswettbewerb ist schon berichtet worden. Beim Landeswettbewerb sieht die Ausbeute schon etwas erfreulicher aus. Seit 1975 sind beim Landeswettbewerb folgende Medaillen und Preise verliehen worden.

	Medaillen insgesamt	davon entfielen auf den Bodenseekreis
Gold	53	5
Silber	78	3
Bronze	128	6
Sonderpreise	57	2
EM Plaketten	37	2

Die auf den Bodenseekreis entfallenen Auszeichnungen verteilen sich auf nur acht Gemeinden (Ortsteile), wie aus unserer Tabelle zu ersehen ist.

Der Bodenseekreis, 1973 gegründet, betrachtet seinen Wettbewerb „Unser Dorf soll schöner werden" von 1974 an als Bestandteil des Landes- und Bundeswettbewerbes. Dies war bei den Kreisen Überlingen und Tettnang davor nicht der Fall. Während im Kreis Überlingen die „Verschönerungswettbewerbe" und Verschönerungsmaßnahmen unter der Regie des Landratsamtes erfolgten, lag die Initiative im Kreis Tettnang mehr auf der privaten Ebene, vielleicht unterstützt vom Amt für Landschaftspflege, Obst- und Gartenbau des Landratsamtes.

Die Verschönerungswettbewerbe im Bereich Überlingen fanden seit 1959 statt. Neun Gemeinden, nämlich Hagnau, Markdorf, Sipplingen, Überlingen, Bermatingen, Owingen, Wangen, Illmensee und Kluftern haben sich am 1. Wettbewerb beteiligt. Der kleine finanzielle Anreiz, die Erwähnung in der Presse und nicht zuletzt die Erkenntnis, daß das äußere Bild der Gemeinde durch gärtnerische Aktivitäten im kommunalen und privaten Bereich gewinnt, haben dazu geführt, daß sich in den folgenden Jahren immer mehr Gemeinden an diesem Wettbewerb beteiligten. Die Teilnehmerzahl stieg von 16 im Jahre 1961 auf 22 im Jahre 1963 und auf 27 im Jahre 1964. Danach trat eine Beruhigung ein, so daß bis 1973 durchschnittlich 22 Gemeinden an dem Wettbewerb teilnahmen.

Im Altkreis Tettnang gab es diesen vom Landratsamt organisierten Wettbewerb nicht. Als Gründe nannte J. Köhne: Zu wenige dafür in Frage kommende Landgemeinden und die bereits bestehenden Maßnahmen auf privater und kommunaler Ebene. Die Städte Friedrichshafen und Tettnang mit den Vororten waren dafür nicht zugelassen. Blumenschmuckwettbewerbe gibt es in Tettnang und den Teilorten Laimnau, Langnau, Tannau und Kau seit 1974. In Ailingen werden sie seit 1972, in Meckenbeuren und Eriskirch seit 1978 und in Ettenkirch seit 1981 durchgeführt.

Es mag auch die stärkere Industrieansiedlung im Altkreis Tettnang dazu beigetragen haben, daß dort den Verschönerungswettbewerben nicht die Bedeutung beigemessen worden ist, während im Altkreis Überlingen die vielleicht etwas intensiveren Fremdenverkehrsbemühungen den Wettbewerb beeinflußten. Im Bodenseekreis beteiligten sich seit 1974 folgende Gemeinden/Ortsteile am Wettbewerb „Unser Dorf soll schöner werden":

Ort	74/75	76/77	78/79	80/81	82/83	84/85
Bermatingen	–	–	–	–	×	×
Ahausen	–	–	–	×	×	–
Frickingen	×	×	×	×	×	×
Altheim	–	×	×	×	×	×
Leustetten	–	×	–	×	×	×
Hagnau	–	–	–	×	×	×
Heiligenberg						
Hattenweiler	–	×	×	×	×	×
Owingen	×	×	×	×	×	×
Billafingen	×	×	–	–	×	×
Hohenbodman	–	–	–	–	–	×
Salem						
Beuren	–	–	–	–	×	–
Neufrach	–	–	×	×	×	–
Mimmenhausen	–	–	–	×	×	–
Weildorf	–	–	×	×	×	–
Stefansfeld	–	–	×	×	×	–
Sipplingen	–	×	×	×	×	×
Stetten	–	×	–	–	–	–
Uhldingen						
Unteruhldingen	×	×	×	×	–	×
Oberuhldingen	×	×	×	×	–	×
Mühlhofen	×	×	×	×	–	×
Ailingen	×	–	×	×	–	–
Eriskirch-Schlatt	–	–	–	×	–	–
Laimnau	×	–	–	×	–	–
Oberteuringen	×	–	–	×	–	–
Oberdorf	–	–	×	×	–	–

Vorstehende Tabelle zeigt, daß sich einige Gemeinden regelmäßig an diesem Wettbewerb beteiligen. Sie haben auch in der Dorfgestaltung und Dorfverschönerung einen Schritt nach vorn getan, wird immer wieder von den Bewertungskommissionen bestätigt, obwohl da und dort, bedingt durch örtliche Gegebenheiten, noch einiges zu tun wäre. Die Empfehlungen der Kommissionen werden in der Regel angenommen und umgesetzt. An dieser Stelle sollte auch noch einmal die richtungsweisende Tätigkeit von Friedrich Frick (seine Arbeit führt inzwischen Herbert Bischof weiter) und von Josef Köhne erwähnt werden, die es nicht nur bei verbalen Empfehlungen bewenden lassen, sondern auch aktiv bei den Planungen zur Ortsverschönerung und Ortsgestaltung mitwirken. Ihr Rat werde akzeptiert, ihre „Handschrift" sei in den Gemeinden zu erkennen, wurde mir berichtet. „Farbliche Entgleisungen" an Häusern und Zäunen konnten verhindert werden. Dem „Reklameunwesen" im ländlichen Raum konnte Einhalt geboten werden. Friedhöfe seien unter Zuhilfenahme der Natur zu „Weihestätten" geworden. Fachwerkhäuser bekamen wieder ihren „alten Glanz" und Dorfplätze ihre ursprüngliche Bedeutung und Funktion.

Ein Blick auf die Teilnehmerlisten für den Kreiswettbewerb seit 1974 (6 Wettbewerbe) und auf die Ergebnislisten der Bewertungskommissionen zeigt, daß es einigen Gemeinden immer wieder gelang, einen der vorderen Plätze einzunehmen. Örtliche Bedingungen und relativ spät begonnene Maßnahmen werden für die weniger erfolgreichen Gemeinden als Gründe genannt.

Die Auswertung, bezogen auf die erreichten Punkte, sieht wie folgt aus:

		1. Platz	2. Platz	3. Platz
Sipplingen	(5)	2×	3×	–
Billafingen	(4)	1×	1×	1×
Stefansfeld	(3)	1×	1×	–
Hagnau	(3)	1×	1×	–
Laimnau	(2)	2×	–	–
Unteruhldingen	(5)	–	3×	–
Owingen	(6)	–	1×	–
Ailingen	(4)	–	1×	–
Oberteuringen	(3)	–	2×	1×
Frickingen	(6)	–	–	3×
Weildorf	(3)	–	–	1×
Hattenweiler	(5)	–	–	1×
Bermatingen	(2)	–	–	1×

() Beteiligung an den 6 Wettbewerben seit 1974

Punktgleichheit ergibt mehrere erste, zweite oder dritte Plätze.

Diese hier nach den erreichten Bewertungspunkten vorgenommene Plazierung entspricht nicht der Vergabe von 1., 2. und 3. Plätzen durch die Bewertungskommission. Diese vergaben meist mehrere erste, zweite und dritte Plätze; so z. B. einen 1. Platz an den gesamten Punktebereich 90 bis 100 Punkte; usw. Es drängt sich bei der Betrachtung vorstehender Tabelle die Frage auf, was die Gemeinden bzw. Ortsteile wie Sipplingen, Billafingen und auch Unteruhldingen tun, um bei diesem Wettbewerb so erfolgreich zu sein. Schaut man sich diese Orte an, so erkennt man schnell, daß es nicht einzelne hervorstechende Maßnahmen sind, sondern viele Kleinigkeiten, welche die jeweiligen Orte gefällig und liebenswert machen. Wegen der besseren Kenntnis des Ortes möchte ich versuchen, dies am Beispiel Billafingen einmal anschaulich zu machen.

Der Schlüssel des Erfolges von Billafingen dürfte im ausgeprägten Gemeinsinn seiner Bürger liegen. Sauberkeit und Ordnung sind die Grundpfeiler dieses bäuerlichen Ortes. Seine Bürger haben es verstanden, den Charakter des ländlichen Dorfes zu erhalten und in die Landschaft einzubinden. Neben dem zahlreichen Blumenschmuck tragen dazu Pflanzungen in der Landschaft, ausgeschilderte Wanderwege, ein Naturlehrpfad, 14 renovierte Feldkreuze, eine Grillhütte und zahlreiche Ruhebänke im Außenbereich bei. Ein Hauptaugenmerk legte der frühere Bürgermeister und spätere Ortsvorsteher Josef Gnädinger auf die Erhaltung historischer Gebäude und Einrichtungen. Denkmalpflege war für ihn nie ein Fremdwort.

Das innere Gesicht von Billafingen wird von einer natürlichen, wohltuenden Atmosphäre geprägt. Die in Holz geschnitzten Straßenschilder, der freigelegte in Blumen und Grün eingefaßte Dorfbach sowie die von privater Hand geschmückten und gepflegten Dorfbrunnen verleihen dem Ort diesen liebenswerten Charakter.

Die Möglichkeiten im Rahmen des Dorfentwicklungsprogramms wurden von privater und kommunaler Seite voll ausgeschöpft. Wohnhäuser und landwirtschaftliche Gebäude wurden nach einem Farbleitplan renoviert, der kaum noch Wünsche offen ließ. Billafingen ist in der glücklichen Lage, einen echten Ortsmittelpunkt zu haben. Kirche, Friedhof, Rathaus, Pfarrhaus und die dazugehörenden Gaststätten sind kaum mehr als 100 Meter voneinander entfernt. Dies trug dazu bei, daß eine Dorfgemeinschaft entstehen konnte, die Seltenheitswert hat. Die Veranstaltungen in Billafingen sind, gleich wer sie organisiert, Veranstaltungen des Dorfes, der Kirche, der Kommune und der Vereine.

Der Wettbewerb ist natürlich, wie alles auf der Welt, nicht frei von Kritik. Obwohl Dreiviertel der bisher an diesem Wettbewerb beteiligten Gemeinden auch künftig mitmachen werden, gibt es laut Umfrage des „Institut für Städtebau, Bodenordnung und Kulturtechnik der Friedrich-Wilhelms-Universität, Bonn" doch einige Kritik seitens der Teilnehmer und von Außenstehenden.

Es würde zu weit führen, wollte man im Rahmen dieses Beitrages auf alle Argumente gründlich eingehen. Einige sollten jedoch schwerpunktmäßig genannt werden, um den Kritikern gerecht zu werden:
– Der Wettbewerb werde mit einem Perfektionismus betrieben, der den Dörfern schade.
– Er sei eine staatlich geförderte Abrißaktion.
– Er sei kaum über das Stadium des „Blumenkastenwettbewerbs" hinausgekommen.
– Der fachmännische Rat werde bei der Durchführung nicht angeboten.
– Der Name des Wettbewerbs lenke von den eigentlichen Zielen ab.

Diese Liste ließe sich noch erheblich erweitern. Es gibt jedoch keine Kritik, die den Wettbewerb grundsätzlich in Frage stellt. In der Regel werden nur die einzelnen Bewertungskriterien bemängelt.

Die Kritik dürfte teilweise übertrieben sein (vielleicht bewußt, um sie zu unterstreichen), in manchen Fällen ist sie sicherlich auch berechtigt. Dieser Tatsache wurde aber im Verlaufe der 25 Jahre durch immer wieder geänderte Zielsetzungen Rechnung getragen. Empfehlungen dafür gab es bereits eine ganze Reihe. Von einer fehlenden fachlichen Beratung kann im Bodenseekreis jedenfalls nicht gesprochen werden.

Laut der zitierten Umfrage wird der Wettbewerb grundsätzlich als positiv angesehen. Sein Schwerpunkt wird künftig nicht auf der „Dorfverschönerung" liegen, sondern auf der „Dorferhaltung" und „Dorfgestaltung" mit einer nicht unwesentlichen denkmalpflegerischen Komponente.   Norbert Zysk

Chronik des Bodenseekreises
1985

Das Jahr 1985 war geprägt vom Wechsel im Amt des Landrats. Dr. Bernd Wiedmann, seit 1978 Landrat des Bodenseekreises, wurde am 10. 3. 1985 zum Oberbürgermeister der Stadt Friedrichshafen gewählt und trat sein Amt am 27. 4. 1985 an. Zum neuen Landrat des Bodenseekreises wählte der Kreistag am 16. 7. 1985 Bürgermeister Siegfried Tann, Meckenbeuren, der am 17. 9. 1985 in sein Amt eingeführt wurde.

Daneben verdienen viele andere Ereignisse festgehalten zu werden. Im einzelnen:

Kreistag und Bodenseekreis

Die traditionelle *öffentliche Kreistagssitzung* zum Jahresbeginn im Neuen Schloß in Meersburg war am *23. 1. 1985* dem Thema „Altern – Tatsachen und Perspektiven" gewidmet. Den Festvortrag hielt Prof. Dr. Ursula Lehr, Bonn.

Wie in den letzten Jahren war der Bodenseekreis auch auf der *IBO 1985* vom 11. bis 19. 5. vertreten. Der Schwerpunkt der Informationen galt der Jugendkunstschule und der Erwachsenenbildung.

Schulen

Nachwuchsingenieure im Bereich der Elektrontechnik werden jetzt in Tettnang ausgebildet. Das ist das Ergebnis einer engen *Zusammenarbeit zwischen der Berufsakademie Ravensburg und der Elektronikschule Tettnang.* Durch die Berufsakademie Ravensburg hat Tettnang begonnen, sich zu einem Studienort im Bodenseekreis zu entwickeln. An der Elektronikschule Tettnang wurde ferner zum Schuljahresbeginn 1985/86 ein *zweijähriges Berufskolleg für datentechnische Assistenten eingerichtet.*

In *Überlingen* erfolgte am 9. 9. 1985 der erste Spatenstich für die Erweiterung der dortigen *Beruflichen Schulen.* Das Vorhaben wird rd. 17 Mio DM kosten und umfaßt eine Programmfläche von 2640 m².

Eine erfreuliche Entwicklung nahm die *Jugendkunstschule* des Bodenseekreises in Meersburg. Erst 1984 gegründet, wurden 1985 bereits 84 Kurse mit 875 Teilnehmern durchgeführt.

Jugend und Soziales

Die Bemühungen des Bodenseekreises um Ausbildung und Arbeitsplätze für Jugendliche wurden mit Erfolg fortgeführt. So gelang es, das *Ausbildungsplatzangebot* im Landratsamt auf 31 Plätze und 10 Praktikantenstellen zu erweitern. Keiner der Auszubildenden wurde nach Prüfungsabschluß arbeitslos. Die für arbeitslose Jugendliche mit dem Arbeitsamt eingerichteten Lehrgänge besuchten:

Lehrgang für Hauswirtschaft, Hotel- und Gaststättenberufe und Verkauf	15 Mädchen
Lehrgang für Bürotechnik	16 Mädchen
Pflegearbeiten im Natur- und Landschaftsschutz	12 Jugendliche
Summe	43 Jugendliche

Zur Verbesserung der Zahngesundheit bei Kindern und Jugendlichen wurde im Februar 1985 die *Arbeitsgemeinschaft Zahngesundheit im Bodenseekreis gegründet*. Der Arbeitsgemeinschaft unter der Trägerschaft des Bodenseekreises gehören das Staatl. Gesundheitsamt, Zahnärzte und Krankenkassen an.

Die Aktion „Mitmenschen in Not" hat sich auch 1985 mit über 50 Einsätzen bestens bewährt. Über 40 Personen sind in dieser Aktion ehrenamtlich engagiert.

Senioren

Das *Kreisaltenprogramm* aus dem Jahre 1974 wurde überarbeitet und auf den neuesten Stand fortgeschrieben. Es enthält Hinweise und Anregungen für die Bedürfnisse der älteren Menschen. Der vierteljährlich erscheinende *„Bodensee-Senior"*, eine von A-Z von Senioren gemachte Zeitung, hat sich zu einem beliebten und geschätzten Informationsmittel für die ältere Generation entwickelt. *Der Tag des älteren Mitbürgers,* diesmal zum zweiten Mal am 4. 12. 1985 in Oberteuringen abgehalten, war wieder ein voller Erfolg.

Kreiskrankenhaus Tettnang

Zum Jahresende wurde der Erweiterungsbau fertig. Er umfaßt zwei neue OP-Räume, neue Laborräume, eine Zentralsterilisation sowie ein neues Zentrallager. Die Kosten liegen bei 15,4 Mio DM.

Abfallbeseitigung

Der Bodenseekreis als Träger der Abfallbeseitigung hat sich zum *Ziel* gesetzt, die *Müllmenge zu reduzieren* und wiederverwertbare Abfälle in den Wirtschaftskreislauf zurückzuführen.

Mit großem Erfolg werden bereits *Sondermüllsammlungen* und *Sammlungen von Wertstoffen* durch die Vereine praktiziert. Hinzukommt nach dem Beschluß des Kreistags vom 3. 7. 1985 eine Umstellung der Einwohner- und Kubikmetergebühr auf *Gewichtsgebühr,* eine kostenlose Annahme von *Wertstoff-Monoladungen,* der Bau einer *Versuchs-Kompostanlage* für Gartenabfälle und die Einrichtung *zentraler Kompostplätze* in den Kreisgemeinden.

Die Aktion der Kleinkompostierung wird durch die *Kompostfibel,* die im Frühjahr des Jahres herausgegeben wurde, unterstützt.

Umweltschutz

Die Maßnahmen zum Schutz der bedrohten Umwelt stoßen bei der Bevölkerung auf breite Zustimmung und aktive Teilnahme. Dazu zählt das flächendeckende Netz an *bleifreien Tankstellen* im Bodenseekreis, das 1985 mit Kreiszuschüssen − max. 10000 DM je Tankstelle − errichtet wurde.

Die Ausstellung „Bedrohte Tiere" vom 18. 6. bis 26. 7. 1985 stieß auf ebenso großes Interesse wie die naturkundliche Ausstellung „Der Bodensee" vom 2. 9. bis 20. 9. Beide Ausstellungen fanden im Landratsamt statt.

Das Gebiet um den „Jägerweiher" in Oberrussenried, Gemeinde Neukirch, wurde unter Naturschutz gestellt. Die Schutzverordnung des Regierungspräsidiums Tübingen ist am 25. 1. 1985 in Kraft getreten.

Als flächenhafte Naturdenkmale sind der „Rallentobel" in Meersburg und die „Falkenhalden" in Obersiggingen, Gemeinde Deggenhausertal, vom Landratsamt unter Schutz gestellt worden.

Das im Vorjahr beschlossene Kreispflegeprogramm für den Natur- und Landschaftsschutz wurde 1985 fortgeführt.

Zur Erhaltung der Sortenvielfalt erstellt der Bodenseekreis in Überlingen einen Lehrpfad mit 50 alten Traditions-Apfelsorten aus dem Bodenseegebiet. Die Aktion des Bodenseekreises „Pflanzung von hochstämmigen Obstbäumen" hat bei den Landwirten ein breites Echo gefunden. Das Landratsamt hat die Aktion im Jahre 1985 mit einem Kostenaufwand von rd. 30000 DM für die Beschaffung des Pflanzmaterials unterstützt.

Verkehr

Das Ende 1984 eingeführte neue Nahverkehrskonzept für den östlichen Bodenseekreis (Integration des Schülerverkehrs in das öffentliche Liniennetz) hat sich bewährt. Der bundesweit festzustellende Trend, daß die Fahrgastzahlen des öffentlichen Personennahverkehrs im ländlichen Raum schrumpfen, ist auch im Bodenseekreis festzustellen. Patentrezepte gegen diesen Trend gibt es bislang leider nicht.

Der Ausbau der Kreisstraßen ist 1985 ein gutes Stück vorangekommen. Die Ortsdurchfahrten Oberuhldingen, Kippenhausen und Nußdorf konnten ausgebaut und dem Verkehr übergeben werden. Kosten: rd. 2 Mio DM.

Radfahren erfreut sich im Bodenseekreis immer größerer Beliebtheit. Dem trägt die Radwanderkarte Bodenseekreis, die 1985 in der zweiten überarbeiteten Auflage erschien, Rechnung.

Kultur- und Heimatpflege

Der Bodenseekreis fühlt sich dem kulturellen Erbe des Bodenseeraums verpflichtet. Eine wichtige kulturpolitische Aufgabe ist deshalb der Denkmalschutz, den der Bodenseekreis mit einem jährlichen Kreisdenkmalprogramm fördert.

Mit der Herausgabe des Bauernhausführers im Frühjahr 1985 leistete der Bodenseekreis einen wichtigen Beitrag zur Kunst- und Heimatgeschichte.

Im Landratsamt wurde die „Galerie Bodensee" eröffnet. Dazu gibt es einen Galerieführer. Diese ständige Ausstellung mit Kunstwerken unseres Jahrhunderts in der Bodenseeregion ist seit 1978 aufgebaut worden.

Die wesentlichen Phasen der Kunstgeschichte und Künstler der Landschaft Bodensee-Oberschwaben werden im Laufe der Zeit durch Wechselausstellungen dokumentiert. 1985 fanden Ausstellungen mit Werken des Malers Herbert Vogt, Salem, im März/April 1985 im Landratsamt und Hans Dieter, dem Maler und Poeten vom Bodensee, in der Galerie „Lände", Kressbronn, reges Interesse. Das Angebot wurde abgerundet durch die Ausstellungen „Politische Karikaturen einst und heute" vom 5. 2. bis 23. 2. im Landratsamt und „Frühe

Photographie" im Museum Überlingen. In der Reihe *„Kunst am See"* sind 1985 die Bände 14 und 15 erschienen. Sie gelten dem Maler Hans Dieter und der „Frühen Photographie". Das *4. Literaturforum* mit Dichterlesungen fand am 2. 3. 1985 in Immenstaad statt. Die Texte werden in einem Sammelband veröffentlicht.

Dieter Bucher

Erster Spatenstich für die Erweiterung der beruflichen Schulen in Überlingen

Chronik der Städte und Gemeinden 1985

Bermatingen: Verabschiedung von Herrn Franz Steiner als Dirigent der Musikkapelle Bermatingen nach 15-jähriger Tätigkeit mit Verleihung der Ehrennadel des Landes Baden-Württemberg (1.6.). Bahnhoffest anläßlich der Einweihung eines neuen Bahnsteiges und des 150jährigen Jubiläums der Eisenbahn (6.6.). Jubiläumsrennen des Windhundrennclubs Bodensee anläßlich des 10jährigen Bestehens (9.6.). Verabschiedung von Frau Edeltrudis Gautsch als Rektorin der Grundschule Bermatingen (22.7.). 90jähriges Jubiläum des Kameradschaftsvereins Ahausen (26.-28.7.). Einsetzung des neuen katholischen Pfarrers Julius Dreher (8.9.). Wiederwahl von Bürgermeister Alois Gohm (6.10.). Einführung von Herrn Reiner Rammelt als neuer Schulleiter der Grundschule Bermatingen (4.11.). Verleihung des Ehrenrings der Gemeinde an Herrn Rudolf Ott, Ziegeleiunternehmer (24.12.).

Daisendorf: Horst Steimer aus St. Gallen, aktiver Schütze der Gemeinde Daisendorf, erzielte bei der Deutschen Meisterschaft in München im Armbrustschießen (30 m) den 1. Platz (21.8.) und im 10 m-Armbrustschießen den 2. Platz (27.9.). Wahl von Herrn Helmut Keser zum neuen Bürgermeister (6.10.). Feierliche Verabschiedung von Bürgermeister Wegener und Verpflichtung des neugewählten Bürgermeisters (15.11.).

Deggenhausertal: Der Gemeinderat beschließt den Bau einer konventionellen Kläranlage (19.3.). Ernennung von Herrn Pfarrer Bromberger zum Ehrenbürger der Gemeinde (7.4.). Zustimmung des Gemeinderats zur Neukonzipierung und Sanierung des Wasserversorgungsnetzes (Frühjahr). 60jähriges Jubiläum der Freiwilligen Feuerwehr Deggenhausertal, Abteilung Wittenhofen, mit Einweihung von zwei neuen Fahrzeugen TSF 8 (19.-21.4.). Beschluß des Gemeinderats, zur Verbesserung der Infrastruktur ein Dienstleistungszentrum im Ortsteil Wittenhofen zu errichten mit Arzt- und Zahnarztpraxis, Apotheke und Metzgerei (14.5.) Verleihung der Verdienstmedaille der Gemeinde an Herrn Altbürgermeister Alfons Rist anläßlich seines 80. Geburtstages (23.8.). Beginn der Bauarbeiten für einen Geh- und Radweg zwischen Untersiggingen und Wittenhofen (Okt.). Erster Nikolausmarkt der Gemeinde Deggenhausertal (1.12.).

Eriskirch: Einweihung der „Alten Schule" als Bürgerhaus und Haus des Gastes nach Umbau des ehemaligen Schulgebäudes/Kaplaneihauses (3.3.). Besuch des Ministers für Ernährung, Landwirtschaft, Umwelt und Forsten Baden-Württemberg, Gerhard Weiser, im Eriskircher Ried, dem größten Naturschutzgebiet am nördlichen Bodenseeufer (31.10.). Fertigstellung sämtlicher Kanalisationsmaßnahmen im Gemeindegebiet.

Frickingen: Jugendkritikspiel des Blasmusikverbandes Bodenseekreis (20./21.4.). Gründung der Jugendfeuerwehr (4.7.). Eröffnung des neuen Postamts. (4.10.).

Friedrichshafen: Friedrichshafen zählt 2160 Arbeitslose (5,9 % der Arbeitnehmer) (1.1.). Das Gemeindehaus bei St. Columban wird abgebrochen und durch einen Neubau ersetzt. (ab Jan.). 25 Jahre Christlicher Metallarbeiter-Verband (19.1.). Verabschiedung von Minister Martin Herzog als Oberbürgermeister beim Neujahrsempfang der Stadt (27.1.). Der Gemeinderat erteilt der Fellbacher Knödler Bau GmbH die Option für Planung und Bebauung des südlichen und östlichen Buchhornplatzes (28.1.). Eröffnung der erweiterten Grundschule Kluftern (2.2.). Bewerbungsschluß für die Wahl des neuen Oberbürgermeisters, aussichtsreichste Kandidaten unter acht Bewerbern sind Dr. Bernd Wiedmann (CDU) und Dr. Rolf Linkohr (SPD) (12.2.). Die Firma Daimler-Benz gibt bekannt, daß durch Übernahme der MAN-Anteile die MTU München (der 83,8 % der MTU Friedrichshafen gehören) nun ganz in ihren Besitz übergegangen ist (22.2.). Der Gemeinderat verabschiedet einen Haushalt mit dem Gesamtvolumen (einschließlich Stiftungshaushalt) von 232 Mio DM (Verwaltungshaushalt 146 Mio, Vermögenshaushalt 86 Mio DM) (27.2.). Die Firma CRAS (Centre de Réparation Auto-Sud) wird nach einer Entscheidung des französischen Außenministeriums stufenweise bis Ende 1985 aufgelöst (5.3.). Dr. Bernd Wiedmann wird mit 61 % der abgegebenen Stimmen im 1. Wahlgang zum neuen Oberbürgermeister gewählt (10.3.). Einrichtung der Baustelle auf dem umstrittenen Spitalgelände (13.3.). Der Gemeinderat beschließt die Ausführung von zwei Passagen am Buchhornplatz und bildet einen Ausschuß für das Projekt Museumsneubau (25.3.). Einweihung eines neuen Kaufhauses auf dem nördlichen Buchhornplatz (28.3.). Amtseinführung von Franz Amann als Nachfolger des Ortsvorstehers Ernst Altenburger in Ettenkirch (12.4.). Amtsantritt von Dr. Bernd Wiedmann als Oberbürgermeister in der Nachfolge des Wirtschaftsministers Herzog (27.4.). Das Stadtarchiv wird als neues Amt in der Stadtverwaltung eingerichtet (1.5.). 36. Internationale Bodensee-Messe (11.-19.5.). Die Firma Dornier GmbH verliert nach monatelangen Auseinandersetzungen den Status als reine Familienfirma; Gesellschafter werden nun Daimler-Benz (66 %), das Land Baden-Württemberg (4 %), Claudius Dornier (20 %) und Silvius Dornier (10 %) (14.5.). Bundeskanzler Kohl und Staatspräsident Miterand treffen sich auf dem Flugplatz Löwental (28.5.). Die 156 Jahre alte Holzbrücke von Löwental wird zur Versetzung abgebrochen (30.5.). Die Geschäftsführung für das Landesturnfest 1986 in Friedrichshafen nimmt ihre Arbeit auf (1.6.). Die Bundesbahn übernimmt den Rufbusbetrieb (2.6.). Baubeginn für eine neue ZF-Halle auf dem ehemaligen CRAS-Gelände, von dem die ZF zwei Drittel, die Zeppelin-Metallwerke ein Drittel übernehmen (5.6.). Oberbürgermeister Dr. Wiedmann wird Vorsitzender des Aufsichtsrates bei ZMW (12.6.). Einweihung der neugestalteten Zeppelinabteilung im Städtischen Bodensee-Museum (14.6.). Einweihung des Zeppelindenkmals in den Uferanlagen (15.6.). Einweihung des neugestalteten Dorfplatzes in Berg (18.6.). 10 Jahre Städtisches Krankenhaus (21.6.). 25 Jahre Graf-Soden-Realschule (28.6.). Die erste von mehreren Asylantengruppen aus Ghana kommt aus Donaueschingen an (28.6.). Oberbürgermeister Dr. Wiedmann wird Aufsichtsratsvorsitzender der Zahnradfabrik Friedrichshafen AG. (4.7.). Einweihung des neuen Vereinsheims des Volkstrachten- und Heimatvereins „Bodenseer" e. V. an der Rotach (6.7.). 37. Seehasenfest (18.-22.7.). Einweihung der nach Brand wiederhergestellten Freizeitstätte Weilermühle (2.8.). Veranstaltungsreihe „Kulturufer" in den Uferanlagen (21.-25.8.). Das Grünreferat wird als neues Amt in der Stadtverwaltung eingerichtet (15.9.). 24. Interboot (21.-29.9.). Einweihung des in die ehemalige Berufsschule umgezogenen Karl-Maybach-Gymnasiums (4./5.10.). Flugobjekte von Panamarenko in der IBO-Halle 8 als herausragendste Kunstausstellung des Jahres (10.10.-10.11.). Einweihung des Graf-Zeppelin-Hauses als neues Veranstaltungs- und Kulturzentrum (17.10.). Doppelausstellung Otto Dix im Städtischen Bodensee-Museum und im Graf-Zeppelin-Haus (22.10.-10.11.). 110 Jahre Kolpingfamilie Friedrichshafen (8.12.). Umstrittener Gemeinderatsbeschluß zur Yachthafenerweiterung und Uferrenaturalisierung (9.12.). Fertigstellung der ZF-Halle 10 auf dem ehemaligen CRAS-Gelände (13.12.). In Friedrichshafen leben 5917 Ausländer (11,4 % der Gesamtbevölkerung), darunter 1681 Jugoslawen, 1470 Türken, 1215 Italiener. (31.12.)

Hagnau: 100jähriges Jubiläum der Freiwilligen Feuerwehr (8./9.6.). Wahl von Herrn Roland Wersch zum neuen Bürgermeister (3.11.). Verabschiedung von Herrn Bürgermeister Heinicke (3.12.).

Heiligenberg: 110jähriges Jubiläum der Krieger- und Soldatenkameradschaft Wintersulgen (18.5.). 25jähriges Vereinsjubiläum des Sportvereins mit Vereinsturnier (15.-17.6.). Einweihung des Konzertpavillons in der Freizeitanlage Heiligenberg (13.7.). Offizielle Übergabe der neuen Turnhalle mit „Tag der offenen Tür" (1.12.).

Immenstaad: Übergabe der ausgebauten Kreisstraße 7745/82, Ortsdurchfahrt Kippenhausen (31.8.). Wiederwahl von Bürgermeister Heinz Finkbeiner (22.9.). Die Gemeinde und die Pension Wilhelm Röhrenbach werden Landessieger beim Wettbewerb „Ferien für die Familien" (7.11.).

Kressbronn: Verleihung der Ehrennadel des Landes Baden-Württemberg an Herrn Ivo Baur als langjähriger Vorsitzender des Soldatenvereins und Schützenvereins (11.5.). Ausstellung „Historische Schiffe", Prunkbarken von Ivan Trtanj, im Haus des Gastes „Lände" (19.5.-3.10.). Gewinn des Admirals-Cup, der als inoffizielle Team-Weltmeisterschaft der Hochseesegler gilt, durch eine Mannschaft, an der Rudi und Eberhard Magg beteiligt waren (14.8., spätere Ehrung durch Bundesinnenminister Zimmermann, der ihnen das „Silberne Lorbeerblatt" verlieh). Gewinn der Deutschen Meisterschaft im Judosport der A-Jugendklasse durch Andrea Vossen (3.11.). Erstmalige Baumpflanzaktion mit heimischen Gehölzen im Gemeindegebiet (9.11.) Verleihung der Bürgerplakette der Gemeinde an Frau Ingeborg Sauter anläßlich ihres 75. Geburtstages (19.11.). Festlegung des Sanierungsgebiets „Ortsmitte" durch den Gemeinderat (10.12.). Verleihung der Ehrenmedaille des Gemeindetages Baden-Württemberg an Frau Otti Meyer für über 20jährige Zugehörigkeit zum Gemeinderat (19.12.). Fortsetzung der Baumaßnahmen an der neuen Regenwasserleitung.

Langenargen: Verleihung der Ehrenmedaille in Gold der Gemeinde Langenargen an Schwester Eleonora und der Ehrenmedaille des Landes Baden-Württemberg an Franz Göppinger, sen. (21.1.). Der Gemeindeverwaltungsverband Eriskirch – Kressbronn a. B. – Langenargen übernimmt die Aufgaben der unteren Baurechtsbehörde; Sitz des Baurechtsamtes: Oberdorf (1.2.). Abschluß der Renovierungsarbeiten an der Kirche St. Martin (26.5.). Einweihung der neugestalteten Schulstraße, des Rathaus- und Zollhausplatzes (1.6.). Feierliche Übernahme der Manieristensammlung der Familie Grzimek für das Schloß Montfort (2.6.). „Tag der offenen Tür" im Rathaus anläßlich des Abschlusses der Umbaumaßnahme (22.9.). Einweihung der Aussegnungshalle in Oberdorf (13.10.). Abschluß der Innenrenovierung der Evangelischen Kirche (3.11.). Die Erdgasleitung erreicht Langenargen (6.11.). 1. Weihnachtsmarkt in der Schulstraße und auf dem Rathausplatz (20.-22.12.).

Markdorf: 60jähriges Bestehen des Musikvereins Riedheim (24.-27.5.). Fertigstellung der Innenstadtsanierung und Abschluß der Renovierung des Bischofsschlosses und der Scheuer (7.6.). Eröffnung des Museums im Hexenturm durch den Förderverein zur Erhaltung der Kulturdenkmäler Markdorfs (8.6.). Einweihung der neuen Rettungswache des DRK Markdorf (15.6.). 75jähriges Jubiläum des Sportclubs Markdorf (26.6.-4.8.). Einrichtung der ersten Fußgängerzone in der Markt- und Ulrichstraße (1.7.). 25jähriges Jubiläum des Spielmann- und Fanfarenzugs der Freiwilligen Feuerwehr Markdorf (6.-8.9.). Erweiterung und Umbau des OP-Traktes des St.-Josefs-Krankenhauses Markdorf (10.12.).

Meckenbeuren: Verleihung des Ehrenbürgerrechts an Herrn Alfons Weishaupt, Hohenreute (9.2.). Richtfest für das neue Rathaus (22.2.). Einweihung der restaurierten Kapelle Laufenen, die unter Denkmalschutz steht (31.3.). Wahl des Bürgermeisters Siegfried Tann zum Landrat des Bodenseekreises (16.7.). Roland Karl Weiß wird zum neuen Bürgermeister gewählt (3.11.). Einweihung des neuen Rathauses in Meckenbeuren-Buch (22.11.).

Meersburg: Fortsetzung der Altstadtsanierung; u. a. Pflasterung des Marktplatzes. 100 Jahre Raiffeisen-Genossenschaft Meersburg (23.1.). Verleihung des Droste-Preises an Frau Dr. Marie-Thérèse Kerschbaumer, Wien (26.5.). 125jähriges Feuerwehrjubiläum mit gleichzeitiger Einweihung der neuen Feuerwache am Allmendweg (31.5.-2.6.). 250 Jahre Aufbaugymnasium Meersburg (19.-21.7.). Projekt „Sommertheater" in Meersburg: Erfolgreicher Versuch des Stadttheaters Konstanz und der Stadt Meersburg, in einer ehemaligen Fabrikhalle an der Uferpromenade Theater aufzuführen (19.7.-29.8.). Winzerfest in der Unterstadt; nach 18 Jahren erstmals wieder mit Bengalbeleuchtung der Altstadt (27./28.7.). Musikdirektor i. R. und Ehrenringträger Toni Haile verstorben (12.8.). 125 Jahre Kolpingfamilie Meersburg (28./29.9.).

Neukirch: Bürgermeister Egelhofer wird in seinem Amt bestätigt (5.5.). Gründung der Kulturgemeinschaft Neukirch e. V. (10.5.). Verleihung des Bundesverdienstkreuzes an Herrn Oberlehrer Hans Haller, Naturschutzbeauftragter des Bodenseekreises (25.9.). Neukirch wird in der Südwestfunksendung „Morgenläuten" vorgestellt (13.10.). 60-Jahr-Feier des TSV Neukirch (26.10.). Ausstellung des einheimischen Hinterglasmalers Melchior Setz (27.10.-2.11.).

Oberteuringen: Premiere des Teuringer Provinztheaters in der Neuen Post „Moscht mit Cola" (8.3.). Teuringer Blütenfest (27.4.-1.5.). Erfolge der Damenmannschaft des SV Oberteuringen: Endspiel um die Württembergische Damenfußball-Meisterschaft gegen den SV Eintracht Stuttgart (5.5.) und Gewinn des Württembergischen Damenfußball-Verbandspokals (19.5.) im Stadion Oberteuringen. Konzert der Chöre der Region Bodensee zum „Tag des Liedes" (26.5.). Kreis-Mehrkampf-Meisterschaften des SV Oberteuringen, Abteilung Leichtathletik (26./27.7.).

Owingen: Verabschiedung von Herrn Ortsvorsteher Albert Endres, Taisersdorf, in den Ruhestand (12.1.). 15jähriges Bestehen des KSV Linzgau Taisersdorf (9.6.). Einweihung des Sport- und Freizeitgeländes „Rebhalde" (4.8.). Wiederwahl von Herrn Bürgermeister Reiner (22.9.). Überreichung der Goldmedaille an den Ortsteil Billafingen im Wettbewerb „Unser Dorf soll schöner werden" in Karlsruhe durch Minister Weiser (12.10.). 60jähriges Jubiläum des Gesangvereins „Liederkranz" Owingen (20.10.). 60jähriges Jubiläum des Schützenvereins Hohenbodman (27.10.).

Salem: Freundschaftstreffen der Narrenvereinigung Hegau-Bodensee in Mimmenhausen (2./3.2.). Stiftungsrat des Altersheims Wespach genehmigt die Planung eines Pflegeheims (27.2.). Beschluß des Dorfentwicklungsprogramms Rickenbach (13.3.). Gründung der Jugendfeuerwehr Salem (Mai). Wettkämpfe und Ausstellung alter Feuerwehrgeräte im Schloß Salem (18./19.5.). Internationales A-Jugend-Fußballturnier im Schloßseestadion (24.-27.5.). Abschluß der Arbeiten zur Rekultivierung des Schloßsees (Juni). 125jähriges Bestehen des Männergesangvereins Neufrach (29./30.6.). Bezirksbauerntag in Neufrach (13.-15.7.). Baden-Württembergische Meisterschaften im Zweispännerfahren in Buggensegel (2.-4.8.). Bekanntgabe eines umfassenden Programms zur Gestaltung und zum Schutz der Landschaft in der Gemeinde (25.11.). Beschluß des Gemeinderats zur Planung einer neuen Kläranlage (20.12.).

Sipplingen: Kurt Binder als Bürgermeister wiedergewählt (21.4.). 100 Jahre Gesangverein „Hohenfels 1885", Festwochenende mit Verleihung der Zelter-Plakette (11./12.5.).

Stetten: Grundsteinlegung für das Gemeindehaus (6.1.). Freundschaftstreffen des Alemannischen Narrenrings (25.-27.1.). Richtfest am Gemeindehaus (22.2.). Übernahme des neuen Löschfahrzeugs LF 8 der Freiwilligen Feuerwehr (3.6.). Inbetriebnahme eines Kommunalfahrzeugs (31.7.). Einweihung des eigenen Kindergartens im Gemeindehaus (9. und 27.9.).

Tettnang: Angelika Biegger aus Tettnang-Flockenbach wird Deutsche Meisterin im Tae kwon Do (16.6.). Ausbau der Bach-/Olgastraße beendet (Anfang Juli). Offizielle Übergabe des Ried-Sportrasenplatzes mit dem Eröffnungsspiel TSV Tettnang — Dukla Prag (27.7.). 30. Kauer Hopfenfest (18./19.8.). Wiedereinweihung des Wassermühlrads im Ried (3.9.). 10. Tettnanger Bähnlesfest (8.9.). Richtfest des Park- und Geschäftshauses „Grabenstraße" (26.9.). Verleihung des Bundesverdienstkreuzes an Herrn Stadtrat Edwin Bruder (30.12.).

Überlingen: Wiedereröffnung der erweiterten und renovierten Stadtbücherei im „Gredhaus" am See (19.1.). Inbetriebnahme des Neubaus der Stadtwerke (7.2.). Die Überlinger Christoph Maier und Nils Kolberg werden bei den Ruder-Junioren-Weltmeisterschaften 1985 in Brandenburg (DDR) Junioren-Weltmeister im „Zweier-ohne Steuermann" (11.8.). Abschluß der Neugestaltung des Münsterplatzes (30.8.). Übergabe des umgestalteten „Graben"-Bereichs einschließlich einer Tiefgarage unter dem „Kinderkreis" (6.9.). Reinhard Ebersbach zum dritten Mal zum Bürgermeister der Stadt Überlingen gewählt (22.9.). Richtfest des Erweiterungsbaus des Überlinger Krankenhauses (19.11.).

Uhldingen-Mühlhofen: Bau einer neuen Schiffsanlegestelle mit gleichzeitiger Verkehrsberuhigung im Ortsteil Unteruhldingen durch Verlegung des Parkplatzes vom Seeufer weg an den Ortsrand und Schaffung einer Grünanlage mit Spieleinrichtungen an dessen Stelle (14.6.). Anschluß der Gemeinde Uhldingen-Mühlhofen an die Bodenseefernwasserversorgung mit Übergabe des Hochbehälters Hochstich (11.10.).

Dagmar Krämer

Theatergruppen im Bodenseekreis

I. AMATEURE

Theatergruppe Kirchenchor Bermatingen
Herrn Rudi Merk, Ziegeleistraße 7, 7775 Bermatingen

Theatergruppe Deggenhauser Landjugend
Frau Hildegard Kopp, Obersiggingen 31, 7774 Deggenhausertal

Laienspielgruppe des Sportvereins Homberg-Limpach
Herrn Josef Mutter, Wippertsweiler, 7774 Deggenhausertal

Laienspielgruppe der Kath. Landjugend
Herrn Franz Rössler, Homberg-Limpach, 7774 Deggenhausertal

Theatergruppe Deggenhauser Stammtisch
Herrn Bernhard Roth, Ellenfurt, 7774 Deggenhausertal

Theatergruppe der Untersigginger Feuerwehr
Herrn Klaus Stehle, 7774 Deggenhausertal

Theatergruppe des Männergesangvereins Kluftern
Herrn Franz Dietenberger, Markdofer Straße 77, 7990 Friedrichshafen-Kluftern

Kindertheatergruppe des TSV Leichtathletik Fischbach
Frau Gerlinde Halm, Daimlerstraße 29, 7990 Friedrichshafen-Fischbach

Seehasen-Kindertheater der Stadt Friedrichshafen
Frau Hella Degen, Am Anger 21, 7990 Friedrichshafen

Laienspielgruppe des Volkstrachten- und Heimatvereins „Die Bodensee'r"
Herrn Reinhart Geiselhart, Fohlenstraße 7, 7990 Friedrichshafen 5

Theatergruppe Jettenhausen
Herrn Eduard Hager, Hägleweg 8, 7990 Friedrichshafen 1

Musiktheater Friedrichshafen e.V.
Herrn Walter Münich, Forchenweg 2, 7990 Friedrichshafen

Murkel-Theater, Stadtjugendreferat
Herrn Claudius Beck, Meistershofener Straße 11, 7990 Friedrichshafen

Theatergruppe Ettenkirch
Herrn Anton Roth, Eggenweiler, 7990 Friedrichshafen 5

Tanz- und Theatergruppe in der Landjugend Ailingen-Schnetzenhausen
Frau Monika Marschall, Frankenweg 6, 7990 Friedrichshafen 1

Theatergruppe „Junge Dorfgemeinschaft Schnetzenhausen"
Herrn Walter Schnaderböck, Fährtwiesenstraße 10, 7990 Friedrichshafen 1

Lion-Theater
Frau Sigi Ryrich, Lanzstraße 30, 7990 Friedrichshafen

Alemannisches Bauerntheater Kehlen
Herrn Johann Eberle, Brückenstraße 24/2, 7996 Gerbertshaus

Theatergruppe der Kolpingfamilie Kath. Pfarramt Röhrenbach
Herrn Pfarrer Gottlieb Buck, 7799 Heiligenberg-Röhrenbach

Freie Schauspielgruppe Heiligenberg
Herrn Jan Degryse, Schloßvorhof 4, 7799 Heiligenberg

Theatergruppe Musikverein Immenstaad
Herrn Karl Rauber, Bachstraße 9, 7997 Immenstaad

Theatergruppe Männergesangverein Immenstaad
Frau Brigitte Kohler, Im Frickenwäsle 29 a, 7997 Immenstaad

Laienspielgruppe Männergesangverein „Liederkranz"
Herrn Stämmle/ Gasth. „Linde", 7778 Markdorf-Hepbach

Theater im Keller KJG Markdorf
Herrn Niko Carlo, Kirchgasse 1, 7778 Markdorf

Laienspielgruppe Meckenbeuren
Herrn Karl-Heinz Fischer, Zeppelinstraße 16, 7996 Meckenbeuren

Theatergruppe in der Landjugendgruppe Meckenbeuren-Kehlen
Frau Vetter, Birkenbühlweg 15, 7996 Meckenbeuren-Sassen

Theatergruppe Neukirch
Herrn Erwin Bauer, Hüttenseestraße 13, 7995 Neukirch-Hinterburg

Teuringer Provinztheater
Frau Sabine Denzel, Rüttlenäckerstraße 4, 7991 Oberteuringen

Theatergruppe Landjugend Owingen
Herrn Heinz Maiwald, Zur Grott 5, 7776 Owingen-Taisersdorf

Laienspielgruppe der Feuerwehrabteilung
Herrn Karl Duttlinger, 7777 Salem-Mittelstenweiler

Theatergruppe Oberdorf
Herrn Josef Rinderer, Sägestraße 7, 7994 Langenargen-Oberdorf

Laienspielgruppe Heilstätte „Sieben Zwerge"
Herrn H.-F. Herbert, Oberstenweiler, Postfach, 7777 Salem 10

Theatergruppe Gesangverein „Hohenfels" 1885
Herrn Friedbert Beir, Am Schallenberg 31, 7767 Sipplingen

Laienspielgruppe Tannau
Herrn Bruno Biegger, Biggenmoos, 7992 Tettnang

Theatergruppe Hiltensweiler
Frau Ursula Bucher, Hiltensweiler 18, 7992 Tetttnang 2

Laimnauer Theatergruppe
Herrn Werner Kujanek, Versicherungsbüro, Germanenstraße 101,
7992 Tettnang-Laimnau

Laienspielgruppe der Tettnanger Kolpingfamilie
Herrn Siegfried Obert, St. Gallusweg 19, 7992 Tettnang

Überlinger Bühnentanzschule, Bodensee-Kindertheater
Frau Silvia Stärk, Bärbelgängle 5, 7770 Überlingen

Seminar für Sprache und Schauspiel
Nußdorfer Straße 38, 7770 Überlingen

Laienspielgruppe des Turn- und Sportvereins Hödingen
Herrn Thomas Hepperle, Brunnenstraße 2a, 7770 Überlingen-Hödingen

Laienspielgruppe der Rotkreuzler Uhldingen-Mühlhofen
Herrn Hermann Strobel, Erlenweg 11, 7772 Uhldingen-Mühlhofen

II. SCHULEN

Kleines Theater Bodensee-Schule „St. Martin"
Herrn Jürgen Mack, Zeisigweg 1, 7990 Friedrichshafen 1

Schultheater Graf-Soden-Realschule
Frau Baur, Herrn Mohr, Postfach, 7990 Friedrichshafen

Schultheater Graf-Zeppelin-Gymnasium
Herr Jörg Ferari, 7990 Friedrichshafen

Theatergruppe im Bildungszentrum Markdorf
Herrn Jens und Herrn Schulz, 7778 Markdorf

Theatergruppe Aufbaugymnasium Meersburg
Herrn H.-J. Link, 7758 Meersburg

Schultheater Schloßschule Salem
Herrn Plate, 7777 Salem

Schultheater Montfortgymnasium Tettnang
Herrn Ranke, 7992 Tettnang

Theater-AG Realschule Tettnang
Herrn Siegfried Obert, 7992 Tettnang

Theater-AG der Jörg-Zürn-Schule
Herrn Arno Dirksen, 7770 Überlingen

Theater-AG Realschule Überlingen
Veranstaltungsgruppe Rauensteinstraße 2, 7770 Überlingen

Theater-AG der Schloßschule Spetzgart
Herrn Johannes Seiler, 7770 Überlingen

Theatergruppe der Waldorfschule Überlingen
Veranstaltungsgruppe, 7770 Überlingen

Schultheater an der Wiestorschule
Veranstaltungsgruppe Friedhofstraße 34, 7770 Überlingen

III. VOLKSHOCHSCHULEN

Kinder-Theater der VHS Bodenseekreis
Herrn Gerhard Schaugg, Nonnenbacherweg 3, 7993 Kressbronn

VHS-Arbeitskreis „Theater selbst gemacht"
Elke Kniep, Brunnisachweg 23, 7778 Markdorf-Leimbach

Studiobühne der Städt. VHS Friedrichshafen
Frau Dorothea Gfell, Panoramastraße 105, 7991 Oberteuringen

VHS-Studiobühne Überlingen
Frau K. Schäfer-Lenzner, Brunnenstraße 7, 7770 Überlingen-Hödingen

Hannilore Seibt

Die Autoren dieses Buches

Gottfried Achberger	Konstrukteur, Friedrichshafen
Rosemarie Banholzer	Redaktionssekretärin, Konstanz
Arno Baur	Realschulrektor, Kressbronn
Herbert Beck	Redakteur, Schwäbische Zeitung, Leutkirch
Christa Benz-Bader	Hotelkaufmann, Meersburg
Will Berger	Forstdirektor a. D., Mainhardt/Württ.
Ernst-Dieter Berthold	Vorstandsmitglied der Camphill-Schul- und Dorfgemeinschaften, Frickingen
Dipl.-Ing. Hartmut Breuning	Freier Architekt BDA, Stuttgart
Dieter Bucher	Leiter des Hauptamtes beim Landratsamt Bodenseekreis, Friedrichshafen
Oswald Burger	Lehrer, Überlingen
Thomas Burth	Bankkaufmann, Rheinfelden
Dr. Josef Deufel	Reg. Biol. Direktor, Institut für Seenforschung, Langenargen
Manfred Dieterle	Werkzeugmacher, Biberach
Erika Dillmann	Journalistin, Tettnang
Werner Dobras	Stadtarchivar, Kreisheimatpfleger, Lindau
Dr. Werner Dürrson	Schriftsteller, Riedlingen
Bruno Epple	Oberstudienrat, Öhningen
Martin Fix	Lehreranwärter, Langenargen
Hans Flügel	Speditionskaufmann, Singen
Dipl.-Geograph Wilfried Franke	Leiter der Stabstelle für Kreisentwicklung beim Landratsamt Bodenseekreis, Friedrichshafen
Dr. Alex Frick	Stadtarchivar i. R., Tettnang
Friedrich Frick	Dipl.-Ing. (FH) Kreisobstbauoberamtsrat a. D., Sipplingen
Karl-Ferdinand Fritz	Postbeamter, Konstanz
Elisabeth v. Gleichenstein, M. A.	Stellvertr. Museumsleiterin, Konstanz
Dr. Michael Goer	Kunsthistoriker beim Landesdenkmalamt Baden-Württemberg, Tübingen
Klauspeter Hack	Weinkaufmann, Meersburg
Ewald Marzell Hall	Wissenschaftlicher Angestellter, Universität Freiburg
Eva-Maria Henkel	Journalistin, Owingen
Horst Heyd	Konservator, Bezirksstelle für Naturschutz und Landschaftspflege, Tübingen
Dipl.-Ing. Gisbert Hoffmann	Projektleiter, Tettnang
Joachim Hoßfeld	Grundschullehrer und Schriftsteller, Neukirch
Wolfgang Jost	Redakteur, Sportredaktion Schwäbische Zeitung, Leutkirch
Gerd-Klaus Kaltenbrunner	Schriftsteller, Kandern i. d. Markgrafschaft
Gerhard Knötzsch	Realschullehrer, Friedrichshafen
Adolf Koch	Konservator i. R., Friedrichshafen
Eva Kormann	Dipl.-Soziologin, Konstanz
Dagmar Krämer	Kreisoberinspektorin, Stabstelle für Kreisentwicklung beim Landratsamt Bodenseekreis, Friedrichshafen
Dorothee Kuczkay	Freie Journalistin, Überlingen
Angelika Lacher-Föhr	Redakteurin, Friedrichshafen
Wilhelm Leberer	Redakteur beim Südkurier, Überlingen
Andreas Libor	Werbekaufmann, Hagnau
Dr. phil. Gisela Linder	Feuilleton-Redakteurin, Weingarten
Dr. Bernhard Locher	Hopfenbauer, Tettnang
Rudolf Mandel	Rektor i. R., Tettnang-Obereisenbach
Alois Mattes	Speditionskaufmann, Beirat im Hegau-Geschichtsverein, Singen
Ulrich Mauser	Mitarbeiter des Naturschutzzentrums, Friedrichshafen

Dr. Peter Miotk	Dipl. Biologe, Prof. a. d. Fachhochschule Weihenstephan-Triesdorf
Ernst Näher	Betriebsinspektor a. D., Kressbronn
Ulrich Paret	Oberstudienrat a. D., Friedrichshafen
Artur Paul	Redakteur bei der Allgäuer Zeitung, Kempten, Wiggensbach
Dr. Annette Pfaff-Stöhr	Kunsthistorikerin, Lindau
Bernhard Rude	Schüler, Tettnang
Alexandra Schäffler	Schülerin, Tettnang
Dr. phil. Toni Schönenberger	Dozent im Ausbildungszentrum Wolfsberg, Ermatingen/Schweiz
Eva Schmidt	Schriftstellerin, Bregenz
Paul Schmolze	Grafiker, Oberteuringen
Hannilore Seibt	Sachbearbeiterin bei der Volkshochschule Bodenseekreis, Friedrichshafen
Dr. Angelika Spindler	Stadtarchivarin, Tettnang
Michael Spohn †	Journalist
Hildegard Steinhäuser	Rentnerin, Tettnang
Horst Voigt	Fachjournalist, Salem
Christa Vossen	Hausfrau, Kressbronn
Sabine Wälischmiller	Buchhändlerin, Meersburg
Thomas Wagner	Freier Journalist, Überlingen
Annette Waibel	Schülerin, Tettnang
Dr. Georg Wieland	Stadtarchivar, Friedrichshafen
Hanspeter Wieland	Maschinenschlosser, Immenstaad
Norbert Zysk	Dipl.-Ing. (FH), Owingen

Nachweis der Abbildungen

Fotografen

Maler, Zeichner, Grafiker

Grafische Darstellungen, Karten

Archive, öffentliche und private Leihgeber

Inhaltsverzeichnis